贵州大学学术著作出版基金项目资助

从建构到反思

欧洲走出黑格尔学术传统的历史书写变化

唐书明 著

FROM CONSTRUCTION TO REFLECTION:
The Evolution of Historical Writing in
Europe's Departure from the
Hegelian Academic Tradition

中国社会科学出版社

图书在版编目（CIP）数据

从建构到反思：欧洲走出黑格尔学术传统的历史书
写变化／唐书明著． —— 北京：中国社会科学出版社，
2025．3． —— ISBN 978 - 7 - 5227 - 4333 - 2

Ⅰ．K095

中国国家版本馆 CIP 数据核字第 2024AH8356 号

出 版 人	赵剑英	
责任编辑	张　浩	
责任校对	王　龙	
责任印制	李寡寡	

出　　版	中国社会科学出版社	
社　　址	北京鼓楼西大街甲 158 号	
邮　　编	100720	
网　　址	http://www.csspw.cn	
发 行 部	010 - 84083685	
门 市 部	010 - 84029450	
经　　销	新华书店及其他书店	

印　　刷	北京明恒达印务有限公司	
装　　订	廊坊市广阳区广增装订厂	
版　　次	2025 年 3 月第 1 版	
印　　次	2025 年 3 月第 1 次印刷	

开　　本	710×1000　1/16	
印　　张	27	
插　　页	2	
字　　数	412 千字	
定　　价	156.00 元	

目　录

下编　欧洲历史书写走出黑格尔学术传统的史学史变化

前　　言

一　欧洲走出黑格尔学术传统的历史观变化

在当代国外历史学研究中，印度裔美国籍历史学家杜赞奇所说的"从民族国家拯救历史"，论述了在近现代民族国家创建的世界历史潮流中，近现代以来整个世界范围内的历史学也顺势而为，通过注重书写民族以及民族国家历史而得到"拯救"。在具体论证过程中，杜赞奇还将其所说的"从民族国家拯救历史"的学理源头，追溯到了黑格尔阐释的历史哲学与唯心史观，并将注重书写民族以及民族国家历史的历史学重要发展特征，概括为"西方学术中的黑格尔传统"。① 本书所说的黑格尔学术传统的历史书写，主要来源于此。

本书也是在杜赞奇相关论说的基础上继续探索，主要论述了在作为杜赞奇所说的"西方学术中的黑格尔传统"发源之地的欧洲，先是在 19 世纪 40 年代，马克思恩格斯批判黑格尔的历史哲学与唯心史观并创建唯物史观与世界历史观，由此在影响历史书写的历史观领域，走出了杜赞奇所说的"西方学术中的黑格尔传统"，形成了马克思恩格斯创建的唯物史观与世界历史观的学术传统。从 19 世纪晚期以来欧洲众多历史著作中具体历史书写内容的变化，也继续说明欧洲的历史书写的整体发展变化趋势，在逐步走出杜赞奇所说的"西方学术中的

---

① ［美］杜赞奇：《从民族国家拯救历史——民族主义话语与中国现代史研究》，王宪民、高继美、李海燕、李点译，江苏人民出版社 2009 年版，第 23 页。

黑格尔传统"，逐步发展为广泛书写马克思恩格斯阐释唯物史观与世界历史观所指明的历史书写具体内容。

为此，本书主要分为上编部分与下编部分进行论证。本书上编部分的主要内容，具体论述了黑格尔阐释的历史哲学与唯心史观，以其从事精神现象学与法哲学原理等哲学研究作为学理演绎的根本前提，将欧洲众多历史学著作注重书写民族以及民族国家往昔历史的史学传统与史学特征，提升到哲学研究层面做出了一番系统性的学理阐释，由此形成了杜赞奇所说的"西方学术中的黑格尔传统"。这种学术传统的主要学理阐释内容，是说明了欧洲历史学注重书写民族以及民族国家往昔历史的史学传统与史学特征，这在黑格尔注重的思想观念领域中，能够广泛地建构出以民族自我意识为核心的民族观念。这种学理阐释与学术传统的时代背景，主要是由于 19 世纪德意志的现代民族国家建构的时代背景亟须形成相应的思想观念。同时，这种学理阐释与学术传统不仅在 19 世纪德意志历史发展过程中滋生，还能推而广之，能够适应近现代以来整个世界范围内出现的现代民族国家建构的历史发展趋势，因此其内在原理也广泛渗透到近现代以来世界范围内的历史书写之中。

这种学术传统存在的学理演绎问题，一方面在于其是从欧洲中世纪的神学历史观转化而来，由此将作为民族观念内在核心的民族自我意识，视为由神意变化而来，没有继续探究民族自我意识形成的世俗历史根源。而对于思想观念的运行过程，则将其解释为围绕自我意识作为根基而运转，由此将欧洲民族观念的发展过程，推向了以民族自我意识作为核心的自我中心主义的思想观念歧路。另一方面，对于自我意识的形成根源，黑格尔也强调其是通过认知犹如主奴之间的彼此相对关系而形成。这两方面的学理阐释特征合二为一、相生相成，共同建构出一个既囿于自我、又注重彼此之间对立冲突的思想观念世界，最终将欧洲民族观念的发展过程，推向了强调思想观念彼此相对、相互冲突的思想观念歧路，并犹如一台制造思想观念的发动机，为 20 世纪上半期欧洲逐步变化成为两次世界大战的重要战场，源源不断地输入了思想观念来源。

对此学理阐释特征及其存在着的主要问题，能够进行具体说明的典型例证，当属在《历史哲学》一书中，黑格尔对于欧洲往昔历史岁月中发生的民族之间战争的具体历史书写内容。黑格尔书写众多欧洲民族之间的战争历史，尽管极富哲学思辨，但这种极富哲学思辨的历史书写所展现出的思想观念，既是以欧洲自我为中心，又强调作为自我的欧洲与他者的彼此相对。这种学理阐释所呈现的思想观念特征，尽管被黑格尔提升到哲学层面进行了一番深邃的思辨论证，但其学理演绎基础，则是欧洲自古代希腊希罗多德书写《历史》一书并标志着欧洲历史学诞生以来，欧洲众多历史著作广泛地书写着的民族之间的战争历史。

欧洲的这种历史书写特征，继续作用于黑格尔阐释历史哲学所注重的思想观念领域，则具体表现为是将其所书写的民族之间战争历史与其呈现出来的对立冲突关系，在人们的思想观念领域被锻造成为人类历史中由来已久、自古皆然，并犹如天经地义一般。黑格尔的历史哲学以及唯心史观的学理阐释，也具体地表现为将欧洲的这种历史书写特征作用于思想观念领域的运行过程，进行了一番系统性的学理阐释。由此，欧洲注重民族之间战争的历史书写传统，也上升到历史哲学层面的系统性理论阐释，形成史实与观念共舞、历史与哲学齐飞的异曲同工与彼此共鸣。这所锻造出的欧洲文化特征，则犹如当代法国学者埃德加·莫兰在《反思欧洲》一书中所说，"欧洲文化既产生对立、冲突和危机，同时也是其产物"①。

在近现代欧洲文化思想发展过程中，真正洞悉黑格尔阐释的历史哲学与唯心史观尽管注重思想观念，但却存在着相应的思想观念问题，当属 19 世纪马克思恩格斯对黑格尔历史哲学与唯心史观的批判。马克思恩格斯追溯黑格尔阐释历史哲学存在着的思想观念问题根源，指明了这主要是由于黑格尔阐释历史哲学的学理演绎结果，乃是"最终消

---

① ［法］埃德加·莫兰：《反思欧洲》，康征、齐小曼译，生活·读书·新知三联书店 2005 年版，第 74 页。

失于'自我意识'中"。① 对于这种"最终消失于'自我意识'中"的历史哲学影响历史书写的关键问题，马克思恩格斯就指明，其"只是提供观念的历史，这种历史是和构成这些观念的基础的事实和实际发展过程脱离的"。②

正如中国明代哲学家王阳明所言，"身之主宰便是心，心之所发便是意，意之本体便是知，意之所在便是物"。③ 对于黑格尔注重的人类心灵之中的自我意识，知识才是本体，意识与知识之所以生成，这需要人们认知难以置之度外与超然物外的物质世界。对于黑格尔注重的自我意识的形成根源，马克思恩格斯通过苦苦探寻、上下求索而指明，"意识一开始就是社会的产物，而且只要人们存在着，它就仍然是这种产物"④。这说明黑格尔注重的自我意识，乃是先有知识再有意识，人们认知自身时时刻刻都不能脱离的物质生活状况与物质生产过程，由此意由物生，心随物动，这是自我意识形成的重要根源。脱离了物质生活状况与物质生产过程所构成的具体场景，人心会犹如近代英国哲学家培根所比喻的一块白板一样空灵干净，各种意识活动与思想观念难以滋生。

通过苦苦探寻黑格尔注重的自我意识的形成根源，马克思恩格斯批判黑格尔历史哲学与唯心史观，已经指明人们认知物质生活与物质生产的历史发展过程所形成的知识，这远比黑格尔阐释历史哲学与唯心史观所注重的自我意识更为重要。马克思恩格斯就强调，"在思辨终止的地方，在现实生活面前，正是描述人们实践活动和实际发展过程的真正的实证科学开始的地方。关于意识的空话将终止，它们一定会被真正的知识所代替"⑤。继续探索黑格尔所注重的自我意识的形成根源，这构成了马克思恩格斯在批判黑格尔唯心史观的基础上创建唯物史观的关键学理环节，并为历史书写的史学实践活动，提供了历史

---

① 《马克思恩格斯选集》第一卷，人民出版社 2012 年版，第 174 页。

② 《马克思恩格斯选集》第一卷，人民出版社 2012 年版，第 175 页。

③ （明）王守仁撰，吴光、钱明、董平、姚延福编校：《王阳明全集》（简体版），上海古籍出版社 2012 年版，第 5 页。

④ 《马克思恩格斯选集》第一卷，人民出版社 2012 年版，第 161 页。

⑤ 《马克思恩格斯选集》第一卷，人民出版社 2012 年版，第 153 页。

观层面的根本变化，历史学从纠缠于自我意识的形而上学，发展成为以人们经历的具体历史发展过程作为认知对象并由此提供知识的一门学科。

在此历史观根本变化的基本前提下，历史书写也需如马克思恩格斯批判黑格尔历史哲学与唯心史观所强调，既不能"最终消失于'自我意识'中"，更不能将历史认识与历史书写变化成为一种"想象的主体的想象活动"，①并"任凭自己的思辨之马自由奔驰"②，而是需要将历史认识与历史书写的对象，先投向人们物质生活的具体历史发展过程。对此马克思恩格斯阐释唯物史观的基本原理就强调，这"是一切历史的第一个前提，这个前提是：人们为了能够'创造历史'，必须能够生活"。③ 在此前提下，还得继续追根溯源，需要关注物质生活状况是由各种各样的物质生产活动所决定，由此继续关注物质生产的具体历史发展过程。对此马克思恩格斯阐释唯物史观的基本原理也指明，"这是人们从几千年前直到今天单是为了维持生活就必须每日每时从事的历史活动，是一切历史的基本条件"④。由此，马克思恩格斯阐释的唯物史观，已经指明了物质生活状况与物质生产活动的历史发展过程，这才是认识历史与书写历史需要重点关注的对象。

马克思恩格斯阐释唯物史观的基本原理之后还特别强调，"任何历史观的第一件事情就是必须注意上述基本事实的全部意义和全部范围，并给予应有的重视"⑤。将此运用于民族以及民族国家的历史书写，则是首先需要注重民族以及民族国家往昔历史岁月中人们物质生活的发展过程，其"全部范围"包括衣食住行的服饰史、饮食史、交往史等众多史学领域。按照马克思恩格斯的论述，这是民族以及民族国家"一切历史的第一个前提"。在此前提下，还得注重民族以及民族国家往昔历史岁月中人们物质生产的发展过程，其"全部范围"包

---

① 《马克思恩格斯选集》第一卷，人民出版社 2012 年版，第 153 页。
② 《马克思恩格斯选集》第一卷，人民出版社 2012 年版，第 182 页。
③ 《马克思恩格斯选集》第一卷，人民出版社 2012 年版，第 158 页。
④ 《马克思恩格斯选集》第一卷，人民出版社 2012 年版，第 158 页。
⑤ 《马克思恩格斯选集》第一卷，人民出版社 2012 年版，第 159 页。

括人们从事农耕、畜牧、手工以及机器化工业生产等物质生产的历史发展过程。按照马克思恩格斯的论述，这是民族以及民族国家"一切历史的基本条件"。

对于黑格尔注重的自我意识的形成根源，马克思恩格斯通过不断追问、反复求索，由此在批判黑格尔唯心史观的基础上创建的唯物史观，不仅仅注重人们物质生活与物质生产的历史发展过程，而且还深化为继续注重物质生产中与物质生活中，因社会分工而出现的社会交往的历史发展过程。对于黑格尔注重的自我意识的形成根源，马克思恩格斯也继续强调，"语言和意识具有同样长久的历史；语言是一种实践的、既为别人存在因而也为我自身而存在的、现实的意识。语言也和意识一样，只是由于需要，由于和他人交往的迫切需要才产生的"①。马克思恩格斯这一论述，继续揭示了只有在社会交往中遭遇他者，黑格尔注重的自我意识才可能萌生。这也说明黑格尔注重的自我意识，不仅来源于人们认知时时刻刻不能脱离的物质生产与物质生活，而且还来源于物质生产中分工深化而形成的社会交往。由此，马克思恩格斯阐释唯物史观，以注重人们物质生活与物质生产的历史发展过程作为前提，还继续深入到注重物质生产中社会分工与物质生活中社会交往的历史发展过程。

对于分工日益深化发展在人类历史发展过程中的重要性，马克思恩格斯就指明，"他们作为个人是相互分离的，是由于分工使他们有了一种必然的联合，而这种联合又因为他们相互分离而成了一种对他们来说是异己的联系"②。物质生产中分工的深化发展对人类历史的影响，犹如一枚硬币具有两个侧面，一个侧面是将以个体形式存在着的人们变得越来越各擅一行，这形成人类社会中彼此之间隔行如隔山的社会离散状态，另一个侧面则是将人们吃喝住穿等基本的社会生活状况，逐渐变化为越来越难以依靠自身从事的生产而获得满足，而是越来越需要依赖他者的生产劳动，由此不得不彼此交往，这形成你也离

---

① 《马克思恩格斯选集》第一卷，人民出版社 2012 年版，第 161 页。
② 《马克思恩格斯选集》第一卷，人民出版社 2012 年版，第 202 页。

不开我、我也离不开你的社会凝聚状态，并生长出各种形式的命运共
同体。

　　在此过程中，人类历史中各种形式的交往交融，则在不断建构着
马克思恩格斯所强调的"必然的联合"与"异己的联系"。建构"必
然的联合"与"异己的联系"的内在过程，也是由于物质生产中分工
的深化发展，既需互通有无的彼此交换，也需你来我去的社会交往。
这引发的人类历史发展过程，既出现了横跨茫茫大漠与巍巍雄山的丝
绸之路，也出现了横跨印度洋、大西洋以及太平洋等茫茫大海的新航
路开辟。整个人类历史发展过程的主要内容，也广泛充斥着世世代代
的人们逢山开路、遇水搭桥，由此我去你来、你来我往。经历着舟车
劳顿、风餐露宿等的社会交往，也如蜘蛛结网，在编织着人类历史发
展过程中的相互交往与彼此交融之网。交往交融的历史发展过程，既
犹如小溪汇聚而为江河，也犹如江河奔流不息，在不断锻造着人们物
质生产活动与物质生活状况的古今之变，并汇聚而成人类历史的万古
江河。

　　因此，正如马克思恩格斯所强调，"历史不外是各个世代的依次
交替"①。书写历史中"各个世代的依次交替"，一方面需要详细书写
物质生产中各行各业的历史发展过程。各行各业的世代依次交替中反
复琢磨而形成的生产技术革新，往往是牵一发而动全身，在广泛地塑
造着人们衣食住行等社会生活面貌的古今之变；另一方面也需书写众
多翻越高山、远渡重洋的社会交往。各行各业的生产技术革新，能够
广泛地塑造着人们衣食住行等社会生活面貌的古今之变，也在于其通
过交往与交流，由此四处外溢、不断延展，并导致人类历史在"各个
世代的依次交替"之中不断变化面貌。

　　通过注重人类历史中分工、交换、交往不断深化的历史发展过程，
马克思恩格斯创建的唯物史观，也继续发展成为马克思恩格斯阐释的
世界历史观。马克思恩格斯阐释其世界历史观就指出，"历史向世界
历史的转变，不是'自我意识'、世界精神或者某个形而上学幽灵的

---

　　①　《马克思恩格斯选集》第一卷，人民出版社 2012 年版，第 168 页。

某种纯粹的抽象行动，而是完全物质的、可以通过经验证明的行动，每一个过着实际生活的、需要吃、喝、穿的个人都可以证明这种行动"。①"需要吃、喝、穿的个人"，其所吃之食，广泛来源于世界各地区人们相互交往过程中出现的物种大交换，其所穿之衣，从往昔历史岁月中广泛依赖的慈母手中线，变化成为需要依赖现代工业生产中的机械化纺织生产，这些"完全物质的、可以通过经验证明的行动"，能广泛地证明马克思恩格斯所说的"历史向世界历史的转变"。分工、交换、交往的长期历史发展，不仅将民族以及民族国家锻造成为一个你中有我、我中有你的共同体，而且还广泛地锻造出了世界各地区、民族以及国家之间的密切联系与相互影响，并成为塑造人们衣食住行等日常生活面貌发生古今之变的重要原因。

　　由此，黑格尔阐释的历史哲学与唯心史观，与马克思恩格斯创建的唯物史观以及世界历史观，这两种历史观对于人类历史的认识，也再次出现了根本差异。作为黑格尔历史哲学与唯心史观内在核心中的自我意识的形成，需要黑格尔所说的主奴关系一般的彼此相对，以此为基础生长出来的思想观念世界，也是人人都心怀自我意识，由此人心必异。这所形成的世界历史发展过程，充满着无数思想观念的彼此相对。这种彼此相对的思想观念，既会衍生到人们运用语言表达思想观念的话语系统之中，形成各种各样的话语之争，也会由思想观念变化为具体行动，变化成为世界历史中各种各样的对立冲突。黑格尔阐释的以自我意识彼此相对作为重要特征的历史哲学与唯心史观，这是为近代英国政治哲学家霍布斯所说的"一切人反对一切人"的丛林状态，继续在思想观念领域内提供了更为幽深的哲学阐释。

　　可是马克思恩格斯阐释其世界历史观却强调，"单个人随着自己的活动扩大为世界历史性的活动，越来越受到对他们来说是异己的力量的支配（他们把这种压迫想象为所谓世界精神等等的圈套），受到日益扩大的、归根结底表现为世界市场的力量的支配，这种情况在迄

---

① 《马克思恩格斯选集》第一卷，人民出版社 2012 年版，第 169 页。

今为止的历史中当然也是经验事实"①。按照马克思恩格斯阐释的世界历史观基本原理，尽管人类社会是由无数个体所组成，无数的个体固然也有自我意识以及在此基础上形成的思想观念，可是个体必需的衣食住行等所构成的现实生活，由于分工交换交往的长期历史发展，已经变化成为你也离不开我、我也离不开你，由此人们的生存状态既不可能超然物外，更不可能脱离与他者的彼此相连。生产生活之中千丝万缕的密切相连与彼此影响，将现实生活中的男男女女、老老少少，锻造成为各种形式的命运共同体。

　　由此观之，在黑格尔注重的思想观念领域内，尽管会出现众多的彼此互对，黑格尔对于思想观念领域内的彼此互对，也是深究根源，将其追根溯源到形成自我意识需要的彼此相对，可是按照马克思恩格斯的世界历史观阐释，人们的自我意识固然是彼此相对，但人们经历的生产生活的历史发展状况，却是你也离不开我、我也离不开你，实在难以摆脱分工交换交往而形成的相互依赖与彼此共存，由此不得不与心怀自我意识的他者共同相处。既然如此，历史书写千万不能止步于仅仅书写出人类历史中因自我意识的彼此相对而形成的相互冲突，而是需要书写出人类历史中相互联系、彼此依存的内在发展过程与重要历史影响。

　　无论黑格尔阐释的历史哲学与唯心史观，抑或马克思恩格斯创建的唯物史观与世界历史观，两者都诞生于19世纪欧洲民族现代性建构与民族国家创建的历史岁月中，两者针对欧洲正在形成的由民族以及民族国家构成的现代社会特征，都做出了一番系统性的理论阐释，但这两种系统性的阐释却存在着根本差异。按照黑格尔阐释的历史哲学与唯心史观，围绕着共同的民族意识形成的一系列思想观念，乃是现代社会中支撑民族以及民族国家观念的思想基础与精神支柱，一个由民族以及民族国家构成的现代社会，在思想观念领域会从民族自我意识出发，生长出形形色色的围绕自我为中心的思想观念，而这些思想观念之间的本质关系，则是彼此相对、相互对立。可是

----

① 《马克思恩格斯选集》第一卷，人民出版社2012年版，第169页。

马克思恩格斯创建的唯物史观与世界历史观，则揭示了现代社会中的民族以及民族国家的形成，主要根源于物质生产与物质生活中分工、交换、交往日益深化的层累构造，由此将民族以及民族国家之间的关系，也继续锻造成彼此依赖、相互依存的人类命运共同体。

因此，对于当代美国历史学家阿普尔比与林·亨特等人在《历史的真相》一书中所说的"历史建构一个民族"这一命题，①迄今为止，黑格尔阐释的历史哲学以及唯心史观与马克思恩格斯创建的唯物史观以及世界历史观，两者对此命题提供了最为深邃的阐释，但两者之间对此的阐释，也存在着根本差异。黑格尔阐释的历史哲学与唯心史观，注重历史背后的思想观念根源，并说明了历史学通过注重书写民族以及民族国家的历史起源与历史发展过程，这能够延续不断建构以民族自我意识为核心的民族观念。这种学理演绎的主要特征，是将历史认识与历史书写视为建构民族观念的工具。而其所建构出来的民族观念，则具有两副面相，一副面相是将其囿于自我中心主义的牢笼之中，另一副面相则是特别凸显彼此之间的对立冲突。

可是马克思恩格斯阐释的唯物史观与世界历史观，则是将眼光转移到认识历史与书写历史需要面对的对象，即人类所经历的客观历史本身，由此说明了所谓"历史建构一个民族"，具体表现为现实社会中的民族以及民族国家，是通过人们生产生活中方方面面、点点滴滴的交往交流交融，由此犹如地质演化般层垒地积累而成。人类生产生活中交往交流交融的长期历史发展，既锻造出了现代社会中的民族以及民族国家，同时也存在于民族以及国家之间关系的历史发展过程之中。这不仅揭示出了人类历史发展的内在特征与根本面貌，同时也指明了主观历史领域的历史书写，不仅需要书写民族以及民族国家的历史起源、重要历史事件以及主要历史发展过程，而且还既得注重人类历史发展过程中物质生产与物质生活的发展创造与日新月异，也得注重物质生产与物质生活中形形色色的交往交流交融。

---

① ［美］阿普尔比等：《历史的真相》，刘北成、薛绚译，中央编译出版社1999年版，第77页。

由此看来，在影响历史书写的历史观的宏观层面，欧洲不仅存在杜赞奇概括的"西方学术中的黑格尔传统"，还存在马克思恩格斯创建的唯物史观与世界历史观的学术传统。对于杜赞奇概括出的"西方学术中的黑格尔传统"，马克思恩格斯已经批判了其学理演绎结果是"最终消失在自我意识中"，由此仅仅注重自我意识及其所生长出的思想观念。马克思恩格斯创建的唯物史观与世界历史观，对黑格尔注重的自我意识继续追根溯源，揭示了自我意识既萌生于人们认知自身所在的物质世界，也萌生于人类社会的相互交往。这将历史认识与历史书写的对象，从黑格尔历史哲学与唯心史观注重的自我意识与幽幽人心，发展为既注重物质生产与物质生活的古今之变，也注重物质生产与物质生活中分工交换交往的深化发展。这不仅为历史书写提供了更为系统、更为具体的书写方法，也为历史书写提供了书之不尽、写之不竭的丰富内容，由此书写出来的历史，更加贴近人们切身经历的生产生活的具体历史发展过程。马克思恩格斯在批判黑格尔唯心史观的基础上创建的唯物史观与世界历史观，是在历史观的宏观层面，已经走出了杜赞奇所说的"西方学术中的黑格尔传统"。

二　欧洲走出黑格尔学术传统的史学史变化

正如近现代意大利历史学家克罗齐所说，"事实证明理论，而理论也证明事实"①。在 19 世纪上半期欧洲的历史观发展过程中，先出现了黑格尔阐释的历史哲学与唯心史观，再出现了马克思恩格斯创建的唯物史观与世界历史观。这种历史观发展的理论变化与欧洲书写历史的史学史发展之间的关系，也可谓六经皆史、史注六经。从 19 世纪晚期以来欧洲历史书写出现的具体内容变化，也在验证着马克思恩格斯在批判黑格尔阐释的历史哲学与唯心史观基础上，创建唯物史观与世界历史观所指明的方向，方才是历史书写的发展变化而出现的具体

---

① ［意］贝内德托·克罗齐：《作为思想和行动的历史》，田时纲译，商务印书馆 2012 年版，第 9 页。

关注内容。本书下编的主要论述内容，则是选择欧洲史学史长河中一些重要历史著作的具体书写内容，对此进行分析论证。

其中黑格尔阐释的历史哲学，通过阐释自我意识形成需要彼此相对，揭示出了世界历史过程中充斥着无数思想观念的彼此相对与相对冲突，这种历史哲学阐释的历史文化来源，主要在于从欧洲历史学在古代希腊诞生直到 19 世纪，欧洲众多历史著作广泛书写着欧洲经历的民族以及民族国家之间战争历史。可是从 19 世纪晚期以来，欧洲一些历史著作的主要书写内容，则出现了对欧洲经历的民族以及民族国家之间战争历史进行反思，由此逐步发展为注重书写人类历史中的交往交流交融。这说明欧洲史学史的发展变化，在 19 世纪晚期之后，也在逐步走出杜赞奇概括的"西方学术中的黑格尔传统"，逐渐步入马克思恩格斯阐释唯物史观与世界历史观所指明的历史书写新领域。

这具体说来，在欧洲的往昔历史岁月中，发生了难以计数的民族以及民族国家之间战争历史。从古代希腊历史学家希罗多德书写《历史》一书主要记载希波战争以来，欧洲犹如过江之鲫一般的众多历史学家，对欧洲以往历史中发生的民族以及民族国家之间的打打杀杀，可谓情有独钟。欧洲汗牛充栋的众多历史著作的生成过程，也表现为对欧洲往昔历史岁月中民族以及民族国家之间的打打杀杀，广泛地书之为文、记之为史。尽管如此，欧洲书写民族以及民族国家之间战争历史的史学史发展，却存在着一个内在的变化过程。

其中古希腊历史学家希罗多德书写的《历史》一书，主要书写了古代希腊人与波斯人之间的战争。希波战争尽管是《历史》一书的重要书写内容，但在对此进行书写的过程中，希罗多德既广泛书写了古代地中海周边世界各民族的生产与生活，也广泛书写了古代地中海周边世界各民族的众多交流与彼此联系。除此之外，在欧洲史学史长河中，被誉为 18 世纪"欧洲良心"的伏尔泰书写《路易十四时代》以及《风俗论》等历史著作，其中的众多言语，已经说明了对于欧洲书写欧洲无数打打杀杀的战争历史，伏尔泰已经心生不满，并力求有所变化，因此伏尔泰转而书写路易十四时代的社会生活面貌以及世界各民族的风俗。尽管如此，纵观欧洲史学史发展的克里奥之路，注重书写民族生产生活的历史发展过程，以及注重书写民族之间的生产生活中交往交流的发展过程，这在 20 世纪之前的欧洲的历史书写中，却难以蔚然成风。欧洲从古代希腊罗马到 19 世纪晚期的众多历史著作，其中的无数文字与言语，依然在广泛述说着欧洲往昔历史岁月中的刀光剑影与鼓角铮鸣。

欧洲历史书写的这种知识生产特征，既建构出了认为人类社会是由无数民族以及民族国家所构成的一种思想观念，也建构出了认为民族以及民族国家之间对立冲突乃是由来已久的一种思想观念。欧洲史书中广泛弥漫着的这些思想观念，还会随着欧洲相关史书的时代流传，继续移入欧洲世世代代读史之人的思想观念世界之中。在 19 世纪欧洲民族国家创建如火如荼的历史发展岁月中，黑格尔不仅饱读欧洲的众多史书，还以欧洲众多历史著作生产出的知识与输送出来的观念作为原料，继续通过其所阐释的历史哲学以及唯心史观，对此进行了一番系统深入的学理阐释，搭建出了一座既囿于自我又强调彼此相对的思想观念大厦。

由此，欧洲往昔历史岁月中发生的民族之间的战争历史，这不仅在欧洲众多的历史著作中，广泛地书之记之。同样，黑格尔在《历史哲学》一书中，对于希波战争、亚历山大东征，以及古代罗马征服地中海周边世界众多民族的战争，也进行了广泛论述。纵观黑格尔相关论述所表现出来的思想观念，一方面其始终是围绕着欧洲作为自我中心，另一方面也特别强调欧洲以自我为中心与他者的彼此相对。这种历史书写内容以及在此基础上形成的历史观关键问题，也表现为除了打打杀杀之外，欧洲似乎别无其他的历史。欧洲世世代代人们忙于衣食住行等具体生活状况所形成的世俗历史，在欧洲众多的历史书写以及黑格尔的历史观阐释之中，也是隐而不书，有而不写。由此，众多欧洲书写历史之人，尽管是生活在由衣食住行所构成的世俗世界之中，可是书写出来的历史，却难觅生产生活的历史发展变化过程。对此，19 世纪晚期德国哲学家尼采在《历史的用途与滥用》一书中就批评道："他们不知道，尽管他们完全生活在历史中，他们的历史教育并非服务于纯粹知识，而是服务于生活，他们的想法和行动仍是多么的非历史。"①

从 19 世纪晚期开始，欧洲众多历史著作书写民族以及民族国家之间的战争历史，则是文风渐变，逐步变化成为对欧洲往昔历史岁月中无数民族以及民族国家之间的战争进行反思。这种反思性的历史书写特征，是通过欧洲民族以及民族国家之间的彼此相对与激烈冲突的历史作为实证内容，由此以史为证，反思欧洲历史长河中蔚为壮观的民族观念的自我中心本质。由此，黑格尔阐释历史哲学与唯心史观注重的思想观念与自我意识，已经不再是支配与主宰欧洲历史书写的主人，而是变化为欧洲众多历史著作中进行反思的对象。19 世纪晚期以后欧洲出现的这种反思性的历史书写，首先契合了历史书写乃是事后方知的本质特征。其次，其与黑格尔注重的思想观念之间的关系，已经从黑格尔历史哲学与唯心史观注重在往昔历史中采选史实，由此建构某种思想观念，继续变化为通过反思历史引发思想观念变化。最后，其也说明黑格尔注重的思想观念变化，既难以通过神意启示而形成，也难以通过苦思冥想的沉思而形成，而是吃一堑、长一智，广泛地通过对经历的往昔历史进行反思而形成，事后方知的历史书写，也成为黑格尔注重的思想观念领域内的重要变化之源。

这举例说来，19 世纪晚期布克哈特的《世界历史沉思录》，20 世纪上半期斯宾格勒的《西方的没落》，以及汤因比的《文明的接触：希腊与土耳其的西方问题》等历史学著作，其中的文字叙述就浸透着历史书写者无限的感伤，并呈现出对欧洲民族以及民族国家之间战争的深刻反思。而作为法国年鉴学派创始人之一的费弗尔，其在两次世界大战期间书写的《莱茵河》一书，不再书写莱茵河流域在往昔历史岁月中出现的刀光剑影与枪林弹雨，而是书写莱茵河作为欧洲一条重要航道，形成了来来往往的人口流动与货物运输。费弗尔书写历史所描绘出的莱茵河，不再是将德意志与法兰西彼此隔离、相互对立的一条河流，

---

① ［德］尼采：《历史的用途与滥用》，陈涛、周辉荣译，上海人民出版社 2000 年版，第 8 页。

而是把欧洲诸多民族的生产生活彼此连通起来的一条河流。这是在莱茵河两岸德意志与法兰西之间敌对冲突日益激化的两次世界大战期间，将欧洲的历史书写变化成为注重书写民族与民族国家之间生产生活中的彼此相连与相互影响。19世纪晚期与20世纪上半期欧洲历史书写的这种变化，也说明历史书写还是能够鉴往知来，能够为欧洲经历两次世界大战后出现的欧洲一体化提供相应的历史文化资源。

　　第二次世界大战之后，鉴于欧洲遭受深重的战争灾难，欧洲认识历史与书写历史的历史学发展过程，并非"后人哀之而不鉴之，犹使后人复哀前人也"，而是在后人哀之鉴之的路途之中继续深化发展。其中汤因比的《变革与习俗：我们时代面临的挑战》、霍布斯鲍姆的《极端的年代》、约恩·吕森的《历史思考的新途径》等著作，则是继续反思黑格尔注重的以民族自我意识为核心的民族观念存在的思想观念问题。在这种反思过程中，欧洲的历史书写出现的一个重要变化，也具体表现为不再囿于书写欧洲往昔历史中的无数打打杀杀，而是将书写对象转而投向日常生活的世俗历史，由此欧洲的史学史发展，也出现了一个在日常生活中发现历史的历史书写转向。

　　这举例说来，在20世纪整个世界范围内的历史学研究中，法国年鉴学派影响甚广，而年鉴学派的旗帜性人物布罗代尔的《十五至十八世纪的物质文明、经济和资本主义》等著作，就典型地呈现了欧洲的历史书写注重日常生活的转向。对于历史进程中人们的所作所为，布罗代尔在《十五至十八世纪的物质文明、经济和资本主义》一书的前言中就总结道，"人类有一半以上的时间都泡在日常生活中"①。由于日常生活之中，人们还得从事各种形式的生产劳动，方才能够赖以为生。因此，书写衣食住行等日常生活的历史，还得继续关注各种生产劳动的发展变化。而在朝朝日日的生产生活之中，还必须经历各种形式的交往交流。各种形式的生产生活与交往交流，不仅共同汇聚而成

---

　　①　［法］费尔南·布罗代尔：《十五至十八世纪的物质文明、经济和资本主义·第一卷·日常生活的结构：可能和不可能》，顾良、施康强译，商务印书馆2017年版，"资本主义的活力（代译序）"，第3页。

人类历史发展过程，同时其对历史书写的召唤，也犹如布罗代尔强调，"历史学家应该以更大的热情去发现经常被他忽略和轻视的根源问题"。① 以常见的物质生活作为历史书写的基本前提，再延伸扩展为书写物质生产与市场经济等无限广泛的具体内容，布罗代尔也书写出《十五至十八世纪的物质文明、经济和资本主义》的鸿篇巨制。

也正是因为生产生活的历史发展过程中蕴含着无数的交往交流，因此欧洲在日常生活中发现历史的历史书写转向，也逐渐发展成为注重交往交流的历史书写。其中弗兰科潘的《丝绸之路：一部全新的世界史》一书，则是直接书写人类历史发展过程中交往交流的各种道路。该书以丝绸之路为总称，通过书写"危机之路""战争之路""纳粹之路""冷战之路""霸权之路""伊战之路"等各种历史发展道路，由此揭示出近现代欧美列强心怀的自我意识，已经蜕变成为追逐自我利益并诉诸武力，并将丝绸之路的核心地带演变成为一个战乱频仍的地区，这典型地呈现了第二次世界大战之后欧洲历史书写中的反思之风。同时该书以"丝绸之路的诞生"为开篇，并以"新丝绸之路"作为结语，通过书写丝绸之路跨越高山、大漠以及远洋，形成彼此的相连相通，为人类历史发展赋予了无限活力，由此，"为读者提供一个通过丝绸之路观察 2000 多年来人类文明进程的新视角"②。

诸如布罗代尔的《十五至十八世纪的物质文明、经济和资本主义》，以及弗兰科潘的《丝绸之路：一部全新的世界史》等历史著作，其中所出现的具体历史书写内容变化，这与马克思恩格斯创建的唯物史观以及世界历史观之间的关系，则犹如当代英国著名马克思主义历史学家霍布斯鲍姆所感慨，"马克思主义极大地改变了历史学的主流，以至于今天很难分辨哪一部具体的著作是马克思主义者所著、还是非马克思主义者所著，除非作者本人公开说明自己的思

---

① ［法］费尔南·布罗代尔：《十五至十八世纪的物质文明、经济和资本主义·第一卷·日常生活的结构：可能和不可能》，顾良、施康强译，商务印书馆 2017 年版，"资本主义的活力（代译序）"，第 37 页。

② ［英］彼得·弗兰科潘：《丝绸之路：一部全新的世界史》，邵旭东、孙芳译，浙江大学出版社 2016 年版，前言，第 12 页。

想倾向"①。马克思恩格斯在 19 世纪批判黑格尔历史哲学与唯心史观的基础上创建的唯物史观与世界历史观，其所注重的人类历史中生产生活与交往交流的发展过程，已经逐渐成为 20 世纪以来欧洲众多历史著作的重要书写内容。

对此，当代英国著名历史学家巴勒克拉夫在考察了 20 世纪历史学诸多流变之后也感慨道，"今天仍保留着生命力和内在潜力的唯一的'历史哲学'，当然是马克思主义"②。马克思主义历史观之所以具备巴勒克拉夫所说的"今天仍然保留着生命力和内在潜力"的重要内容，这也犹如中国著名学者费孝通先生论述中华民族多元一体格局的形成过程所说，"尽管历史里记载着连续不断的所谓劫掠和战争。这些固然是事实，但不见于记载的经济性相互依存的交流和交易却是更重要的一面"③。马克思恩格斯在 19 世纪上半期创建的唯物史观与世界历史观，这对后世整个世界范围内的历史认识与历史书写能够产生深远影响，也在于其是将以往的历史著作中"不见于记载"，但"却是更重要的一面"揭示了出来。

由此看来，黑格尔阐释历史哲学注重人们的思想观念与精神活动，尽管会经常囿于自我并彼此相对，可是从事着各行各业的生产并不能脱离衣食住行等世俗生活的人们，却始终难以摆脱与他者的相互依存。既然如此，个体的思想观念与精神活动，固然是从自我意识出发形成了各自的思维活动与观念世界，但这个观念世界中的思维运行，也需如中国古代哲学家王阳明所说，"以天地万物为一体，其视天下之人，无外内远近"。④ 中国古人倡导的天地一体、物我合一、将心比心、推己及人等优秀文化思想内涵，这与马克思恩格斯创建唯物史观与世界历史观的无数真知灼见与远见卓识相互契合，能够成为人类思维活动

---

① ［英］埃里克·霍布斯鲍姆：《史学家——历史神话的终结者》，马俊亚、郭英剑译，上海人民出版社 2002 年版，第 197 页。

② ［英］杰弗里·巴勒克拉夫：《当代史学主要趋势》，杨豫译，北京大学出版社 2006 年版，第 208 页。

③ 费孝通：《文化与文化自觉》，群言出版社 2010 年版，第 61 页。

④ （明）王守仁撰，吴光、钱明、董平、姚延福编校：《王阳明全集》（简体版），上海古籍出版社 2012 年版，第 47 页。

与思想观念的重要发展出路。

从囿于自我到将心比心、推己及人的思维活动升华，则需如马克思恩格斯批判黑格尔历史哲学与唯心史观并创建唯物史观与世界历史观所强调，不能空谈心性与精神，而是需要注重物质生产与物质生活所构成的历史发展进程中的客观事实与具体实情，方才能够睹物思人、感同身受、将心比心、推己及人，藉此在观念与行动中走出自我的牢笼。马克思恩格斯阐释的唯物史观与世界历史观，通过尊重客观历史并注重其中的各个重要侧面与各种关键环节，将本质上具有主观性的历史书写，不再纠缠于历史书写主观性的本质特征，而是将其引向了尊重与不断深究客观历史的职业本色与发展道路，由此赋予了历史认识与历史书写无限的生命力。从 19 世纪晚期以来欧洲众多历史著作所呈现的历史书写变化，也成为这种历史认识与历史书写具有无限生命力的具体表现。

因此，对于杜赞奇概括的"西方学术中的黑格尔传统"，千万得注意到，那里存在着容易将人们思想观念与精神活动，引向囿于自我并彼此针锋相对的无数危险。避免其中危险，则需要继承和发展马克思恩格斯阐释唯物史观与世界历史观的无数真知灼见与远见卓识。杜赞奇概括的"西方学术中的黑格尔传统"，是来自其所论述的"从民族国家拯救历史"。历史学能够再次获得杜赞奇所说的"拯救"，还得继承和发展马克思恩格斯阐释唯物史观与世界历史观提供的系统方法。这首先需要注重社会生活领域中衣食住行等基本生活面貌的古今之变，以此为前提的历史书写，一方面需要继续追根溯源，需要注重社会生产领域中各行各业的创新创造与发展变化，那才是社会生活领域中衣食住行等基本生活面貌出现古今之变的重要根源，另一方面也需不断延伸扩展，需要注重生产生活中交往交流交融的发展变化，往往会出现连环效应，其会引发各种社会结构与思想观念等方面出现旧貌换新颜，这也是影响人们生活面貌不断变化的重要因素。

也正是由于人类社会中物质生产、交往交流、社会结构以及思想观念等具体历史发展过程，乃是影响人们现实生活面貌的重要内容，因此历史书写将视野与目光聚焦于此，这所发挥的现实社会功用，也犹如霍布斯鲍姆论述"马克思和历史学"之间关系所最终强调，"应该捍卫历史学解释世界如何发展到今天以及解释人类向更美好的未来发展的能力"①。由于人类生活之中点点滴滴与方方面面的所作所为以及发展创造，不断集聚而为客观历史的古今之变与万古江河，因此霍布斯鲍姆所说的"人类向更美好的未来发展"，主要表现为人类的现实生活世界，在经历了往昔历史岁月中的万千磨砺与层垒构造之后，能够继续变得更加美好。这所涉及的方方面面以及彼此之间的相互关系，在迄今为止无数贤人哲士的苦苦求索道路之中，马克思恩格斯已经做出了系统性的阐释。

---

　　① ［英］埃里克·霍布斯鲍姆：《史学家——历史神话的终结者》，马俊亚、郭英剑译，上海人民出版社 2002 年版，第 197 页。参照该书英文版本 Eric Hobsbawm, ON HISTORY, The New Press, New York, 1997, 稍作改动。

上　编

欧洲历史书写走出黑格尔
学术传统的历史观变化

第一章　黑格尔学术传统的历史书写特征与影响

第一节　欧洲历史书写注重建构民族
观念的黑格尔学术传统

一　何谓西方学术中的黑格尔传统

20 世纪初西学东渐，作为西学重要构成内容的欧洲历史学，也成为近代中国学人睁眼看世界的重要关注对象。正如国内学者张广智先生所说，"在西方史学东传史上的发轫年代，这一史学潮流的领军人物当属梁启超无疑"①。对于欧洲的历史书写特征与现实社会功能，梁启超曾经论述道：

> 于今日泰西通行诸学科中，唯中国所固有者，唯史学。史学者，学问之最博大而最切要者也，国民之明镜也，爱国心之源泉也。今日欧洲民族主义所以发达，列国所以日进文明，史学之功居其半焉。然则但患其国之无兹学耳，苟其有之，则国民安有不团结，群治安有不进化者？②

在今天看来，梁启超这一认识，可谓别具慧眼。这说明了早在 20

---

① 张广智主编：《近代以来中外史学交流史》，复旦大学出版社 2020 年版，导论，第 12 页。
② 梁启超：《中国历史研究法》，中华书局 2009 年版，第 175 页。

世纪初，梁启超已经看出位于欧亚大陆东西两端的中国和欧洲，尽管很早形成了注重历史书写的文化传统，可是两相比较，欧洲历史学发展过程中涌现的众多历史著作却自有特色，其是众人集薪火焰高，在广泛建构欧洲历史长河中根深蒂固、蔚为壮观的民族观念与民族主义思想，由此先在思想观念领域，形成了梁启超所说的"爱国心之源泉"，并继续在现实社会中，变化成为梁启超所说的"国民团结"以及"群治进化"。他山之石，可以攻玉，欧洲历史学的这种发展特征，也成为梁启超在 20 世纪初倡导"新史学"作为借鉴的"他山之石"。

　　20 世纪初梁启超已经看出的欧洲历史学发展特征，到了 20 世纪后期，逐渐成了国际学术界诸多历史学家的关注焦点。这比较突出的表现，就是杜赞奇所说的"从民族国家拯救历史"。杜赞奇所说的"从民族国家拯救历史"，英文为"Rescuing History from the Nation"。从杜赞奇的相关论述来看，其所说的"从民族国家拯救历史"中的"历史"（History）一词，首先是指书写人类经历的往昔历史，即人们通常所说的历史学。杜赞奇所说的"从民族国家拯救历史"中的"拯救历史"（Rescuing History），也主要表现为历史学得到拯救。这最为突出的表现，当属欧洲历史学从古典希腊罗马、中世纪再到近现代一波三折的内在变化过程。

　　这具体说来，早在古代的希腊与罗马，欧洲已经形成注重认识历史与书写历史的文化传统，可是到了中世纪，欧洲的历史认识与历史书写，却深受欧洲中世纪基督教神学的支配与影响，欧洲中世纪的历史学，也沦为神学的侍女。从中世纪晚期开始，欧洲的基督教文明与封建社会，逐步向民族以及民族国家构成的现代社会发展。在此历史发展趋势中，欧洲历史学的发展也因时而变、顺势而为，注重认识与书写民族以及民族国家的历史，由此欧洲历史学再显生机，得到了杜赞奇所说的"拯救"（Rescuing）。注重认识与书写民族以及民族国家的历史，这意味着欧洲认识历史与书写历史的历史观变化，从欧洲中世纪盛行的基督教神学历史观，到了欧洲近现代之后，变化成为注重书写民族以及民族国家往昔历史的民族历史观。

　　认识杜赞奇所说的"从民族国家拯救历史"，还得特别注意其英文名称"Rescuing History from the Nation"中"Nation"一词的内涵变化。早在古代希腊罗马时期,欧洲在氏族与部落的基础上逐渐形成民族,民族逐步发展为具有共同语言、地理区域、历史起源、风俗习惯等一个共同体。古代希腊历史学家希罗多德的《历史》一书,也对此进行了广泛记载,这为后世欧洲民族概念的变化提供了重要历史文化根基。到了中世纪,欧洲逐步发展出了注重血缘与出生的封建等级制度,作为英文前身"Nation"的拉丁文的"natio"一词,也因时而变,变化成为重点指涉具有一定血缘关系的人们,并为欧洲中世纪强调出身高贵的贵族阶层广泛运用。

到了中世纪晚期与近现代,欧洲的封建国家逐渐发展成为现代民族国家。在此历史发展过程中,从拉丁文的"natio"一词变化而来的英文"nation"一词,既复兴了古代希腊罗马所广泛运用的民族内涵,其指的是从氏族与部落发展而来,并形成的具有共同语言、地理区域、历史起源、风俗习惯等特征的一个共同体,也变化成为指的是从欧洲中世纪封建国家形态发展而来,形成的现代主权国家中全体国民、公民以及人民等所构成的共同体,并通过17世纪的英国革命与18世纪末期的法国大革命明显地表现出来。在欧洲近现代以来走出封建割据并创建民族国家的历史岁月中,英文的"Nation"一词也再添一层重要内涵,继续变化成为指涉欧洲近现代逐步形成的民族国家。这延展至今,作为当代世界重要国际组织的"联合国"一词的英文"The United Nations",其中"Nation"一词,并非指涉民族,而是指涉作为当代国际社会基本单位的众多民族国家。

英文"Nation"一词的语言内涵变化,不仅是因时而变,折射出了欧洲民族形成与民族国家创建等重要历史发展过程,同时这种语言概念的内涵变化,也影响着运用文字语言书写历史的欧洲历史学发展过程。这具体说来,在被后世欧洲无数人们奉为古典的古代希腊罗马时期,既出现了犹如池塘边上无数青蛙一样的古希腊城邦国家,也出现了通过武力扩张而建立的马其顿帝国与古代罗马共和国以及古罗马帝国。面对如此纷乱复杂的历史变化,古代希腊罗马诸多历史学家在书写历史的过程中,广泛选择已经走出氏族与部落时代而形成的民族,以此作为认识历史与书写历史的重要单位。这说明古代希腊罗马诸多历史学家，已经具有了认识到人类社会是由诸多民族所构成的民族观念，并继续将其化身成为欧洲无数历史著作中的文字书写，由此为后世欧洲出现杜赞奇所说的"从民族国家拯救历史"，积淀了深厚的欧洲古典文化基础。

　　但古代希腊罗马形成的以民族为单位的历史书写方式，发展到了欧洲中世纪，由于基督教神学历史观的束缚，因此出现了一个断裂时期。中世纪晚期以及近现代，欧洲不仅经历了文学领域与艺术领域的文艺复兴，而且欧洲历史学的发展，也逐步挣脱基督教神学历史观的枷锁，出现了民族历史观的复兴。但这种复兴并不是简单的复古，而是以复兴欧洲古代希腊罗马注重书写民族历史的古典史学为基础，并紧随欧洲中世纪封建国家逐渐发展成为近现代民族国家的历史浪潮，将古希腊罗马注重书写民族历史的文化传统，继续扩展为注重书写欧洲正在形成的民族国家的历史。古典希腊罗马无数历史著作中闪耀着的浓厚的民族观念，也继续变化成为欧洲近现代无数历史著作中蕴含的形形色色的民族主义思想，由此欧洲史学史长河中的民族历史观，既源远流长，又在近现代以来发展成为犹如大河奔涌一般的蔚为壮观之势。

　　古代希腊罗马时期与中世纪晚期以来，欧洲诸多历史著作将认识历史的目光，广泛地聚集民族以及民族国家的历史发展过程，这主要是出现在史学史领域的历史书写实践中。对于这种史学实践的关键特征，近代德国著名哲学家黑格尔在《历史哲学》一书中就一言以概之："研究历史的人大都目的在对于一个民族，或者一个国家，或者整个世界的全部历史。"[①] 黑格尔此言，针对其所在的欧洲的历史学发展状况，可谓一针见血，概括出了欧洲历史学注重以民族以及民族国家为单位认识历史与书写历史的重要特征。

　　更为重要的是，黑格尔的《历史哲学》一书，还依靠黑格尔擅长的哲学研究基础，对欧洲注重以民族以及民族国家为单位认识历史与书写历史的形成原因、具体方法以及现实社会效用等，进行了一番深入系统的学理阐释。黑格尔阐释的历史哲学，不仅蕴含着后

---

① ［德］黑格尔：《历史哲学》，王造时译，上海书店出版社 2006 年版，第 4 页。

世人们广泛称之为唯心史观的历史观，同时针对欧洲注重书写民族以及民族国家历史的历史书写发展特征，在其所阐释的唯心史观的幽深之处，还蕴藏着一套对此进行系统阐释的史学理论演绎。正因如此，杜赞奇论述其所说的"从民族国家拯救历史"，也将欧洲注重书写民族以及民族国家历史的历史学发展特征，概括成为"西方学术中的黑格尔传统"。

二　"历史"的双重内涵与黑格尔历史哲学的学理演绎特征

在黑格尔阐释的历史哲学与唯心史观的幽深之处，针对欧洲注重书写民族以及民族国家历史的历史书写发展特征，黑格尔作出了一套系统阐释的史学理论演绎。黑格尔对此所展开的学理演绎道路，也可谓曲径通幽、晦涩深奥。这具体说来，黑格尔的《历史哲学》一书，主要是通过黑格尔的学生根据其晚年的课程讲义编纂而成。纵观该书的论述结构，主要分为绪论与正文两部分，绪论部分长达一百多页的篇幅，主要是进行理论阐释，而正文部分篇幅则长达三百多页，主要是书写了从古代东方、到古代希腊罗马、再到日耳曼世界并犹如一条直线的线性历史发展过程，由此为该书绪论部分的理论阐释提供佐证。两相比较，该书的正文部分，主要是黑格尔书写从古代东方、到古代希腊罗马、再到日耳曼世界的历史发展过程，因此较为容易理解；该书的绪论部分，则是对长期支配欧洲历史学的民族历史观进行系统的理论阐释，因此显得烦琐冗长、晦涩深奥。对此，1857 年将黑格尔的《历史哲学》一书翻译成为英文的约翰·西布利识也感慨道："'绪论'是本书最沉闷而且最艰涩的部分。"[①]

尽管如此，《历史哲学》一书的绪论部分，却是黑格尔阐述其历史哲学内在学理的关键部分。反复探索黑格尔在此部分的学理阐释，尽管其如西布利识所说，极为"沉闷"与"艰涩"，但深入揣摩，可以看出其还是存在相应的论述逻辑。从具体论述结构来看，《历史哲

---

① ［德］黑格尔：《历史哲学》，王造时译，上海书店出版社 2006 年版，英译者序言，第 6 页。

学》一书的绪论，可以分为前后两个部分。前面部分的主要内容，黑格尔主要是在论述思想、观念、精神等的重要性；后面部分的主要内容，黑格尔主要是在论述民族精神的重要性。先论述思想、观念、精神等的重要性，再以此为前提，继续论述民族精神的重要性，这成为《历史哲学》一书绪论部分中的一条基本线索。而对于这条基本线索的具体论证，黑格尔主要运用了一种一分为二的分析方法与说理策略。这种一分为二的分析方法与说理策略，主要表现为黑格尔对于人们通常所说的"历史"一词的内涵，将其一刀两断、一分为二，分为客观历史与主观历史两个方面，黑格尔就谈道：

> 在我们德国语言文字里，历史这一名词联合了客观的和主观的两方面，而且意思是指拉丁文所谓"发生的事情"本身，又指那"发生的事情的历史"。同时，这一名词固然包括发生的事情，也并没有不包括历史的叙述。①

可以看出，尽管认识历史与书写历史的主观历史活动，本身存在于客观历史之中，可是黑格尔却将人们常说的"历史"，划分成为客观历史与主观历史两个不同的领域，这成为黑格尔阐释历史哲学与唯心史观所运用的一个重要论证思路。按照黑格尔的上述阐释，所谓客观历史，是指已经发生了的前世之史，即使后世人们无论怎样认识与书写，其已经发生了，并为世世代代的人们所经历；所谓主观历史，即后世人们对已经发生了前世之史进行的认识与书写，其属于人们的主观认识领域。对于这两者之间的关系，当代法国历史学家安托万·普罗斯特就评价道，"客观性不可能来自历史学家所采取的视角，因为它必然有所本，必然是主观的。超然于一切之上的视角在历史学中是不存在的"②。

---

① ［德］黑格尔：《历史哲学》，王造时译，上海书店出版社 2006 年版，第 56 页。
② ［法］安托万·普罗斯特：《历史学十二讲》，王春华译，北京大学出版社 2012 年版，第 101 页。

黑格尔论述"历史"一词蕴含的主观与客观之分，也犹如一条河流的两边，一边是作为认识历史与书写历史的主观活动，另一边则是作为认识历史与书写历史始终需要面对的客观历史。由于往昔的历史已经远去，因此书写历史的历史学家与其书写的对象之间，始终存在时间与空间的隔离，这导致书写历史的主观历史性活动，也犹如隔河而望，始终难以抵达河流的彼岸。往昔历史中留下的文献记载以及文物遗存，则成为历史学家隔河而望所运用的重要工具。

黑格尔论述的"历史"一词蕴含的主客之分，也成了后世西方史学理论发展的学理演绎关键。黑格尔之后的欧洲诸多历史学家，对于"历史"一词所具有的双重内涵，也广泛做出了与黑格尔类似的论述。这举例说来，20 世纪英国著名史学理论家柯林武德论述"历史"一词的内涵就认为："主观性历史指的是历史学家的心灵中进行并见诸笔端的思考；客观性历史指的是历史学家所思考的那些事实或者事件，以及凡是他发现并解释的事实或事件的性质。"[1] 同样，20 世纪英国著名历史学家汤因比也谈道，"客观意义上的'历史'就是变化的过程；主观意义上的'史学'则是对我们的处境如何与为何发生变化的研究"[2]。

对此需注意到，在《历史哲学》一书的绪论中，还存在着黑格尔先强调思想、观念、精神非常重要，再以此为前提具体强调民族精神非常重要的主要论述线索。黑格尔将"历史"一词的内涵，进行了一种一刀两断、一分为二的主客观之分，这种分析方法是为了服务于《历史哲学》一书的绪论中黑格尔先强调思想、观念、精神非常重要，再以此为前提具体强调民族精神非常重要的这条主要论述线索。在《历史哲学》一书的绪论部分，黑格尔能够围绕着这条关键线索进行具体论证，其主要内容则是黑格尔广泛论证了其所注重的思想、观念、精神以及民族精神，既在主宰着客观历史领域的古今之变，也在主宰

---

① ［英］柯林武德：《历史的观念》（增补版），何兆武、张文杰、陈新译，北京大学出版社 2010 年版，第 421 页。

② ［英］阿诺德·汤因比：《变革与习俗：我们时代面临的挑战》，吕厚量译，上海人民出版社 2016 年版，第 19 页。

着主观历史领域的历史认识与历史书写。

通过这种既有一条关键线索、又有相应分析方法的学理论证与理论阐释，黑格尔的《历史哲学》一书的绪论部分，也搭建出了犹如一座两层楼的建筑。这座建筑的一楼，是黑格尔注重的思想、观念、精神等，以一楼为基础继续搭建而出的二楼，则是黑格尔继续注重的民族精神。再走进这栋两层楼的内部一看，一楼二楼都是各由两间房屋所构成，一间房屋是在岁月流逝中人类经历的客观历史，另一间房屋则是人类对往昔历史进行认识与书写的主观历史。这也说明这座两层楼的建筑，尽管被黑格尔命名为历史哲学，可是内部空间却是由客观历史与主观历史两部分所充斥，黑格尔阐释的历史哲学的根基是历史。在这座两层楼的建筑中，黑格尔注重的思想、观念、精神以及民族精神等，这是哲学的重要关注对象，而作为历史两方面的主观历史与客观历史，则是历史学关注的重要关注对象。这座两层楼的房屋，是将历史与哲学合二为一，由此融合而成历史哲学。

尽管黑格尔阐释的历史哲学的根基是历史，但黑格尔阐释历史哲学的学理演绎道路，却是在努力将历史学提升为哲学。由此，黑格尔阐释历史哲学尽管将历史学与哲学合二为一，但其所形成的哲学与历史学之间关系，则是哲学主宰着与支配着历史学。对于这种学术传统的特征，20 世纪德国哲学家海德格尔也曾经论述道，"哲学乃是超历史学的知识，自笛卡尔以降，这种知识就对自己的命题要求一种无条件的确定性"①。在黑格尔阐释的历史哲学中，黑格尔注重的思想、观念、精神等以及具体的民族精神，既犹如古代希腊哲学家柏拉图所说的哲学王，也犹如欧洲中世纪基督教信仰中创造了世间一切的上帝之手，一方面主宰着人们所作所为的客观历史，另一方面主宰着人们对客观历史书之记之的主观历史。这两方面继续合二为一的结果，则是将思想、观念、精神等以及具体的民族精神，演绎成为海德格尔所说的"超历史学的知识"。在这种"超历史学的知识"的主宰之下，认识历史与书写历史的历史学，任由黑格尔注重的思想、观念以及民族

---

① 《海德格尔文集·什么叫思想?》，孙周兴译，商务印书馆 2017 年版，第 151 页。

精神所支配。这种学理阐释的本质特征，是将欧洲中世纪曾经沦为神学侍女的历史学，在欧洲的近现代继续变化成为哲学的侍女。

三　黑格尔演绎历史书写建构民族观念的具体过程

1. 先强调思想观念在历史双重内涵中的重要性

在《历史哲学》一书绪论的前面部分，黑格尔主要论述了思想、观念、精神等的重要性。由于思想、观念、精神主要存在于人们的主观心灵之中，因此黑格尔的《历史哲学》一书，首先阐述了一种后世人们所说的唯心史观。而黑格尔论证思想、观念、精神的重要性所运用的方法，则是通过其将"历史"一词的内涵一分为二，分为了客观历史与主观历史两个方面，由此花开两朵、各表一枝，具体论述了黑格尔注重的思想、观念、精神等，既在广泛支配与主宰着已经发生了的客观历史，也在广泛支配与主宰着认识历史与书写历史的主观历史。尽管黑格尔阐释的历史哲学中历史与哲学之间的关系，乃是哲学主宰着历史学，可是黑格尔注重的思想、观念、精神等，也犹如飘荡着的幽灵，唯有客观历史与主观历史，既为其提供栖息之地与寄宿之所，也成为其展示自身的主要舞台。

在具体论证过程中，黑格尔就详细论证了"历史"一词所指涉的客观历史与主观历史两个领域，乃是黑格尔注重的思想、观念、精神展现自身重要性的两个关键场所。一方面，黑格尔就强调，"'观念'真是各民族和世界的领袖，而'精神'，就是那位指导者的理性和必要的意志，无论过去和现在都是世界历史各大事变的推动者"①。黑格尔此言所说的"过去和现在"中的"各大事变"，当属客观历史。黑格尔此言已经说明，其所注重的思想、观念、精神等，那是客观历史万般变化的"推动者"，由此说明了思想、观念、精神广泛地支配与主宰着已经发生了的客观历史。另一方面，针对认识历史与书写历史的主观历史，黑格尔尽管作为一位哲学家，但也为认识历史与书写历史提供了方法指南：

①　[德]黑格尔：《历史哲学》，王造时译，上海书店出版社 2006 年版，第 7 页。

　　一部历史如果要想涉历久长的时期，或者包罗整个的世界，那末，著史的人必须真正地放弃对于事实的个别描写，他必须用抽象的观念来缩短他的叙述。这不但要删除多数事变和行为，而且还要由"思想"来概括一切，籍收言简意赅的效果。①

　　黑格尔上述论述中所说"一部历史"中的"历史"一词，已经不是客观历史，而是认识历史与书写历史的主观历史。按照黑格尔上述说法，书写人们经历的往昔历史，千万不能书写成为一堆历史事实的流水账，而是需要"用抽象的观念来缩短他的叙述"，由此画龙点睛，能够将引发无数历史事实之所以发生的思想、观念、精神等呈现出来。黑格尔所注重的"思想"，方才能够"概括一切"历史认识与历史书写，由此黑格尔已经论证了其所注重的思想、观念、精神，在广泛地支配与主宰着认识历史与书写历史的主观历史。

　　通过相应的逻辑论证，黑格尔对"何谓历史哲学?"这一问题的论证，也水到渠成。黑格尔就总结道，"我们所能订立的最普通的定义是，'历史哲学只不过是历史的思想的考察罢了'"②。通过先强调思想、观念、精神等在客观历史领域居于主导者和支配者的地位，由此再强调认识与书写人们经历过的往昔历史，需要将引发诸多客观历史之所以发生与背后所藏的诸多思想与观念揭示出来，这构成了黑格尔阐释历史哲学的论证逻辑。总的说来，黑格尔阐释的历史哲学，揭示了认识与书写历史的"古今之变"，还得继续探寻引发历史"古今之变"的思想、观念、精神等的变化。

　　2. 再将注重思想观念落实为注重民族精神

　　在《历史哲学》一书的绪论的前面部分，黑格尔不仅广泛论述了思想、观念、精神等的重要性，同时还充分发挥了其毕生从事的哲学研究之所长，对其所注重的思想、观念、精神等，进行了犹如庖丁解牛一般的具体解析。

----

① ［德］黑格尔：《历史哲学》，王造时译，上海书店出版社 2006 年版，第 5 页。
② ［德］黑格尔：《历史哲学》，王造时译，上海书店出版社 2006 年版，第 7—8 页。

首先，黑格尔指出，"'精神'的这种依靠自己的存在，就是自我意识——意识到自己的存在。意识中有两件事情必须分别清楚：第一，我知道；第二，我知道什么。"① 在黑格尔注重的思想、观念、精神之中，自我意识既犹如庖丁所解之牛所遇到的心脏，成为黑格尔注重的思想、观念、精神等的内在核心，也犹如机器能够运行的发动机一般，驱动着黑格尔注重的思想、观念、精神不断变化。其次，"西方文化通常认为情感是自发的。在情感面前，我们毫无抵抗力，甚至在我们最不愿看到它们时，它们仍会悄悄靠近我们。"② 具有了自我意识的人心本体，还会由此出发形成对人心存同情、对事心存热情等情感活动，并成为引发客观历史中诸多变化的重要动力。黑格尔就强调，"假如没有热情，世界上一切伟大的事业都不会成功"③。最后，除了意识、情感之外，具有了自我意识的人心本体，还会继续生长出驱使着人们判断是非、积极奉献、去恶从善等伦理道德价值观念，这既是人心之中的一杆秤，也是指导人们孰可为、孰不可为的指南针，黑格尔也强调，"假如我们有所行动，那我们不但要存心为善，并且必须知道，究竟这是不是善，或者那是不是善"④。

因此，黑格尔注重的思想、观念、精神等，还蕴含着意识、情感、伦理道德价值观念等具体范畴。黑格尔对此的论证，主要出现在《历史哲学》一书绪论的前面部分。《历史哲学》一书绪论的后面部分，黑格尔则笔锋一转，转而重点阐述民族精神在客观历史与主观历史中的重要性。对此得注意到，《历史哲学》一书绪论的前面部分，黑格尔论述其所注重的思想、观念、精神等，蕴含着意识、情感、伦理道德价值观念等各个范畴，这已经为《历史哲学》一书的绪论的后面部分，黑格尔即将论述其所注重的民族精神包含的具体内容做好了铺垫。黑格尔所注重的民族精神包含的具体内容，也表现为需要将黑格尔论

---

① ［德］黑格尔：《历史哲学》，王造时译，上海书店出版社 2006 年版，第 16 页。

② ［美］威廉·雷迪：《感情研究指南——情感史的框架》，周娜译，华东师范大学出版社 2020 年版，第 19 页。

③ ［德］黑格尔：《历史哲学》，王造时译，上海书店出版社 2006 年版，第 21 页。

④ ［德］黑格尔：《历史哲学》，王造时译，上海书店出版社 2006 年版，第 26 页。

述其所注重的思想、观念、精神等，蕴含着意识、情感、伦理道德价值观念等，继续加上民族作为前缀，由此落实成为民族意识、民族情感、民族伦理道德观念等。

为了论证此中学理变化，在《历史哲学》一书的绪论前后部分的转折之处，黑格尔转而引入其所注重的民族精神，选择了人们朝朝日日生活于其中的家庭，存在着一种黑格尔所说的"家庭精神"。以此作为比喻，黑格尔注重的民族精神也登场亮相，黑格尔通过具体分析"家庭精神"中蕴含着相应的意识状况、情感状况、伦理道德状况等具体内涵，揭示了其所注重的民族精神，蕴含着民族意识、民族情感、民族伦理道德观念等具体内容，黑格尔就详细论述道：

> "家庭"简直可以算做是一个个人，它的各分子，例如父母，是已经互相放弃了他们的个人人格（因此又放弃了他们相互间的法律地位，以及他们的特殊利益和欲望）；或者还没有取得这样一种独立的人格，——例如儿童——他们根本上还是处在前述那种纯系天然的状态之中。所以全家都生活在一种相互爱敬、相互信赖和相互信仰的统一里面。而在一种爱的关系中，一个人在对方的意识里，可以意识到他自己。他生活于另一个人的身上，换句话说，就是生活于自身之外。而在这种相互的自弃里，个人重新获得那实际已经属于对方的自身。在事实上，他是得到了那合而为一的、对方的和他自己的生存。凡是关于生活需要和对外关系的进一步的利益，以及家庭内部在子女方面的发展，构成了家庭内各个成员的一个共同目的。"家庭精神"——"家神"——形成了一个实体的存在，无异于国家内的"民族精神"。①

上述黑格尔通过"家庭精神"作为比喻，首先揭示出了其所注重的民族精神，犹如家庭成员能够彼此意识到都是属于共同的家庭一般，能够意识到彼此之间都属于共同的民族，由此"一个人在对方的意识

---

① ［德］黑格尔：《历史哲学》，王造时译，上海书店出版社 2006 年版，第 39 页。

里，可以意识到他自己"，形成共同的民族意识。同时，黑格尔注重的民族精神，还犹如家庭成员"生活在一种相互爱敬、相互信赖和相互信仰的统一里面"，其中还包含着共同的民族情感与民族伦理道德价值观念。黑格尔运用"家庭精神"作为比喻揭示民族精神的具体内涵，其中的诸多论述，主要是在论述民族意识犹如家庭成员彼此意识到属于共同的家庭一般。这说明在黑格尔所注重的民族精神中，民族意识是黑格尔注重的民族精神的根基。唯有民族意识萌生，方才可能在民族意识的基础上，继续生长出热爱自身所在民族的民族情感与为民族而奉献的民族伦理道德价值观念。而一旦从民族意识上升到民族情感、民族伦理道德价值观念，黑格尔所注重的民族精神也会开花结果，变化成为一种精神的力量，并将精神变化成为力量与行动，由此，"一个民族的这种精神乃是一种决定的精神"。①

3. 最后强调"历史"双重内涵中民族精神的重要性

当黑格尔在《历史哲学》一书的绪论中前后部分的转折之处，运用"家庭精神"作为比喻，说明了其所注重的民族精神包含的具体内容之后，其后面部分的诸多论述，主要是在论述民族精神的重要性。而黑格尔论述民族精神重要性的主要内容，则是继续针对"历史"一词具有客观历史与主观历史的双重内涵，继续一分为二、各表一枝，既广泛论述民族精神在客观历史领域的重要性，也广泛论述民族精神在主观历史领域的重要性。

先就民族精神在客观历史领域的重要性来说，黑格尔就强调："在历史当中，这种原则便是'精神'的特性——一种特别的'民族精神'。"② 从黑格尔此言的前后论述来看，其中的"历史"，黑格尔主要是指万千变化着的客观历史。黑格尔此言，说明黑格尔注重的推动着万千历史变化的思想、观念、精神等，已经具体落实成为黑格尔注重的民族精神，在推动、主宰、支配着客观历史的万千变化，这成为黑格尔所说的"历史当中的一种原则"。为了阐述客观历史中民族精

---

① ［德］黑格尔：《历史哲学》，王造时译，上海书店出版社 2006 年版，第 48 页。
② ［德］黑格尔：《历史哲学》，王造时译，上海书店出版社 2006 年版，第 59 页。

神的重要性，黑格尔还论述道：

> 我们必须明白承认的，乃是一个民族具体的精神，而且因为它是"精神"，就只有从精神上通过思想来理解它。只有这种具体的精神，推动那个民族一切的行动和方向，它专事实现自己，满足自己，明白自己，因为它要的是自身的生产。①

黑格尔此言，说明了民族精神在"推动"与"生产"着民族客观历史领域的行动与发展。为了继续阐释此中原理，黑格尔还论证了其所注重的民族精神，犹如蜘蛛居于自身所织造出的蜘蛛网中心一般，会"把自己建筑在一个客观的世界里"，并生存于民族的"信仰、风俗、宪法和政治法律里"以及"它的历史的许多事变和行动里"。为了明晓此理，黑格尔还特别选择了近现代英国的历史发展状况与英国人的民族精神之间的关系，作为具体例证进行说明：

> 一个民族的"精神"便是如此，它是具有严格规定的一种特殊的精神，它把自己建筑在一个客观的世界里，它生存和持续在一种特殊方式的信仰、风俗、宪法和政治法律里——它的全部制度的范围里——和作为它的历史的许多事变和行动里。这就是它的工作——这就是这个民族。各个民族都是从它们的事业造成的。每一个英国人将会说道：我们航行四海五洋，经营世界商业；我们统辖东印度群岛和东印度的富源；我们有议会、陪审制度等等。②

近现代英国的历史发展过程，是在葡萄牙、西班牙等国率先从事的海上探索道路中继续前行，并在海外殖民激烈竞争中的前行道路上，击败了西班牙、尼德兰、法国等同道之人，由此摇身一变成为近代西欧列强，并长期成为欧洲列强对外殖民扩张中的海上霸主。同时，英

---

① ［德］黑格尔：《历史哲学》，王造时译，上海书店出版社 2006 年版，第 66 页。
② ［德］黑格尔：《历史哲学》，王造时译，上海书店出版社 2006 年版，第 68 页。

国议会政治的形成过程，既发端于中世纪英国国王与封建贵族之间的纷争，也是针对近代英国商业资本主义发展的社会经济变化，由此因时而变逐渐形成。尽管如此，可是这一切在黑格尔看来，英国人在世界范围内的海洋航行与商业贸易、英国人占领东印度并获取东印度的财富、英国人创建的议会制度与陪审制度等纷纭历史变化，那是英国人的民族精神所做出来的"工作"。在黑格尔的论证逻辑中，民族历史的万千发展变化，已经成为其所注重的民族精神的外显与化身。所谓"问渠那得清如许，为有源头活水来"，黑格尔所注重的民族精神，也成了推动民族的客观历史犹如长河一般奔腾流淌的"源头活水"。

既然黑格尔所注重的民族精神，在广泛地主宰着与影响着客观历史，因此在黑格尔看来，主观历史领域中的历史认识与历史书写，千万不能就历史而谈历史，而是需要能够"体会"民族精神，能够"证明"民族精神推动民族以及民族国家历史的万般变化，黑格尔对此也详细论证道：

> 民族的宗教、民族的政体、民族的伦理、民族的立法、民族的风俗，甚至民族的科学、艺术和机械的技术，都具有民族精神的标记。这些特殊的特质要从那个共同的特质——即一个民族特殊的原则来了解，就像反过来要从历史上记载的事实细节来找出那种特殊共同的东西一样。所谓一种肯定的特殊性，在事实上构成了一个民族特殊的原则，就是我们必须从经验上去体会，从历史上去证明决定的一方面。①

黑格尔上述论述所说，"民族的宗教、民族的政体、民族的伦理、民族的立法、民族的风俗，甚至民族的科学、艺术和机械的技术，都具有民族精神的标记"，这实际上是黑格尔在继续论述民族精神在民族客观历史中各个领域的重要性。但黑格尔论述至此却强调，"反过来要从历史上记载的事实细节来找出那种特殊共同的东西一样"，这

---

① ［德］黑格尔：《历史哲学》，王造时译，上海书店出版社2006年版，第59页。

一论述，已经变化为针对主观历史领域中的历史书写，并直达黑格尔阐述历史哲学的最终学理演绎归宿。

在黑格尔看来，书写民族以及民族国家的历史，内容非常广泛，其中包括黑格尔已经列举的"民族的宗教、民族的政体、民族的伦理、民族的立法、民族的风俗，甚至民族的科学、艺术和机械的技术"等方方面面的历史。但无论涉及哪一方面的具体内容，却是万变不离其宗，都得呈现这些客观历史发展背后的民族精神，用黑格尔的话来说，这才是"从历史上记载的事实细节来找出那种特殊共同的东西"。所谓画虎画皮难画骨、知人知面难知心，作为哲学家的黑格尔为认识与书写民族历史提供的方法，也具体表现为黑格尔指明了认识与书写民族以及民族国家的历史，需要把民族精神的面貌与风骨刻画与呈现出来。黑格尔注重的民族精神，成为历史书写需要最终供奉的对象。

同时，黑格尔已经运用"家庭精神"作为比喻，说明了民族精神包含着民族意识、民族情感、民族伦理道德价值观念等具体内容。黑格尔的学理演绎，也具体表现为黑格尔指明了书写民族历史，需要呈现出民族意识、民族情感、民族伦理道德价值观念等思想观念，并传播给无数读史之人，由此生生不息、延续不断地作为思想观念基础与精神动力从事着民族客观历史的生产。这种学理演绎的最终结果，又再次回到了黑格尔所阐述的民族精神对于民族客观历史的重要性上来，由此绕了一个圈子，并形成一个密闭的学理循环系统。

因此，黑格尔阐释历史哲学，既一分为二，分别强调了民族精神在客观历史领域与主观历史领域的重要性；也合二为一，通过强调历史认识与历史书写能够呈现与建构出的民族精神，能够延续不断地作为精神动力从事着民族客观历史的生产，实现了民族精神在客观历史领域与主观历史领域的辩证统一。对于这种学理演绎的内在玄机与关键特征，马克思恩格斯在《德意志意识形态》的经典文献中就一言以概之，称之为"在'纯粹精神'的领域中兜圈子"。① 马克思恩格斯此

---

① 《马克思恩格斯选集》第一卷，人民出版社 2012 年版，第 174 页。

言，乃是一针见血、一语中的，高度凝练地概括了黑格尔阐释的历史哲学与唯心史观，是通过将历史划分成为客观历史与主观历史两个领域，再通过黑格尔注重的民族精神在客观历史领域与主观历史领域的兜兜转转，由此形成了一套循环密闭的学理演绎系统。这套循环密闭的学理演绎系统尽管极富哲学思辨，但始终不能脱离历史，而其从历史所上升到的哲学层面所表现出来的关键特征，却是马克思恩格斯所说的"在'纯粹精神'的领域中兜圈子"。

第二节　历史书写注重建构民族观念的
形成背景与向外扩展

一　从基督教神学历史观中的神意变化而来的民族精神

20 世纪德国哲学家雅斯贝尔斯认为，"在西方，历史哲学的基础在于基督教信仰。在从奥古斯丁到黑格尔的伟大著作中，这一信仰就是上帝在历史上的活动。上帝的启示活动是具有决定意义的事件"①。雅斯贝尔斯这一论述，说明了黑格尔阐释历史哲学所演绎的民族历史观相关学理，尽管被杜赞奇称之为"西方学术中的黑格尔传统"，但从形成渊源来看，这种学术传统的形成并非无源之水，其是萌生于古罗马晚期到中世纪晚期笼罩欧洲的基督教文明，并从欧洲中世纪基督教神学思想所支配的神学历史观变化而来。

两者之间的变化关键，则主要表现为黑格尔阐释的历史哲学，其是将欧洲中世纪神学历史观注重的神意，变化成为黑格尔注重的民族精神。按照欧洲中世纪基督教神学史观，人类所经历的历史尽管变化万千，但一切只不过是神意在世俗中的表现。在《历史哲学》一书的绪论中，黑格尔也解释道，"参透上帝的奥妙的就是'精神'"。② 黑格

---

① ［德］卡尔·雅斯贝尔斯：《论历史的起源与目标》，李雪涛译，华东师范大学出版社 2018 年版，第 7 页。

② ［德］黑格尔：《历史哲学》，王造时译，上海书店出版社 2006 年版，第 13 页。

尔此言说明其所注重的"精神",也犹如欧洲中世纪基督教神学史观注重的神意一般,能够成为冥冥之中支配万般历史的重要力量。认识与书写千变万化的历史,这按照欧洲中世纪基督教神学史观的解释,需要领悟神意,而按照黑格尔的历史哲学的解释,则需参透历史千变万化之中的民族精神,两者为认识历史与书写历史提供的方法,也如出一辙。其中黑格尔在《历史哲学》一书的绪论中也论述道:"我们必须热心努力地去认识'神意'的各种途径、它所用的手段和它从而表现它自己的各种历史现象,而且我们必须表明它们同上述普通原则间的联系。"[①] 此言也继续说明,在黑格尔阐释历史哲学的学理演绎中,上帝并没有死去,而是变化成为世俗之中的民族精神。

因此,黑格尔阐释的历史哲学,与欧洲中世纪长期盛行的基督教神学历史观,也是藕断丝连。黑格尔阐释历史哲学的根本学理演绎特征,是将其所注重的民族精神,视为由基督教宗教信仰中的神意发展而来,两者在延续不断地支配着万千历史变化。对于黑格尔阐释历史哲学与欧洲中世纪神学历史观之间的关系,20 世纪德国历史学家洛维特也评价道:

> 在黑格尔能够敢于把信仰的眼睛转化为理性的眼睛、把奥古斯丁所建立的历史神学转化为既不是神圣的也不是世俗的历史哲学之前,西方的思维需要走过一千五百年之久。历史哲学是一种值得注意的混合;救赎历史被投影到世界历史的层次上,而后者又被提高到前者的层次上。黑格尔的基督教把上帝的意志转化为世界精神,转化为"世界精神",转化为各种民族精神。[②]

洛维特的上述论述,同样说明了黑格尔阐释历史哲学所蕴含的民族历史观,是从欧洲中世纪基督教神学历史观转化而来,秉承了欧洲基督教神学历史观长达一千五百年的"西方的思维"。两者之间能够

---

① [德]黑格尔:《历史哲学》,王造时译,上海书店出版社 2006 年版,第 13 页。
② [德]洛维特:《世界历史与救赎历史》,李秋零、田薇译,商务印书馆 2016 年版,第 74 页。

串联起来的关键，在于黑格尔阐释的历史哲学所蕴含的民族历史观，是将欧洲中世纪基督教神学历史观注重的神意，继续变化成为民族精神，由此形成欧洲民族现代性建构与民族国家创建潮流中需要的民族历史观。两者之间的细微差异，也表现为欧洲中世纪基督教神学历史观根植于基督教的宗教信仰，由此认识历史与书写历史的历史学，沦为了神学的侍女，而黑格尔阐释的历史哲学是通过主观抽象的哲学思辨，再次将认识历史与书写历史的历史学变化成为哲学的侍女。

二　黑格尔注重的民族精神与 19 世纪德意志的民族国家创建

既然黑格尔阐释的历史哲学，将欧洲中世纪基督教神学历史观中的神意变化成为民族精神，那么黑格尔为何要在其晚年进行这种历史哲学的学理阐释？对此问题进行探索就得注意到，马克思批判黑格尔阐释的法哲学原理曾经指出，"理论在一个国家实现的程度，总是取决于理论满足这个国家的需要的程度"①。马克思此言，说明了黑格尔阐释的法哲学原理，是为了满足黑格尔所在时代的德意志历史发展需要。黑格尔阐释的历史哲学与唯心史观，也同样如此，其是服务于黑格尔所在时代德意志民族国家创建的时代需要。黑格尔阐释历史哲学所蕴含的民族历史观，尽管对广泛支配欧洲历史认识与历史书写的民族历史观，进行了一番深入系统的理论阐释，由此被杜赞奇称之为"西方学术中的黑格尔传统"，可是这种"西方学术"在其诞生时刻，首先具有鲜明的德意志民族特色，其是一种针对 19 世纪上半期德意志历史发展状况而阐释出来的民族历史观。

在后世学界的研究中，美国史学理论家伊格尔斯就认为，"黑格尔的历史哲学或许可以反映 19 世纪初德意志的特征，但它并不代表这个时期的历史思想"②。这说明杜赞奇所说的"西方学术中的黑格尔传

---

① 《马克思恩格斯选集》第一卷，人民出版社 2012 年版，第 11 页。
② ［美］格奥尔格·伊格尔斯、［美］王晴佳、［美］苏普里娅·穆赫吉：《全球史学史》（第二版），杨豫、［美］王晴佳译，北京大学出版社 2011 年版，第 110 页。

统"所蕴含的民族历史观，也如伊格尔斯 1968 年出版的《德国的历史观》一书的书名所示，其首先是一种"德国的历史观"。对于这种民族历史观在近现代德意志的盛行状况，伊格尔斯也感慨道："现代没有几个国家的职业历史学家曾经像 19 世纪和 20 世纪的德国历史学家那样在自己的研究中有意识地受到一种历史观的引导。"① 而对于这种在 19 世纪和 20 世纪的德意志极为流行的民族历史观的哲学根源，伊格尔斯也指出：

> 与法国、英国、美国的情况相比，我们有更充分的理由说德国历史研究中存在着一种主要传统。这一广泛的和具有不同表现形式的传统，由于其共同具有的德国唯心主义哲学根源而获得了一定程度的统一性。②

伊格尔斯的上述论述，说明了"共同具有的德国唯心主义哲学根源"，这是德国近代的民族历史书写发展成为一种学术传统的根基。由于黑格尔的《历史哲学》一书，对长期支配欧洲历史认识与历史书写的民族历史观，进行了一番深入系统的学理阐释，因此黑格尔也成为近代德国民族历史观共同具有"德国唯心主义哲学根源"的主要学理阐释者。伊格尔斯对德国历史观的研究，同样说明了杜赞奇所说的"西方学术中的黑格尔传统"，首先具有德意志的民族历史发展特色。这种学术传统尽管其表面上看来很悠久，但置之于历史长河，也犹如霍布斯鲍姆论述"传统的发明"所强调，"那些表面上看来或者声称是古老的'传统'，其起源时间往往是相当晚近的，而且有时是被发明出来的"③。杜赞奇所说的"西方学术中的黑格尔传统"，其是针对

---

① ［美］格奥尔格·G. 伊格尔斯：《德国的历史观》，彭刚、顾杭译，译林出版社 2006 年版，第 1 页。

② ［美］格奥尔格·G. 伊格尔斯：《德国的历史观》，彭刚、顾杭译，译林出版社 2006 年版，第 1 页。

③ ［英］埃里克·霍布斯鲍姆、特伦斯·兰杰编：《传统的发明》，顾杭、庞冠群译，译林出版社 2020 年版，第 1 页。

19 世纪德意志的历史发展而被发明出来的一种学术传统。

这种学术传统得以滋生的土壤，也在于黑格尔所生活的 19 世纪上半期，通过拿破仑战争的激发，德意志迫切创建统一的民族国家。这具体说来，在欧洲从古代希腊罗马、中世纪到近现代的"三段式"历史发展过程中，标志着欧洲从古代希腊罗马过渡到欧洲中世纪的民族大迁徙运动，也导致原始日耳曼人发生分化。作为原始日耳曼人一支的盎格鲁－撒克逊人迁徙到英格兰之后，以及作为原始日耳曼一支的法兰克人迁徙到罗马的高卢行之后，欧洲中世纪英格兰与法兰西的封建国家形态，逐步走向民族与国家的统一，以此作为原型，并继续通过 17 世纪英国的"光荣革命"与 18 世纪法国大革命的洗礼，近现代的英、法两国逐步形成了现代民族国家形态。在欧洲从中世纪的封建国家迈向近现代的民族国家的发展过程中，英、法两国快步地由欧洲中世纪封建主义的国家形态，向现代民族国家的国家形态迈进。

可是黑格尔所在的德意志的历史发展状况，却如马克思所说，"德国不是和现代各国在同一时候登上政治解放的中间阶梯的"。① 在英格兰、法兰西正在向现代民族国家迈进的过程中，德意志的历史发展却是另外一番面貌。其中 1618—1648 年的三十年战争，尽管是一场欧洲范围的国际战争，丹麦、瑞典、法国、西班牙等欧洲一众列强纷纷参加作战，可是德意志却沦为了主要战场。三十年战争的后果，则是继续延缓着德意志邦国林立、分裂割据的历史发展状态。在欧洲走出中世纪迈向近现代的历史发展过程中，德意志的民族统一与现代民族国家创建，也落后于英、法等国的现代民族国家创建的发展过程。

德意志长期邦国林立、分裂割据，这不仅导致德意志经济发展落后于英法等国，同时还容易招来外敌入侵，其中最为典型的就是 19 世纪初期拿破仑大军征服德意志。当 18 世纪晚期法国大革命中法兰西民众依靠法兰西民族的共同民族意识，一次又一次地击败了反法联军对法国大革命的干涉之后，19 世纪初期拿破仑大军征服德意志，也激发了德意志民族意识的觉醒。19 世纪初德意志的诸多哲学家，则是纷纷

① 《马克思恩格斯选集》第一卷，人民出版社 2012 年版，第 11 页。

著书立说，在近代德国创造出了伊格尔斯所说的"共同具有的德国唯心主义哲学根源"，由此在思想观念领域寻求变化，为德意志走出长期诸侯林立、彼此分裂割据提供思想观念基础。

这举例说来，早在拿破仑大军征服德意志期间，费希特就奋而发表《对德意志民族的演讲》。费希特的重要立论根据，也在于德意志长期邦国林立、分裂割据所形成的思想观念状况，乃是"任何一个人和任何一个神都没有再考虑过的民族事务"①。而走出德意志邦国林立、分裂割据的历史发展状态，创建统一的德意志民族国家，也特别需要在思想观念领域能够有所变化，需要从心系德意志往昔历史岁月中的封建领地与封建邦国，变化成为心系统一的德意志民族与德意志国家，由此为19世纪德意志历史发展亟须创建统一的现代民族国家，提供精神支柱与思想观念基础，并能与英格兰以及法兰西等欧洲率先成型的现代民族国家并驾齐驱。

在此时代背景之中，黑格尔阐释历史哲学尽管注重思想观念与民族精神，但却是服务于其所在时代德意志迫在眉睫的现代民族国家创建。黑格尔注重的民族精神，也成了黑格尔阐释历史哲学所蕴含的民族历史观的支柱。在《历史哲学》一书中，对于民族精神的最终寄托对象，黑格尔就特别强调，"人类具有的一切价值———一切精神的现实性，都是由国家而有的"②。黑格尔此言也说明其阐释历史哲学所注重的民族精神，需要寄身于19世纪德意志历史发展亟待创建的现代民族国家。

三　从精神现象学、法哲学原理到历史哲学之间的学理演绎

黑格尔阐释历史哲学主要是在其晚年，黑格尔阐释历史哲学的相关学理演绎，这与黑格尔在阐释历史哲学之前，已经对精神现象学与法哲学原理等领域所做出的深入研究，具有内在的学理连接关系。对于黑格尔的整个学术体系，恩格斯在《路德维希·费尔巴哈与德国古

---

① 梁志学主编：《费希特著作选集》第五卷，商务印书馆2006年版，第261页。
② ［德］黑格尔：《历史哲学》，王造时译，上海书店出版社2006年版，第36页。

典哲学的终结》中就指出：

> 精神现象学（也可以叫做同精神胚胎学和精神古生物学类似的学问，是对个人意识各个发展阶段的阐述，这些阶段可以看做人类意识在历史上所经过的各个阶段的缩影）、逻辑学、自然哲学、精神哲学，而精神哲学又分成各个历史部门来研究，如历史哲学、法哲学、宗教哲学、哲学史、美学等等——在所有这些不同的历史领域中，黑格尔都力求找出并指明贯穿这些领域的发展线索；同时，因为他不仅是一个富于创造性的天才，而且是一个百科全书式的学识渊博的人物，所以他在各个领域中都起到了划时代的作用。[①]

恩格斯的上述论述，指明了黑格尔整个学术体系中的各个领域，有着"贯穿这些领域的关键线索"。黑格尔晚年阐释的注重民族精神的历史哲学，最终寄托于19世纪德意志历史发展亟待创建的现代民族国家，这也是由黑格尔所阐释的精神现象学与法哲学原理发展而来，由此黑格尔的学术研究尽管多点开花，但却是殊途同归，彼此之间存在着一条历历贯通一线看分明的关键线索，并在19世纪德意志创建现代民族国家的时代浪潮中，做出了恩格斯评价黑格尔指明的，"他在各个领域中都起到了划时代的作用"。

这举例说来，黑格尔在《精神现象学》一书中论述诸般精神现象，诸多论述广泛集中于论述自我意识。但黑格尔论述的精神现象学，也并不是就精神论精神，就意识论意识，而是加上了民族作为前缀，由此已经将精神与意识具体落实为民族精神与民族意识。在《精神现象学》一书中，黑格尔就论述道：

> 作为现实的实体，这种精神是一个民族，作为现实的意识，它是民族的公民。这种意识，其本质是在单纯的精神中，其自我

---

① 《马克思恩格斯选集》第四卷，人民出版社2012年版，第225页。

确定性是在这种精神的现实中亦即在整个民族中，而且其真理性
也直接就在这里，所以它的真理性不在某种没有现实性的东西里，
而在一种实际存在着的和有校准的精神中。①

对黑格尔在《精神现象学》一书中广泛论述的自我意识进一步细
分，其还可以具体表现为自我的性别意识、地域意识、职业意识等多
种表现形式，可是《精神现象学》一书的上述论证却说明，这些各种
形式的自我意识，并不是黑格尔的重点关注对象。黑格尔上述论述所
说，"作为现实的一个实体，这种精神是一个民族"，这说明作为哲学
家的黑格尔所关注的精神，尽管由神意变化而来，但早在《精神现象
学》一书中，黑格尔已经将尘世中的民族，落实为由神意变化而来精
神的附身之体，由此黑格尔所注重的精神，已经不再犹如灵魂一般漂
浮游荡，而是有了自身的生存家园与托身之所。黑格尔上述论述所说，
"作为现实的意识，它是民族的公民"，这说明黑格尔反复论证的自我
意识，也并不是来无影、去无踪，而是需进驻"民族的公民"的内心
之中才能安营扎寨，由此形成民族国家中的公民必须具备的民族意识。
黑格尔在《精神现象学》一书中就精神论精神，就意识论意识，最终
是揭示出了民族精神与民族意识在民族以及民族国家所构成的现代社
会中的重要性。

既然在《精神现象学》一书中，黑格尔已经论证了其所注重的精
神与意识，是将尘世中的民族作为托付对象，那么《法哲学原理》一
书结尾部分的收官之论，黑格尔则论证了精神与意识并非只是简单地
将尘世中的民族作为托付对象，而是通过国家的法律、制度以及民众
的风俗而外显出来。黑格尔就详细谈道：

> 精神只有认识了自身以后才是现实的，作为民族精神的国家
> 构成贯串于国内一切关系的法律，同时也构成国内民众的风尚和
> 意识。因此，每一个民族的国家制度总是取决于该民族的自我意

---

① ［德］黑格尔：《精神现象学》下卷，贺麟、王玖兴译，商务印书馆1979年版，第8页。

识的性质和形成；民族的自我意识包含着民族的主观自由，因而也包含着国家制度的现实性。①

黑格尔这一论述，说明了其所注重的民族精神与民族意识，尽管极为抽象，但其却是心有所向、意有所指，最终指向了近现代人类历史逐渐形成的民族国家。民族精神与民族国家的法律、制度以及民众的风俗等之间关系，存在着一种内在精神与外在表现内外结合与相互统一的关系。在这种内外结合与相互统一的关系中，黑格尔所注重的民族精神与民族意识，尽管看不见、摸不着，可是按照黑格尔的解释，却是民族国家的内在灵魂，并外显于民族国家的法律、制度以及民众的风俗之中。

所谓"知今应知古、无古不成今"，黑格尔所注重的民族精神与民族意识，不仅如其探讨的法哲学原理所说，会通过"现实"中国家的法律、制度以及民众的风俗表现出来，而且"现实"中国家的法律、制度以及民众的风俗等，还是从历史的深处一路走来，并在以往历史岁月之中有迹可循、有史可证。既然如此，认识与书写民族历史，也得追寻往昔历史岁月中民族精神的具体表现与来龙去脉。黑格尔阐释的精神现象学、法哲学原理历史哲学之间的学理关系，也具体表现为黑格尔阐释的精神现象学，乃是将精神与意识落实到世俗之中的民族，由此发展为注重民族精神与民族意识；黑格尔阐释的法哲学原理，则是将民族精神与民族意识，具体落实到民族国家的法律、制度以及民众的风俗等现实表现；而黑格尔阐释的历史哲学，则是通过历史发展的古今相连，将黑格尔论述法哲学原理关注的民族精神与民族意识的现实表现，继续扩展到民族精神与民族意识的历史发展过程。

在现实与历史的古今相连之中，黑格尔阐释的历史哲学，尽管是论述历史，但也不完全是就历史而论历史，而是心有所系，其是心系19 世纪黑格尔所在时代的德意志的现实，并最终服务于 19 世纪德意志迫切需要创建现代民族国家的时代发展趋势。特别强调民族精神与

---

① ［德］黑格尔：《法哲学原理》，范杨、张企泰译，商务印书馆 1961 年版，第 331 页。

时代发展之间的关系，也构成了黑格尔在《历史哲学》一书的绪论的论述主旨，对此黑格尔就详细论述道：

> 国家、它的法律、它的设备是各分子的权利；它的天然形态、它的平原和高山、风和水是他们的国家、他们的祖国、他们外界的财产；至于这个国家的历史、他们的事迹、他们的祖先所产生的一切，属于他们而且存留在他们的记忆中。一切都是他们的所有，就像他们是为国家所有一样，因为国家构成了他们的实体，他们的存在。
>
> 他们的想象是被上述理想所占据了，他们的意志就是这些法律和这个祖国的意志。这种成熟的全体就是一个民族的本质，一个民族的精神。各个人民都属于它，只要他的国家在发展之中，每个人民都是它的时代的骄子。没有人逗留在后面，更没有人超越在前面。这个精神的"存在"就是他的，他就是它的一个代表，在它中间他诞生，他生活着。①

黑格尔的上述论述中所说，"这个国家的历史、他们的事迹、他们的祖先所产生的一切，属于他们而且存留在他们的记忆之中"，这需要通过认识与书写民族以及民族国家的往昔历史，并通过无数历史著作作为中介的文化传播，才能够在民族成员的内心之中形成，并形成"各个人民都属于它"的民族精神。既然如此，认识与书写民族以及民族国家的往昔历史，也犹如民族以及民族国家拥有"它的平原和高山、风和水"一样，乃是民族以及民族国家得以存在的重要构成内容。黑格尔的上述论述已经说明："一切都是他们的所有，就像他们是为国家所有一样，因为国家构成了他们的实体，他们的存在"。

由此可见，《历史哲学》一书中上述论述的学理演绎，也最终从历史回归到了现实，回归到了黑格尔的《法哲学原理》一书中关注的民族精神与现实之间的关系。后世欧洲历史学家克罗齐所说的"一切

---

① ［德］黑格尔：《历史哲学》，王造时译，上海书店出版社2006年版，第48页。

历史都是当代史"，也是黑格尔阐释历史哲学的学理演绎特色。黑格尔阐释历史哲学注重的民族精神，构成了黑格尔所在时代德意志的历史发展迫切需要的时代精神，为黑格尔所在时代的德意志走出邦国林立、分裂割据所需的民族国家创建，能够提供相应的精神支撑。

四 书写民族历史建构民族观念在世界各地的扩展

由于黑格尔阐释的历史哲学所蕴含的民族历史观，最终指向了其所注重的民族精神与德意志民族国家创建之间的密切关系，因此黑格尔阐述的历史哲学，尽管主要着眼于 19 世纪初德意志历史发展特殊情况，但其所阐释民族精神与现代民族国家之间具有密切关系的内在学理，却能够适应整个欧洲走出中世纪并逐步创建近现代民族国家的历史发展潮流。黑格尔历史哲学学理阐释，不仅为 19 世纪初期邦国林立、分裂割据并招致外敌入侵的德意志历史发展所亟须，而且对于 19 世纪初期现代民族国家形态已经成型的英法等国来说，同样具有相应的经世致用之功。

这具体说来，欧洲英、法两国尽管各自经历了 17 世纪"光荣革命"与 18 世纪法国大革命等"革命的年代"的洗礼，并在 19 世纪初已经形成现代民族国家形态，可是英、法等国率先向现代民族国家道路迈进，有着一个思想观念急遽变化的过程。对此，19 世纪晚期法国社会心理学家古斯塔夫·勒庞就观察到，"真正的历史大动荡，并不是那些以其宏大而暴烈的场面让我们吃惊的事情。造成文明洗心革面的唯一重要的变化，是影响到思想、观念和信仰的变化"[1]。

因此，到了 19 世纪晚期，纵然英、法等国的现代民族国家已经成型，但依然需要黑格尔所注重的民族精神所囊括的民族意识、民族情感以及民族伦理道德观念等思想观念，为英、法等国的现代民族国家提供精神支柱与思想基础。杜赞奇所说的"西方学术中的黑格尔传

---

[1] ［法］古斯塔夫·勒庞：《乌合之众——大众心理研究》，冯克利译，中央编译出版社 2005 年版，"导言：群体的时代"，第 1 页。

统"所蕴含的民族历史观，也不仅仅是针对19世纪初期德意志历史发展而形成的一种"德国的历史观"，而是能够适应整个欧洲走出中世纪封建社会并逐步创建近现代民族国家的一种历史观。

而近现代逐渐发展成为现代民族国家形态的欧洲列强，还在亚、非、美洲等世界各地广泛从事殖民扩张活动。这激发了世界各地诸多民族自在实体的民族自觉意识觉醒，也犹如拿破仑大军入侵德意志激发了德意志民族意识觉醒一样，由此形成的思想观念巨大变化以及引发世界范围内的现代民族国家建构，也不仅仅局限于欧洲，而是扩展到世界各地。由此，黑格尔阐释历史哲学注重依靠历史书写建构民族精神的民族历史观，也从杜赞奇所说的"西方学术中的黑格尔传统"，逐渐发展成了近现代以来整个世界范围内的历史认识方法与历史书写方法。近现代以来的民族国家创建与历史书写之间的关系，也犹如当代美国社会学家赖斯·米尔斯所说：

> 在当今世界历史上，民族国家是一种主要的国家形式，同时，在每个人生活中，它也是一个重要的事实。民族国家曾经在不同程度上，以不同方式分解和构成了几大"文明"和世界各大洲。它们扩展程度和发展历程对于理解现代和当今的世界历史，都是一个重要的线索。①

米尔斯的上述论述，既阐述了历史进程中民族国家的重要性，也阐释了以民族国家为单位认识历史与书写历史的重要性。在由民族国家作为基本单位所构成的现代世界体系中，认识历史与书写历史需要以民族以及民族国家作为根本单位，当代诸多历史学家反思近现代以来的历史学的发展特征，对此已经进行了非常广泛的论述。例如，杜赞奇所说的"从民族国家拯救历史"，就是此中典型。杜赞奇对此的论述，也是开门见山，首先指明了在民族以及民族国家构成的现代社

---

① ［美］C.赖斯·米尔斯：《社会学的想象力》，陈强、张永强译，生活·读书·新知三联书店2005年版，第145页。

会中，"我们仍然很难撰写出不属于当代任何一个民族的历史"①。在具体论证过程中，杜赞奇还继续详细谈道：

> 没有主体，现代历史将毫无意义；主体在变，但不会消失。我们自己的历史实践表明：历史研究的主题可以不断翻新，如王权、国家、阶级、个人、身份认同群体等，但其心照不宣的参照系总是民族。我们从来不怀疑我们所学的历史就是中国、印度、日本或法国的历史。民族就是以这样的方式暗示专业与通俗的历史：它才是历史的支配主体。②

　　杜赞奇上述论述所说的"我们自己的历史实践"，并非指身处历史长河中的人们的所作所为，而主要是指历史学家从事的历史认识活动与历史书写活动。杜赞奇所说的，"我们从来不怀疑我们所学的历史就是中国、印度、日本或法国的历史"，也具体表现为人们经历的往昔历史，尽管丰富多样、姿态万千，可是以历史学家作为主体从事的历史认识活动与历史书写活动，往往是以"中国、印度、日本或法国"等民族国家作为主要的认识视角与书写单位。这也说明了在一个民族以及民族国家所构成的现代世界中，杜赞奇所说的"西方学术中的黑格尔传统"影响的民族历史观，也并非局限于黑格尔所在的西方，而是在世界范围内扩展，并广泛影响着近现代世界范围内无数的历史认识与历史书写。

　　除了杜赞奇之外，当代学界其他诸多历史学家，也做出了类似论述。例如当代日本裔美籍历史学家入江昭述说其从事历史学的毕生经历，也谈到了其青年时代到美国学习历史学，最初主要从事英国史研究，后来主要从事美国史与中国史研究。入江昭以个人从事历史学研究的切身经历现身说法，论述了近现代以来历史学研究，即使不断变化研

---

　　① ［美］杜赞奇：《从民族国家拯救历史——民族主义话语与中国现代史研究》，王宪民、高继美、李海燕、李点译，江苏人民出版社 2009 年版，第 1 页。
　　② ［美］杜赞奇：《从民族国家拯救历史——民族主义话语与中国现代史研究》，王宪民、高继美、李海燕、李点译，江苏人民出版社 2009 年版，第 28 页。

究对象，但也犹如现代社会中的个体总是归属于一定的民族以及民族国家一般，始终不能脱离研究民族以及民族国家的历史。对于其中的学理根源，入江昭也追溯到了黑格尔注重的民族精神与民族意识：

> 现代意义上的历史学发轫于 19 世纪的欧洲，彼时的"民族国家"正日益成为人类活动、政治经济、社会乃至文化等各个维度的基本单位，而历史学本身也被视为研究追溯民族国家如何演变与发展的一门学问。在这样的叙述框架之下，学者们非常重视政治、宪法、法律这些方面的研究，而与此同时，人们的日常生活、所思所想也作为一个民族历史的组成部分。这便是黑格尔所说的除民族意识之外，别无历史可言。①

入江昭的上述论述，也说明了在 19 世纪欧洲逐渐走向民族以及民族国家所构成的现代社会过程中，欧洲历史学广泛出现了以民族以及民族国家为单位认识历史与编纂历史，这成为"现代意义上的历史学"的重要特征。这与杜赞奇的相关论述相比较，也是异曲同工，共同揭示了欧洲近现代以来历史学发展变化与民族国家形成具有密切关系。同样，入江昭在探究民族历史书写内在原理的过程中，也强调了黑格尔所注重的民族意识在民族历史书写中的重要地位。

入江昭还认为，"以民族国家为中心的历史研究不仅流行于西方世界，同样也为致力于国族建构、建设现代国家的非西方世界所认可"②。入江昭此言，主要是说明了在近现代世界各地现代民族国家创建的历史浪潮中，形成的民族历史的书写方法，是由欧洲向世界各地扩展，由此广泛地支配着世界各地的历史书写。对此当代美国历史学家林·亨特同样论述道：

---

① ［美］入江昭：《全球史与跨国史：过去、现在和未来》，邢承吉、滕凯炜译，浙江大学出版社 2018 年版，第 2 页。

② ［美］入江昭：《全球史与跨国史：过去、现在和未来》，邢承吉、滕凯炜译，浙江大学出版社 2018 年版，第 2 页。

欧洲的历史写作原则不仅成为美国历史学家的黄金法则，更是世界各地史家竞相效仿的对象。南美、非洲和亚洲的学生纷纷前往欧洲接受历史学博士训练；西欧成为所有历史发展之范本；而欧洲发展起来的史学技术也影响了全球范围的历史写作。例如，面对欧洲帝国主义的挑战，中国、日本的历史学家也在努力追赶他们的欧洲同行。①

对于这种在近现代欧洲民族国家创建过程中形成的历史书写的具体方法与文化功能，林·亨特也谈道："法国、英国和德国的历史学家则忙于挖掘他们的政府档案，以加强法国、英国和相对年轻的德国（迟至 1871 年才完成统一）的民族凝聚力，日本史家则利用兰克的方法论证帝国传统是促进日本民族主义的一种方式。"② 林·亨特此论，一方面说明了"强调挖掘他们的政府档案"，这是近现代欧洲民族国家创建过程中广泛运用的历史书写具体方法；另一方面说明了近现代欧洲民族国家创建过程中形成的历史书写方法，在英国、法国、德国等欧洲国家则非常突出，其文化功用是为了形成民族国家内部所需的民族凝聚力，这种能够将民族凝为一体的思想观念，黑格尔已经将其概括为民族精神。

第三节　历史书写注重建构民族观念的当代学理演绎

一　注重历史学家书写民族历史心中所怀的民族自我意识

尽管杜赞奇、入江昭、林·亨特等当代西方学者，已经论述了黑格尔阐述历史哲学与唯心史观所蕴含的民族历史书写方法，在广泛地支配着近现代以来整个世界范围内的历史认识与历史书写，并对其中

---

① ［美］林·亨特：《历史学为什么重要》，李果译，北京大学出版社 2020 年版，第 56 页。
② ［美］林·亨特：《历史学为什么重要》，李果译，北京大学出版社 2020 年版，第 65—66 页。

的基本原理进行了更为丰富具体的学理演绎，可是深入分析相关的学理演绎，可以看出其中的众多论述，是在黑格尔阐释历史哲学与唯心史观的学理演绎基础上继续深化发展。

这具体说来，在黑格尔注重的民族精神之中，民族意识居于核心地位，民族意识与历史书写两者之间的关系，也成了黑格尔阐释的历史哲学与唯心史观所蕴含的关键问题。细究民族意识与历史书写之间的关系，大致可以分为两个方面。一方面，历史学家在认识历史与书写历史的过程中，本身就心怀深沉浓厚的民族意识，并将其变化成为历史书写中的涓涓文字；另一方面，在历史书写中已经呈现出来的民族意识，会通过历史著作的世代流传，继续传导给后世的无数读史之人，这会延续不断地建构着一个以民族意识为核心所生长出来的思想观念世界。民族意识与历史书写之间的这种关系，在黑格尔阐释历史哲学与唯心史观的过程中已经有所论述，而当代西方学界的众多论述，并没有从根本上摆脱黑格尔阐释历史哲学与唯心史观的这种学理演绎系统，也具体表现为其是在继续广泛论述相应学理。

先就历史学家书写历史的过程中本身就心怀民族意识来说，黑格尔阐述历史哲学的过程中，已经说明了书写历史，需要将黑格尔注重的民族精神呈现出来，这意味着黑格尔的历史哲学与唯心史观中蕴含的民族历史观，尽管为书写历史提供了方法指南，但其需要作为历史学主体的历史学家，先得在其内心之中，具备民族意识以及在此基础上所形成民族情感、民族伦理道德价值观念等思想观念，并将此变化成为历史著作中的千言万语，由此书写出相应的历史著作，这实则是一种思想与观念先入为主的历史书写方法。可是欧洲历史学自诞生以来，诸多历史学家已经广泛强调历史学中的历史书写活动，存在一个尊重史实、判断史实、再由此叙述史实的内在过程。历史学所注重的史实与哲学所注重的观念之间的关系，也是先有史实，再有观念。

尽管如此，黑格尔在《历史哲学》一书的绪论中，却对历史学家苦苦探索的史实置之不顾，而是将批评历史学学科方法的焦点，集中于强调历史学家针对史实所持的观念，黑格尔就说道：

我们不得不从历史上、经验上去研究历史。我们必须审慎的
一点，就是我们不要被职业历史家所左右，他们（尤其是在德
国，他们还拥有相当的权威）常常攻击哲学家，说他们把自己的
发明、先天的虚构，放在历史当中，但是他们自己就犯上了这种
毛病。①

黑格尔这一论述，涉及的是 19 世纪初期德意志学界中历史学与哲
学两种学科基本研究方法之争，并且说明了黑格尔所在的时代，德国
"拥有相当的权威"的历史学家，"常常攻击"德国的哲学家，"把自
己的发明、先天的虚构，放在历史当中"。黑格尔所说的哲学家的
"发明"，当属黑格尔所在时代的哲学家重点研究的各种思想与观念。
黑格尔批判近代德国的历史学家研究历史，"他们自己就犯上了这种
毛病"，也具体表现为近代德国的历史学家在其从事的历史研究与历
史书写之中，也是先有自己的思想与观念，再把自己心中所具有的思
想与观念"放在历史当中"。

作为毕生研究思想观念的黑格尔，在阅读其所在时代的德意志历
史学家书写的相关史书之中，自然能够洞悉相关历史著作所呈现的思
想观念风貌。黑格尔所说的近代德国历史学家先有的思想与观念，也
主要表现为民族意识为基础生长出的民族观念与民族主义思想，构成
了支配与主宰近代德国历史学家认识历史与书写历史的重要思想观念。
黑格尔就强调，这是"研究历史的出发点"。② 黑格尔这一论述，已经
说明近代德国的诸多历史学家是将其内心之中，具有的民族意识、民
族情感、民族伦理道德观念等思想观念，通过其所从事的历史书写，
变化成为其书写出来的历史著作中的无数文字叙述。

后世西方历史学家的相关研究，也说明了心怀民族观念与民族主
义思想为前提从事历史书写，这是 19 世纪德意志历史学发展呈现出来
的重要特征。这举例说来，20 世纪后期伊格尔斯在其所著的《德国的

---

① ［德］黑格尔：《历史哲学》，王造时译，上海书店出版社 2006 年版，第 9—10 页。
② ［德］黑格尔：《历史哲学》，王造时译，上海书店出版社 2006 年版，第 54 页。

历史观》一书中就指明，"19世纪时德国（其他国家也一样）对于历史的浓厚兴趣，是与正在上升的民族主义联系在一起的"①。同样，对于近代德国众多历史学家的历史书写特征，20世纪法国历史学家安托万·基扬的《近代德国及其历史学家》一书的开篇也指明，"历史方法是表达民族观念的主要手段，它不仅应用于政治史，同样也牵涉学术的各个分支"。②

伊格尔斯的《德国的历史观》与安托万·基扬的《近代德国及其历史学家》等历史学著作，主要是论述近现代以来德国民族历史观的发展状况。而杜赞奇论述其所说的"从民族国家拯救历史"，不再针对近现代德意志的历史书写，而是将眼光扩展到整个世界范围的历史书写，主要论述了近现代以来整个世界范围内的历史学家，也是心中怀有强烈的民族意识、民族情感、民族伦理道德观念等，并将其所汇合而成的思想观念，变化成为历史书写中的文字与言辞。在黑格尔注重的民族精神之中，民族意识居于核心地位，杜赞奇论述其所说"从民族国家拯救历史"，也是重点关注民族意识在历史书写中的重要作用。

其中杜赞奇论述其所说"从民族国家拯救历史"开篇就强调，"现代社会的历史意识无可争辩地为民族国家所支配"③。杜赞奇此言，说明了现代社会中的历史意识，广泛地受民族以及民族国家观念所支配，而在民族以及民族国家所支配的思想观念中，核心则是人们意识到自身所属民族以及民族国家的民族意识。作为黑格尔注重的民族精神内在核心的民族意识，也成为杜赞奇反思自身从事历史书写的重要关注对象。作为印度裔美国籍的杜赞奇，也拿其"生于斯长于斯的故乡印度"的个人经历来现身说法，由此论证民族意识支配历史学家从事历史书写的重要性：

---

① ［美］格奥尔格·G.伊格尔斯：《德国的历史观》，彭刚、顾杭译，译林出版社2006年版，中文版前言，第2页。

② ［法］安托万·基扬：《近代德国及其历史学家》，黄艳红译，北京大学出版社2010年版，第1页。

③ ［美］杜赞奇：《从民族国家拯救历史——民族主义话语与中国现代史研究》，王宪民、高继美、李海燕、李点译，江苏人民出版社2009年版，第1页。

虽然我的目标是批判作为历史主体的民族，但是我深切地意识到，至今还没有什么能完全代替民族在历史中的中心地位。且不谈别的，不论是作为历史学家，还是普通的个人，我们的价值观都是由民族国家所塑造的。毫无疑问，我之所以定期回到对我生于斯长于斯的故乡印度的有关研究，正是与牵系于民族的纽带有关。①

这说明杜赞奇尽管具有从事历史学研究的职业身份意识，但在这个职业身份意识的背后，还存在杜赞奇"生于斯长于斯的故乡印度"的民族身份意识。这种民族身份意识，会继续生长出热爱与忠诚于自身所属民族的民族情感与民族伦理道德价值观念。杜赞奇的职业身份意识与民族身份意识之间的关系，是杜赞奇"生于斯长于斯的故乡印度"的民族自我意识，支配着杜赞奇从事的历史研究与历史书写，"定期回到生于斯长于斯的故乡印度的有关研究"。杜赞奇的论述也说明了心系自身所在的民族以及民族国家，这是在民族以及民族国家所构成的现代社会中从事历史书写必须具备的自我意识。而这一内在原理，19 世纪黑格尔阐释历史哲学与唯心史观已经有所论述。

二　历史书写从建构民族精神变化为建构民族认同

既然杜赞奇的论证已经说明，其"生于斯长于斯的故乡印度"的民族自我意识，支配着其所广泛从事的历史研究，乃是"定期回到对于生于斯长于斯的故乡印度的有关研究"，对此又得继续追问，杜赞奇内心深处"生于斯长于斯的故乡印度"的民族自我意识，这在作为历史学家的杜赞奇内心深处，又究竟是如何萌生出来的？这一问题的答案，本身就蕴藏于杜赞奇所说的"西方学术中黑格尔学术传统"之中。

黑格尔阐释的历史哲学与唯心史观，之所以被马克思恩格斯批判为"在'纯粹精神'的领域中兜圈子"，这主要在于其是一个相互循

---

① ［美］杜赞奇：《从民族国家拯救历史——民族主义话语与中国现代史研究》，王宪民、高继美、李海燕、李点译，江苏人民出版社 2009 年版，第 4 页。

环、彼此绕圈子的学理演绎系统。黑格尔在《历史哲学》一书中的论证，也并非只是强调民族意识、民族情感、民族伦理道德观念等诸般思想观念，在广泛地影响与支配着历史认识与历史书写，而是已经论证了历史学家书写历史过程中所怀的民族自我意识，本身就是在此之前的历史学家的历史书写所建构出来的。按照黑格尔的学理演绎，杜赞奇的内心深处之所以会萌生"生于斯长于斯的故乡印度"的民族自我意识，这主要是因为杜赞奇作为一位历史学家，在从事历史研究的过程中饱读史书而萌生。

在《历史哲学》一书的绪论中，黑格尔论述其注重的以民族意识为核心的民族精神，之所以具有"在'纯粹精神'的领域中兜圈子"的学理演绎特征，在于其一方面阐述了书写历史对于建构民族精神能够发挥重要作用，另一方面阐述了依靠历史书写而建构出来的民族精神，又能继续作为世界历史重要精神动力。由此两环密闭，共同形成了一个"兜圈子"的学理演绎系统。其中强调书写民族历史能够建构黑格尔注重以民族意识为核心的民族精神，这是黑格尔阐释历史哲学与唯心史观的学理演绎过程的关键一环，对此黑格尔就论证道：

> "世界历史"在原则上可以全然不顾什么道德，以及议论纷纷的什么道德和政治的区分——"世界历史"不但要戒绝轻下判断，因为它包含的各种原则和必然的行为同这些原则的关系，对于上述事业便是充分的判断——而且要把个人完全置之度外，置之不论。因为"世界历史"所必须记载的，乃是各民族"精神"的行为，而"精神"在现实外界中具有的各种个别的形态，可以委之于各项专史的记载。①

黑格尔的上述论述，说明了认识历史与书写历史的眼光所及与记载内容，乃是"各民族'精神'的行为"，其中具体包括各民族在政治史、经济史、军事史、外交史等"各项专史"中的"各种个别的形

---

① ［德］黑格尔：《历史哲学》，王造时译，上海书店出版社2006年版，第62页。

态"。这内容繁多、散乱琐碎，对其进行认识与书写，还需别具慧眼，妙笔神书，需要在政治史、经济史、军事史、外交史等诸多领域，能够认识到与描绘出相应的民族精神。黑格尔阐释的历史哲学，也最终强调了民族精神在往昔历史中的发展状况与具体表现，这是认识历史与书写历史需要一线贯穿历历看分明的关键线索。

可以看出，在黑格尔阐释的历史哲学之中，认识历史与书写历史的历史学，也从欧洲中世纪基督教神学史观中曾经沦为"神学的侍女"，再次沦为黑格尔阐释其历史哲学注重的民族意识与民族精神的侍女。沦为民族意识与民族精神的侍女的历史书写，也需要犹如侍女一般能够有所作为，能够建构黑格尔注重的民族意识与民族精神。按照黑格尔阐释的历史哲学提供的方法指南，认识历史与书写历史尽管会面临千头万绪、难以述说等巨大困境，但这可以形散而神不散，可以依靠历史认识与历史书写，建构出黑格尔所注重的民族意识与民族精神。

按照黑格尔阐释历史哲学揭示的这一学理，作为历史学家杜赞奇的内心深处，之所以会形成"生于斯长于斯的故乡印度"等民族自我意识，这主要是杜赞奇通过阅读无数历史著作而形成。无数的历史著作的文化功能，也是"润物细无声"，能够潜移默化地建构着黑格尔注重的民族意识与民族精神。由此，杜赞奇所说"西方学术中的黑格尔传统"，对于历史书写与民族意识之间的关系，也表现为学理再次翻新。历史书写也并不仅仅局限于受以民族意识为核心的民族观念与民族主义思想所支配，而是历史书写本身就能够建构以民族意识为核心的民族观念与民族主义思想。在当代西方学界的研究中，德国历史学家斯特凡·贝格尔编纂的《书写民族——一种全球视角》一书，对此学理就进行了深入阐释。

该书的成书经过，首先是在 2005 年国际历史学会举办的悉尼大会中，贝格尔所说的"书写民族"，成为会议的重要讨论主题。此后贝格尔获得国际历史学会支持，汇集了欧洲、北美、南美、澳大利亚、印度、阿拉伯地区、东亚、非洲等地的历史学家，分别考察了世界各大洲的民族历史书写状况，并将相应研究成果编撰成为著作。贝格尔在该书的开篇详细论述道：

> 历史曾是建构民族与民族认同的一种关键因素。任何地方的民族创立者都赞同，他们的民族必须拥有一段历史——如果这段历史更长、更宏伟，则更好。创造民族的历史意识，被［人们］广泛地视作真正把民族感嵌入到广大民众心目中的最为重要的前提。同样，民族的种族化与神圣化也只能出现在历史与传统的背景中。但是，历史被用来创造民族认同一事，究竟是如何发生的？究竟在何时发生？究竟在何种情况发生？究竟由谁促成？在世界不同地区，手段是否完全不同？是否存在着一种有关民族历史的欧洲式宏观叙述，随后其他民族的所有叙述都是从中复制而来的？这本论文集便以全球视野讨论了上述问题，其内容涵盖了所有五大洲。①

贝格尔的上述论述，开篇就点明的"历史曾是建构民族与民族认同的一种关键因素"，这概括出了近现代以来整个世界范围内的历史书写特征。对此进行分析，首先，其中的"历史"一词，这和克罗齐所说的"一切历史都是当代史"以及柯林武德所说的"一切历史都是思想史"中的"历史"一词，也具有相似的内涵，其并不是指人类经历的往昔历史，而是指通过认识历史与书写历史而形成的一切历史著作。其次，贝格尔所说的"书写民族"中的"书写"，主要是指历史著作的书写，"书写民族"主要表现为以民族为单位书写历史，这在诸多历史著作中广泛存在。最后，"民族认同"的"认同"一词，在英文中是 Identity 一词，其本意是指人们的身份。人们意识到自身身份，这形成的是一种自我意识。只有自我意识形成之后，方才能够形成意愿、认可、承认等诸多心理活动，自我意识也成了身份认同中的关键内容。民族认同能够形成，也得首先形成民族自我意识。由此，民族自我意识不仅成为黑格尔注重的民族精神的内在核心，也成了贝

---

① ［德］斯特凡·贝格尔主编：《书写民族——一种全球视角》，孟钟捷译，浙江大学出版社 2018 年版，第 1 页。

格尔所说的民族认同的内在核心。

贝格尔所说的"历史曾是建构民族与民族认同的一种关键因素"，主要说明了历史著作中通过以民族为单位书写历史，这对于建构以民族身份意识为核心的民族认同能够发挥重要作用。这与杜赞奇认为"生于斯长于斯的故乡印度"的民族身份意识，激发其"定期回到生于斯长于斯的故乡印度的有关研究"相比较，贝格尔所说的"历史曾是建构民族与民族认同的一种关键因素"，乃是进一步揭示了杜赞奇心中所怀的"生于斯长于斯的故乡印度"的民族身份意识，本身是由诸多历史著作中以民族为单位的历史书写而建构出来的。

三　欧洲历史书写建构民族精神与民族认同的具体方法

既然贝格尔已经说明，"历史曾是建构民族与民族认同的一种关键因素"，那么认识与书写民族历史，又究竟是通过哪些具体的方法，变化成为贝格尔所说的"建构民族与民族认同的一种关键因素"。对此问题继续探索就得注意到，贝格尔所说的"历史曾是建构民族与民族认同的一种关键因素"，这主要是在欧洲历史学的发展过程中表现得特别明显。而黑格尔论述其所注重的民族精神的内涵，也通过运用"家庭精神"作为比喻，阐明了其所注重的民族精神，蕴含着民族意识、民族情感、民族伦理道德价值观念等具体范畴。因此，欧洲无数历史著作注重书写民族历史，这无论是用于建构黑格尔所注重的民族精神，抑或用于建构贝格尔所说的民族认同，也主要表现为能够建构民族意识、民族情感、民族伦理道德价值观念等具体的思想观念范畴。欧洲的历史书写作为一门技艺的长期发展，对此也发展出了众多的历史书写方法。

先就民族意识来说，以往欧洲的无数历史著作，广泛地通过以民族以及民族国家为单位书写历史，这能够让人们意识到自从民族生成以来，人类社会由无数民族构成，人们彼此之间有着民族归属差异，这是自古皆然，由此建构黑格尔所注重的民族意识。这种历史认识方法与历史书写方法，是通过回答"我们来自何处?"这个民族的历史起源问题，由此回答"我们是谁？"这个民族意识形成中的关键问题。书写民族的历史起源之后，还得继续具体书写民族的历史发展过程，这也继续能够使人们意识到现实社会中的民族，是从历史的深处一路走来，并经历了历史发展过程中的千锤百炼方才融合而成。这种历史认识方法与历史书写方法，则是继续通过回答"我们如何形成一个群体？"这个民族的历史发展过程问题，由此回答"我们是谁？"这个民族意识形成的关键问题。

民族自我意识形成之后，还会生长出民族情感与民族伦理道德价值观念。欧洲无数历史著作注重书写民族历史，其中还存在着无数具体方法，由此广泛地建构着民族情感与民族伦理道德观念。

一方面，就建构以民族自我意识为基础形成的民族情感来说，正如马克·布洛赫所说："不要以为真正的历史学家是不动感情的，无论如何，他还是有感情的。"① 同样，当代法国历史学家安托万·普罗斯特也强调："历史学家不可能完全冷漠、超然、不动感情。历史学家不可能无动于衷，否则就会写出死气沉沉的历史，这种历史什么都理解不了，也不会有谁对它感兴趣。"② 布洛赫与普罗斯特所说的历史学家书写历史过程心中自有的情感，其中就包含着历史学家对自身所在民族所寄托的相关情感。

以往欧洲众多历史著作书写民族历史发展过程，既在书写着欧洲往昔历史中诸如伯利克里、奥古斯都、查理曼大帝、路易十四、拿破仑、维多利亚等时代的繁荣兴盛，也在书写着欧洲往昔历史中古希腊城邦国家的衰落、罗马帝国晚期的"蛮族入侵"以及近现代欧洲众多民族经历的各种历史危难时刻，这所建构出来的民族情感具体表现，既有如《历史》一书中充斥着的"希罗多德式"的欣然惬意，也有如《伯罗奔尼撒战争史》一书中充斥着的"修昔底德式"的黯然神伤。欧洲众多历史著作书写民族历史，也是既有喜剧式的历史书写风格，

---

① ［法］马克·布洛赫：《为历史学辩护》，张和声、程郁译，中国人民大学出版社2006年版，第121页。

② ［法］安托万·普罗斯特：《历史学十二讲》，王春华译，北京大学出版社2012年版，第168页。

也有悲剧式的历史书写风格。这种历史书写方法，是欧洲相关历史学家将认识往昔历史所滋生的喜怒哀乐愁，继续变化成为欧洲诸多历史著作中的历史书写，由此欧洲相关历史著作中的文字叙述，也充斥着喜怒哀乐愁的五味杂陈，并通过其史学著作的流传，继续熏陶后世无数读史之人的情感世界。由此，写史之人与读史之人纵然时空有隔，但彼此之间却存在着情感共鸣。

另一方面，就建构以民族自我意识为基础形成的民族伦理道德价值观念来说，欧洲无数历史著作书写的民族具体历史发展过程，这能够让无数民族成员认识到自身的人生际遇，始终蕴含于民族的历史发展过程之中，这能够塑造黑格尔所注重的民族精神中蕴含着的民族伦理道德价值观念。同时，书写历史与编纂历史，也始终承担着惩恶扬善的文化功能，欧洲无数历史著作书写的民族具体历史发展过程，也广泛地书写民族历史中无数民族的著名人物及其历史事迹，这能够为民族成员的立身处世提供无数的楷模与典范，由此建构民族伦理道德价值观念。

因此，对于黑格尔阐释历史哲学过程中念念不忘的思想观念以及民族精神，欧洲以往无数历史学家在历史著作中通过叙述史实，由此塑造意识、陶冶情感与精神、构建思想与观念，早就已经成为黑格尔所注重的思想观念与民族精神的建造者。欧洲无数历史著作中的文字书写中所呈现出的思想与观念，也犹如无数小溪汇聚江河，汇聚而为黑格尔注重的思想观念世界与民族精神大厦。贝格尔所说的"书写民族"，强调"历史曾是建构民族与民族认同的一种关键因素"，这是将此过程系统地概括了出来。

将此与杜赞奇所说的"从民族国家拯救历史"进行比较，杜赞奇诸多论述，比较注重诸如民族意识、民族情感、民族伦理道德价值等一系列的思想观念，在广泛地支配与影响着人们认识历史与书写历史过程中心中所怀的思想观念。可是贝格尔论述其所说的"书写民族"，则是揭示了民族意识、民族情感、民族伦理道德价值观念等一系列的思想观念，并非藏在人心之中的神秘存在，而是首先通过历史著作中诸多历史书写方法将此建构出来，再通过史学著作供人阅读的文化传播，将史学著作中的思想观念，潜移默化地移入无数读史之人的内心之中。这说明了历史学家书写历史过程中心中所怀的民族意识、民族情感、民族伦理道德观念，本身就是依靠其经年累月阅读史书的史学积累而形成。

　　由此看来，当代西方学界从杜赞奇论述其所说的"从民族国家拯救历史"，到贝格尔论述其所说的"书写民族"，这种论述历史书写与民族观念之间关系的学理阐释发展过程，也犹如欧洲基督教文明中的人们，先是认为上帝创造了人类，再发展为认识到是人类创造了上帝的认识变化过程一般，其是先揭示了民族观念支配历史书写的重要性，再揭示了历史书写在民族观念的建构中竟然发挥着重要作用。这所揭示出来的内在学理，既广泛地存在于欧洲的众多历史书写之中，同时这种学理阐释的具体内容，也是黑格尔阐释历史哲学过程中的主要关注对象。而杜赞奇与贝格尔的相关论述，既揭示出了杜赞奇所说的"西方学术中的黑格尔学术传统"蕴含的相关内在学理，同时对此也有所批判。既然如此，杜赞奇所说的"西方学术中的黑格尔学术传统"蕴含着怎样的内在问题？这也可以运用黑格尔的《历史哲学》一书的具体历史书写内容作为例证继续探索。

第二章　黑格尔学术传统中的民族历史书写困境与变化

第一节　黑格尔书写欧洲民族之间战争历史的思想观念困境

一　书写欧洲民族之间战争历史建构民族精神

针对黑格尔阐释的历史哲学与唯心史观，林·亨特曾经谈道："德国哲学家黑格尔曾提出一个有影响力的进步模型，尽管存在明显缺陷，但仍然施展着巨大的思想能量。"① 林·亨特所说的黑格尔历史哲学存在的"明显缺陷"，这在黑格尔阐释历史哲学与唯心史观的具体演化过程中，也有着相应的具体表现。

这具体说来，黑格尔阐释历史哲学与唯心史观的学理论证过程，首先是注重思想观念，其次是注重思想领域中以民族自我意识为根基的民族精神，最后是注重历史书写应该呈现出黑格尔注重的民族精神。在此过程中，林·亨特所说的黑格尔历史哲学存在的"明显缺陷"，也主要表现为两个方面。一方面，黑格尔注重的民族精神，其是以黑格尔注重的自我意识为核心，这作用于黑格尔注重的思想观念领域，容易误入个体的自我中心主义、民族自我中心主义以及欧洲中心主义。另一方面，黑格尔注重的民族精神，其是以黑格尔注重的自我意识为

---

① ［美］林·亨特：《历史学为什么重要》，李果译，北京大学出版社2020年版，第118页。

核心，黑格尔阐释其所注重的自我意识，是依靠认知自我与他者之间的相对关系而形成，以此为前提形成的自我意识所继续生长出的思想观念，则是强调彼此之间的相互对立。这种彼此之间的相互对立，会表现在个体之间、民族以及民族国家之间，以及欧洲所在的西方与东方之间。这两方面的"明显缺陷"相存相依，导致黑格尔阐释的历史哲学尽管注重依靠历史书写建构民族精神，但其所建构出来的民族精神，却难以走出自我中心主义与特别强调对立冲突的双重困境。

由于黑格尔阐释历史哲学的学理演绎，最终强调了历史书写应该建构黑格尔注重的民族精神，这是对欧洲历史学注重书写民族以及民族国家历史这一重要史学特征的系统阐释，因此黑格尔历史哲学存在的上述两方面的"明显缺陷"，也广泛存在于欧洲众多用来建构民族精神的历史书写之中。其中能够对此进行说明的具体例证，则是《历史哲学》一书的绪论部分，黑格尔主要是进行理论阐释，而《历史哲学》一书的正文部分，黑格尔也从事了书写历史的史学实践，其中黑格尔就大量书写了欧洲民族之间的战争历史。对此进行分析，可以看出黑格尔书写欧洲民族之间战争历史所呈现出来的思想观念，既具有非常浓厚的自我中心主义特征，同时也特别强调其所注重的民族精神是通过彼此对立中所建构出来的。再对此继续探索，还可以看出黑格尔对于欧洲民族之间战争的历史书写特征，这并非黑格尔阐释历史哲学的理论分析所能够推演出来，而是根源于欧洲历史学自古代希腊诞生以来，就已经逐步形成并在后世继续发展壮大的历史书写传统。

早在古代的希腊罗马，欧洲众多氏族与部落逐步破茧成蝶并形成众多的民族，由此欧洲历史发展过程，也逐步发展到由诸多民族作为主体的历史发展阶段。在欧洲历史从氏族与部落发展成为民族的重要变化时刻，欧洲历史学也开始诞生并逐步发展。在欧洲历史主客观两侧彼此遥相呼应的过程中，不仅欧洲众多民族形成之后面临着的彼此之间的战争，这关系着欧洲众多民族的生死存亡，同时古代希腊罗马众多历史学家对欧洲民族之间战争的历史，也可谓情有独钟，并将此广泛地书之为文，记之为史。注重书写欧洲民族之间战争历史，这不仅是黑格尔《历史哲学》一书正文部分的重要书写内容，而且早在欧洲希腊罗马的古典时代，就已经发展成为欧洲历史学的重要特征与史学传统。其中当代德国历史学家穆启乐比较古代中国史学与古代希腊罗马史学各自的发展特征就谈道：

> 我们可以认为，战争在西方古代史诗与史学中位居于其中心，向观察者呈现的是激烈的一致运动，一连串连贯的事件。相应的，战争与作为其呈现媒介的连贯叙事有着天然的紧密关系。另一方面，中国早期文学和史学尤为关注的是历史中和平的一面。①

穆启乐所说的"战争在西方古代史诗与史学中位居于其中心"的历史书写特征，这在欧洲历史学发展过程中，存在着非常广泛的具体表现。例如，古代希腊历史学尚未形成之前出现的《荷马史诗》，既有历史记载，也有文学想象，乃是史与诗彼此交织。其中古代希腊人所经历的特洛伊战争的历史，也构成了《荷马史诗》中的重要书写内容。古代希腊历史学家希罗多德书写了《历史》一书，标志着欧洲的史诗发展为历史学，而古代希腊人经历的希波战争，则继续成为《历史》一书的主要内容，《历史》也被后世人们称之为希波战争史。而修昔底德编纂的《伯罗奔尼撒战争史》，同样是以古代希腊发生的伯罗奔尼撒战争作为主要的历史书写内容。

欧洲众多历史学著作记载着的战争，其性质也随着欧洲历史发展的变化而变化。这举例说来，古代希腊历史学尚未形成之前编纂的《荷马史诗》，记载着特洛伊战争的相关状况，此时欧洲广泛充斥着的是作为民族前身的氏族与部落，特洛伊战争是古希腊人作为一个民族尚未形成之前而发生的一场战争。此时欧洲的历史学尚未萌生，还停留于其诞生之前的史诗阶段。可是古希腊人作为一个民族形成之后，立即出现了希腊人与波斯人两个民族之间战争，希波战争也成了希罗多德编纂《历史》一书的重要内容。由此看来，欧洲历史学的诞生与

---

① ［德］穆启乐：《古代希腊罗马和古代中国史学——比较视野下的探究》，黄洋编校，北京大学出版社2018年版，第18页。

欧洲自民族形成之后出现民族之间的战争，两者之间的关系几乎是同步相随。

希罗多德书写了《历史》一书之后，后世欧洲众多历史学家书写的历史著作，对于欧洲历史中发生的诸多民族之间的战争，也是广泛地书之记之。继古代希腊罗马之后的欧洲中世纪，欧洲的历史学受基督教神学史观所支配，欧洲中世纪的战争主要表现为宗教信仰之间差异与争夺封建领地而引发的战争。到了近现代之后，欧洲的封建国家逐步发展成为现代民族国家，欧洲以往历史中发生的诸多民族之间的战争，也继续变化成为欧洲民族国家之间的战争，并且成为近现代以来欧洲涌现出的众多历史学著作的重要书写内容。欧洲历史学的发展，也汇聚成为一条颇具特色的史学史发展长河，其不仅形成了注重书写民族以及民族国家往昔历史的历史书写特色，而且还形成了注重书写欧洲民族以及民族国家之间战争历史的历史书写特征。

既然如此，那么欧洲史学史长河中形成的这种历史书写特色，这又究竟有何作用？对此问题进行探索则需注意到，20 世纪德国哲学家海德格尔在探讨"什么是思想"的过程中曾经谈道："'战争'与'和平'仍旧像野人们为了取火不断地摩擦的两块木头。"① 海德格尔此言，也说明了欧洲历史发展过程中无数哲学家所注重的思想，纵然特别重要，并极为抽象复杂，但思想的火花能够激发出来，还犹如钻木取火一般，需要点燃思想火花的原材料。其中欧洲以往历史中发生的无数战争，纵然是逝者如斯夫，但被欧洲众多历史著作广泛记载并世代传承，这所发挥的重要作用，也在于其能够成为海德格尔所说的"野人们为了取火不断地摩擦的一块木头"，由此传承着与激发着欧洲世世代代人们的所思所想，并成为欧洲思想史长河的重要内容。

欧洲以往历史中发生的无数战争，被欧洲众多历史著作广泛记载，其中传承着与激发着欧洲世世代代人们对此所思所想的具体内容，也随着欧洲以往历史中发生的战争的性质而变化。在欧洲的历史发展过程中，既充斥着氏族与部落之间的战争，也充斥着封建领主之间的战

---

① 《海德格尔文集·什么叫思想?》，孙周兴译，商务印书馆 2017 年版，第 96 页。

争，还有因宗教信仰差异而发生的战争，但民族以及民族国家之间的战争历史，却是欧洲众多历史著作的重要书写对象。这所传承着的所思所想的具体内容，既有早在古代希腊与罗马就已经萌生了的民族观念，也有欧洲近现代之后发展而出的更为系统与更为具体的形形色色的民族主义思想，其内容繁多、形式多样，对其进行具体描述并非易事，黑格尔阐述历史哲学，则将其总称为民族精神。在《历史哲学》一书中，黑格尔不仅大量书写了欧洲民族之间战争历史，而且还亲自示范，具体展示了书写欧洲民族之间战争历史对民族精神建构的重要性。

在《历史哲学》一书中，黑格尔不仅在该书的绪论部分，阐释了书写民族以及民族国家的历史，能够建构黑格尔注重的民族精神的内在原理，同时该书的正文部分，黑格尔已经从该书绪论部分的理论演绎，变化成为叙述已经发生的历史，主要叙述了从古代东方、到古典希腊罗马、再到日耳曼世界的历史发展过程。由此，黑格尔书写出来的历史，也犹如一条直线一般往前推进，其所在的日耳曼世界通过宗教改革等具体历史事件，已经广泛焕发出了黑格尔为之鼓与呼的民族精神，这成为黑格尔书写出来的线性历史的终点。黑格尔书写线性历史的过程之中，也花费了诸多笔墨，叙述了欧洲以往发生的诸多民族之间的战争历史。

再看黑格尔对于欧洲以往发生的诸多民族之间的战争的历史书写内容，可以看出黑格尔的历史书写，也颇具黑格尔作为一位哲学家所独具的历史书写特色。黑格尔所书写出来的历史，对于具体史实往往轻描淡写，黑格尔并不注重往昔历史岁月中人们的万般经历，而是特别注重将黑格尔自己的思想观念，注入其对于欧洲民族之间战争历史的书写之中，由此广发议论，在其历史书写中不断闪耀着思想观念的火花。而黑格尔书写历史的众多议论之中，也说明黑格尔书写出的欧洲民族之间战争的历史，始终闪耀着一个崇高的梦想。这个崇高的梦想，也并不是古往今来众多历史学家梦寐以求的求真求实，而是将欧洲民族之间战争的历史书写视为工具，由此尽力建构着黑格尔所注重的民族精神。

这举例说来，在古代希腊逐步形成为一个民族的过程中，遭遇了波斯帝国的入侵，古代希腊的斯巴达和雅典等众多城邦国家，以共同的希腊人的民族意识为基础，奋起反抗波斯帝国的入侵，这是古希腊历史学家希罗多德书写《历史》一书，就已经奠定了的历史书写风格，希波战争也成了古代希腊历史发展过程中的重要历史事件。黑格尔书写古代希腊的历史，也是开篇就将目光紧盯希波战争。但作为西方历史学重要开创者的希罗多德书写的《历史》一书，先是书写腓尼基人劫走伊奥，由此引发的一系列史实并最终引发希波战争，这对于后世阅读《历史》一书之人所产生的思想观念的影响，则是能够让人意识到古代的希波战争的爆发，远远没有人们想象的那么简单，而是具有深厚复杂的历史根源。寥寥数语，实在难以叙述清楚希波战争发生的根本原因。可是作为哲学家的黑格尔书写的希波战争的历史，却是寥寥数语，直接就说出黑格尔认识希波战争所持的思想观念："希腊人的世界历史的接触，便是和波斯人的接触；在这里边，希腊表现得最光荣。"①

此言也说明黑格尔书写历史，注重各民族的"世界历史接触"。但黑格尔眼中的各民族的"世界历史接触"，并非如希罗多德书写《历史》一书中开篇所说的腓尼基人与希腊人的商品交换活动，而是直接地将希波战争的战争冲突，作为"世界历史接触"的重要事件，并且认为希波战争中"希腊表现得最光荣"。由此看来，古代希腊人经历的希波战争，尽管犹如海德格尔所说的"野人们为了取火不断地摩擦的一款木头"，能够激发出人们所思所想的思想观念，可是这具体地表现在黑格尔的思想观念之中，则是黑格尔坚定地认为希波战争中"希腊表现得最光荣"的思想观念。这种思想观念也不仅为黑格尔所独有，而是会随着黑格尔《历史哲学》一书的广泛传播，由此构成了欧洲思想史长河中具体流淌着的思想观念。

既然如此，那么黑格尔又为何会坚定地形成希波战争中"希腊表现得最光荣"的思想观念？观诸黑格尔随后对于希波战的历史书写，则会看出这主要是在于黑格尔认为古代希腊人在希波战争中的表现，

---

① ［德］黑格尔：《历史哲学》，王造时译，上海书店出版社 2006 年版，第239页。

充分展现出了黑格尔所注重的民族精神。由此，客观历史纵然万般变化，但书写历史的人心中却自有一杆秤，黑格尔所注重的民族精神，则是黑格尔书写历史的主要衡量标准。古代希腊人反抗波斯大军入侵取得的军事胜利，也被黑格尔演绎成为其所注重的民族精神的胜利。在《历史哲学》一书的绪论中，黑格尔先注重思想观念再注重具体的民族精神的学理演绎，这也并非空谈学理，而是在《历史哲学》一书的正文部分，被黑格尔具体运用到了对于希波战争的历史书写之中。

黑格尔书写的希波战争，当做出了"希腊表现得最光荣"的总体评价之后，黑格尔对于希波战争的历史书写方法，也与诸多历史学家通过对具体事件进行详细描述有所不同，黑格尔只是简要叙述了希波战争的具体史实，此后则是纵论黑格尔自己对于希波战争所持的思想观念与主观看法，对于希波战争，黑格尔就详细议论道：

> 希腊便是这样地解除了那几乎使它覆灭的压力。不用说，更大的战争还在后头；但是这些战争不仅在各民族的历史记录里不朽，而且在科学和艺术的历史——一般"高贵的东西"和"道德的东西"的历史里长存。因为这些都是世界历史性的胜利；它们挽救了文化和"精神的"权力，它们使亚细亚的原则失掉了一切的力量。历来在其他场合，人们为一个伟大的目的牺牲了一切，已经不知有了多少次。英勇的战士为义务和国家而效命疆场，也不知有多少次了。然而我们在这里要惊羡的，不只是英勇、天才和精神，而是战争的内容——影响、结果，乃是这一类战争中所绝无仅有的。在其他的战争里，一种特殊的利益支配了一切；但是希腊人不朽的声名是正当的，因为他们挽回了那个崇高的事业。在世界历史上，决定一件事业的价值的，并不是形式上的英勇，并不是所谓交战国的是非，而是那个事业本身的重要性。……这场战争，以及参战各国后来的发展，乃是希腊最光辉的时期。希腊原则所包含的一切发展到了尽善尽美，这是大家所共同看见的。①

---

① ［德］黑格尔：《历史哲学》，王造时译，上海书店出版社 2006 年版，第 240—241 页。

　　黑格尔对于希波战争的上述论述，这与黑格尔书写希波战争的历史首先做出"希腊表现得最光荣"的总体评价，可谓首尾一贯。对于古代希腊人在希波战争中的表现，黑格尔使用了人类语言文字创造过程中发明出来的无数讴歌赞美之言。但所有这些讴歌赞美之言，都是在讴歌赞美古代希腊人在希波战争中所表现出来的民族精神，其中既包括古代希腊"人们为一个伟大的目的牺牲了一切，已经不知有了多少次"，也包括"英勇的战士为义务和国家而效命疆场，也不知有多少次了"。黑格尔所运用的上述讴歌赞美之言，也主要是为了说明希腊人在希波战争中展现出了民族精神所能达到的目标，既能够"挽回了那个崇高的事业"，也能够呈现"那个事业本身的重要性"，并最终形成黑格尔所说的"希腊最光辉的时刻"。

　　可以看出，历史书写需要"不虚美、不隐恶"，可是黑格尔书写的希波战争的历史，却对希波战争中希腊人的表现，极尽讴歌赞美之言辞。这种极尽讴歌赞美之能事的根源，也在于希腊人在希波战争中的相关表现，高度契合了黑格尔注重的民族精神。古代希腊人在希波战争的表现，也构成了黑格尔注重民族精神的具体例证。黑格尔书写的希波战争的历史，是从往昔历史中寻寻觅觅，选择性地寻找出了希波战争的具体史实作为论据，既是"史注六经"，也是"六经注我"，由此具体说明黑格尔注重的民族精神的重要性与合理性。

　　希波战争之后，古代希腊又出现了伯罗奔尼撒战争。从战争的性质来说，希波战争之前，古代希腊历史发展出现了众多的城邦国家，发展出了古代希腊人具有共同历史记忆、语言、生活地理区域等自在的民族实体，希波战争由此被广泛地视为一场古代希腊人与古代波斯人之间的一场民族战争，而古代希腊人经历的伯罗奔尼撒战争，却是一场古代希腊城邦国家之间的战争。针对古代希腊人经历的伯罗奔尼撒战争，黑格尔也详细议论道：

　　　　腐化的原则首先可以从外在的政治发展看得到——从希腊各国间的相互斗争以及城市内部各党派的相互火并看得到。希腊的道德已经使希腊无从形成一个共同的国家：因为各小国的互相分散、毫无团结，……这种统一的趋势虽然不难找到，可是根本的维系毕竟太薄弱了，一部分由于各国间的相互猜忌、相互争霸，而显出有解体动摇的危机。在伯罗奔尼撒战争中，这种敌意仇恨最后便普遍爆发出来了。[①]

上述论述说明，黑格尔书写的希波战争，极尽讴歌赞美的语言叙述之能事，但黑格尔书写伯罗奔尼撒战争，则充斥着无数的感伤之言与哀叹之词。之所以会出现这种历史书写风格的变化，则是因为黑格尔注重的民族精神，在古代希腊人经历的伯罗奔尼撒战争之中，已经发生了蜕变，变化成为黑格尔所说的"互相分散、毫无团结、相互猜忌、相互争霸"等。古代希腊人在希波战争中的表现，高度契合了黑格尔注重的民族精神，而古代希腊人在伯罗奔尼撒战争中的表现，则有悖于黑格尔注重的民族精神。古代希腊文明经历的从希波战争到伯罗奔尼撒战争的由盛而衰的历史，在黑格尔的历史哲学演绎中，也被演绎成为黑格尔注重的民族精神由盛而衰的历史。黑格尔注重的民族精神，是黑格尔心中自有的一杆秤，借此黑格尔书写出了从希波战争到伯罗奔尼撒战争等古希腊历史纷纭变化的孰轻孰重。黑格尔书写的古代希腊从希波战争到伯罗奔尼撒战争的历史，也是一正一负，黑格尔从正反两方面论证了其所注重的民族精神的重要性。

二　黑格尔揭示的自我意识形成机制与欧洲民族之间战争历史

在黑格尔以其所注重的民族精神作为标准的古希腊历史书写中，古代希腊人在与波斯人之间的希波战争中表现出来的民族精神，黑格尔高度讴歌赞美；而古代希腊城邦国家之间的伯罗奔尼撒战争，这所展现出来的民族精神的蜕变，黑格尔则极为感伤。由此看来，欧洲的往昔历史岁月中，尽管充满着无数打打杀杀的战争，可是唯有像希波战争那样的古代希腊人与波斯人之间的民族之间战争，方才能够充分

---

① ［德］黑格尔：《历史哲学》，王造时译，上海书店出版社 2006 年版，第 247 页。

激发出黑格尔所注重的民族精神。黑格尔的历史哲学研究，揭示了欧洲民族之间战争历史能够广泛激发民族精神的内在原理。

　　这具体说来，在黑格尔的历史哲学演绎中，黑格尔不仅注重思想、观念与精神，而且还特别注重自我意识的觉醒。在《历史哲学》一书的绪论中，对于自我意识觉醒后形成的精神世界状况，黑格尔也将其比喻为，"试想一个盲人，忽然得到了视力，看见灿烂的曙色、渐增的光明和旭日上升时火一般的壮丽"。①　按照黑格尔注重自我意识的学理阐释，现实社会是由无数个体所构成，由此形成现实社会中的人各有异，而在人各有异背后的思想观念世界之中，还存在着无数个体从自我出发而形成的心各有意。这也正如古代希腊诸多哲学家探讨世界本源，其中德谟克利特就认为肉眼看不见的无数原子成为物质世界的本源，黑格尔注重的觉醒的自我意识，也成了黑格尔注重的思想观念世界中的原子，其既能继续生长出思想观念世界中的喜怒哀乐等诸般情感活动，也能继续生长出思想观念世界中的忠诚奉献等伦理道德观念活动。

　　既然黑格尔所注重的自我意识，构成了黑格尔注重的思想观念的源头，自我意识成为思想观念世界中的"源头活水"，那么对此又得继续追溯自我意识得以形成的根源。黑格尔在《历史哲学》一书的绪论中，对自我意识的形成根源并没有进行详细论述，但在《精神现象学》一书中，黑格尔则对此进行了非常丰富翔实的具体论证。这举例说来，黑格尔就论证道：

　　　　自我意识有另一个自我意识和它对立；它走到它自身之外。这有双重意义，第一，它丧失了自身，因为它发现它自身是另外一个东西；第二，它因而扬弃了那另外的东西，因为它也看见对方没有真实的存在，反而在对方中看见它自己本身。②

　　黑格尔的上述论述，已经说明了自我意识的形成，需要有另一个

---

①　[德] 黑格尔：《历史哲学》，王造时译，上海书店出版社 2006 年版，第 95 页。
②　[德] 黑格尔：《精神现象学》上卷，贺麟、王玖兴译，商务印书馆 2013 年版，第 139 页。

自我意识与之彼此相对，需要"在对方中看见它自己本身"。没有他人的存在作为对照，人们难以形成心中的自我意识，自我意识来源于社会生活中自我与他者彼此之间的相对关系。为了说明此中原理，黑格尔在《精神现象学》一书中，也并不是囿于就意识谈意识，而是拿人们的现实生活状况来说理，具体运用了主奴之间的关系为例证，由此说明自我意识的形成，来源于自我与他者之间的彼此相对。按照黑格尔所说的主奴相对关系，主人的心中能够萌生出自身是主人的自我意识，这需要奴仆与之彼此相对；同样，奴仆的心中能够萌生出自身是奴仆的自我意识，这需要主人与之彼此相对。黑格尔在《精神现象学》一书中所说的主奴原理，也即一个自我意识的形成，需要认知彼此之间相对的基本原理。

丰富多彩的人类社会，不仅有着在黑格尔所说的主奴之间的彼此相对，而且有着在男人与女人、东方人与西方人、乡下人与城市人等多样多种形式的彼此相对。能够意识到自身是一个男人、一个东方人、一个乡下人的自我意识的形成过程，也在于能够认识到男人与女人、东方人和西方人、乡下人与城市人的彼此相对。人类社会中多样多种、形形色色的彼此相对，首先广泛地催生着人们意识到自身是男人或女人、东方人或西方人、乡下人或城市人等多种多样的自我意识。同时，这些多种多样的自我意识，还能够在黑格尔注重的思想观念世界中，继续生长出喜怒哀乐等诸般情感活动与忠诚奉献等伦理道德观念活动。可是即使在情感活动与忠诚奉献等伦理道德观念这一层面，也是情感寄托对象与价值奉献对象各有所属，并且还彼此相对，由此不仅现实世界中人各不同，同时思想观念世界中也是人心各异。黑格尔注重的依靠认知彼此相对而形成的自我意识，会生长出既存在着思想观念的根本差异，又存在着彼此对立的一个思想观念世界。

黑格尔注重思想观念，并通过主奴之间关系作为例证，继续阐述了作为思想观念根源的自我意识，需要依靠主奴之间的彼此相对，这种学理阐释发展到了20世纪，也得到了西方学界中诸多学者的广泛关注与不断拓展。这举例说来，20世纪法国著名学者波伏娃揭示的"女人是男人的他者"的女性主义研究，美国文学家萨义德从事的东方主义研究，以及英国马克思主义文艺理论家威廉斯从事的城乡关系研究，也是将男人与女人、东方人和西方人、乡下人与城市人彼此相对的关系揭示出来，由此再揭示这种彼此相对的自我意识为基础形成的思想观念状况，并继续阐释其对现实社会结构与人们现实社会生活的广泛影响。

除了男人与女人、东方人和西方人、乡下人与城市人之间的彼此相对之外，在黑格尔注重的民族精神中，作为民族精神内在核心的民族自我意识形成，也同样存在着黑格尔所说的"在对方中看见它自己本身"的形成过程。民族作为一个自觉实体的形成过程，首先需要通过认知其他民族的存在，并通过认知自我与他者的彼此相对关系，由此形成民族自我意识。通过认知民族之间彼此相对而形成的民族自我意识，还会继续生长出相应的民族情感与民族伦理道德价值。从自我意识发展到民族情感与民族伦理道德观念，也以现实世界中诸多的民族以及民族国家，各自作为相应的情感寄托对象与价值奉献对象，由此在情感领域与伦理道德领域，继续形成情感寄托对象与价值奉献对象各有所属的彼此相对。

因此，尽管欧洲往昔历史中充满着无数打打杀杀的战争，但像希波战争那样的古代希腊人与波斯人的民族之间战争，则成为激发黑格尔所注重的民族精神的典型历史事件。古代希腊人与波斯人之间爆发的希波战争，能够将希腊人与波斯人两个民族之间明显的敌我关系具体地呈现出来，由此激发出黑格尔注重的民族精神中的民族自我意识觉醒，这成为黑格尔揭示的自我意识形成需要依靠彼此之间相对的典型例证。欧洲往昔历史中发生的无数民族以及民族国家之间的战争，不仅能够广泛激发黑格尔注重的民族精神中的民族自我意识觉醒，在此基础上还能迸发出相应的民族情感与民族伦理道德价值观念，由此成为黑格尔所注重的民族精神的重要孵化器。

此中原理，不仅古代希腊与波斯之间的希波战争能够提供佐证，而且在欧洲历史发展过程中，也广泛充斥着类似的例证。这举例说来，中世纪晚期英法百年战争，这激发了英格兰人与法兰西人彼此有别的民族自我意识逐步萌生。到了近现代以来，欧洲反法联军干涉法国大革命，这激发了法国大革命中民族意识高涨，同时 19 世纪初拿破仑大军对德意志、意大利、西班牙等的对外征服，在欧洲大陆也是多点开花，广泛激发了德意志、意大利、西班牙等的民族意识觉醒。欧洲历史发展过程中广泛发生的民族之间的战争，成为黑格尔注重的民族自我意识形成需要依靠认知彼此相对关系的典型例证。

三 黑格尔书写历史遭遇自我中心与彼此相对的思想观念困境

在欧洲历史发展过程中，诸如希波战争、英法百年战争、欧洲反法联军干涉法国大革命，以及拿破仑对欧洲大陆的对外征服战争等，这能够激发黑格尔注重的民族自我意识。这种哲学原理在欧洲历史书写发展过程中的表现，也具体表现为欧洲无数历史学家将欧洲历史中发生的战争，乃是书之为文、记之为史，由此变化成为欧洲汗牛充栋的史学著作。其中的文字叙述，尽管能激发黑格尔注重的民族自我意识，但也滋生出了以自我为中心与注重对立冲突等思想观念。这种思想观念会随着欧洲相关史学著作的世代流传，而在黑格尔注重的思想观念领域世代传承。由此，欧洲的往昔历史尽管已经远去，但以自我为中心与注重对立冲突等思想观念，却在欧洲的思想观念史长河中不断流淌。

黑格尔的《历史哲学》一书，书写了无数欧洲民族之间战争历史，其中的文字叙述所流露出来的思想观念，也构成了能够对此具体说明的典型例证。这举例说来，对于希波战争中希腊人所表现出的民族精神，黑格尔的历史书写，极尽讴歌赞美之能事，这本身就是一种将古代希腊文明视为欧洲文化典范的自我意识流露。这种以欧洲的自我意识为根本前提所形成的精神活动与思维活动，在思想观念领域首先形成了一种欧洲自我中心主义的历史观，其尽管内容众多、表现多样，但其总体特征却是将认识历史的历史观，推向了囿于自我的洞穴困境之中。而能够将自我置于中心，还需他者作为参照，欧洲自我中心主义的历史观不仅以自我为中心，还特别强调欧洲历史发展与他者历史发展的彼此相对。

　　这举例说来，公元前 5 世纪欧亚两洲的希腊与波斯的历史发展，位于亚细亚洲的波斯帝国先征服了两河流域、北非以及小亚细亚的广大区域，并将帝国扩张的兵锋触及希腊，古代希腊人在小亚细亚的殖民活动，也不断向东扩展，双方彼此遭遇，由此希波战争爆发。黑格尔对此的历史书写，通过心怀一种将古代希腊文明视为欧洲文化典范的自我意识，一方面将古代波斯人的帝国扩张概括为"亚细亚原则"，① 另一方面古代希腊人在小亚细亚的殖民活动，则被有意识地转化成为古代希腊人反抗波斯帝国入侵的历史书写，并将古代希腊人反抗波斯帝国入侵概括为"希腊原则"。②

　　黑格尔书写希波战争所概括出来的"亚细亚原则"与"希腊原则"，既有一种将古代希腊文明视为欧洲文化典范的自我意识前提，同时也在思想观念中的意识世界之中，植入了"亚细亚原则"与"希腊原则"彼此相对的一种思维模型。黑格尔认为希腊反抗波斯帝国入侵，"它们使亚细亚的原则失掉了一切的力量"，同时还认为，"希腊原则所包含的一切发展到了尽善尽美"。黑格尔的这些评价，也说明了其所认识到的"亚细亚原则"与"希腊原则"的彼此相对，已经不再局限于意识领域，而是从意识领域上升到了情感领域与伦理道德观念价值领域。再看这些上升情感领域与伦理道德观念价值领域的具体表现，其依然是一种对"希腊原则"与"亚细亚原则"爱与恨、褒与贬等的彼此相对。

　　这种注重彼此之间相对关系而形成自我意识的学理阐释，将人类的精神活动与思维活动，推向了一种意识、情感、伦理道德价值观念各有所属，并且彼此相对的发展道路之中。由此，黑格尔注重的思想观念与民族精神，已经进入了"一切人反对另外一切人"的霍布斯丛林困境之中。这种通过希波战争的历史书写，展现出的"希腊原则"与"亚细亚原则"二元相对的历史认识表现以及在此基础上生长出的情感表现与伦理道德观念表现，这不仅存在于黑格尔的内心之中，而

---

① ［德］黑格尔：《历史哲学》，王造时译，上海书店出版社 2006 年版，第 240 页。
② ［德］黑格尔：《历史哲学》，王造时译，上海书店出版社 2006 年版，第 241 页。

且还通过黑格尔的《历史哲学》一书中对于希波战争的历史书写而流露出来，并通过黑格尔的《历史哲学》一书白纸黑字的世代传承，将黑格尔的认识、情感、伦理道德价值观念，传播于后世无数的读史之人。由此，历史发展尽管在时间长河中不断变化翻新，但远逝的历史却依然在熏陶着后世人心世界中的意识，以及情感、伦理道德价值观念等。

古代希腊的历史发展，在希波战争与伯罗奔尼撒战争之后，还出现了亚历山大东征的战争。继古代希腊文明之后的古代罗马，也发生了征服地中海周边世界其他民族之间的众多战争。与希波战争反抗波斯帝国的战争相比较，亚历山大东征以及古代罗马所发动的无数战争的性质，已经变化成为古代希腊与古代罗马进行对外征服的战争。黑格尔对亚历山大东征以及古代罗马所发动无数战争的历史书写，也再次显示了黑格尔亲自作为示范所做出来的历史书写，其所呈现的思想观念状态，一方面陷入了一种囿于自我中心的困境，另一方面陷入了一种彼此对立与相互冲突的困境。由此，历史书写中无数文字叙述所呈现出来的思想观念，也犹如置于笼子中的凶猛野兽，既陷入了困于自我的笼子之中，又表现出了一种注重对立冲突的好斗特征。两者举案齐眉，携手并行，将历史书写推向了一种既以自我为中心又特别强调对立冲突的双重困境。

其中黑格尔书写亚历山大东征，以及古代罗马所发动的征服地中海周边世界其他民族之间的无数战争，沿袭着黑格尔书写希波战争与伯罗奔尼撒战争所怀的思想，依然是以黑格尔注重的民族精神作为根本前提与评判标准。可是黑格尔对此的历史书写所展现出的民族精神，既是以奉希腊罗马为古典的欧洲自我意识为中心，也对其所展现出来的对立冲突继续极尽讴歌赞美之能事。黑格尔讴歌赞美古代希腊人反抗波斯帝国入侵所表现出来的民族精神，在亚历山大东征以及古代罗马征服地中海周边世界其他民族之间的战争中，也变化成为讴歌赞美亚历山大东征与古代罗马对外武力征服的丰功伟绩。由此，黑格尔的历史书写，继续在既以自我为中心又特别强调对立冲突的道路中前行。

对于率领大军远征东方的亚历山大，黑格尔就评价为："能够卷舒自如，像碧空的一轮皓月，无挂无碍地穿过天空一样。"① 对于亚历山大的军事才能，黑格尔也认为，"他的行军部署、作战临阵中表现的军事天才和一般用兵的策略，永远是值得我们赞叹的"②。波斯大军远征希腊与亚历山大远征东方而相对比，希腊人反抗波斯人的战争胜利，被黑格尔视为"世界历史性的胜利"，而亚历山大远征取得的巨大军事成就，则被黑格尔比喻为"皓月当空""值得赞叹"。同样，对于古代罗马发生的诸多征服地中海周边世界其他民族之间的战争，黑格尔也认为：

> 罗马对于其他各民族的关系，纯粹是武力的关系。罗马人当时不肯尊重各民族的个性，恰和现代的情形不同。各个民族在当时还没有被认为是合法的；各个国家还没有相互承认为本质的存在。③

黑格尔的上述论述说明，古代罗马征服其他民族的战争，黑格尔已经承认那是"武力的关系"，但在黑格尔的学理论证中，这却被黑格尔解释为"各个民族在当时还没有被认为是合法"，这是黑格尔在努力为古代罗马征服其他民族的战争寻找合理性。黑格尔阐释的历史哲学与唯心史观，尽管蕴藏着一套民族历史观的内在学理阐释，并力求为历史认识与历史书写提供一套方法指南，可是这套民族历史观的内在学理阐释与方法指南，首先误入了一种欧洲自我中心主义的思想观念的藩篱与陷阱之中。诸如希波战争、亚历山大远征、以及古代罗马征服其他民族的战争，这尽管都是属于古代社会中广泛发生的对外征服其他民族的战争，可是黑格尔的历史书写中，却从讴歌赞美古代希腊人反抗波斯帝国入侵所表现出来的民族精神，变化成为讴歌赞美亚历山大东征与古代罗马对外武力征服的丰功伟绩。这种历史书写，是既虚"古典希腊罗马之美"，也隐"古典希腊罗马之恶"，其根源则

---

① ［德］黑格尔：《历史哲学》，王造时译，上海书店出版社 2006 年版，第 253—254 页。
② ［德］黑格尔：《历史哲学》，王造时译，上海书店出版社 2006 年版，第 254 页。
③ ［德］黑格尔：《历史哲学》，王造时译，上海书店出版社 2006 年版，第 288 页。

是黑格尔将古代希腊与罗马视为欧洲古典文化根源的自我意识。

同时，诸如希波战争、亚历山大远征，以及古代罗马征服其他民族的战争，这尽管是属于古代社会中广泛发生的民族之间的战争，可是黑格尔对此的历史书写，却从讴歌赞美古代希腊人反抗波斯帝国入侵所表现出来的民族精神，变化成为广泛赞美亚历山大远征东方与古代罗马征服其他民族的战争所取得的丰功伟绩。对于亚历山大远征东方与古代罗马征服其他民族的战争，由此引发的被征服其他民族的反抗，在黑格尔的历史书写中则是视而不见、存而不书。这也说明黑格尔书写的历史，不仅陷入了一种欧洲自我中心主义的思想观念的藩篱与陷阱之中，而且还陷入了一种由欧洲自我中心主义生长出来的双重认识标准困境。

可以看出，尽管黑格尔阐释的历史哲学注重思想观念与民族精神，这为现代社会的民族现代性建构与民族国家创建提供了思想观念基础与精神支柱，但这种思想观念基础与精神支柱，既是以自我为中心，又是强调自我与他者之间的彼此相对，两者合二为一，由此成为黑格尔注重的思想观念领域与精神世界中的根本性问题。这不仅为一个民族以及民族国家所构成的现代世界体系，制造出了无数思想观念困境与精神困惑，同时还广泛弥漫于欧洲的众多历史书写之中。黑格尔的《历史哲学》一书对于欧洲民族之间战争的历史书写，成为这种思想观念双重困境的典型例证。

这种各自以自我意识为前提而形成的凸显自我与漠视他者的双重认识标准，其是两种思想观念的彼此相对，首先会在黑格尔所注重的思想观念世界，出现"一切人反对另外一切人"的霍布斯丛林困境，由此为 20 世纪上半期欧洲成为两次世界大战的重要战场提供思想观念根源。20 世纪特别是第二次世界大战以后，对此进行反思也成为欧洲众多学者的重要研究内容。先就黑格尔所注重的自我意识所滋生出的欧洲自我中心主义史观来说，当代德国学者弗兰克在《白银资本》一书中就谈道：

近现代历史，包括早期和晚期近现代历史，是由欧洲人制造出来，按照布罗代尔的说法，正如历史学家所"知道"的，欧洲人"以欧洲为中心组建了一个世界"。这就是欧洲历史学家的"知识"，而正是他们"发明"了历史学，然后又充分利用了它。人们甚至没有丝毫想到，也许还有另一条相反的道路，也许是世界创造了欧洲。①

弗兰克的上述论述，引用了法国年鉴学派布罗代尔的看法，总体上概括了欧洲无数历史著作之中广泛弥漫着欧洲中心主义史观的总体特征及其具体表现。弗兰克强调，"也许还有另一条相反的道路，也许是世界创造了欧洲"，这是为历史书写能够超越欧洲自我中心主义提供了新的思路与视野。第二次世界大战之后欧洲历史学发展过程中所涌现出的众多历史著作，也出现力图能够超越欧洲自我中心主义史观的历史书写特征。弗兰克所说的"以欧洲为中心组建了一个世界"的这种欧洲中心主义史观，在思想观念领域内表现为不仅囿于自我，而且还特别强调自我与他者的彼此相对，由此即使近现代人类历史中通过武力征服世界各地的欧洲殖民者，也如当代英国著名历史学家基尔南所说，"只是西欧自认是唯一的文明地区；此信念之坚强即便是这些欧洲渣滓，七海浪子都作如是观。加上这些冒险客无法无天，隧更认为此信念千真万确。西方人的一切作为都必然'文明'。"②

欧洲中心主义史观在思想观念领域内不仅囿于自我，而且还特别强调自我与他者的彼此相对，这不仅仅成为影响近现代人类历史中的东方与西方之间关系的重要思想观念，而且黑格尔所注重的思想观念领域中的自我意识，还会具体变化成为欧洲自身内部诸如英格兰、法兰西、德意志等的民族自我意识。黑格尔阐释的自我意识形成的彼此相对，也会化身为英格兰、法兰西、德意志等的彼此相对以及激烈冲

---

① ［英］贡德·弗兰克：《白银资本——重视经济全球化中的东方》，刘北成译，中央编译出版社 2011 年版，第 3—4 页。

② ［英］维克托·基尔南：《人类的主人——欧洲帝国时期对其他文化的态度》，陈正国译，商务印书馆 2006 年版，第 26 页。

突。对于这种学术传统的学理演绎特征及其所造成的后果，当代美国历史学家帕特里克·格里就批判道："这个伪科学已经把欧洲摧毁了两次，还有可能会摧毁第三次。"① 既然如此，无论是历史学家从事历史书写的史学实践活动，抑或对此进行理论研究的历史观阐释，也需如格里所强调："我们历史学者需要同蒙森和库朗日一样，承认我们的专业在面对当前时代的问题时，是具有局限性的。"② 这种学术研究的变化，已经不再是在杜赞奇所说的"西方学术中的黑格尔传统"继续前行，而是针对其中存在着的问题进行深刻反思。

第二节　当代西方民族理论研究诉诸历史反思民族观念

一　20世纪后期兴起的民族理论研究再次注重思想观念

在当代西方学界，不仅历史学研究中兴起了一股对欧洲中心主义史观进行深刻反思的学术研究发展趋势，同时在20世纪后期西方学界，还兴起了一波新兴的民族理论研究。两者的共同之处，都展现出了力求突破杜赞奇所说的"西方学术中的黑格尔传统"的学术研究发展趋势。两者的具体差异，则表现为历史学研究对欧洲中心主义史观进行反思，主要是指向了黑格尔阐释历史哲学与唯心史观所注重的自我意识，而20世纪后期西方学界兴起的新兴民族理论研究的反思对象，则集中于黑格尔阐释历史哲学与唯心史观所注重的民族精神所蕴含着的思想观念问题。

对于20世纪后期西方学术界兴起的一波新兴民族理论研究，霍布斯鲍姆在梳理了相关研究状况之后就认为，"最能掌握民族与民族运动及其在历史发展上所扮演角色的著作，当推自1968年至1988年间所发表的相关文献，这二十年的表现较之之前的任何四十年间都来得

---

① ［美］帕特里克·格里：《民族的神话：欧洲的中世纪起源》，吕昭、杨光译，广西师范大学出版社2022年版，第15页。

② ［美］帕特里克·格里："作为公共知识分子的历史学者"，张画莎译，［美］帕特里克·格里著，罗新主编《历史、记忆与书写》，北京大学出版社2018年版，第26页。

辉煌"①。在霍布斯鲍姆所说的自1968年至1988年期间，最为突出的是1983年，盖尔纳、霍布斯鲍姆以及安德森三人各自出版了一本民族理论研究著作。这三本著作各具特色，其中的众多论述，也犹如石头投入水中激发出无数涟漪，在当代西方学术界激发了广泛探讨与无数争论。这三本著作出版的1983年，也被当代德国学者乌尔里希·维勒称为当代国际学术界中民族与民族主义研究的"奇迹之年"。维勒对此详细谈道：

> 新兴的民族主义研究自上世纪80年代初以来，与之前的观念出现重大分野。它的"奇迹之年"，准确而言是在1983年。在这一年，关注民族主义问题的，分别由恩斯特·盖尔纳、本尼迪克特·安德森、艾瑞克·霍布斯鲍姆所写，且最具轰动效应的三本书同时出版。自此，民族主义开始在国际性的历史和社会学研究中发挥着令人惊异的作用。②

　　维勒上述论述中所说，"自此，民族主义开始在国际性的历史和社会学研究中发挥着令人惊异的作用"，这具体表现在历史学研究中，当代历史学研究中出现的杜赞奇论述的"从民族国家拯救历史"，以及斯特凡·贝格尔论述的"书写民族"，也可以称得上维勒所说的"新兴的民族主义研究"影响当代历史研究的具体例证。

　　这举例说来，在20世纪后期新兴的民族理论研究中，安德森将民族概括为一个"想象的共同体"，这在当代西方学界的人文社会科学研究中引发了激烈争论。这种将民族概括为一个"想象的共同体"的民族理论研究，影响到杜赞奇论证其所说"从民族国家拯救历史"的史学理论研究，也具体表现为杜赞奇在论证其所说的"从民族国家拯救历史"的过程中，也在广泛探讨"想象的民族：谁想象？想象什

---

① ［英］埃里克·霍布斯鲍姆：《民族与民族主义》，李金梅译，上海人民出版社2000年版，第3页。

② ［德］汉斯－乌尔里希·维勒：《民族主义：历史、形式、后果》，赵宏译，中国法制出版社2013年版，第4页。

么?"等问题。① 同样,斯特凡·贝尔格论证其所说的"书写民族",开篇就强调"历史曾是建构民族与民族认同的一种关键因素"。斯特凡·贝格尔在此所说的民族认同,这是 20 世纪后期西方学术界兴起的民族理论研究中广泛运用的一个重要语言概念分析工具。民族认同这个语言概念所指涉的具体对象,蕴含着黑格尔注重的民族精神所指涉的民族意识、民族情感、民族伦理道德价值观念等具体范畴,其是力图描述黑格尔注重民族精神力求表达的万众一心、众志成城等思想观念状况与精神面貌。

而对于 20 世纪后期西方学术界兴起的民族理论研究特征,维勒也总结道,"它确立了民族主义在思想观念范畴以及同一性建构过程中的优先性"②。维勒的这一论述,说明了 20 世纪后期西方学术界兴起的一波民族理论研究,尽管声势浩大、争论难休,但大致说来却具有两方面的主要研究特征,即一方面高度关注民族主义作为一种思想观念的重要性,另一方面则是高度关注民族认同的具体建构过程。总的说来,这两方面的研究特征,并没有脱离杜赞奇所说的"西方学术中的黑格尔传统",而是在此学术传统中继续深化发展。

先就维勒所说的"确立了民族主义在思想观念范畴的优先性"来说,在 20 世纪后国际学术界的民族理论研究中,盖尔纳、霍布斯鲍姆、安德森以及安东尼·史密斯等众家之说,可谓各有特色,彼此之间的争论也非常激烈。其中既有盖尔纳与史密斯师徒之间,彼此认为对方"仅仅是说对了一半"的激烈争论,③ 也有安德森、史密斯等人,对霍布斯鲍姆的诸多论点进行激烈批评。尽管如此,这种公说公有理、婆说婆有理的众说纷纭与激烈争论,还是存在一个最大的公分母,即对于民族观念与民族主义思想作为一种思想观念拥有的巨大威力,却是

---

① 　[美]杜赞奇:《从民族国家拯救历史——民族主义话语与中国现代史研究》,王宪民、高继美、李海燕、李点译,江苏人民出版社 2009 年版,第 5 页。

② 　[德]汉斯－乌尔里希·维勒:《民族主义:历史、形式、后果》,赵宏译,中国法制出版社 2013 年版,第 6 页。

③ 　[英]爱德华·莫迪默、艾伯特·法恩主编:《人民·民族·国家——族性与民族主义的含义》,刘泓、黄海慧译,中央民族大学出版社 2009 年版,第 57 页。

诸家所公认。盖尔纳、霍布斯鲍姆、安德森、史密斯等人在其著述中，就各自论述了民族观念与民族主义思想作为一种思想观念的巨大威力。

而强调思想、观念、精神以及具体的民族精神在客观历史中的重要性，这正是黑格尔阐述历史哲学的重要内容。由此看来，20世纪后期西方学术界兴起的一波民族理论研究，尽管被维勒称之为"新兴的民族主义研究"，但如维勒所说，其"确立了民族主义在思想观念范畴的优先性"，并高度注重民族观念与民族主义思想作为一种思想观念的巨大威力，这种研究特征并不"新兴"，其依然具有黑格尔阐述历史哲学强调思想观念重要性的研究特征，其是在杜赞奇所说的"西方学术中的黑格尔传统"中继续前行。

再就维勒所说的"同一性建构过程中的优先性"来说，其中黑格尔阐述历史哲学，不仅广泛论述了思想观念的重要性，而且还将其所注重的思想观念具体落实为注重民族精神，并且广泛论述了认识历史与书写历史对于建构民族精神的重要性。而20世纪后期国际学术界兴起的新兴的民族理论研究，也与黑格尔阐释历史哲学的学理演绎路径极为类似，其注重民族观念与民族主义思想作为一种思想观念的巨大威力，不仅具体发展为注重民族认同的重要性，而且还具体发展为特别注重民族认同的建构过程。其中黑格尔阐释的历史哲学，已经论及书写历史对于建构民族精神的重要性，而20世纪后期西方学术界兴起的一波民族理论研究，也广泛强调传承民族历史对于民族认同建构的重要性。

这举例说来，对于民族认同"建构过程"的研究，这是20世纪后西方学术界兴起的一波民族理论研究用功较多的领域。其中安德森将民族概括为一个"想象的共同体"之后，紧接着就广泛论述了民族之所以成为一个"想象的共同体"，主要是依靠民族的文字语言与印刷资本主义的发展作为工具手段而形成"想象"。同样，盖尔纳与霍布斯鲍姆的研究，对此也进行了广泛论述。例如盖尔纳就广泛论述了农耕社会中文盲占多数，转变为现代工业社会中民众普遍能够读书写字的民族语言形成过程，这对于民族认同的建构发挥了重要作用。因此，安德森、盖尔纳、霍布斯鲍姆等人的研究，揭示出了民族认同的建构过程，这首先根源于传统社会中形形色色口语化的地方语言，在近现代以来发展成了文字化、普及化的民族语言；其次，这根源于近现代以来广泛出现了用文字化的民族语言，书写民族的文学、民族的历史、民族的地理、民族的生产生活方式等知识生产的变化过程；最后，这还根源于民族语言、民族历史、民族文学等共同汇聚而成的民族文化，通过书籍的大量出版与教育的普及化等多种多样的知识传播途径，由此向社会大众广泛传播，并形成无数人们的民族认同。

在这些多种多样的知识生产途径与知识传播途径中，认识与书写民族以及民族国家的历史，则是建构民族认同的一条重要的知识生产路径与知识传播途径。对此，盖尔纳、霍布斯鲍姆、安德森等人的论述，尽管只是片言只语，但已经论及至此。而作为盖尔纳学生的安东尼·史密斯出版的多部著作，则广泛阐释了认识与传承民族历史，在民族观念与民族主义思想形成与延续过程中具有重要作用，以此学理作为立论根基成"一家之言"，倡导"族裔—象征主义"的民族理论，并在当代西方学界的民族理论研究中影响颇广。

在史密斯倡导的"族裔—象征主义"中，史密斯所说的"族裔"，主要是指人类历史发展过程中作为民族前身的共同体，"族裔"与民族之间的关系，在于民族由"族裔"发展而来；其中的"象征"，则包括民族的名称、祖先居住之地、故事传承、历史著作、纪念馆等多种文化表现形式，这种文化"象征"尽管形式多样，但具有一个共同的特征，其是在传承着从"族裔"到民族的历史延续发展过程，并且在人们现实生活中无时不存、无处不在。人们正是通过广泛地感知这些无时不存、无处不在的文化象征，由此民族意识、民族情感、民族伦理道德价值观念，不断地移植到人们思想观念与思维活动之中，并在人们思想观念与思维活动之中根深蒂固、生机勃勃。史密斯就强调："记忆、神话与象征符号的链条把民族与那种普遍而持久的共同体，即族裔连接在一起，而正是这些东西赋予了民族独一无二的特征，并使其牢牢地控制了如此众多的人的感情和想象。"①

---

① ［英］安东尼·D. 史密斯：《全球化时代的民族与民族主义》，龚维斌、良警宇译，中央编译出版社 2002 年版，第 191—192 页。

可以看出，史密斯倡导的"族裔—象征主义"，通过强调历史不会被人们遗忘，民族的历史记忆与历史文化被广泛传承，由此赋予了民族观念与民族主义思想强大的生命力，这成为史密斯倡导的"族裔—象征主义"的重要理论特色。这种民族理论研究的学理演绎特征，与贝格尔所说的"书写民族"的史学理论研究相互比较，也可谓民族理论研究与史学理论研究彼此之间的异曲同工。而这种异曲同工的学理演绎，黑格尔阐释历史哲学与唯心史观的过程中，已经通过论述历史书写能够建构民族精神的内在学理，对此早就进行了论述，因此两者都可以视为在杜赞奇所说的"西方学术中的黑格尔传统"中继续前行。

二　反思欧洲近现代民族观念的历史形成背景与发展成就

尽管 20 世纪后期西方学术界兴起的新兴民族理论研究，具有在杜赞奇所说的"西方学术中的黑格尔传统"中继续发展的相关研究特征，可是两相比较，黑格尔阐述历史哲学的 19 世纪 20 年代，那是一个欧洲经过法国大革命与拿破仑对外征服战争，由此步入一个民族国家创建如火如荼的历史发展时代。这种时代变化需要人们的思想观念，能够紧跟欧洲民族国家创建的历史变化。黑格尔阐述历史哲学则是系统深入地阐释了人们的思想观念，需要走出基督教的神学观念与封建割据形成的狭隘的地域观念，由此视野扩展、心境拓宽，变化成为能够心系黑格尔所在时代正在成长发展的民族与民族国家。

可是欧洲在经历了 19 世纪创建民族国家、发展民族经济与民族文化的高歌猛进之后，到了 20 世纪上半期，又旋即经历了两次世界大战的战争灾难，这导致 20 世纪后期西方学术界兴起一波民族理论研究的时代背景，已经时移世易，其研究特征尽管如维勒所概括，注重民族观念与民族主义思想作为一种思想观念的巨大威力，并且特别注重民族认同的建构过程，可是其研究特征是属于事后方知，其也表现为以欧洲的具体历史发展过程作为例证，由此对这种具有巨大威力的思想观念进行广泛而深刻的历史反思。这种事后方知的研究特征，却是在说明以反思历史作为根本特征的历史学，其与黑格尔阐释的历史哲学与唯心史观所注重的思想观念之间的本质关系，乃是倒放电影，并以史为证，通过反思黑格尔阐释的历史哲学与唯心史观所注重的思想观念在过往的历史岁月中制造出的无数困境，由此形成思想观念的变化与翻新。此中原理，当代英国历史学家西蒙·冈恩通过引用法国著名社会学家布尔迪厄的相关研究，就对此详细论述道：

> 在皮埃尔·布尔迪厄看来，历史反思性是人文科学中知识生产的一种重要工具，因为它能够反驳社会领域的"原初的自明的证据"，也就是那些被认为是"既定的"或者"自然的"东西："只有历史的批判，即反思性的主要武器，才能够将思想从加诸它的重负之下解放出来，此刻，它屈从于自发的程序，把经过具体化的历史构建当成事物对待。"在布尔迪厄看来，历史反思是生产出社会领域中有效知识的前提条件之一。①

冈恩引用布尔迪厄的研究成就所做出的上述论述，说明了反思历史的重要文化功能，是能够"将思想从加诸于它的重负之下解放出来"，并"生产出社会领域中有效知识"，这与黑格尔所阐释的历史学与哲学之间的关系，乃是哲学所注重的思想、观念、意识、精神等，在支配历史学中的历史认识与历史书写，已经发生了根本性的变化。反思历史在黑格尔阐释历史哲学所注重的思想观念中所发挥的作用，也犹如海德格尔在论述"什么是思想"的过程中所强调，"关于思想的反思与对思想的沉思，这两者未见得就是一回事。我们必须来思量一下什么叫反思"②。

对此也得注意到，在《历史哲学》一书绪论的开篇，黑格尔就将历史认识分为"原始的历史""反省的历史""哲学的历史"三种类型。对于"反省的历史"，黑格尔论述颇多，并将"反省的历史"细分为四种类型。可是仔细分辨黑格尔阐释历史哲学对于"反省的历

---

① ［英］西蒙·冈恩：《历史学与文化理论》，韩炯译，北京大学出版社2012年版，第215页。
② 《海德格尔文集·什么叫思想？》，孙周兴译，商务印书馆2017年版，第35页。

史"的论述，可以看出其只不过是将"反省的历史"视为工具，是在为其所注重的"哲学的历史"做铺垫。黑格尔论述的从"原始的历史"、到"反省的历史"、再到"哲学的历史"，犹如生物进化的各个阶段，最高阶段是黑格尔注重的"哲学的历史"。所谓智者千虑，必有一失，至于"反省的历史"在思想观念变化过程中所发挥的重要作用，黑格尔并不注重。这最为明显的例证，就是黑格尔曾经论述道：

> 人们惯以历史上经验的教训，特别介绍给各君主、各政治家、各民族国家。但是经验和历史所昭示我们的，却是各民族和各政府没有从历史方面学到什么，也没有依据历史上演绎出来的法则行事。①

作为哲学家的黑格尔的这一论述，属于 19 世纪上半期德意志历史学与哲学两门学科之间各自凸显自身重要性的话语之争，其主要是在批判历史学中对前世之史的认识与书写，乃是历史学自称的本来目标与根本任务，可是前世之史与现实中人们的所作所为，却会广泛出现"后人哀之而不鉴之"的重要问题。这说明历史学尽管被通常视为史能明智，但这在黑格尔看来，历史学实在难以广泛发挥让人们"从历史方面学到什么"与按照"历史上演绎出来的法则行事"等文化功能。

这以黑格尔所在的德意志历史发展作为具体例证来说，中世纪以来，德意志长期邦国林立与分裂割据，由此导致外族入侵、经济落后并引发人们生活困苦等。黑格尔阐释历史哲学力图呈现近代德意志民族国家创建需要的思想观念，这本身就是对此进行深刻反思而形成。可是在黑格尔阐述历史哲学的学理演绎中，黑格尔则具体论证道：

---

① ［德］黑格尔：《历史哲学》，王造时译，上海书店出版社 2006 年版，第 6 页。

这里顺次要说起的，就是在世界历史的行程中，一个特殊的民族精神应该当做只是一个个人，因为世界历史是"精神"在各种最高形态里的、神圣的、绝对的过程的表现——"精神"经过了这种发展阶段的行程，才取得它的真理和自觉。这些阶段的各种形态就是世界历史上各种的"民族精神"，就是它们的道德生活、它们的政府、它们的艺术、宗教和科学的特殊性。①

黑格尔这种学理演绎过程，说明了近代德意志民族国家创建需要的相应思想观念，并不是通过对欧洲中世纪以来德意志各地盛行的思想观念进行深刻反思而形成，而是源自被黑格尔演绎成为从神意变化而来的民族精神，民族精神再化身成为民族以及民族国家的方方面面。黑格尔阐述历史哲学所注重的民族精神，也犹如欧洲中世纪人们信奉的神意显灵一般，是化身为民族以及民族国家"它们的道德生活、它们的政府、它们的艺术、宗教和科学的特殊性"。

而20世纪后期西方学术界兴起的一波民族理论研究，尽管注重民族观念与民族主义思想作为一种思想观念的巨大威力，并且特别注重民族认同的建构过程，由此延续着黑格尔阐释历史哲学的相关学理，可是其与黑格尔阐释的历史哲学存在着的关键差异，乃是表现为通过反思并运用历史来说事说理。其中盖尔纳、霍布斯鲍姆、安德森等人的民族理论研究，已经揭示出在欧洲近现代历史发展过程中，呈现出具有重大思想观念威力的民族观念与民族主义思想，既是根源于欧洲近现代创建民族国家、发展民族经济与民族文化的日积月累，同时也推动欧洲近现代创建民族国家、发展民族经济与民族文化的重要历史发展变化。由此，在政治、经济、文化等领域，纷纷运用欧洲往昔历史发展过程中的具体表现来细说道理。

先就近现代人类历史中民族国家创建的政治领域变化来说，20世纪后期国际学术界兴起的一波民族理论研究，将黑格尔所注重的民族精神所蕴含着的思想观念变化，往往追溯到欧洲历史发展过程

---

① ［德］黑格尔：《历史哲学》，王造时译，上海书店出版社2006年版，第49页。

中出现的从封建的国家形态到君主国家、再到民族国家的发展变化。其中安德森在论述民族是一个"想象的共同体"的过程中,就指出了其是通过欧洲中世纪的王朝体系发展而来,而霍布斯鲍姆则详细论述了现代民族国家是通过诸如美国独立战争以及法国大革命等"革命的年代",发展成了一个由人民、国民、公民等所构成的主权国家。

再就经济领域的变化来说,20世纪后期国际学术界兴起的一波民族理论研究,将黑格尔所注重的民族精神所蕴含着的思想观念变化,已经追溯到欧洲历史发展中经历的地方经济到民族经济的巨大经济转型。其中盖尔纳就详细论述近现代民族主义思想形成,根源于人类社会从古代农业社会步入现代工业社会的巨大社会经济转型,在近现代的人类历史发展过程中,这首先出现在爆发了工业革命的英国。霍布斯鲍姆也广泛通过其熟稔的欧洲近现代历史发展过程,详细论述了欧洲现代民族国家的创建与欧洲现代民族经济的形成,两者之间具有密切关系。

最后就文化领域的变化来说,20世纪后期国际学术界兴起的民族理论研究,将黑格尔所注重的民族精神所蕴含着的思想观念变化,已经追溯到近现代人类社会经历的从地方文化到民族文化的巨大文化转型。其中盖尔纳、安德森、霍布斯鲍姆等人,广泛运用欧洲中世纪晚期文字语言从拉丁语变化成为欧洲各民族语言的形成过程,再以民族语言作为书写工具从事民族的历史书写、文学创作等文化创造,由此具体论证欧洲众多标准化、文字化的民族语言的形成与推广,这既是欧洲近现代知识建构与知识传播的重要工具,也在欧洲近现代民族主义思想观念的形成过程中扮演了重要角色。

总的说来,盖尔纳、霍布斯鲍姆、安德森等人的民族理论研究,尽管是维勒所说的20世纪后期出现的"新兴的民族主义研究"的突出表现,但其所举之例与所列之事,多是取自欧洲从中世纪晚期以来到近现代的历史发展过程。这也说明欧洲近现代历史发展的具体过程,既是滋生黑格尔阐述历史哲学注重的民族精神的土壤,也是黑格尔阐述历史哲学注重的民族精神大显身手的舞台。其与黑格尔阐释历史哲学的学理演绎关键差异，也表现为其表面是继续探究黑格尔注重的民族精神中所蕴含的思想观念，但实则是以此作为焦点，继续反思欧洲近现代历史发展过程中政治、经济、文化等领域的内在变化过程。

三　反思欧洲近现代民族观念与民族之间战争的关系

欧洲从中世纪晚期到近现代以来的历史发展，先是经历了创建民族国家、发展民族经济与民族文化等内在历史发展过程，随后进入 20 世纪上半期，还经历了两次世界大战的战争灾难。这不仅是激发 20 世纪后期西方学术界兴起的一波民族理论研究的重要历史背景，同时也更为明显地凸显了其对欧洲历史进行深刻反思的重要研究特征。而这种反思的对象，已经不再是思考黑格尔注重的民族精神中所蕴含的思想观念，在欧洲历史发展过程中的政治、经济、文化等领域的生成背景与重要功能，而是痛定思痛，深刻反思其在欧洲历史发展过程中引发的激烈冲突。由此，在黑格尔阐释历史哲学注重的民族精神中，黑格尔特别注重的自我意识及其形成所需的彼此相对，既通过欧洲的具体历史发展过程而原形渐露，也在 20 世纪后期西方学术界兴起的民族理论研究中逐渐引发关注。

20 世纪后期西方学术界兴起民族理论研究的这种研究特征，这早在 20 世纪上半期海斯的研究中，就已经初露端倪。其中霍布斯鲍姆追寻 20 世纪后期西方学术界民族理论研究的发展，就将 20 世纪的美国历史学家海斯称为西方民族理论研究的"双父"之一。针对第一次世界大战后日益紧张的国际局势，海斯早在 1926 年就编纂了《民族主义论文集》一书，时隔 5 年之后海斯就对该书的主要内容总结道，"这部书主要的任务是讨论当下极端的、好斗的民族主义，它的性质，它的勃兴的历史，及其对于将来的内在危机"[①]。海斯此言，说明了 19 世纪黑格尔所注重的民族精神所蕴含着的思想观念，发展到了 20 世纪，已经

---

① [美]海斯：《现代民族主义演进史》，帕米尔译，华东师范大学出版社 2005 年版，作者序，第 1 页。

出现了"极端""好斗"等发展特征。这说明了黑格尔注重的民族精神蕴含着的思想观念，既在 20 世纪的欧洲历史发展过程中已经发生了变化，同时其发展变化已经成为历史学家的研究对象。

1931 年海斯继续推出的《现代民族主义演进史》一书，在该书的结语之中海斯同样总结道："民族主义的许多学说和实际行动，在现代历史上无疑具有良好的影响。不幸它的趋势是产生一种非常偏狭而好战的民族主义。"① 可以看出，海思此言清晰地说明了黑格尔阐释历史哲学注重的民族精神所蕴含的思想观念，犹如一柄双刃剑，各有是非得失。海思在此所说的"民族主义的许多学说和实际行动，在现代历史中无疑具有良好的影响"，这主要表现为近现代人类社会创建民族国家、发展民族经济与民族文化的巨大变化，并在其发源之地的欧洲的近现代历史发展过程中表现得特别明显。可是海斯所说的"不幸它的趋势是产生一种非常偏狭和好战的民族主义"，其中的"偏狭"，这与思想观念总是囿于黑格尔特别注重的自我意识存在着密切关系，其中的"好战"，则与黑格尔阐释的自我意识形成需要彼此相对，又存在着密切联系。海斯的研究尽管没有细说此中原理，但却是在 20 世纪上半期的两次世界大战期间，将黑格尔阐释历史哲学注重的民族精神所蕴含的思想观念的负面效应描绘了出来。

经历了第二次世界大战之后，20 世纪后期西方学术界兴起的一波民族理论研究，不仅继续运用民族认同这个重要的语言概念分析工具，继续探索黑格尔注重的作为思想观念之源的自我意识，同时对黑格尔所注重的民族精神所蕴含着的思想观念，引发现代社会中民族以及民族国家之间的激烈对抗，继续进行广泛论述。这举例说来，安德森将民族归纳为一个"想象的共同体"之后，紧接着就强调，"正是这种友爱关系在过去的两个世纪中，驱使数以百万计的人们甘愿为民族——这个有限的想象——去屠杀或从容赴死"②。同样，

---

① ［美］海斯：《现代民族主义演进史》，帕米尔译，华东师范大学出版社 2005 年版，第 251 页。

② ［美］本尼迪克特·安德森：《想象的共同体：民族主义的起源与散布》，吴叡人译，上海人民出版社 2003 年版，第 7 页。

霍布斯鲍姆在其所著《民族与民族主义》一书的开篇也指出："'民族'这个字眼，阐述了纷扰人事的重要意义，但是，到底民族对人类有何意义可言？这个问题即是揭发人类毁灭的奥秘所在。"① 安德森与霍布斯鲍姆的这些论述，典型地呈现了 20 世纪后期西方学术界兴起的一波民族理论研究，具有对 20 世纪上半期经历了两次世界大战的战争灾难之后痛定思痛的反思性特征。而霍布斯鲍姆的《民族与民族主义》一书，主要考察了法国大革命以来欧洲民族主义思想的历史发展过程，在全书的结语之中，霍布斯鲍姆就总结道：

> 毕竟，史学家对民族与民族主义的研究已有长足进步，而现有的研究也倾向于指出，民族或民族主义的确已经过了其鼎盛时期。黑格尔说，智慧女神的猫头鹰会在黄昏时飞出。如今它正环飞于民族与民族主义周围，这显然是个吉兆。②

霍布斯鲍姆上述论述中所说，"民族或民族主义的确已经过了其鼎盛时期"，这过分强调了"史学家对民族与民族主义的研究已有长足进步"引发的思想观念变化，由此其所断言的"民族或民族主义的确已经过了其鼎盛时期"，这可谓过分乐观，并遭受了安东尼·史密斯的激烈批评。按照史密斯倡导的"族裔—象征主义"的看法，在一个由民族以及民族国家所构成的现代社会中，民族历史书写与民族历史文化传承依然广泛盛行，由此建构的黑格尔注重的民族精神所蕴含着的民族意识、民族情感与民族伦理道德价值观念，依然具有强大生命力。换而言之，黑格尔阐释历史哲学所注重的认识历史与书写历史建构民族精神，这依然生机勃勃。

而霍布斯鲍姆上述论述中所强调："黑格尔说，智慧女神的猫头鹰会在黄昏时飞出。如今它正环飞于民族主义的周围，这显然是个吉

---

① ［英］埃里克·霍布斯鲍姆：《民族与民族主义》，李金梅译，上海人民出版社 2000 年版，第 1 页。

② ［英］埃里克·霍布斯鲍姆：《民族与民族主义》，李金梅译，上海人民出版社 2000 年版，第 224 页。

兆。"这是在继续强调认识历史与书写历史，不能仅仅如黑格尔阐释历史哲学所讲，能够建构蕴含着民族意识、民族情感与民族伦理道德观念等的民族精神，而是需要如古希腊人将黄昏时飞出的猫头鹰所比喻的智慧女神那般，能够对往昔历史进行反思，由此形成新的认识智慧。黑格尔所说的智慧女神的猫头鹰，在 20 世纪后期西方学术界兴起的民族理论研究中，也正环飞于黑格尔阐释历史哲学注重的历史书写所建构出来的民族精神的周围。安东尼·史密斯与霍布斯鲍姆之间的民族理论研究分歧，也表现为究竟是应该坚守或是应该走出杜赞奇所说的"西方学术中的黑格尔传统"之间的分歧。

在古代希腊神话中，"宙斯作为人类与诸神之父把生命赋予了雅典娜这位战争女神、智慧女神和猫头鹰之主"[①]。可以看出，黄昏时才飞出的猫头鹰，在作为欧洲古典文化根源的古代希腊神话中，既是管辖人间智慧的女神，也是管辖人间战争的女神。古希腊神话中的雅典娜女神一肩挑双担，这也说明创造了古希腊神话的古代希腊人就已经认识到，人类历史究竟应该怎样走出形形色色的冲突、对抗以及战争，这才是人间重要的智慧。既然如此，在黄昏时刻方才飞出的智慧女神的猫头鹰，正环飞于黑格尔阐释历史哲学注重的历史书写所建构出来的民族精神的周围，也集中表现为在经历了近现代人类历史广泛出现的民族以及民族国家之间战争之后，智慧女神的猫头鹰也开始对其进行反思。反思的关键问题，也集中于究竟应该如何走出黑格尔阐释自我意识形成需要彼此相对而生长出的对立性思维。

第三节　欧洲书写民族之间战争历史走向反思民族观念

一　欧洲书写民族之间战争历史建构民族精神的发展状况

20 世纪上半期美国历史学家海斯与 20 世纪下半期英国历史学家

---

① ［法］爱弥儿·涂尔干、马赛尔·莫斯：《原始分类》，汲喆译，上海人民出版社 2000 年版，第 81 页。

霍布斯鲍姆的民族与民族主义研究，也说明整个 20 世纪西方学界的民族理论研究，纵然是众说纷纭、各持其论，可是海斯与霍布斯鲍姆这样的历史学家，也在其中扮演着重要角色，这说明历史学的研究，也对整个 20 世纪西方学界的民族理论研究发挥着重要作用。同时，20 世纪后期西方学术界兴起的民族理论研究，尽管已经展现出了对广泛影响欧洲历史发展的民族观念进行深刻反思的重要研究特征，可是置身于欧洲自身历史发展潮流的一些欧洲历史学家，早在从 19 世纪晚期以来所书写出来的一些历史著作，已经呈现出相应的研究特征。

继续对此追溯还可以发现，在 19 世纪晚期以前，欧洲的众多历史书写却并非如此，其一方面是在为杜赞奇所说的"西方学术中的黑格尔传统"提供历史书写基础，另一方面也是广泛地沐浴于杜赞奇所说的"西方学术中的黑格尔传统"之中。黑格尔阐释历史哲学与唯心史观所注重的历史书写建构民族精神，这在欧洲 19 世纪晚期之前的众多历史著作中，也是广泛可见。而对黑格尔阐释历史哲学与唯心史观注重的历史书写能够建构出来的民族精神进行深刻反思，这种学术研究风格，在 19 世纪晚期之前的欧洲历史书写中，尚未蔚然成风。

这具体说来，在《历史哲学》一书中，黑格尔书写希波战争中希腊人奋起反抗波斯帝国的入侵，极尽讴歌赞美之能事，这种历史书写风格的开端，则可以追溯到古代希腊历史学家希罗多德编纂的《历史》一书。同样，黑格尔对于伯罗奔尼撒战争的历史书写，充斥着无数的感伤与悲叹，古代希腊历史学家修昔底德编纂的《伯罗奔尼撒战争史》，已经奠定了这种历史书写风格。除此之外，黑格尔对于亚历山大远征以及古代罗马征服其他民族的战争，极力讴歌赞美其所展现出来的丰功伟绩，古希腊历史学家阿里安的《亚历山大远征记》、古罗马历史学家凯撒的《高卢战记》、阿庇安的《罗马史》等历史著作，也早已奠定了此种写法。

由此看来，黑格尔阐释的历史哲学，尽管对以往欧洲无数历史著作中广泛盛行的民族历史书写，进行了一番系统的理论阐释，可是黑格尔书写古代希腊罗马历史所持的思想观念，本身就是受黑格尔阅读欧洲古代希腊罗马相关史学著作的熏陶而形成。更为具体地说来，黑格尔阐释的历史哲学特别注重思想观念，并且尤其注重民族精神，黑格尔也非常善于选择欧洲以往历史中发生的诸多战争作为具体例证，由此描述其所注重的民族精神的发展变化。尽管如此，黑格尔书写欧洲以往发生的诸多战争历史所持的思想观念，则是通过纵览欧洲众多史书而形成，其是来源于欧洲相关历史著作呈现出来的思想观念的积累。欧洲相关历史著作呈现出来的思想观念，也犹如点点滴滴的积水，由此汇集成为欧洲思想观念史蜿蜒曲折的长河。

在此过程中，杜赞奇所说的"西方学术中的黑格尔传统"的源头，也可以追溯到希罗多德书写《历史》一书并标志西方历史学诞生的重要时刻。希罗多德通常被称为"西方史学之父"，后世西方的历史学，也用了希罗多德编纂的《历史》一书所用的书名来命名。从具体的书写内容来看，《历史》一书主要是叙述希罗多德能够知道的古代地中海周边世界的往昔历史，可以视之为一部叙述古代地中海周边世界历史发展状况的世界史。尽管如此，希罗多德笔下的古代地中海周边世界，却是由诸多民族所构成，在《历史》一书中，希罗多德也广泛书写了古代地中海周边世界无数民族的历史发展状况。希罗多德书写的《历史》一书，是一部通过书写诸多民族历史由此组合而成的世界史。

希罗多德的《历史》一书，书写了古代地中海周边世界诸多民族的历史发展状况，这说明生活在古代希腊的希罗多德，已经认识到各民族的历史发展各有千秋，希罗多德已经具有认识到人类社会是由诸多民族所构成的思想观念。这种认为人类社会是由诸多民族所构成的思想观念，是通过希罗多德认识古代地中海周边世界无数民族的历史发展状况，由此移入到书写了《历史》一书的希罗多德的内心之中，希罗多德继续将此变化《历史》一书中的文字叙述。《历史》一书的文字叙述所呈现出来的人类社会是由诸多民族所构成的思想观念，通过继续《历史》一书的世代传承，会延续不断移入到后世欧洲无数阅读了《历史》一书的人们的内心之中。由此，古代地中海周边世界的往昔历史已经远逝，可是对其进行认识所形成的思想观念，却还在后世人们的心灵之中继续流淌。这种延续不断地流淌着的思想观念对后世欧洲历史发展的影响，20 世纪英国著名历史学家汤因比就指明，"对西方民族主义起作用的第一个因素是古希腊罗马的民族主义"①。

希罗多德书写的《历史》一书，不仅创设了欧洲注重以民族为单位书写民族历史的史家之法，而且还开创了欧洲的历史学书写民族历史，特别注重书写民族之间战争历史的重要方法。希罗多德书写的《历史》一书的前四卷，主要叙述古代地中海周边世界诸如希腊人、波斯人、埃及人等诸多民族的历史，由此展现了以民族为单位的历史编纂方法，但这却是背景介绍。《历史》一书的后五卷，则是叙述希腊人与波斯人两个民族之间发生的战争，由此希罗多德书写的《历史》一书，也被称为"希波战争史"。这种集中于已经发生过的民族之间战争的历史书写模式，为后世读史之人塑造的思想观念状况，已不再是仅仅塑造出了一种人类社会是由诸多民族所构成的思想观念，而是在此基础上，继续塑造出了一种构成人类社会的诸多民族之间充斥着战争冲突的思想观念。

希罗多德书写的《历史》一书所开创的这种历史书写风格，对于人们思维活动与思想观念所产生的影响，也犹如当代英国历史学家约翰·伯瑞评价《历史》一书所说："它一开始就陈述了一个观点：希腊人和波斯人的战争是亚洲和欧洲长期对立的表现，我们英国的历史学家弗里曼（Freeman）喜欢称之为'永恒的问题。'"② 希罗多德的《历史》一书所书写的希波战争中希腊与波斯的相互敌对，并继续扩展为伯瑞所说的"亚洲和欧洲长期对立"，这典型地呈现了黑格尔论述的自我意识形成所需要的彼此相对，黑格尔也运用其擅长的哲学研究将此呈现了出来，由此欧洲的历史学与哲学的发展过程，也是双剑合璧，共同在思想观念领域锻造出了弗里曼所说的那个"永恒的问题"。

---

① ［英］阿诺德·汤因比：《变革与习俗：我们时代面临的挑战》，吕厚量译，上海人民出版社 2016 年版，第 88 页。

② ［英］约翰·伯瑞：《古希腊历史学家》，符莹岩、张继华译，上海三联书店 2022 年版，第 35 页。

将书写历史的诸多文字叙述，集中于书写民族为单位的历史，并且重点集中于书写决定着民族生死存亡的民族之间的战争历史，在继希罗多德之后的欧洲史学史长河中，这种历史方法也不断传承。这举例说来，比希罗多德稍晚的古希腊历史学家修昔底德，书写了《伯罗奔尼撒战争史》一书，主要叙述了希腊人作为一个民族内部出现的斯巴达与雅典两强为代表的战争，成为继希罗多德书写的《历史》之后欧洲出现的又一重要历史著作。《伯罗奔尼撒战争史》一书尽管将民族之间战争的历史书写主题，发展为书写希腊各城邦国家之间的战争，但战争作为历史书写的主题依然未变。修昔底德也花费了诸多笔墨，叙述了特洛伊战争、希波战争、希腊人远征西西里等战争历史，以此作为其重点叙述的伯罗奔尼撒战争的外在背景，由此能够见到古代希腊人经历的民族之间战争的无数史实。

到了古典希腊文明晚期以及古典罗马时期，欧洲史家辈出，欧洲的历史学著作不断涌现，但书写民族之间的战争历史，依然是无数历史著作中的重要内容。这举例说来，古希腊历史学家色罗芬的《远征记》、阿里安的《亚历山大远征记》、古罗马历史学家凯撒的《高卢战记》、阿庇安的《罗马史》、塔西佗的《阿古利可拉传　日耳曼尼亚志》等欧洲古典史学著作，也在广泛地叙述各民族之间的彼此战争。因此，欧洲历史学在古代希腊罗马时期，已经形成了注重书写民族之间战争历史的发展传统。

中世纪的欧洲，既是封建社会的欧洲，也是基督教的欧洲。欧洲中世纪的战争也因时而变，变化成为封建领主之间的战争与不同宗教信仰之间的战争。与之相应，古代希腊罗马时期，欧洲历史学的发展，已经形成了注重书写民族之间战争历史的发展传统，到了中世纪也变化成为另外一番模样。对此克罗齐就描述道：

　　现在，诸神就是圣徒，彼得和保罗为了卫护这一民族或那一民族而进行干与；圣马可、圣格雷戈里、圣安德鲁或圣詹纽厄里走在战阵的前面，他们彼此互相嫉妒，有时互相反对，互相玩弄阴谋诡计；再一次把执行或不执行某一种祭祀活动看成战斗的胜负：中世纪的诗篇和编年史中充满了这一类故事。①

在欧洲中世纪的神学思想体系中，欧洲各个民族之间战争的历史书写，也变化成为克罗齐所说诸神"卫护这一民族或那一民族"的历史书写。到了欧洲中世纪晚期以及欧洲近现代相当长的一段时段内，欧洲民族意识逐步觉醒，经济领域发展民族经济、政治领域内创建民族国家、文化领域创建民族语言等形形色色的民族主义思想观念，也逐渐兴起。在此重要的历史发展过程中，欧洲中世纪封建领主之间的战争与不同宗教信仰之间的战争，又再次变化成为欧洲诸多民族以及民族国家之间的战争。与之相应，诸如中世纪后期英国人蒙茅斯的杰佛里编撰的《不列颠诸王史》、18 世纪法国启蒙思想家孟德斯鸠编撰的《罗马盛衰原因论》，以及 19 世纪德国历史学家兰克编撰的《世界史》以及蒙森编撰的《罗马史》等历史学著作，也再次发生变化，将主要内容再次转向书写欧洲民族之间的战争历史。由此，古代希腊罗马时期注重书写民族之间战争历史的历史学特征，在中世纪晚期以及近现代欧洲的历史书写中再次复兴，并在黑格尔阐释历史哲学的 19 世纪达到了顶峰，由此为杜赞奇所说的"西方学术中的黑格尔传统"，构筑了源远流长的历史书写基础。

二 欧洲书写民族之间战争历史建构民族观念的具体方法

黑格尔运用"家庭精神"作为比喻，阐述了其所注重的民族精神蕴含民族意识、民族情感、民族伦理道德价值观念等具体范畴，并阐释了书写民族以及民族国家的历史，对于民族精神建构能够发挥重要作用。这更为具体地说来，古典希腊罗马时期与从欧洲中世纪晚期到19 世纪，欧洲众多历史著作对欧洲民族以及民族国家之间战争历史，广泛地书之记之，这所发挥的文化功能，也表现为其能够建构民族意

---

① ［意］贝奈戴托·克罗齐：《历史学的理论和实际》，傅任敢译，商务印书馆 1997 年版，第 160 页。

识、民族情感、民族伦理道德价值观念等具体的思想观念范畴，由此共同建构出一个黑格尔所注重的以民族作为前缀的观念世界与精神世界。

先就民族意识来说，欧洲往昔历史岁月中无数民族以及民族国家之间的战争，其是激发欧洲民族自我意识的一个重要孵化器。战争呈现出了一种非常明显的敌我关系，其作用于人们的认知，形成了一种非常明显的"自我"与"他者"的二元相对相知。这能够帮助人们意识到自身所归属的民族以及民族国家，与其他的民族以及民族国家存在着根本差异，由此广泛地建构着黑格尔所注重的民族自我意识，民族从一个自在实体发展成为一个自觉实体。

而欧洲无数历史著作，广泛地书写着欧洲往昔历史岁月中发生的民族以及民族国家之间的战争历史，这也犹如希罗多德《历史》一书的开篇之言所说，是让其不因岁月流逝而被淡忘。历史著作中世世代代传承着的白纸黑字，在延续不断地保存着历史记忆，并在历史记忆的基础之上，继续通过一种非常明显的"自我"与"他者"的二元相对相知，延续不断地建构着欧洲世世代代人们共同的民族自我意识。古希腊哲学家赫拉克利特曾言，人不可能两次踏进同一条河流，可是欧洲历史长河中的人们，纵然生活在不同时代，但共同的读史过程却能够让其自我意识，共同流淌于意识到属于一个民族的同一条河流之中。

再就民族情感来说，正如马克·布洛赫在第二次世界大战期间法兰西遭受德国法西斯入侵时所感慨，"国难当头，谁不感时伤世？"[①]人非草木、孰能无情，欧洲往昔历史岁月中广泛发生的无数民族以及民族国家之间的战争，这既是关系着民族以及民族国家生死存亡的头等要事，同时危巢之下，没有完卵，其还关系着无数民族所属成员的切身命运。正因如此，无数民族以及民族国家之间的战争时刻，也成为人们热爱自身民族并为之寄托喜怒哀乐等民族情感广泛迸发的重要历史时刻。欧洲往昔历史岁月中无数民族以及民族国家之间的战争，还是激发欧洲人们各自的民族情感的一个重要催化剂。

---

① [法] 马克·布洛赫:《为历史学辩护》，张和声、程郁译，中国人民大学出版社 2006年版，第 16 页。

欧洲的无数历史著作,对欧洲发生的无数民族以及民族国家之间的战争,广泛地书之记之。其中的无数文字,不仅保存着历史记忆,而且还广泛地洋溢着对外族入侵的愤恨、对战争灾难的感伤、对反抗外族入侵取得胜利而欣喜自豪等民族情感。这种历史书写的文化建构功能,能够引发读史之人广泛的情感共鸣,由此从著史之人到读史之人之间,也存在着一个移情的过程。再到读史之人之间,尽管生活的时代各有不同,但通过阅读着共同的历史著作,人们的喜怒哀乐愁等情感活动,也是千古相通,由此沐浴在共同的民族情感家园之中。

再就民族伦理道德价值观念来说,正如本尼迪克特·安德森所说:"没有什么比无名战士的纪念碑和墓园,更能鲜明地表现现代民族主义文化了。"① 安德森所说的无名战士的纪念碑和墓园,受到人们广泛的瞻仰与敬重,则是因为无名战士在事关民族生存的危难时刻,为了自身所属的民族在战争中奉献了生命,这典型地呈现出了民族成员勇于奉献的民族伦理道德价值观念。欧洲往昔历史岁月中广泛发生的无数民族以及民族国家之间的战争,这也成了激发无数人们对自身所属民族积极奉献的重要历史时刻,其犹如一块又一块的炼金石,既在考验着人们的民族伦理道德价值观念,也在检验着人们的所作所为。其中涌现出的英勇事迹,不仅后世人们修建了无数纪念碑和墓园,传承着人们为所属民族积极奉献的民族伦理道德价值观念,而且欧洲无数的历史著作中也对此书之记之,并为无数读史之人,建构出了一个共同的民族伦理道德价值观念的家园。

可以看出,欧洲众多历史著作对其发生的民族以及民族国家之间的战争广泛地书之记之,这尽管都是纸上文字,但却是通过多种多样的历史书写方法,潜移默化地建构着一个民族的观念世界与精神世界。由此,纵然历史长河中时光不断流逝,但欧洲众多历史著作中的文字记载与文字叙述,却让民族意识、民族情感以及民族伦理道德价值观

---

① [美]本尼迪克特·安德森:《想象的共同体:民族主义的起源与散布》,吴叡人译,上海人民出版社 2003 年版,第 11 页。

念等，前能够见古人，后能够见来者，其既能够远溯古代希腊，也能够广泛地见之于近现代以来的欧洲，由此千古相连一线穿，汇聚而成欧洲世世代代无数人心之中不断流淌着的一条思想史长河。

三　欧洲书写民族之间战争历史变化为反思民族观念

尽管从中世纪晚期到 19 世纪末，欧洲众多历史著作广泛书写民族以及民族国家之间的战争历史，由此建构着欧洲近现代人们的民族意识、民族情感、民族伦理道德价值观念等民族的精神世界。可是到 19 世纪晚期之后，欧洲涌现出的历史著作则文风渐变，逐步变化成为反思引发欧洲无数民族以及民族国家之间战争历史的思想观念根源。

这举例说来，19 世纪晚期瑞士历史学家布克哈特的《世界历史沉思录》一书，就开始通过论述欧洲历史上越来越频繁地发生的战争，由此断言"世界历史的危机"。到了 20 世纪上半期，欧洲以民族以及民族国家作为单位的历史书写传统，开始变化成为斯宾格勒倡导的文化形态史观与汤因比倡导的文明史观。其中斯宾格勒的《西方的没落》一书中倡导的文化形态史观，斯宾格勒对西方文化形态的历史书写，已经书写出了西方文化中民族意识形成的对立机制，这是引发欧洲无数民族以及民族国家战争的重要思想观念根源，斯宾格勒由此感叹"西方的没落"。20 世纪著名历史学家汤因比在其青年时代，出版了第一部历史著作《文明的接触——希腊与土耳其的东方战争》，不仅倡导以文明作为单位书写历史，而且其书写第一次世界大战后希腊与土耳其发生的东方战争，已经将其形成根源追溯到英国与法国在近东推行的民族自我中心主义与民族利己主义。

除此之外，在 20 世纪国际历史学研究中产生了重要影响的年鉴学派，其第一代重要代表人物的费弗尔，在 20 世纪 20 年代推出的《莱茵河》等历史学著作，则是既反思在近代欧洲历史发展过程中的莱茵河，犹如一条鸿沟在不断形成德法之间的对立冲突，同时也揭示了欧洲历史发展过程中莱茵河的本来面貌，则是一条带动了沿岸地区各民族经济交往的重要河流。由此，20 世纪 20 年代与 30 年代的欧洲历史发展，正在从第一次世界大战急遽地向第二次世界大战推进，但汤因比与费弗尔所书写出来的历史著作，却展现出了欧洲历史学家认识自身历史发展的独特智慧。

费弗尔书写莱茵河既在反思，又将目光转移到人类历史中社会经济领域内的交往交流，这种历史书写风格发展到第二次世界大战之后，也得到了继续深化发展。其中汤因比、霍布斯鲍姆、约恩·吕森等欧洲历史学家出版的历史学著作，既在反思欧洲往昔岁月中的民族观念与民族主义思想，也在反思欧洲往昔历史著作中浸透着的民族观念与民族主义思想。而牛津大学历史学家弗兰科潘在 2015 年出版的《丝绸之路——一部全新的世界史》一书，其对丝绸之路的历史书写风格，也与费弗尔书写的莱茵河颇为神似，既广泛书写了近代欧洲列强在历史上的丝绸之路沿途地带的激烈争夺，也揭示了历史上的丝绸之路，推动了沿途地带的经济交往与文化交融，这才是历史上丝绸之路的本来面貌与希望所在。

从 19 世纪晚期以来欧洲历史书写所发生的这种变化，也说明黑格尔阐释历史哲学与唯心史观，注重历史认识与历史书写建构的思想观念与民族精神，这在面对欧洲逐步成为 20 世纪上半期两次世界大战重要战场的历史发展过程中，也日益显示其所建构出来的思想观念与民族精神，正在面临着相应的思想困惑与精神困境。黑格尔阐释历史哲学与唯心史观的形而上学，是从欧洲中世纪的神学变化发展而来，其为 19 世纪末和 20 世纪上半期的欧洲带来的思想困惑与精神困境，也犹如古希腊哲学家亚里士多德研究形而上学所指出，"思想的困难正是问题的症结所在；我们在思想上感到不通，就像被锁链缚住了；捆结着的思想，也像缚住了的人，难再前进"①。在此根本前提之下，19 世纪晚期以来欧洲历史书写的发展，既有杜赞奇所说的"西方学术中的黑格尔传统"继续发展的惯性，也在逐步萌生突破杜赞奇所说的"西方学术中的黑格尔传统"的发展变化。

早在 20 世纪初，对于 19 世纪晚期以来欧洲历史书写所谋求的发

---

① ［古希腊］亚里士多德：《形而上学》，吴寿彭译，商务印书馆 1959 年版，第 42 页。

展变化，身处大西洋对岸的美国历史学家鲁滨孙，论述其所倡导的"新史学"，也论述了其所谋求发展变化的重要内容，鲁滨孙论述其所倡导的"新史学"就谈道：

> 普通历史学家又以为人类社会经常是处在混乱的状况之中。历史学家故意抹杀人类和平时代的重要性，但是人类大部分的进展是发生于和平时期。①

18 世纪晚期美国建国，主要是欧洲移民后裔所创建。19 世纪美国建国之后的历史学发展，也深受 19 世纪欧洲历史学发展的影响，大西洋两岸的欧洲与美国的历史学，也沐浴于共同的西方历史书写传统之中。鲁滨孙的上述论述，也是针对欧洲历史学的发展特征有感而发。在鲁滨孙看来，以往欧洲众多历史学家书写出的历史学著作，广泛充斥着无数民族以及民族国家之间的战争，这种历史书写只是说明"人类社会经常是处在混乱的状况之中"，书写出这种历史著作的历史学家，也只不过是"普通历史学家"。之所以如此，则是鲁滨孙认为人类历史"大部分的进展是发生于和平时期"，而这些"普通历史学家"却"故意抹杀人类和平时代的重要性"。

可以看出，20 世纪初鲁滨孙倡导的"新史学"，是力求将历史认识与书写历史的对象，从欧洲以往诸多历史学著作，广泛记载与书写着无数民族以及民族国家之间战争的历史，发展为注重"和平时期"的人类历史发展过程。历史书写发展为注重书写"和平时期"的人类历史发展过程，其中既有人们朝朝日日从事的各行各业的社会生产，也有人们时时刻刻为衣食住行而奔波的社会生活，由此历史书写的对象与内容既变宽变广，也贴近了往昔历史岁月中人们的切身经历。在此过程中，鲁滨孙也深刻地意识到：

> 最早，对于过去的历史，提出一系列新颖而重要的问题的，

---

① ［美］詹姆斯·哈威·鲁滨孙：《新史学》，齐思和等译，商务印书馆1964 年版，第11 页。

不是一个历史学家，而是一位经济学家，他并且对历史学家所没弄清的事物提供了科学解释。

　　早在 1845 年，卡尔·马克思就曾经抨击过那些专门是在天上浮云里，而不是在地球上困苦的日常生活里发现历史的发祥地的人们。他认为只有从经济上来解释过去，那才是最有力和最有效。他说，社会的历史是取决于社会成员之间生产生活资料和交换工业产品的方法。这种生产和运输的方法，决定了交换的方法，产品的分配，社会阶级的区分，各种阶级的关系，国家的存在，国家法律的性质，以及一切人类的制度。①

　　鲁滨孙在 20 世纪初倡导"新史学"所做的上述论述，这是马克思恩格斯创建的唯物史观与世界历史观，对西方史学史的发展产生深远影响的一个重要例证。这首先说明了西方历史学发展到 19 世纪晚期与 20 世纪初，已经出现困境。鲁滨孙这样的西方历史学家，在突破历史书写的困境并求新求变的过程中，也是蓦然回首，深刻意识到早在 19 世纪 40 年代，马克思恩格斯在批判黑格尔阐释的历史哲学与唯心史观的基础上创建的唯物史观，竟然对历史认识与历史书写的史学实践具有重要价值。

　　西方历史学发展到 19 世纪末 20 世纪初出现困境的根源，也表现为黑格尔在 19 世纪 20 年代阐释的历史哲学与唯心史观，这尽管对欧洲注重书写民族以及民族国家往昔历史的历史书写特征，进行了一番系统阐释，揭示出了依靠历史认识与历史书写能够建构民族精神的内在原理，由此适应了近现代欧洲民族国家创建需要思想基础与精神支柱的历史发展潮流，但其中存在的关键问题，则如鲁滨孙的上述论述所说，"卡尔·马克思就曾经抨击过那些专门是在天上浮云里，而不是在地球上困苦的日常生活里发现历史的发祥地的人们"。

　　其中黑格尔阐释的历史哲学与唯心史观，为历史书写提供的方法指南，则是对历史书写的内容，变化成为鲁滨孙所说的飘在"天上浮

---

① ［美］詹姆斯·哈威·鲁滨孙：《新史学》，齐思和等译，商务印书馆 1964 年版，第 38 页。

云里"、落不到"地球上困苦的日常生活里"发挥了重要作用。而马克思恩格斯以批判黑格尔阐释的历史哲学与唯心史观为基础而创建的唯物史观以及世界历史观,则是以关注人们日常的物质生活作为根本前提并由此不断扩展。这对于认识历史与书写历史的影响,也犹如鲁滨孙的上述论述所说,既"提出一系列新颖而重要的问题",也"对历史学家没弄清的事物提供了科学解释"。

20世纪初鲁滨孙倡导"新史学"所做出的上述论述,明显地说明了杜赞奇所说的"西方学术中的黑格尔传统"中的历史书写,是按照黑格尔阐释的历史哲学与唯心史观提供的历史书写方法,这在19世纪晚期与20世纪初遇到困惑之后,由此将求助的目光,转向了马克思恩格斯创建的唯物史观与世界历史观提供的历史书写方法。既然如此,在认识了杜赞奇所说的"西方学术中的黑格尔传统"蕴含的相关学理与发展过程中遭遇的问题之后,还得继续认识马克思恩格斯对黑格尔阐释的历史哲学与唯心史观的批判,以及在此基础上创建的唯物史观与世界历史观所蕴含的内在学理与重要价值。

第三章　马克思恩格斯对历史书写建构
民族观念的反思性批判

第一节　问题"在于纯粹的思想"与民族历史书写

一　指明黑格尔历史哲学的问题"在于纯粹的思想"

认识 19 世纪上半期欧洲出现的历史观变化，可以选择将黑格尔《历史哲学》一书的绪论部分与马克思恩格斯的《德意志意识形态》的经典文献联系起来进行认识。从具体论述内容来看，马克思恩格斯在《德意志意识形态》中的众多具体论述，其与黑格尔在《历史哲学》一书绪论中的众多论述之间的关系，先是针锋相对，再以此为基础不断超越。通过这种既针锋相对又不断超越的关系，19 世纪上半期欧洲出现的从黑格尔到马克思恩格斯的历史观发展过程，在其内在学理探索中，也具有一个层层深化、不断深入的内在发展过程。

先就两者之间针锋相对关系的具体表现来说，在《历史哲学》一书的绪论中，黑格尔的论述乃是曲径通幽，从论述历史中思想观念的重要性着手，由此通向历史中民族精神重要性的幽深之处。针对黑格尔的学理演绎最终通向其所注重的民族精神，马克思恩格斯在《德意志意识形态》的开篇阐述其写作目的时就强调，"这里涉及的是一个有意义的事件：绝对精神的瓦解过程"[①]。马克思恩格斯的这种深刻论

---

① 《马克思恩格斯选集》第一卷，人民出版社 2012 年版，第 142 页。

述，乃是针对黑格尔在《历史哲学》一书绪论中所注重的民族精神而展开的。同样，在《历史哲学》一书的绪论中，黑格尔花费众多文墨论述了思想与观念的重要性，对此马克思恩格斯在《德意志意识形态》中，则指明黑格尔历史哲学与唯心史观的问题"在于纯粹的思想"。[①]

这种针锋相对的具体论述内容也说明，在近现代欧洲文化思想的发展历程中，对于欧洲走出中世纪后逐步形成的现代社会，黑格尔与马克思恩格斯都是对此能够进行一番深刻分析的系统阐释者，但这两种系统阐释中学理探索的深入发展与不断超越，却是各显特征。黑格尔是在欧洲走出封建社会与基督教文明而步入的现代社会之中，看出了现代社会之中的人们，应该具备相应的思想、观念、精神等的重要性。马克思恩格斯则是更进一层，看出了在黑格尔倡导的现代社会中人们需要具备的思想、观念、精神等，竟然存在相应的思想观念问题。

这两种针对其所在时代欧洲正在形成的现代社会特征所做出的系统阐释，也各自具有相应的学理探索积累。其中黑格尔阐述历史哲学的相关原理，以黑格尔对精神现象学与法哲学原理的前期研究作为基础，并在此基础上继续拓展到历史观领域。同样，马克思恩格斯在《德意志意识形态》中，指明了黑格尔阐释历史哲学所注重的思想、观念、精神等，存在着相应的思想观念问题，这种认识在马克思恩格斯之前的著述中也有所论述。这具体说来，《德意志意识形态》这部经典文献，是马克思恩格斯在 1845 年秋天到 1846 年 4—5 月撰写。在此之前的 1843 年 10—12 月，马克思在"《黑格尔法哲学批判》导言"中就具体论述道：

> 正像古代各民族是在想象中、在神话中经历了自己的史前时期一样，我们德国人在思想中、在哲学中经历了自己的未来的历史。我们是当代的哲学同时代人，而不是当代的历史同时代人。德国的哲学是德国历史在观念上的延续。因此，当我们不去批判我们现实历史的未完成的著作，而来批判我们观念历史的遗著——哲学的

---

① 《马克思恩格斯选集》第一卷，人民出版社 2012 年版，第 174 页。

时候，我们的批判恰恰接触到了当代所谓的问题之所在的那些问
题的中心。①

马克思上述论述，指明了近代德国哲学注重思想与观念，这与史
前时代各民族的神话充满想象相比较，可谓异曲同工，其是将神话变
成了哲学，并将神话创作中需要充分发挥的想象，变化成为哲学中注
重的思想。思想与想象之间的藕断丝连，已经被马克思淋漓尽致地揭
示了出来。尽管近代德意志哲学高度注重思想、观念、精神，可是马
克思也指明其只不过是"德国历史在观念上的延续"。按照马克思这
一论述，近代德意志哲学高度注重的思想、观念、精神等，实在难以
脱离19世纪德意志的历史发展。这与黑格尔阐释的历史哲学相比较，
黑格尔阐释的历史哲学，尽管实现了历史与哲学两门学科的融合，在
黑格尔的学理阐释中，以研究思想观念为对象的哲学，已经变成了客
观历史与主观历史的主人，可是在马克思看来，高度注重思想、观念、
精神的近代德意志哲学的本质，只不过是"德国历史在观念上的延
续"，黑格尔解析"历史"一词中的客观历史，方才是滋生德国哲学
所注重的思想、观念、精神的根基。

既然如此，关注思想、观念、精神的发展变化，还得继续注重形
成思想、观念、精神发展变化的客观历史发展状况。对于历史与哲学
的关系，马克思与黑格尔之间的关键差异，也具体表现为黑格尔是一
位将哲学支配历史的捍卫者，可是在马克思看来，哲学之下还有历史，
"德国的哲学是德国历史在观念上的延续"，认识"德国历史"方才是
认识"德国的哲学"的根本前提。倘若忽视了客观历史的具体状况，
而只谈思想、观念、精神的重要性，这会将以黑格尔为典型代表注重
的思想、观念、精神等，变化成为马克思所说的"当代所谓的问题之
所在的那些问题的中心"。

因此，在历史学与哲学之间的关系中，黑格尔阐释的历史哲学，
是将历史学变化为哲学的侍女，马克思则是将历史学关注的历史本身

---

① 《马克思恩格斯选集》第一卷，人民出版社2012年版，第7页。

作为了哲学所关注的思想、观念、精神等的孕育之所。黑格尔的历史哲学与唯心史观，将目光聚焦于形形色色的思想与观念，由此陷入了就思想谈思想、就观念谈观念的困境之中，而马克思恩格斯则是更进一层，继续深化为注重思想、观念之所以形成的具体历史发展过程。马克思恩格斯批判黑格尔阐述的历史哲学与唯心史观，也是重在批判其忽视思想观念之所以形成的历史发展过程，由此陷入了仅仅囿于思想观念领域之中，而不知思想观念的形成，还有具体的历史发展过程值得探索。

马克思在"《黑格尔法哲学批判》导言"中已经展现出的深刻认识，在《德意志意识形态》中，也得到了继续深化与系统阐释。马克思恩格斯在《德意志意识形态》的开篇就指明，"这一切都是在纯粹的思想领域中发生的"①。所谓金无足赤，马克思恩格斯的这一论述，也继续指明了黑格尔注重的思想观念之所以陷入困境，其中的问题关键，也在于思想观念也犹如足赤之金，被黑格尔演绎得非常"纯粹"，其已经陷入了只谈思想与观念，而不顾及思想与观念形成根源的困境。马克思恩格斯也清楚指明近代德国的黑格尔哲学体系，是将思想观念锻造成为"纯粹"的足赤之金的典型表现：

> 德国的批判，直至它最近所作的种种努力，都没有离开过哲学的基地。这个批判虽然没有研究过自己的一般哲学前提，但是它谈到的全部问题终究是在一定的哲学体系即黑格尔体系的基地上产生的。②

马克思恩格斯的上述论述，说明了黑格尔的哲学体系犹如一个基地一般，将其所注重的思想观念，不断地置思想观念于困境，变思想观念为问题。近代德意志就思想只谈思想、就观念只谈观念的思想观念困境与问题之所以滋生，也是因为其在就哲学谈哲学的过程中，既"没有离开哲学的基地"，也没有"研究过自己的一般哲学前提"。这

---

① 《马克思恩格斯选集》第一卷，人民出版社 2012 年版，第 142 页。
② 《马克思恩格斯选集》第一卷，人民出版社 2012 年版，第 143 页。

种既"没有离开哲学的基地",也没有"研究过自己的一般哲学前提"的近代德意志哲学,则是将其注重思想与观念的哲学体系,移植到了历史观领域,由此将历史学变化成为哲学的侍女。

这所导致的历史书写问题,一方面表现为忽视了人们所经历的历史,这才是历史书写需要面对的根本对象;另一方面也表现为历史书写的具体内容中,广泛存在着根本的思想观念问题。这比较突出与比较典型的表现,马克思恩格斯也明确指出,当属近代德意志的历史编纂学。马克思恩格斯批判黑格尔的历史哲学与唯心史观尽管注重思想观念,可是其问题"在于纯粹的思想",也是运用了近代德国历史编纂学作为典型例证而论述的:

> 黑格尔的历史哲学是整个这种德国历史编纂学的最终的、达到自己"最纯粹的表现"的成果。对于德国历史编纂学来说,问题完全不在于现实的利益,甚至不在于政治的利益,而在于纯粹的思想。①

将黑格尔阐释的历史哲学与唯心史观,与马克思恩格斯对黑格尔阐释的历史哲学与唯心史观的批判进行比较,首先可以看出,黑格尔阐释的历史哲学与唯心史观,已经说明认识历史与书写历史,得先有思想与观念,并将相应的思想与观念,通过书写历史的无数文字叙述表现出来。历史著作之中尽管充斥着无数文字叙述,可是文字之中的思想与观念,也犹如溪水流淌,始终流淌于历史著作之中的无数字里行间。一部史学著作的成败得失,关键在于其中的字里行间所流淌着的思想与观念。黑格尔阐释的历史哲学与唯心史观,是强调认识历史与书写历史对于思想观念的建构作用,由此认识历史与书写历史的主体,成为黑格尔所注重的思想观念的建设者。认识历史与书写历史而形成的相关历史学著作,也是以文化人,在塑造着和熏陶着人们相应的思想观念。

但马克思恩格斯对黑格尔阐释的历史哲学与唯心史观进行的批判,

---

① 《马克思恩格斯选集》第一卷,人民出版社 2012 年版,第 174 页。

则更进一层，看出了近代德意志众多历史著作中，尽管流淌着相应的思想观念，但这些思想观念本身却存在着问题。两相比较，黑格尔阐释历史哲学与唯心史观的学理演绎，赋予了德意志的历史书写者，乃是黑格尔所注重的思想观念的建设者，可是马克思恩格斯对黑格尔阐释的历史哲学与唯心史观进行的批判，则说明了马克思恩格斯已经成为近代德意志众多历史著作存在着思想观念问题的批判者与反思者。按照马克思恩格斯的深刻认识，阅读近现代德意志的历史学著作，千万不能止步于受相关历史著作中字里行间闪耀着的思想观念的熏陶与影响，而是需要继续掩卷沉思历史著作中无数字里行间存在着的思想观念问题。

在《德意志意识形态》中，马克思恩格斯批判黑格尔阐释的历史哲学的关键问题就"在于纯粹的思想"，这不仅有马克思写作的"《黑格尔法哲学批判》导言"的深刻认识作为前期积累，同时马克思恩格斯在此后的经典著作中，也对此继续进行了详细论述。例如，马克思在 1847 年撰写的《哲学的贫困》中就继续强调：

> 黑格尔认为，世界上过去发生的一切和现在还在发生的一切，就是他自己的思维中发生的一切。因此，历史的哲学仅仅是哲学的历史，即他自己的哲学的历史。没有"与时间次序相一致的历史"，只有"观念在理性中的顺序"。他以为他是在通过思想的运动建设世界；其实，他只是根据绝对方法把所有人们头脑中的思想加以系统的改组和排列而已。[1]

马克思的这一论述，既继续深刻阐释了黑格尔阐释的历史哲学的本质特征，也继续具体说明了其中存在着的思想观念根本问题。在马克思看来，黑格尔阐释的历史哲学与唯心史观，尽管注重思想观念，但其本质特征却是将"世界上过去发生的一切和现在发生的一切"，变成了黑格尔"他自己的思维中发生的一切"。由此，历史纵然千变万化，但认

---

[1]　《马克思恩格斯选集》第一卷，人民出版社 2012 年版，第 221—222 页。

识历史与书写世界历史所呈现出来的思想观念，已经陷入黑格尔"他自己的思维中发生的一切"的自我中心主义歧路之中。这种以自我为中心的思想观念，尽管犹如无形之手，在支配着众多的历史认识与历史书写，但其本质特征与存在的根本问题，马克思已经指明，其"只是根据绝对方法把所有人们头脑中的思想加以系统的改组和排列而已"。

二　问题"在于纯粹的思想"与德意志的民族历史书写

既然马克思恩格斯批判黑格尔阐释的历史哲学，已经指明黑格尔阐释的历史哲学与唯心史观的关键问题，就在于"纯粹的思想"，那么这种"纯粹的思想"所引发的思想观念问题，除了其会将思想观念囿于自我，由此形成自我中心主义史观之外，那么究竟还有何其他的具体表现？对此问题，马克思恩格斯在《德意志意识形态》的开篇还谈道：

> 为了正确地评价这种甚至在可敬的德国市民心中唤起怡然自得的民族感情的哲学叫卖，为了清楚地表明这整个青年黑格尔派运动的狭隘性、地域局限性，特别是为了揭示这些英雄们的真正业绩和关于这些业绩的幻想之间的令人啼笑皆非的显著差异，就必须站在德国以外的立场上来考察一下这些喧嚣吵嚷。①

上述论述作为《德意志意识形态》的开篇之言，这是马克思恩格斯在阐述其写作《德意志意识形态》的重要写作目标。对此进行深入认识，同样需要将此与黑格尔的《历史哲学》一书相互比较，方才能够认识到其在近现代欧洲文化思想发展过程中的重要价值。在《历史哲学》一书的绪论的前面部分，黑格尔先论述意识、情感、伦理道德价值观念等诸般思想观念的重要性，再在《历史哲学》一书的绪论的后面部分，集中于论述黑格尔注重的民族精神。黑格尔通过借用"家

---

① 《马克思恩格斯选集》第一卷，人民出版社 2012 年版，第 142—143 页。

庭精神"的比喻所作的论述，已经说明了其所注重的民族精神，包含着民族意识、民族情感、民族伦理道德价值观念等具体范畴。

而马克思恩格斯的上述论述，则是针对黑格尔所注重的民族精神包含的各个范畴出现的具体思想观念问题，具体说明了在马克思恩格斯写作《德意志意识形态》的 19 世纪 40 年代，德意志的民族意识已经陷入了"狭隘性、地域局限性"，德意志的民族情感已经沦为"怡然自得的民族感情的哲学叫卖"，德意志的民族伦理道德价值观念已经蜕变成为德意志"这些英雄们的真正业绩和关于这些业绩的幻想之间的令人啼笑皆非"，由此诸流汇集，将黑格尔所注重的民族精神最终变成了一场"喧嚣吵嚷"。马克思恩格斯的论述已经说明，真正能够洞悉这场"喧嚣吵嚷"的庐山真面目，千万不能"只缘身在此山中"，而是需要如马克思恩格斯所说，"必须站在德国以外的立场上来考察"。

可以看出，针对 19 世纪需要走出封建割据并走向统一的德意志历史发展趋势，黑格尔阐述的历史哲学通过注重民族精神，在其擅长的"绝对精神领域"对症下药，开出了需要形成民族意识、民族情感以及民族伦理道德价值观念的这副药方。可是，马克思恩格斯在《德意志意识形态》中的开篇之言，则说明了黑格尔开出的这款药方，可谓是药三分毒，德意志的民族意识、民族情感以及民族伦理、道德价值观念等具体思想观念领域，已经出现了相应的蜕变。对于近现代人类历史逐步形成的由民族以及民族国家所构成的现代人类社会，黑格尔的重要贡献是系统阐释了在思想观念领域，需要具备共同的民族意识、民族情感以及民族伦理道德价值观念。而马克思恩格斯则是在黑格尔的基础上，进一步指明了黑格尔注重的民族意识、民族情感以及民族伦理道德价值观念等方面的思想观念，还可能发生各种蜕变，蜕变为由民族以及民族国家所构成的现代人类社会会出现的根本的思想观念问题。

19 世纪晚期之后欧洲的具体历史发展过程，也在不断验证着从黑格尔到马克思恩格斯不断深入发展的学理阐释。根据 19 世纪晚期法国社会心理学家古斯塔夫·勒庞的观察，"目前的时代便是这种人类思想正经历转型过程的关键时期之一"①。勒庞所说的"人类思想正经历转型过程",在19世纪晚期的欧洲,也具体表现为民族意识、民族情感、民族伦理道德价值观念等,正在移入欧洲无数男男女女的内心之中,并发展成了勒庞所说的"群体心理"。勒庞所说的这种思想转型,引发19世纪晚期的欧洲历史发展,也首先出现了意大利与德意志的统一,这能够检验黑格尔历史哲学的理论阐释功效。可是这种"群体心理"中,存在着的马克思恩格斯批判黑格尔历史哲学与唯心史观所指明的"纯粹的思想"问题,也犹如滚雪球一般日积月累,并将欧洲一步步变化成为20世纪上半期两次世界大战的重要战场,这也验证了马克思恩格斯的深远洞见与远见卓识。

黑格尔阐释历史哲学与唯心史观所注重的民族精神,需要历史书写作为侍女方能建构而出。马克思恩格斯批判黑格尔历史哲学与唯心史观所指明的"纯粹的思想"问题,也是继续针锋相对、不断超越,马克思恩格斯已经指明这种"纯粹的思想"问题,其是具体地存在于近代德意志书写出来的历史著作之中。在《德意志意识形态》的经典文献中,马克思恩格斯批判黑格尔历史哲学与唯心史观,不仅指明了黑格尔注重思想观念所形成的思想观念问题,在民族意识、民族情感、民族伦理道德价值观念等方面的具体表现,同时还指明了这种思想观念问题在欧洲相关历史著作中的具体表现,马克思恩格斯就详细论述道:

> 他们根本不提一切真正历史的事件,甚至不提政治对历史进程的真正历史性的干预,为此他们的叙述不是以研究而是以虚构和文学闲篇为根据,如像圣布鲁诺在他那本已被人遗忘的《18世纪的历史》一书中所做的那样。这些唱高调、爱吹嘘的思想贩子以为他们无限地超越于任何民族偏见之上,其实他们比梦想德国统一的啤酒店庸人带有更多的民族偏见。他们根本不承认其他民

---

① 〔法〕古斯塔夫·勒庞:《乌合之众——大众心理研究》,冯克利译,中央编译出版社2005年版,"导言:群体的时代",第2页。

族的业绩是历史性的；他们生活在德国，依靠德国和为着德国而生活；他们把莱茵之歌变为圣歌并征服阿尔萨斯和洛林，其办法不是剽窃法兰西国家，而是剽窃法兰西哲学，不是把法兰西省份德国化，而是把法兰西思想德国化。①

马克思恩格斯的上述论述，针对欧洲近代蓬勃发展的民族历史书写，指明了其中存在的关键问题。在近现代欧洲历史步入民族以及民族国家构成的现代社会的发展趋势中，黑格尔阐释的历史哲学为认识历史与书写历史，提供了需要建构民族精神的方法指南。可是马克思恩格斯的上述论述则指明，按照这种方法书写出来的历史，既会出现"根本不提一切真正历史的事件"，也会出现"不以研究而是以虚构和文学闲篇为根据"。在此过程中，德意志的历史书写者已经蜕变成为一些"唱高调、爱吹嘘的思想贩子"，其所贩卖的思想，"比梦想德国统一的啤酒店庸人带有更多的民族偏见"。

可以看出，尽管黑格尔在 19 世纪 20 年代阐释的注重思想观念与民族精神的历史哲学，已经对德意志的历史认识与历史书写产生了深远影响，可是这种深远影响，也早在马克思恩格斯写作《德意志意识形态》的 19 世纪 40 年代，已经将黑格尔注重的思想观念与民族精神，推向了一条充斥着"更多的民族偏见"的发展道路。这种充斥着"民族偏见"的历史认识与历史书写，主要是一种以德意志民族为中心的思想观念所滋生，这所滋生出来的关键的思想观念问题，马克思恩格斯则指明，其是具体表现为"根本不承认其他民族的业绩是历史性的"。

对此，马克思恩格斯继续选择了阿尔萨斯和洛林问题作为例证，说明了近代德意志历史编纂学，存在"根本不承认其他民族的业绩是历史性的"的具体表现。在马克思恩格斯看来，近代德意志历史编纂学，"把莱茵之歌变为圣歌并征服阿尔萨斯和洛林"，并"剽窃法兰西哲学"，"把法兰西思想德国化"。众所周知，近代德法之间的阿尔萨

---

① 《马克思恩格斯选集》第一卷，人民出版社 2012 年版，第 176 页。

斯和洛林争端困扰德法关系，并激发了 19 世纪到 20 世纪上半期德法之间一次又一次的兵戎相见。马克思恩格斯指明近代德意志历史编纂学存在的思想观念问题，也成了 19 世纪到 20 世纪上半期德法矛盾不断激化的重要思想观念根源。

因此，两相对照，黑格尔阐释的历史哲学与唯心史观注重思想观念，并对欧洲长期注重书写民族以及民族国家历史建构的蕴含着众多具体内容的民族观念，进行了一番系统的理论阐释，这顺应了近现代欧洲创建民族国家的历史发展潮流，并被杜赞奇称为"西方学术中的黑格尔传统"。马克思恩格斯对黑格尔历史哲学与唯心史的批判，则是更进一层，指明了按照黑格历史哲学与唯心史观指明的历史书写方法建构出的民族观念，则存在着根本的思想观念问题，其犹如水银泻地，会渗透到众多历史著作之中。对于杜赞奇所说的"西方学术中的黑格尔传统"影响的历史书写，马克思恩格斯是发现其中存在着根本思想观念问题的重要发现者。

19 世纪 40 年代马克思恩格斯在《德意志意识形态》中，已经论述了深受黑格尔历史哲学与唯心史观影响的近代德意志历史编纂学，存在着根本的思想观念问题，后世欧洲具体的历史学研究，对此也存在广泛论述。这举例说来，19 世纪围绕德意志统一而形成的民族历史书写，既在德意志发展成为蔚为壮观之势，也不断向世界各地的历史书写外溢并产生了深远影响。尽管如此，后世法国历史学家安托万·基扬研究近代德国的历史学家群体也特别感慨道："很早以来，我们都认为德国历史学家是最公正的。但是，我们错了，他们的学术欺骗了我们。"[1] 后世欧洲的历史发展以及欧洲历史学家的这种具体研究，也验证了马克思恩格斯批判黑格尔历史哲学与唯心史观的深刻认识，那才是历史观中的真知灼见与远见卓识。

---

① ［法］安托万·基扬：《近代德国及其历史学家》，黄艳红译，北京大学出版社 2010 年版，第 15 页。

第二节 "最终消失于'自我意识'中"对民族 历史的双重影响

一 "最终消失于'自我意识'中"与历史书写中的自我中心主义

黑格尔阐述历史哲学与唯心史观的学理演绎过程,不仅存在从注重思想观念到注重民族精神的发展过程,而且黑格尔还将其在《精神现象学》一书中诸多篇幅论述的自我意识,引入了其所阐述的历史哲学与唯心史观之中。这举例说来,在《历史哲学》一书的绪论中,黑格尔也特别强调,"'精神'的这种依靠自己的存在,就是自我意识——意识到自己的存在"①。更为明显的是,尽管盲人难以睁开眼睛,能够睁开眼睛之人已经不是盲人,可是在《历史哲学》一书绪论的收官之处,黑格尔也极力地为其所注重的自我意识觉醒的鼓与呼,将自我意识觉醒比喻为一个盲人睁开了眼睛。

因此,黑格尔阐释的历史哲学与唯心史观,不仅强调了客观历史与主观历史中思想、观念、精神等的重要性,而且还发展为强调思想、观念、精神中自我意识的重要性。在黑格尔阐释的历史哲学与唯心史观注重的思想、观念、精神等外壳之中,还蕴藏着黑格尔特别注重的自我意识作为内在核心。可是,马克思恩格斯在《德意志意识形态》中,批判黑格尔阐释的历史哲学与唯心史观,不仅指明了其在思想观念这一层次,"问题关键就在于纯粹的思想",同时也指明了其发展到注重自我意识这一层次,黑格尔阐释历史哲学与唯心史观的学理演绎结果,只不过是"最终消失于自我意识中"。

放眼欧洲的长远历史发展过程来看,黑格尔阐释的历史哲学与唯心史观,从注重思想、观念、精神等,发展为注重其中蕴含着的自我意识,这是看到了欧洲走出中世纪封建社会需要思想观念领域的关键变化。对于身处欧洲中世纪那个时代的人们,布洛赫研究欧洲的封建

---

① [德]黑格尔:《历史哲学》,王造时译,上海书店出版社2006年版,第16页。

社会，就将其总体概括为是一种"从属于他人之'人'"，布洛赫对此就详细论证道：

> 在关于封建主义的词汇中，任何词汇都不会比从属于他人之"人"这个词的使用范围更广，意义更泛。在罗曼语系和日耳曼语系各种语言中，它都被用来表示人身依附关系，而且被应用于所有社会等级的个人身上，而不管这种关系的准确的法律性质如何。①

布洛赫所说的欧洲中世纪人们，乃是一种"从属于他人之'人'"，这是因为在欧洲中世纪封建社会的形成过程中，逐渐发展出了层层分封而形成的社会结构，人与人之间的社会关系，也表现为人们广泛地依附于与从属于各级封建领主。布洛赫也对此强调，"各社会等级之间虽存在着一条鸿沟，但它所强调的是根本的共同因素：即一个人对另一个人的从属"②。欧洲中世纪广泛盛行的封建等级思想观念以及基督教神学思想，则是在思想观念领域，为欧洲中世纪人们"从属于他人之'人'"的社会存在状况，继续提供相应的观念阐释。可以看出，欧洲中世纪封建社会的社会结构以及在此基础上形成的观念体系，难以为黑格尔注重的自我意识提供藏身之所。

黑格尔特别注重思想观念领域与精神世界之中的自我意识觉醒，并在《历史哲学》一书的绪论中，将其比喻为犹如一个盲人睁开了眼睛，这是将欧洲中世纪基督教神学历史观中的神意，变化成为世俗之中人们的自我意识，并成为欧洲走出中世纪步入现代社会需要的思想观念变化的神来之笔。黑格尔注重的自我意识觉醒，一方面在思想观念领域，走出了布洛赫所说的欧洲中世纪人们"从属于他人之'人'"的社会存在状况，另一方面觉醒的自我意识，还具有重要的现实社会功能。对于觉醒的自我意识所形成的现实社会功能，黑格尔在《历史

---

① ［法］马克·布洛赫：《封建社会》上卷，张绪山译，商务印书馆2004年版，第249页。
② ［法］马克·布洛赫：《封建社会》上卷，张绪山译，商务印书馆2004年版，第249页。

哲学》的绪论中也详细论证道:

> 我要把什么东西实行起来,成为事实,乃是我的热烈的愿望:我必须参加在里边,我愿意从它的实施而得到满足。假如我要为任何目的而活动,它无论如何必须是我的目的。我必须同时在这种参加中,贯彻我的目的,得到满足。①

自我意识觉醒之后能够如黑格尔所说,既要努力地"把什么东西实行起来",也"要为任何目的而活动"并"得到满足"。这种自我意识运行所形成的思想观念状态,已经不再是欧洲中世纪的"从属于他人之'人'",被广泛束缚于封建等级思想观念与基督教神学思想之中。这所产生的社会功能,则是展现自我、弘扬自我,由此各展其才、各尽其能,并引发欧洲近现代以来政治、经济、文化等领域的加速变化。黑格尔的上述论述,犹如宣言书一般,对欧洲走出中世纪并进入现代社会之中的自我意识觉醒,极尽讴歌赞美之能事,无数觉醒的自我,也即将在欧洲近现代的历史长河中粉墨登场。

可是在黑格尔的上述论述中,黑格尔已经论及自我意识觉醒的社会功能,乃是"我必须参加在里边,我愿意从它的实施得到满足"。由此看来,黑格尔的语言叙述尽管闪烁其词、极为晦涩,但闪烁与晦涩之中,还是说明了黑格尔注重的自我意识觉醒,并不是仅仅注重局限于犹如原子一般的个体的自我意识觉醒,而是需要个体"参加在里边"的群体意识觉醒。这种觉醒的群体意识,在黑格尔特别注重的民族精神中,则是具体表现为黑格尔注重的民族自我意识觉醒。民族自我意识觉醒,这构成了黑格尔特别注重的思想、观念、精神之中的内在核心。黑格尔注重的自我意识觉醒,特别注重的是将欧洲中世纪封建社会中"从属于他人之'人'",翻新成为欧洲近现代社会中从属于各个民族以及民族国家之人。

马克思恩格斯批判黑格尔阐释的历史哲学与唯心史观,首先指明

---

① [德]黑格尔:《历史哲学》,王造时译,上海书店出版社 2006 年版,第 20 页。

了其尽管注重思想观念，可是问题的关键"在于纯粹的思想"。在此基础上，马克思恩格斯继续揭示出黑格尔阐释的历史哲学与唯心史观，之所以存在思想观念的关键问题，根本原因也在于黑格尔阐释的历史哲学与唯心史观所注重的思想、观念、精神等外壳之中，蕴藏着黑格尔特别注重的自我意识作为内在核心，这种学理探索的最终结果只不过是"最终消失于'自我意识'中"。在《德意志意识形态》的经典文献中，马克思恩格斯对此的论证，主要是选择了近现代德意志历史书写的主观历史领域作为例证而揭示出来。在马克思恩格斯所在的时代，圣布鲁诺以及圣麦克斯·施蒂纳的历史认识与历史书写，深受黑格尔的历史哲学与唯心史观影响，马克思恩格斯以此为例详细论述道：

　　　　这种历史哲学后来在圣布鲁诺看来也一定是一连串的"思想"，其中一个吞噬一个，最终消失于"自我意识"中。圣麦克斯·施蒂纳更加彻底，他对全部现实的历史一窍不通，他认为历史进程必定只是"骑士"、强盗和幽灵的历史。他当然只有借助于"不信神"才能摆脱这种历史的幻觉而得救。这种观点实际上是宗教的观点：它把宗教的人假设为全部历史起点的原人，它在自己的想象中用宗教的幻想生产代替生活资料和生活本身的现实生产。①

　　马克思恩格斯的上述论述包含着三层重要内涵，首先，其是以圣布鲁诺为具体例证，指明了黑格尔的历史哲学注重思想与观念产生的影响，是将人类历史中思想观念一连串的流变，视为"一个吞噬一个"，由此"最终消失于'自我意识'中"，这指明了黑格尔阐释的历史哲学，是将注重自我意识作为学理演绎所能达到的最终结果。其次，在《历史哲学》的绪论中，黑格尔对于其所注重的自我意识曾经具体解释道，"这种意识首先出现于宗教，出现于'精神'最内在的区域里"②。对于

---

① 《马克思恩格斯选集》第一卷，人民出版社 2012 年版，第 174 页。
② ［德］黑格尔：《历史哲学》，王造时译，上海书店出版社 2006 年版，第 17 页。

这种注重自我意识的学理阐释，马克思恩格斯的上述论述指明，"这种观点实际上是宗教的观点"，这是一针见血地指明黑格尔特别注重自我意识的学理演绎特征，乃是和宗教具有密切联系。最后，马克思恩格斯通过圣麦克斯·施蒂纳为例也说明，黑格尔注重自我意识的学理演绎，还会蔓延到历史认识与历史书写之中，这所产生的后果，则是"对全部现实的历史一窍不通"，并"在自己的想象中用宗教的幻想生产代替生活资料和生活本身的现实生产"。

由此，马克思恩格斯批判黑格尔历史哲学的学理演绎，乃是"最终消失于'自我意识'中"，也具体落实到黑格尔所注重的自我意识对历史认识与历史书写所产生的影响。在《德意志意识形态》中，马克思恩格斯对深受黑格尔历史哲学与唯心史观影响的青年黑格尔派的历史认识，还详细论述道：

> 既然青年黑格尔派认为，观念、思想、概念，总之，被他们变为某种独立东西的意识的一切产物，是人们的真正枷锁，就像老年黑格尔派把它们看做是人类社会的真正镣铐一样，那么不言而喻，青年黑格尔派只要同意识的这些幻想进行斗争就行了。既然根据青年黑格尔派的设想，人们之间的关系、他们的一切举止行为、他们受到的束缚和限制，都是他们意识的产物，那么青年黑格尔派完全合乎逻辑地向人们提出一种道德要求，要用人的、批判的或利己的意识来代替他们现在的意识，从而消除束缚他们的限制。这种改变意识的要求，就是要求用另一种方式来解释存在的东西，也就是说，借助于另外的解释来承认它。[1]

马克思恩格斯的上述论述，首先指明了老年黑格尔派是把人类社会视为镣铐，而发展到了青年黑格尔派，则把"观念、思想、概念"视为真正的枷锁。在"观念、思想、概念"之中，最为核心的则是黑格尔所注重的自我意识。青年黑格尔派也认为，"人们之间的关系、

---

[1]　《马克思恩格斯选集》第一卷，人民出版社 2012 年版，第 145 页。

他们的一切举止行为、他们受到的束缚和限制，都是他们意识的产物。"既然自我意识如此重要，由此黑格尔阐述的历史哲学特别注重自我意识，也影响到青年黑格尔的历史认识与历史书写，不再局限于将人类历史的发展变化，视之为一种思想代替另一种思想、一种观念代替另一种观念的古今之变，而是变化发展成了一种意识代替另一种意识的古今之变。对此，马克思恩格斯的上述论述已经明确指出，"这种改变意识的要求，就是要求用另一种方式来解释存在的东西，也就是说，借助于另外的解释来承认它"。这同样是将批判黑格尔历史哲学与唯心史观"最终消失于'自我意识'中"的学理演绎，具体落实到了其对历史认识与历史书写所产生的影响。

　　这种将历史的古今之变，解释成为一种意识代替另一种意识不断变化的历史书写特征，则难以摆脱历史认识者与历史书写者心中所怀的自我意识。黑格尔阐释的历史哲学与唯心史观，其中存在着的"最终消失于'自我意识'中"的学理演绎，这将使历史认识与历史书写，不仅仅会变化成为"一家之言"，而且还会变化成为历史认识者与历史书写者心怀自我意识的一己之见。由此，历史认识与历史书写中形形色色的自我中心主义，也变成了理所当然。黑格尔"最终消失于'自我意识'中"的历史哲学与唯心史观，既完成了将历史认识与历史书写推向形形色色的自我中心主义史观的学理演绎，也将其历史哲学与唯心史观变化成为滋生形形色色的自我中心主义史观的温床。

　　在《德意志意识形态》中，针对深受黑格尔历史哲学影响的布鲁诺的历史认识与历史书写，马克思恩格斯已经指明，"他们没有达到'绝对自我意识'，也没有认清这些恶劣关系是源于自己精神的精神"[1]。马克思恩格斯对黑格尔历史哲学"最终消失于'自我意识'中"影响历史认识与历史书写的批判，已经揭示出了现代社会中的历史认识与历史书写，之所以深陷自我中心主义困境，原来是黑格尔特别注重的自我意识在任意驰骋。这所展现出来深刻认识，后世欧洲诸多学者也在费尽笔墨继续详加论述。

---

　　① 《马克思恩格斯选集》第一卷，人民出版社 2012 年版，第 178 页。

这举例说来，对于马克思恩格斯批判黑格尔历史哲学与唯心史观所最终消失的"自我意识"，当代德国著名社会学家埃利亚斯在经历了第二次世界大战之后，为其所著《文明的进程——文明的社会发生和心理发生研究》一书，撰写了一篇冗长的绪论，其主要内容也是深刻反思近现代西方文明囿于自我的发展历程。19 世纪曾经被黑格尔颂扬为犹如盲人睁开了眼睛的觉醒的自我意识，在 20 世纪下半期埃利亚斯的笔下，也摇身一变，变化成为黑格尔所注重的思想观念的"笼子"，埃利亚斯论证道：

> 这一时期人的自我认识中，这种要求却被视为实际存在着的"笼子"，这只笼子囚禁了"自身"、"自我"以及"理性"和"存在"，并把这些东西与个人"以外"的世界隔了开来。[1]

埃利亚斯所说"人的自我认识"之所以形成的"笼子"，也具体表现为黑格尔阐述历史哲学注重的觉醒的自我意识，由此形成的无数思想观念，其始终是一己之见。这种通过注重自我意识形成的思想观念的根本特征，则是让人们的思想观念囿于自我，由此让人们的思想观念囿于埃利亚斯所说的"笼子"之中，并与自我之外的世界隔离开来。埃利亚斯也特别强调，"从把自己和个人看作'封闭的人'这样一种观点中摆脱出来肯定不是一件容易的事"。[2]

埃利亚斯所说的缘起于自我意识并囿于一己之见的思想观念的"笼子"，也被当代德国历史学家康拉德概括成为一种"容器"式思维。在康拉德看来，这种"容器"式思维，根源于现代社会科学与现代人文科学中"内在主义和欧洲中心主义"的两个"先天缺陷"，并在现代社会中以民族以及民族国家为单位的历史认识与历史书写中，表现得非常突出，对此康拉德就具体论述道：

---

① ［德］诺贝特·埃利亚斯：《文明的进程——文明的社会发生和心理发生的研究》，王佩莉、袁志英译，上海译文出版社 2013 年版，序言，第 35 页。
② ［德］诺贝特·埃利亚斯：《文明的进程——文明的社会发生和心理发生的研究》，王佩莉、袁志英译，上海译文出版社 2013 年版，序言，第 40 页。

　　现代社会科学与人文科学的两个"先天缺陷"，妨碍我们对
跨越世界范围的进程做出系统的认知。这两个缺陷都可以追溯到
现代学科在 19 世纪欧洲的形成过程。首先，社会科学和人文学科
的创立与民族国家绑缚在一起。历史学、社会学和哲学等领域，
在研究主旨、议题，乃至于社会功能方面仍然受制于某个国家自
身的社会。此外，各个学科中的"方法论民族主义"（methodo-
logical nationalism）在理论上将民族国家预设为基本的研究单位，
并视其为一个领土实体，该实体充当着某个社会的"容器"。历
史学比它的一些相邻学科更加直白地委身于这些具有领土限制的
容器。①

　　康拉德所说的现代社会科学与现代人文科学中"内在主义和欧
洲中心主义"的两个"先天缺陷"，"可以追溯到现代学科在 19 世
纪欧洲的形成过程"，这具体说来，也可以追溯到黑格尔所阐释的
"最终消失于'自我意识'中"的历史哲学。黑格尔注重自我意识
的学理阐释体系，犹如马克思恩格斯所说的"基地"一般，既滋生
着康拉德所说的"内在主义"的思想观念，也以 19 世纪欧洲文明发
展在世界各地区所取得的优势地位作为时代背景，继续滋生出康拉
德所说的"欧洲中心主义"，由此形成了现代社会科学与现代人文科
学的两个"先天缺陷"。

　　康拉德上述论述还谈道，"历史学比它的一些相邻学科更加直白
地委身于这些具有领土限制的容器"，这说明现代社会科学与现代人
文科学的两个"先天缺陷"，也导致 19 世纪逐渐发展成为一门现代性
学科的历史学，乃是康拉德所说的"容器"式思维的重灾区。其中最
为突出的例证，当属 19 世纪的德意志历史学发展过程。19 世纪的德
意志历史学发展过程，既有黑格尔阐释的历史哲学与唯心史观，对欧
洲长期流传着的以民族以及民族国家为单位的历史认识与历史书写，

---

① ［德］塞巴斯蒂安·康拉德：《全球史是什么?》，杜宪兵译，中信出版集团股份有限公
司 2018 年版，第 2—3 页。

进行了一番系统的学理阐释，也有以德国历史学家兰克为典型代表的民族历史书写。这种历史观与史学实践的相互结合，既是以欧洲历史发展过程中逐步形成的民族以及民族国家作为"容器"，同时还特别注重这个"容器"中的自我意识，并以民族自我意识作为核心散发出康拉德所说的"容器式"思维。而马克思恩格斯对黑格尔的历史哲学唯心史观的批判，是早在19世纪40年代，已经看出了康拉德所说的"容器式"思维支配着的历史认识与历史书写，会广泛出现"根本不承认其他民族的业绩是历史性的"等思想观念问题。

二　自我意识与客观历史中"贪欲以及贪欲者之间的战争"

正如黑格尔在《历史哲学》一书中，曾经将"历史"一词分为主观历史与客观历史两个方面，马克思恩格斯在《德意志意识形态》中，批判黑格尔的历史哲学与唯心史观的学理演绎结果，是"最终消失于自我意识之中"，不仅指明了其会滋生出主观历史书写中形形色色的自我中心主义历史观，而且还深刻论述了黑格尔所注重的自我意识对客观历史引发的重要影响。

认识黑格尔所注重的自我意识对客观历史引发重要影响的关键，也需追根溯源，需要特别注意黑格尔注重的自我意识与自我利益之间的内在关系。总的说来，黑格尔在阐释历史哲学与唯心史观的过程中，也并非就意识论意识，而是注重觉醒的自我意识与现实利益之间的关系。在《历史哲学》一书的绪论中，黑格尔论述其所注重的自我意识也谈道：

> 这里有一种错误必须避免：我们要想非难一个人，指斥他的不合时，我们总说他是有"利害关系的"——这就是说他只追求他自己的利益。我们责备他只知追求个人的私利，而不顾比较普遍的目的。他竟然可以假公济私，甚至舍公图私。[①]

———————————
① ［德］黑格尔：《历史哲学》，王造时译，上海书店出版社2006年版，第20—21页。

黑格尔的这一论述，说明黑格尔已经强调其所注重的自我意识觉醒之后，倘若"只追求他自己的利益"，由此"可以假公济私，甚至舍公图私"，这是一种必须避免的错误。这也说明黑格尔特别注重的自我意识，并非一种"他只追求他自己的利益"的个体自我意识，而是一种注重"比较普遍的目的"的群体自我意识。黑格尔已经指明"假公济私"与"舍公图私"，这是觉醒后的自我意识需要避免误入的歧途。既然如此，那么黑格尔所说自我意识觉醒后所追求的"比较普遍的目的"，这又究竟是什么？

在《历史哲学》一书的绪论中，黑格尔是在论述了思想、观念、精神的重要性之后，运用"家庭精神"比喻其即将重点论述的民族精神，完成了对这一问题的回答。当黑格尔运用"家庭精神"作为比喻，由此揭示了其所注重的民族精神犹如"家庭精神"一般，蕴含着共同的民族意识、民族情感、民族伦理道德等具体范畴之后，黑格尔也指明了其所注重的民族精神与现实利益之间的关系，黑格尔就谈道：

> 无论在民族内、或在家族内，道德所寄托的那一种感情、一种意识和一种意志，都不是限于个人的人格和利益，而是包罗着全体一般的共同利益。①

黑格尔此言已经说明，其所注重民族精神，固然犹如"家庭精神"一般，包含着以民族意识为基础继续生长出的民族情感、民族伦理道德等具体内容，但民族意识、民族情感、民族伦理道德等的所思所虑，最终是寄托于民族"包罗着全体一般的共同利益"。由此，黑格尔论述自我意识所指明的必须服从的"比较普遍的目的"，已经具体落实为民族的共同利益，黑格尔特别注重的民族精神，也具体表现为已经超越"一己之私"并注重共同民族利益的一种精神境界。黑格尔运用"家庭精神"作为比喻所揭示的民族精神，也犹如家和万事兴一般，最终指向了共同的民族精神与共同民族利益之间的密切联系。

---

① ［德］黑格尔：《历史哲学》，王造时译，上海书店出版社 2006 年版，第 39 页。

　　而这对欧洲近代历史发展的影响，也具体表现为黑格尔揭示的共同的民族精神与共同民族利益之间的密切联系，其是从民族自我意识出发，再形成相应的思想观念，在将相应的思想观念付诸行动的过程中，也会变化为近现代通过民族现代性建构与民族国家创建而形成的一众欧洲列强，各自纷纷追逐自我利益。这所锻造出来的欧洲近现代历史发展面貌，既有19世纪维也纳会议、柏林会议等国际会议的利益瓜分，也会因为利益瓜分过程中难遂其意，由此大打出手，并将欧洲变化成为20世纪上半期两次世界大战的重要战场。黑格尔注重的以民族自我意识为核心的民族精神与共同民族利益之间的密切联系，既蕴藏着欧洲近现代创建的民族国家变化成为一众欧洲列强的内在秘密，也蕴含着近现代欧洲列强彼此之间为了自我利益大打出手由此盛极而衰的内在秘密。

　　在欧洲近现代文化思想史的发展过程中，马克思恩格斯早在其青年时代，通过密切关注德国与英国的具体现实社会状况的切身体会，较早地指明了黑格尔特注重的自我意识，不仅会将现代社会中人们的思想观念，推向一种被"他自己的思维中发生的一切"所束缚的自我中心困境，同时也将现代社会中人们的所作所为，推向了一种普遍追求自我利益的现代社会根本困境。黑格尔论述自我意识所指明的必须服从的"比较普遍的目的"，在欧洲近现代历史发展过程的具体变化中，既会蜕变为恩格斯所说的现代社会中普遍的"彼此嫉妒与贪婪"，也会蜕变为马克思所说的现代社会中普遍的"贪欲以及贪欲之间的战争"。对此，早在1843年9月—1844年1月的《国民经济学批判大纲》中，恩格斯就已经论述了其中奥秘：

　　　　国民经济学的产生是商业扩展的自然结果，随着它的出现，一个成熟的允许欺诈的体系、一门完整的发财致富的科学代替了简单的不科学的生意经。

　　　　这种从商人的彼此妒忌和贪婪中产生的国民经济学或发财致富的科学，在额角上带有最令人厌恶的自私自利的烙印。人们还有一种幼稚的看法，以为金银就是财富，因此必须到处从速禁止

"贵"金属出口。各国像守财奴一样相互对立，双手抱住自己珍爱的钱袋，怀着妒忌心和猜疑心注视着自己的邻居。他们使用一切手段尽可能多地骗取那些与自己通商的民族的现钱，并使这些侥幸赚来的钱好好地保持在关税线以内。①

在马克思恩格斯的青年时代，欧洲历史发展在政治领域的具体表现，是继法国大革命之后，欧洲民族现代性建构与民族国家创建蓬勃发展，而在经济领域，则是继英国率先从事工业革命之后，欧洲的商业资本主义与工业资本主义在深入推进。因法国大革命与英国工业革命的双重革命驱动着的 19 世纪欧洲历史发展过程，也在思想观念领域内出现了德国古典哲学与英国古典政治经济学的内在学理相通。德国古典哲学中黑格尔论证的民族精神与民族共同利益之间的密切联系，这在英国的古典政治经济学中，亚当·斯密已经通过《国富论》这一著作进行了系统论述。亚当·斯密的《国富论》一书，英文名称为"An Inquiry of the Nature of the Wealth of Nations"，其中的"Nation"一词，则是兼具民族以及国家的双重内涵。亚当·斯密的《国富论》一书的重要内容，则是揭示了自由贸易中追逐自我利益的"看不见的手"，能够增进国富民强的民族共同利益。

恩格斯在《国民经济学批判大纲》中的上述论述，对于黑格尔注重的民族精神与民族共同利益之间的关系，也展现出了三方面的深刻认识。首先，从形成原因来说，欧洲近现代逐渐发展成型的民族国家追求共同的民族利益，这是源于近代欧洲列强通过对外殖民征服形成的"商业扩展的自然结果"。欧洲从中世纪晚期到近现代通过对外殖民征服而从事世界范围的商业扩张，也将黑格尔运用家庭精神比喻民族精神所最终指向的民族的共同利益，变化成为恩格斯所说的共同的"发财致富"。其次，从本质特征来说，黑格尔注重的民族精神与民族共同利益之间的关系，这最初本是"简单的不科学的生意经"，后来逐渐发展为恩格斯所说的"一个成熟的允许欺诈的体系、一门完整的

① 《马克思恩格斯选集》第一卷，人民出版社 2012 年版，第 17 页。

发财致富的科学"，这尽管是科学，但这门科学的"额角上带有最令人厌恶的自私自利的烙印"。最后，从历史发展过程中的具体表现来说，这门科学中的一门心思，则具体表现为"怀着妒忌心和猜疑心注视着自己的邻居"，这些心思滋生的所作所为，则是"使用一切手段尽可能多地骗取那些与自己通商的民族的现钱"。

对于恩格斯在 1843 年 9 月—1844 年 1 月写作的《国民经济学批判大刚》所阐述的深刻认识，这一时期的马克思也有此共识。在 1843 年 10—12 月撰写的《黑格尔法哲学批判导言》中，马克思批判黑格尔阐释的法哲学原理，同样深入论述道：

> 德国的道德和忠诚——不仅是个别人的而且也是各个阶级的道德和忠诚——的基础，反而是有节制的利己主义；这种利己主义表现出自己的狭隘性，并用这种狭隘性来束缚自己。①

黑格尔阐释的法哲学原理，需要以黑格尔注重的民族自我意识为基础形成的民族伦理道德为屋顶与准绳，由此，法律之上有道德，法学之上有哲学。可是马克思的上述论述则是直指要害，指明了 19 世纪德意志民族意识的觉醒及其形成的伦理道德观念等思想观念变化，以及对此所进行的哲学阐释，本质上是一种"利己主义"，这种"利己主义"很狭隘，并"用这种狭隘性来束缚自己"。

而马克思在 1844 年 5—8 月写作的《1844 年经济学哲学手稿》中，针对欧洲近现代逐步形成的民族国家与现代民族经济之间关系则指明，"贪欲以及贪欲者之间的战争即竞争，是国民经济学家所推动的仅有的车轮"。② 追逐自我利益的无数贪欲，成为"国民经济学家所推动的仅有的车轮"，靠此作为车轮的驱车前行途中，既会充斥着无处不在的商业竞争，也会由于商业竞争的激化而发展成为的战争。近现代以来战争的变化，也从欧洲中世纪的各种宗教派别与封建领主争

---

① 《马克思恩格斯选集》第一卷，人民出版社 2012 年版，第 13—14 页。
② 《马克思恩格斯选集》第一卷，人民出版社 2012 年版，第 50 页。

夺领地的战争，发展成了黑格尔注重的民族精神所寄托的民族以及民族国家之间追逐自我利益的战争。

可以看出，对于黑格尔注重的民族精神与民族共同利益之间的关系，马克思恩格斯各自写作的《国民经济学批判大纲》《黑格尔法哲学批判导言》《1844年经济学哲学手稿》等经典文献中，已经深刻揭示出了黑格尔所注重的自我意识会将现代社会的发展，既推向一条广泛洋溢着个体利己主义的歧路，也推向一条广泛洋溢着群体利己主义的歧路。这种深刻认识为马克思恩格斯在《德意志意识形态》中，批判黑格尔历史哲学与唯心史观"最终消失于自我意识之中"存在的问题，提供了深厚的前期认识积累。马克思恩格斯的这种深刻认识，发展到了《德意志意识形态》中，马克思恩格斯也继续论述道：

> 正因为各个人所追求的仅仅是自己的特殊的、对他们来说是同他们的共同利益不相符合的利益，所以他们认为，这种共同利益是"异己的"和"不依赖"于他们的，即仍旧是一种特殊的独特的"普遍"利益。①

这也说明在欧洲近现代文化思想的发展过程中，对于欧洲走出中世纪而形成的现代社会，黑格尔看出了现代社会中自我意识广泛觉醒的思想观念状态；马克思恩格斯则更进一层，看出了自我意识觉醒后的现代社会本质特征，乃是"各个人所追求的仅仅是特殊的、对他们来说是同他们的共同利益不相符合的利益"。而对于近现代以来欧洲逐步形成的民族国家之间的关系，马克思恩格斯也指出，"各国间的竞争尽可能通过关税率、禁令和各种条约来消除，但是归根结底，竞争的斗争还是通过战争（特别是海战）来进行和解决的"②。

两相比较，黑格尔阐释的历史哲学与注重的自我意识觉醒，这会作为思想观念的来源，激发着欧洲走出等级分明、各安其分的中世纪。

---

① 《马克思恩格斯选集》第一卷，人民出版社2012年版，第164页。
② 《马克思恩格斯选集》第一卷，人民出版社2012年版，第192页。

可是马克思恩格斯对此的批判则说明，在欧洲走出等级分明、各安其分的中世纪后，黑格尔特别注重的自我意识觉醒，也犹如开弓没有回头箭，其是在驱动着欧洲进入现代社会之中追逐自我利益的万箭齐发，由此彼此相争。相争过程中，既会出现威斯特伐利亚会议、维也纳会议、柏林会议以及凡尔赛会议中相互之间的讨价还价，也会难以达成一致，继续变化成为两次世界大战中的大打出手，由此成为欧洲走出中世纪之后所进入的现代社会中的根本问题。

这反映在欧洲近现代文化思想领域的发展过程中，以黑格尔为代表的德国古典哲学所注重的自我意识，与以亚当·斯密为代表的英国古典政治经济学注重的自我利益，也犹如一枚硬币的两个方面，共同塑造了欧洲走出中世纪之后形成的现代社会的两幅基本面貌。其中的一幅基本面貌，表现为人们在思想观念领域囿于自我，另一幅基本面貌，表现为人们在社会活动中追逐自我利益，由此观念与行动琴瑟和鸣、彼此相融。早在19世纪40年代，马克思恩格斯对此就进行了深刻论述，由此所揭示出的两者的内在密切联系，后世欧洲也有相关学者还在继续阐释。这举例说来，对于黑格尔注重的自我意识，20世纪下半期英国历史学家爱德华·卡尔就谈道：

> 他与亚当·斯密有共鸣之处。每个人"满足于他们自己的利益；更多的东西因此而产生，这些东西潜伏在他们的行动之中，虽然并没有意识到这些东西"。关于世界精神的理性目的，黑格尔写道，人"在每一次行动中都实现了理性目的，使它成为满足人愿望的机会，其意义与原来目的不同"。这不过是把利益和谐理论简单地翻译成为德国哲学语言罢了。黑格尔之等同于斯密"无形的手"的话是那句著名的"理性的狡黠"，这使人们在无意识工作中以履行其旨意。①

卡尔的上述论述，说明黑格尔演绎历史哲学与唯心史观注重的自

---

① ［英］E. H. 卡尔：《历史是什么?》，陈恒译，商务印书馆2007年版，第243页。

我意识，与 18 世纪英国经济学家亚当·斯密在其《国富论》一书中注重的自我利益，两者具有共通之处。自我意识尽管主观抽象，但也犹如蕴藏在人们主观世界中的"一只看不见的手"，会通过亚当·斯密强调的人们追逐自我利益的所作所为而表现出来。倘若追逐自我利益的路途受挫，人心中的自我意识运行，会走向抑郁苦闷的人心苦旅；与之相反，倘若追逐自我利益的道路畅通无阻，人心中的自我意识运行状态，则是顺心如意。通过自我意识与自我利益之间的举案齐眉与彼此相融，现代社会中思想观念领域的无数"一己之见"与现代社会中追逐自我利益的"一己之私"，两者融合成为一体并结伴而行，这共同锻造出来的现代社会基本特征，已经不是"诸法无我"，而是在思维活动领域与社会运行领域，广泛存在着无数的自我作为中心。

这具体表现在欧洲近现代历史发展过程中，欧洲近现代的民族现代性建构以及民族国家创建，虽然导致走出封建社会的社会分层与社会分散，并凝为一体，但具有囿于"一己之见"与"一己之私"的两幅面孔。一方面，欧洲近现代觉醒的民族自我意识，这导致欧洲自中世纪晚期与近现代以来民族意识觉醒引发的思想观念变化，演化成为囿于自我而形成思想观念的相互之争，最终成为 20 世纪上半期欧洲沦为两次世界大战重要战场的思想观念根源。另一方面，欧洲走出封建割据时代的各个民族国家，始终是以各自的民族以及民族国家利益为根本，这种根本的利益之争，形成的近现代欧洲列强彼此之间出现的战争与冲突，也是层出不穷，其不断激化，将欧洲变化成为 20 世纪上半期两次世界大战的策源地。

黑格尔阐释历史哲学注重的民族精神与自我意识，会变化成为利己之心，对此杜赞奇也评价道，"黑格尔的《历史哲学》发表于 1822—1825 年之间，其哲学体系显然适用于觊觎世界的殖民霸权，有关此点，也许并非鲜为人知"[1]。这种自我意识蜕变为利己之心的发展过程，犹

---

[1]　［美］杜赞奇：《从民族国家拯救历史——民族主义话语与中国现代史研究》，王宪民、高继美、李海燕、李点译，江苏人民出版社 2009 年版，第 19 页。

如空中的云彩变化为乌云，逐步弥漫在 19 世纪与 20 世纪上半期欧洲历史发展过程之中，最终变化为两次世界大战的狂风暴雨。后世欧洲的具体历史发展过程以及相关学者的论述，说明了 19 世纪中期马克思恩格斯批判黑格尔阐述唯心史观，已经指明其学理演绎结果是"最终消失于'自我意识'中"，这是在欧洲历史发展将会遭遇狂风暴雨的形成过程中，已经洞见了其生成的关键原因。

第三节　民族历史书写蜕变为"想象的主体的想象活动"

一　马克思恩格斯对历史书写蜕变为"想象活动"的批判

在《德意志意识形态》的经典文献中，马克思恩格斯批判黑格尔历史哲学与唯心史观的学理演绎结果，乃是"最终消失于'自我意识'中"。马克思恩格斯对此的论述，不仅指明了黑格尔注重的自我意识，将现代社会中的历史认识与历史书写，推向一条广泛充斥着形形色色的自我中心主义史观的歧路，还指明了在这条歧路之中，历史认识与历史书写会变化成为一种"想象的主体的想象活动"，马克思恩格斯就具体论述道：

> 只要描绘出这个能动的生活过程，历史就不再像那些本身还是抽象的经验主义者所认为的那样，是一些僵死的事实的汇集，也不再像唯心主义者所认为的那样，是想象的主体的想象活动。①

马克思恩格斯在《德意志意识形态》中的诸多论述，既是在阐释唯物史观的基本原理，也是在批判黑格尔阐释的历史哲学与唯心史观。马克思恩格斯的上述论述，典型地体现了这种论述特征。一方面，马克思恩格斯首先指明了认识历史与书写历史，应该描绘出

①《马克思恩格斯选集》第一卷，人民出版社 2012 年版，第 153 页。

历史万千变化中人们"能动的生活过程",这是在阐述唯物史观的基本原理。另一方面,马克思恩格斯也指明认识历史与书写历史,倘若"像那些本身还是抽象的经验主义者所认为的那样",认识历史与书写历史所形成的历史著作,会成为"一些僵死事实的汇集",历史著作也变成无数历史事实的汇编。倘若按照"唯心主义者所认为的那样",认识历史与书写历史的过程,则会变化成为"想象的主体的想象活动",这高度概括地指明了唯心史观对历史认识与历史书写的影响。

在此,马克思恩格斯批判黑格尔阐释的历史哲学与唯心史观,在指明其"最终消失于自我意识中"的学理演绎结果的基础上,还具体指明了倘若遵循黑格尔阐释历史哲学与唯心史观的学理演绎,历史学家从事的历史认识活动与历史书写活动,会变化成为历史学家对往昔历史的"想象"活动,由此书写出的历史著作之中,会广泛充斥着历史学家对往昔历史的"想象"。历史认识与历史书写"最终消失于自我意识中",由此继续变化成为"想象的主体的想象活动",两者之间的变化过程,也表现为"最终消失于自我意识之中"是源头,而"想象的主体的想象活动"则是由源头流出来的活水。对于这一过程导致的后果,马克思恩格斯在《德意志意识形态》中详细论述道:

> 迄今为止的一切历史观不是完全忽视了历史的这一现实基础,就是把它仅仅看成与历史进程没有任何联系的附带因素。因此,历史总是遵照在它之外的某种尺度来编写的;现实的生活生产被看成是某种非历史的东西,而历史的东西则被看成是某种脱离日常生活的东西,某种处于世界之外和超乎世界之上的东西。这样,就把人对自然界的关系从历史中排除出去了,因而造成了自然界和历史之间的对立。因此,这种历史观只能在历史上看到重大政治历史事件,看到宗教的和一般理论的斗争,而且在每次描述某一历史时代的时候,它都不得不赞同这一时代的幻想①。

---

① 《马克思恩格斯选集》第一卷,人民出版社 2012 年版,第 173 页。

马克思恩格斯的上述论述，同样是既在阐释唯物史观的基本原理，也在批判黑格尔阐释的历史哲学与唯心史观。所谓无古不成今，在古今中外历史学的发展过程中，中国古代历史学家司马迁曾经指明，认识历史与书写历史需要"通古今之变"，同样 20 世纪法国著名历史学家马克·布洛赫也认为，"历史首先是一门研究变化的科学"①。而马克思恩格斯上述阐释唯物史观基本原理的论述，则指明了书写历史的"古今之变"与历史学"研究变化"，还需要更加深入、更为具体，需要具体地书写"现实的生产生活"从历史深处一步步变化而来的发展过程。

因此，按照马克思恩格斯的深刻论述，历史学家从事历史认识与历史书写，倘若仅仅局限于心中所怀黑格尔注重的自我意识，这会将历史认识与历史书写蜕变成为历史学家对往昔历史的想象。出现这一蜕变的关键原因，也在于黑格尔阐释的历史哲学与唯心史观，将"现实的生产生活"的历史发展过程，看成了"非历史的某种东西"。这影响到历史认识与历史书写，也会出现两方面的关键缺陷，一方面是既难见某一时代人们具体的生产活动，也难见某一时代人们具体的生活状况，另一方面人们的生产生活总是存在于特定的自然环境之中，由于忽视了"现实的生产生活"的历史形成过程，因此也导致"人对自然界的关系从历史中排除出去了"。

这对历史书写的具体影响，则如马克思恩格斯上述论述所说，"只能在历史上看到重大政治历史事件，看到宗教的和一般理论的斗争，在每次描述某一历史时代的时候，它都不得不赞同这一时代的幻想"。马克思恩格斯的这一论述，也继续说明了"最终消失于自我意识中"的历史认识与历史书写，不仅会变化成为"想象的主体的想象活动"，而且对往昔历史的"想象"，也会继续具体蜕变为对往昔历史的"幻想"。

在历史书写之人从心怀自我意识，蜕变为"想象的主体的想象活动"的发展过程中，黑格尔特别注重的自我意识，在历史书写过程中的运行活动，也会继续表现为任意驰骋、恣意想象。马克思恩格斯在

---

① ［法］马克·布洛赫：《法国农村史》，余中先、张朋浩、车耳译，商务印书馆 1991 年版，第 4 页。

批判黑格尔历史哲学与唯心史观的过程中，就形象地称之为"任凭自己的思辨之马自由奔驰"①。在此环节也得特别注意到，历史书写过程中自我意识所滋生出的"思辨之马自由奔驰"，变成历史书写过程中自我意识与思想观念的脱缰之马，其在将历史书写变化成为"想象的主体的想象活动"的过程中，会将对往昔历史的"想象"，不仅变化成为对往昔历史的"幻想"，而且还会变化成为对往昔历史的"玄想和曲解"。对此内在过程，马克思恩格斯就详细论述道：

> 　　要说明这种曾经在德国占统治地位的历史方法，以及说明它为什么主要在德国占统治地位的原因，就必须从它与一切意识形态家的幻想，例如，与法学家、政治家（包括实际的国务活动家）的幻想的联系出发，必须从这些家伙的独断的玄想和曲解出发。而从他们的实际生活状况、他们的职业和分工出发，是很容易说明这些幻想、玄想和曲解的。
>
> 　　在日常生活中任何一个小店主都能精明地判断某人的假貌和真相，然而我们的历史编纂学却还没有获得这种平凡的认识，不论每一时代关于自己说了些什么和想象了些什么，它都一概相信。②

马克思恩格斯的上述论述，主要针对其所在时代德意志历史编纂的具体表现，其仍然是既在阐释唯物史观的基本原理，也在继续批判黑格尔阐释的历史哲学与唯心史观注重自我意识，这不仅会导致历史书写会蜕变"想象的主体的想象活动"，同时历史书写中的"想象"，会继续蜕变成为对往昔历史的"幻想、玄想和曲解"。对于在19世纪的德意志正在发展成为一门科学的历史编纂学，马克思恩格斯也指明了其存在的重要发展特征，乃是"不论每一时代关于自己说了些什么和想象些什么，它都一概相信"。形成这种状况的内在根源，也在于认识与书写人们经历的历史，不注重"从他们的实际生活状况出发"。

---

① 《马克思恩格斯选集》第一卷，人民出版社2012年版，第182页。
② 《马克思恩格斯选集》第一卷，人民出版社2012年版，第182—183页。

缺乏"这种平凡的认识"而书写出来的历史，尽管强调按照事情的本来面貌书写历史，但还不如"日常生活中任何一个小店主都能精明地判断某人的假貌和真相"。

可以看出，马克思恩格斯批判黑格尔阐释的历史哲学与唯心史观注重自我意识，指明了其会将历史书写蜕变成为"想象的主体的想象活动"，这会进一步导致历史书写中充斥着"幻想、玄想和曲解"。马克思恩格斯在19世纪中期所做出的这些深刻论述，可谓先见之明。20世纪下半期西方史学理论研究，沿着杜赞奇所说的"西方学术中的黑格尔传统"继续前行，也涌现出了海登·怀特将历史书写视为一种对往昔历史进行想象的"元史学"。

二　注重历史书写作为一种"想象活动"的后世史学理论演绎

怀特所说的"元史学"的史学理论研究，将历史认识与历史书写视为历史学家对往昔历史进行想象，可谓冰冻三尺，非一日之寒，这有着相应的史学理论演化过程。其中黑格尔在《历史哲学》一书的绪论中，已经论述了历史学家编纂的历史著作，需要将历史学家自己的思想与观念融入历史著作之中。这发展到20世纪上半期，意大利历史学家克罗齐就强调，"当我正在编写这本书的时候，我给自己撰写的历史就是这样一种历史：它是我的写作思想，这种思想必然是和我的写作工作联系在一起的。"① 克罗齐由此演绎的"一切历史都是当代史"的史学理论，其中的"一切历史"主要是指一切历史著作，其中的"当代"，主要指涉的是历史学家撰写历史著作时的"写作思想"，其是受历史学家所在时代的影响而形成。克罗齐论证的"一切历史都是当代史"，依然是强调一切历史著作，只不过是历史学家将深受其所在时代影响而形成的思想观念，移入其所撰写的历史著作之中。

而20世纪上半期英国史学理论家柯林武德也认为，"唯有思想，

---

① ［意］贝奈戴托·克罗齐：《历史学的理论与实际》，傅任敢译，商务印书馆1997年版，第1页。

历史学家能够如此亲近地对待，而没有它，历史就不再是历史。因为只有思想才可能以这种方式在历史学家的心灵中重演"①。柯林武德据此演绎出的"一切历史都是思想的历史"的史学理论，其中的"一切历史"同样是指一切历史著作，"一切历史都是思想的历史"这一论断，则是直接说明了历史学家认识历史与书写历史过程中心怀的思想观念的重要性。由此看来，无论是克罗齐论述的"一切历史都是当代史"，抑或柯林武德论述的"一切历史都是思想的历史"，是将黑格尔在《历史哲学》一书的绪论中，论述了的历史学家编纂的历史著作，需要将历史学家自己的思想与观念融入历史著作之中，继续发展为史学理论研究中出现的"一切历史都是当代史"与"一切历史都是思想史"等论断。这种前后相连、不断延展的学理发展谱系，共同构成了杜赞奇所说的"西方学术中的黑格尔传统"。

当然，这种前后相连、不断延展的"西方学术中的黑格尔传统"，也存在着逐渐忽略其内在核心的变化趋势。这具体说来，黑格尔阐释的历史哲学与唯心史观注重思想观念，这仅仅是黑格尔阐释的历史哲学与唯心史观的外壳，通过注重思想观念，再具体落实为注重由民族意识、民族情感、民族伦理道德价值观念等所构成的民族精神，这才是黑格尔阐释的历史哲学与唯心史观的内在核心。这种历史观的学理演绎，一方面是针对黑格尔所在时代德意志民族国家建构所需要的时代精神，因此典型地体现了此后克罗齐所说的"一切历史都是当代史"；另一方面也较为系统地阐释了黑格尔所在时代德意志民族国家建构需要的思想观念，这又典型地体现了此后柯林伍德所说的"一切历史都是思想史"。

可是克罗齐与柯林武德所在的时代，欧洲民族国家之间的对立冲突日益加剧，这说明黑格尔特别注重的民族精神，作为黑格尔阐释的历史哲学与唯心史观隐藏着的内在核心，正在蜕变成为欧洲民族国家之间的激烈相争，并将 20 世纪上半期欧洲的历史发展，推向了欧洲历

---

① ［英］柯林武德：《历史的观念》（增补版），何兆武、张文杰、陈新译，北京大学出版社 2010 年版，第 431 页。

史长河中的峡谷河段。而克罗齐论证"一切历史都是当代史"，柯林武德论证"一切历史都是思想的历史"，则是各自列举了欧洲各个时期的历史著作为具体例证，由此具体说明一切历史著作是历史学家将其思想观念移入到历史著作之中的内在原理。对于黑格尔特别注重的民族精神所蕴含的一系列思想观念的内在变化，已经引发了20世纪上半期欧洲历史发展的时代困惑，克罗齐与柯林武德在相应的论证过程中，并没有对此进行深入详细的论证。

到了20世纪下半期，从黑格尔到克罗齐与柯林武德，把一切历史著作视为历史学家将其思想观念移入历史著作之中，这种史学理论的学术研究谱系，也继续发生变化，变化为怀特所说的"元史学"的史学理论研究。形成这种变化所运用的一个重要学理演绎关键，则是因为历史学家心中所怀的思想观念，这尽管在历史书写过程中犹如源头活水，可是将其变化为历史著作之中的涓涓文字，总得借助相应的语言叙述作为工具。既然如此，与其说注重历史书写过程中历史学家心中所怀的思想观念，不如说注重历史书写中呈现其思想观念的语言叙述工具。怀特倡导"元史学"的史学理论研究变化关键，主要是从解释一切历史著作都是一种"言辞结构"作为切入点。在《元史学：十九世纪欧洲的历史想像》一书序言的开篇，怀特就强调：

> 在该理论中，我将历史作品视为叙述性散文话语形式中的一种言辞结构，这就如它自身非常明白地表现的那样。各种历史著述（还有各种历史哲学）将一定数量的"材料"、用来"解释"这些材料的理论概念，以及作为假定在过去时代发生的各组事件之标志而用来表述这些史料的一种叙述结构组合在一起。另外，我认为，它们包含了一种深层的结构性内容，它一般而言是诗学的，具体而言在本质上是语言学的，并且充当了一种未经批判便被接受的范式。①

---

① ［美］海登·怀特：《元史学：十九世纪欧洲的历史想像》，陈新译，译林出版社2004年版，序言，第1页。

　　按照怀特的上述解释，诸多的历史学著作运用怀特所说的"叙述性散文话语形式"的过程，既得有材料，也得有概念与理论，既得注重历史叙述的时间结构与空间结构，还得有重要历史人物与标志性的历史事件作为主要的叙述内容。历史著作中语言叙述的各种言辞元素，犹如一台机器是通过各个部件组装而成，其也能够组装成一套言辞结构，由此形成一部历史著作。

　　怀特将历史著作视为一种"言辞结构"的史学理论研究，在杜赞奇所说的"西方学术中的黑格尔传统"中，也存在着其形成根源、发展变化过程与形成背景。就形成根源来说，黑格尔在论述其注重思想、观念、精神、意识等的过程中，已经论及了语言概念对于呈现思想、观念、精神、意识等的重要性。例如黑格尔在其所著的《精神现象学》一书中就谈道："概念在它面前出现是自为地发现出来的，换句话说，它只是发现到现存的概念而已。"[①]再就发展变化过程来说，其是将视角从聚焦历史著作中蕴含的思想观念，发展为聚焦历史著作中呈现思想观念的语言叙述工具。最后就其形成背景来说，其是由 20 世纪西方学界语言哲学与结构主义大行其道的时代背景而生成。怀特在《元史学：十九世纪欧洲的历史想像》一书的中译本前言中，对此也说得非常明白，怀特也直接指明："《元史学》是西方人文科学中那个'结构主义'时代的著作，要是在今天，我就不会这么写了。"[②]

　　从怀特的《元史学：十九世纪欧洲的历史想像》一书的总体论述内容来说，怀特将历史学家书写的历史著作视为一种"言辞结构"，这只能算是怀特论证其所说的"元史学"的一种论述手段。怀特论证其所倡导的"元史学"的最终论述目标，还是如怀特的《元史学：十九世纪欧洲的历史想像》一书的副标题"十九世纪欧洲的历史想像"所示，其主要是以 19 世纪欧洲众多历史学家的历史研究作为例证，由此以史为证，最终的学理演绎目标，是将一切历史著作视为历史学家

---

　　① ［德］黑格尔：《精神现象学》下卷，贺麟、王玖兴译，商务印书馆 2013 年版，第 114 页。
　　② ［美］海登·怀特：《元史学：十九世纪欧洲的历史想像》，陈新译，译林出版社 2004 年版，中译本前言，第 1 页。

对过往历史的想象。怀特倡导"元史学"的史学理论研究，在整个杜赞奇所说的"西方学术中的黑格尔传统"中的重要学理变化，也是将历史著作视为历史学家呈现自身的思想，变化为将历史著作视为历史学家在充分发挥自身的想象。

在具体的学理演绎过程中，怀特从将历史学家书写的历史著作视为一种"言辞结构"，继续发展为将历史学家书写的历史著作，视为历史学家对过往历史的想象，这是以"历史作品视为叙述性散文话语形式的一种言辞结构"作为基础，由此继续强调历史著作具有诗性特征而完成的。按照怀特的论述，书写历史不能采用诗的文体形式，而是需要运用散文的文体形式，整个过程需要如讲故事一般娓娓道来。但这仅仅是历史著作的表象，在历史著作运用散文体进行语言叙述的表象之下，一切历史著作却存在着怀特所说的"诗学"的本质特征，怀特对此继续论证道：

　　　　我的一个主要目的在于，要在历史学和历史哲学中确定那种任何时代都在使用的独一无二的诗学要素。人们常说，历史学是科学和艺术的一种混合物。但是近来，当分析哲学家成功地澄清了在何种程度上历史学可能被视为一种科学时，对历史学艺术成分的关注却不多见。通过揭示出一种特定的历史学观念赖以构成的语言学基础，我试图确定历史作品不可回避的诗学本质，并且具体说明其理论概念被悄然认可的历史记述中的那种预构因素。①

在此，怀特所说的元史学的学理演绎关键与主要论述目标，也最终展露了出来，其是要"确定历史作品不可回避的诗学本质，并且具体说明其理论概念"。在怀特看来，尽管一切历史著作运用的是散文的文体形式，但却具有诗性的根本特征，一切历史著作不是史，而是诗，历史学的本质特征是诗学。应该说，怀特此论之所以形成，并非

---

① ［美］海登·怀特：《元史学：十九世纪欧洲的历史想像》，陈新译，译林出版社2004年版，序言，第3页。

怀特的奇思妙想，而是存在着其得以形成的历史背景。

其中怀特的上述论述，也说明其形成的历史背景是源于 20 世纪下半期美国历史学研究中，出现了历史学究竟是一门科学抑或一种艺术的激烈争论。早在 19 世纪，深受诸多自然科学发展成就的鼓舞与启发，历史学将自身视为一门科学的发展趋势，这影响甚广，以德国历史学家兰克为代表的实证主义史学，则是其中典型，兰克史学的相关特征，也通过其学生班克罗夫斯特等传播到美利坚。可是，到了 20 世纪下半期，美国历史学研究中将历史学视为一门科学的信念开始动摇，并兴起了历史学究竟是一门科学或者一种艺术的激烈争论。当代美国历史学家乔伊斯·阿普尔比、林恩·亨特、玛格丽特等人，在《历史的真相》一书中对此就谈道：

> 许多问题浮现了。美国人需要历史知识吗？如果需要，要谁的历史？目的何在？历史是一门科学？还是一种艺术？从某种意义上来看，历史必定是宣传吗？这些问题的答案，以前都是受过教育者觉得显而易见的，如今却不然了。但是至少有一点是很明白的——历史一向不是像今天这么具有争议性的科目。①

可以看出，在 20 世纪下半期美国历史学研究涌现出的这场历史学究竟是科学还是艺术的争论中，怀特所说的"元史学"，也主要是根源于怀特对其所说的"对历史学艺术成分的关注并不多"，已经心存不满，由此"试图确定历史作品不可回避的诗学本质"，并重视"历史学的艺术成分"。在怀特看来，这种"历史学的艺术成分"，首先表现为无数历史著作是通过相关的语言叙述，将概念与材料排列组合而形成的一种言辞结构，因此书写历史的历史学，首先表现为一种语言运用的艺术。以此为基础，怀特所说"元史学"的史学理论研究也继续前进，论证了历史著作运用的语言艺术的深处，还蕴藏着一种诗性艺术。

---

① ［美］阿普尔比等：《历史的真相》，刘北成、薛绚译，中央编译出版社 1999 年版，绪论，第 4 页。

　　为了论证历史著作中存在着的相应的诗性艺术，怀特也详细论述了历史著作中蕴含着的具体诗性特征与诗学元素。针对无数历史著作叙述以往历史的风格，怀特将其概括出了浪漫剧、喜剧、悲剧、讽刺剧等诗学特征；无数历史著作叙述以往历史的语言论证形式，这犹如赋诗需要讲究平仄对仗与情景铺陈，对此怀特将其概括出了形式论、有机论、机械论、情景论四种原型；无数历史著作叙述以往历史的语言表达方法，这也犹如赋诗广泛运用各种比喻方法一样，怀特也重点论证了历史著作叙述以往历史运用的比喻方法，并将其概括出了隐喻、提喻、转喻、反讽等诗性语言表达方法；无数历史著作借助相应的语言叙述表达的思想意识，这也犹如赋诗需要意境深远，对于各种深远的思想意识境界，怀特则将其概括出了无政府主义、保守主义、激进主义和自由主义四种策略。

　　因此，在怀特看来，历史著作中的语言叙述尽管采用了"散文话语形式"，但历史著作中的语言叙述却具有诗性特征与诗学元素的内在根本。诗性特征与诗学元素之所以能够呈现出来，不仅需要字斟句酌与反复推敲的语言艺术功夫，还得充分发挥人们主观思维中的想象能力。怀特所说的"元史学"注重历史认识与历史书写过程中想象重要作用的总体学理特征，也终于显现出来。怀特的《元史学：十九世纪欧洲的历史想像》一书，也继续选择19世纪欧洲相关的历史学家与史学理论家的著作，作为具体案例对此进行论证。怀特的主要论证方法，也是史海泛舟，选择了19世纪欧洲代表性历史学家与史学理论家，其历史论述中竟然蕴含着无数的诗性特征与诗学元素，由此说明这之所以形成，是由于19世纪欧洲相关历史学家与史学理论家充分发挥想象功能，因此形成了对以往历史的想像。

　　由此看来，怀特所说的"元史学"的史学理论研究总体特征，是将黑格尔、克罗齐、柯林武德等人的历史观与史学理论研究中，重点关注的支配一切历史著作的思想与观念，继续具体落实为重点关注思想观念领域中的想象，并将想象继续作为支配一切历史著作的指挥棒。同时，这也说明马克思恩格斯批判黑格尔的历史哲学与唯心史观，已经指明其仅仅注重思想观念，这会将历史认识与历史书写，蜕变成为一种"想象的主体的想象活动"，马克思恩格斯在 19 世纪上半期所阐释的这一深刻认识，在 20 世纪下半期西方史学理论研究的发展过程中，也终于变化为真。

三　"想象的主体的想象活动"与民族历史书写

黑格尔阐释的历史哲学与唯心史观，从注重支配历史书写的思想观念，已经发展为注重历史书写需要呈现与建构的民族精神。这种学术传统发展到 20 世纪下半期，这不仅引发了史学理论研究中，涌现出怀特将一切历史著作视为历史学家对往昔历史进行想象的"元史学"，同时也出现了安德森将民族概括为一个"想象的共同体"的民族理论研究。其中《元史学：十九世纪欧洲的历史想像》一书英文版本，在 20 世纪 70 年代出版。到了 20 世纪 80 年代，安德森的《想象的共同体——民族主义的起源与散布》一书的英文版本也出版。这也说明 20 世纪后期的西方学界，先在史学理论研究中出现了怀特注重想象的"元史学"，后出现了安德森注重对民族进行想象的民族理论研究。

对于民族成为一个"想象的共同体"的具体论证过程，安德森是先强调在民族成为一个"想象共同体"之前，王朝与宗教广泛地支配着人们的想象，近现代以来民族则取而代之。而近现代人类历史中勃然兴起的印刷资本主义以及博物馆兴建等文化建构手段与文化传播手段，这对于民族发展成为一个"想象共同体"发挥了重要作用。这种民族理论研究的特征，仍然具有杜赞奇所说的"西方学术中的黑格尔传统"的内在特征，其是注重民族作用于人们主观思想观念领域的反映，并将黑格尔所注重的思想，继续发展成为想象。黑格尔注重的民族精神所形成的共同体，安德森则继续将其概括为一个"想象的共同体"。

这种学术研究谱系的发展过程，也再次说明马克思恩格斯批判黑格尔的历史哲学与唯心史观，已经指明其仅仅注重思想观念，这会将历史认识与历史书写，蜕变成为一种"想象的主体的想象活动"，这不仅在 20 世纪下半期西方史学理论研究中，已经变化成真，同时在

20世纪下半期西方的民族理论研究中，也有相应的具体表现。这种将民族视为一个"想象共同体"的民族理论研究，既是深受将历史认识与历史书写视为对往昔历史进行想象的史学理论研究影响，同时也会对历史认识与历史书写继续造成危害。

这具体说来，安德森已经论述了近现代人类历史中出现的印刷资本主义，这对于将民族变成一个"想象共同体"发挥了重要作用。安德森所说的印刷资本主义，这表现在近现代以来欧洲的历史发展过程中，自从15世纪后期欧洲古登堡革新印刷技术之后，欧洲的众多人们再也不用承受书籍昂贵与匮乏之苦，印刷书籍忽然变化为一项能够赚钱牟利的重要产业。16、17世纪欧洲各地开办印刷厂，也是忽如一夜春风来、千树万树梨花开。欧洲近现代印刷出版领域的资本主义发展史，也成为孕育与滋生近现代欧洲文化思想革故鼎新的温床。欧洲印刷术革新后的出版物，先是印刷拉丁文版的《圣经》，再发展为印刷运用各种民族语言广泛书写的文学、历史、哲学、地理、风俗习惯等书籍。由此，基督教神学意识笼罩着的中世纪欧洲，也变化为欧洲近现代以来的思想观念领域内，充斥着以世俗中的民族作为对象的"想象的共同体"。在此过程中，以民族以及民族国家为单位的历史书写，既被黑格尔视为建构其所注重的民族精神的重要方式，也成为安德森所说的民族是"想象的共同体"得以形成的重要工具。

从黑格尔到安德森话语不同、原理相通的内在学理演绎过程也说明，马克思恩格斯在《德意志意识形态》中，批判黑格尔阐释的历史哲学与唯心史观注重的自我意识，会导致认识历史与书写历史蜕变成为一种"想象的主体的想象活动"，这在近现代以来的民族历史书写中，也得到了广泛的体现。而马克思恩格斯在《德意志意识形态》中，批判黑格尔阐释的历史哲学与唯心史观注重的自我意识，不仅指明这会导致历史认识与历史书写蜕变成为一种"想象的主体的想象活动"，而且还指明了历史认识与历史书写的这种蜕变过程，会滋生出无数对往昔历史的"幻想、玄想和曲解"。这所蕴含的真知灼见与远见卓识，具体落实到民族历史书写之中，也表现为当代西方诸多学者继续广泛批判民族历史书写中的历史神话。

这举例说来，17、18 世纪，英国殖民者在北美建立了 13 个殖民地，北美独立战争前英国在北美所推行的殖民地政策，也激发了北美殖民地居民意识到美利坚人与英格兰人乃是迥然有别的民族意识觉醒。到了 18 世纪，美国历史学兴起与发展所扮演的重要文化功能，则是塑造美利坚作为一个民族以及民族国家的思想观念，在此过程中美利坚民族的历史神话也广泛滋生。在当代国外民族理论研究中，对此西班牙学者胡安·诺格就论述道：

> 一个民族，如果长期没有自己的历史年表，如果没有一个维持共同记忆的源泉，或者说，如果对自己过去是怎样或"本该怎样"没有一种大体一致的制度化的赞同，这个民族显然难以存在下去。美国在这方面是相当落后的，因为直到 1880 年代，随着大学里设置历史系科，随着全国性专业学会和刊物的出现，美国的历史编纂学才开始全面走上制度化的轨道。事实是，美国最早的国家和地方历史学会虽然在 19 世纪末就出现了，但"国家档案馆"直到 1934 年才建立。不管怎样，在美利坚民族主义主要神话的形成和保持过程中，特别是在通过公立学校传播这些神话的过程中，美国的历史学家无疑起到了关键作用。[1]

而在当代国外的历史学研究中，伊格尔斯、霍布斯鲍姆以及当代法国历史学家帕特里克·格里等人，对民族历史书写中的历史神话进行了广泛论述。例如，伊格尔斯一方面在《德国的历史观》一书中，揭示了近现代以来德国的历史编纂与历史书写，对近现代德意志民族主义思想的形成发挥了重要作用。伊格尔斯就谈道，"19 世纪时德国（其他国家也一样）对于历史的浓厚兴趣，是与正在上升的民族主义联系在一起的"[2]。另一方面，在伊格尔斯与其他学者合著的《全球史

---

[1] ［西班牙］胡安·诺格：《民族主义与领土》，徐鹤林、朱伦译，中央民族大学出版社 2009 年版，第 91 页。

[2] ［美］格奥尔格·G. 伊格尔斯：《德国的历史观》，彭刚、顾杭译，译林出版社 2006 年版，中文版前言，第 2 页。

学史》一书中，伊格尔斯也强调，"当19世纪历史的学术研究首先在德国作为一个职业性的学科诞生并很快在西方普及，同时也在明治时期（1868—1912）的日本诞生时，历史研究自以为忠于科学的客观性，而实际上是利用它的研究技术去支撑民族的神话"①。

而霍布斯鲍姆的著作"On History"（论历史）一书，主要是其晚年论述毕生的治史体会。其被翻译的中文版书名为《史学家——历史神话的终结者》，这也概括出了霍布斯鲍姆该书的主要论述目标。在该书中，霍布斯鲍姆就强调，"现代民族主义，差不多如勒南所说，是忘却历史的运动，或更像是歪曲历史的运动，因为这些运动的目标在历史上并无前例，而他们却或多或少坚持用历史的词汇来套这些运动，实际上试图把虚假历史弄假成真"②。霍布斯鲍姆这一论述，说明了认识与书写民族的历史，这对于塑造民族观念与民族主义思想发挥了重要作用，但是在此过程中既会"忘却历史"，也会"歪曲历史"，甚至还"把虚假历史弄假成真"。在此基础上霍布斯鲍姆也坚持认为，"戳穿这类神话是历史学家的职责"。③

霍布斯鲍姆的相关论述，主要是针对近现代以来整个世界范围内的历史学发展状况，当代美国历史学家帕特里克·格里的《民族的神话：欧洲的中世纪起源》一书，则将批判目标具体指向了作为"民族主义的历史神话"诞生之地的欧洲。格里就论述道："现代历史学诞生于19世纪，它是作为欧洲民族主义的工具而被构想和发展出来的。作为民族主义意识形态的工具，欧洲的民族史学取得了巨大成功，但是，它将我们对过去的理解变成了一个有毒的垃圾场，里面充满了族群民族主义的毒气，而且，这种毒气已经渗透进大众的意识中。"④ 在

---

① 〔美〕格奥尔格·伊格尔斯、〔美〕王晴佳、〔美〕苏普里亚·穆赫吉：《全球史学史》（第二版），杨豫、〔美〕王晴佳译，北京大学出版社2019年版，第6页。

② 〔英〕埃里克·霍布斯鲍姆：《史学家——历史神话的终结者》，马俊亚、郭英剑译，上海人民出版社2002年版，第19页。

③ 〔英〕埃里克·霍布斯鲍姆：《史学家——历史神话的终结者》，马俊亚、郭英剑译，上海人民出版社2002年版，第30页。

④ 〔美〕帕特里克·格里：《民族的神话：欧洲的中世纪起源》，吕昭、杨光译，广西师范大学出版社2022年版，第1页。

做出了这一番论述之后，格里特别强调："对今天的历史学家来说，清除这个垃圾是一个很容易让人却步的挑战。"①

　　由此看来，尽管黑格尔在《历史哲学》一书中，论证了认识历史与书写历史能够建构民族精神，可是到了 20 世纪后期，伊格尔斯、霍布斯鲍姆以及格里等人的相关研究，却在广泛关注这对历史认识与历史书写所造成的诸多危害。这说明杜赞奇所说的"西方学术中的黑格尔传统"，正在面临着后世西方诸多学者的质疑与批判。这种质疑与批判的学术发展特征，则是将马克思恩格斯在批判黑格尔的历史哲学与唯心史观，指明了其会将认识历史与书写历史，蜕变为"想象的主体的想象活动"，并在历史认识与历史书写中，会滋生出无数对往昔历史的"幻想、玄想和曲解"等深刻论述，具体落实到了民族历史书写领域，并在此具体的实证领域，继续述说着马克思恩格斯批判黑格尔历史哲学与唯心史观已经揭示了的内在学理。

---

　　① ［美］帕特里克·格里：《民族的神话：欧洲的中世纪起源》，吕昭、杨光译，广西师范大学出版社 2022 年版，第 1 页。

第四章　马克思恩格斯唯物史观指明的
民族历史书写发展出路

第一节　唯物史观基本原理蕴含的民族历史书写方法

一　自我意识的形成根源与唯物史观的基本原理

尽管 20 世纪后期伊格尔斯、霍布斯鲍姆以及格里等人，对民族历史书写充斥着的历史神话进行广泛批判，这是在民族历史书写领域，继续述说着马克思恩格斯批判黑格尔历史哲学与唯心史观已经揭示了的内在学理，可是马克思恩格斯批判黑格尔阐释的历史哲学与唯心史观，在此基础上还创建了唯物史观与世界历史观。既然如此，对于民族历史书写充斥着的历史神话，不能只限于批判，而是需要继续探索走出民族历史神话困境的发展出路。对此，马克思恩格斯唯物史观与世界历史观，同样提供了无数的真知灼见与远见卓识。

马克思恩格斯批判黑格尔阐释的历史哲学与唯心史观，指明了其问题"在于纯粹的思想"，其学理演绎结果是"最终消失于自我意识中"，并导致历史认识与历史书写变化成为"想象的主体的想象活动"。在此过程中，马克思恩格斯继续深入探索黑格尔特别注重的思想观念与自我意识的形成根源。这举例说来，对于黑格尔所注重的思想观念与自我意识，马克思恩格斯就指出："思想、观念、意识的生产最初是直接与人们的物质活动，与人们的物质交往，与现实生活的语言交织在一起的。人们的想象、思维、精神交往在这里还是人们物质行动的直接产物。"① 马克思恩格斯这一论述，是在黑格尔的基础上继续探索，指明了"人们的物质活动""人们的物质交往"以及"现实生活的语言"等的具体状况，这才是黑格尔注重的思想、观念、意识等之所以形成的现实社会根源。这说明马克思恩格斯的关注目光，从黑格尔注重的"思想、观念、意识"等，已经发展为关注"人们的物质活动""人们的物质交往"以及"现实生活的语言"等历史发展变化过程。

　　而在黑格尔注重的思想、观念、意识等彼此之间的关系中，黑格尔则是特别注重自我意识。人心之中的自我意识犹如种子一般，能够生根发芽，继续滋生出黑格尔注重的思想与观念。对此，马克思恩格斯批判黑格尔阐释的历史哲学与唯心史观，不仅指明了其学理演绎结果是"最终消失于自我意识中"，同时还对黑格尔特别注重的自我意识的形成根源详细论述道：

　　　　意识在任何时候都只能是被意识到了的存在，而人们的存在就是他们的现实生活过程。如果在全部意识形态中，人们和他们的关系就像在照相机中一样是倒立成像的，那么这种现象也是从人们生活的历史过程中产生的，正如物体在视网膜上的倒影是直接从人们生活的生理过程中产生的一样。②

　　马克思恩格斯的上述论述，不再重点针对黑格尔阐释历史哲学与唯心史观所注重的思想、观念、意识等的形成根源，而是将重点集中于探索黑格尔特别注重的自我意识的形成根源。马克思通过照相机倒立成像的比喻，揭示出人心世界中自我意识与人们的现实生活过程之间的关系，是先存在现实生活过程，再在人心世界中成像而为形形色色的自我意识，由此说明了"现实生活过程"，这才是黑格尔注重的自我意识的形成根源。这种学理演绎的发展深化，也具体表现为马克

---

① 《马克思恩格斯选集》第一卷，人民出版社 2012 年版，第 151 页。
② 《马克思恩格斯选集》第一卷，人民出版社 2012 年版，第 152 页。

思恩格斯是将黑格尔阐释历史哲学与唯心史观注重的自我意识，发展成为注重形成自我意识的具体社会状况与现实生活过程。在《德意志意识形态》的经典文献中，马克思恩格斯对此原理也反复强调，"意识一开始就是社会的产物，而且只要人们存在着，它就仍然是这种产物"①。

　　在此过程中，唯物史观的基本原理与认识方法，这在马克思恩格斯继续探索黑格尔注重的自我意识的形成根源的过程中，已经开始显示了出来。对黑格尔特别注重的自我意识的形成根源进行苦苦追问，这也犹如一把钥匙，马克思恩格斯用此打开了其所创建的唯物史观的大门。马克思恩格斯创建的唯物史观的关键学理，也来源于马克思恩格斯对黑格尔注重的自我意识，追溯到"生活的历史过程"，由此再以"生活的历史过程"为前提，继续追溯到"生产物质生活本身"的历史发展过程。马克思恩格斯就详细论述道：

　　　　我们首先应当确定一切人类生存的第一个前提，也就是一切历史的第一个前提，这个前提是：人们为了能够"创造历史"，必须能够生活。但是为了生活，首先就需要吃喝住穿以及其他一些东西。因此第一个历史活动就是生产满足这些需要的资料，即生产物质生活本身，而且，这是人们从几千年前直到今天单是为了维持生活就必须每日每时从事的历史活动，是一切历史的基本条件。②

　　马克思恩格斯的上述论述，是马克思恩格斯阐明唯物史观基本原理的一段经典论述。这段经典论述中的具体论述内容，运用了从物质生活领域深化到物质生产领域的分析方式，并指明了历史认识与历史书写，先得注重人类经历的物质生活的历史发展过程，再得注重人类经历的物质生产的历史发展过程。这两者之间的关系，"人们必须能够生活"的物质生活状况的历史发展过程，这是"一切人类历史的第

────────────

　　① 《马克思恩格斯选集》第一卷，人民出版社 2012 年版，第 161 页。
　　② 《马克思恩格斯选集》第一卷，人民出版社 2012 年版，第 158 页。

一个前提"；马克思恩格斯以此作为前提，继续指明了"生产物质生活本身"的物质生产历史发展过程，这是"一切历史的基本条件"。注重物质生活与物质生产的历史发展过程，构成了马克思恩格斯创建的唯物史观的两棵重要支柱。

可以看出，从黑格尔的历史哲学与唯心史观到马克思恩格斯的唯物史观与世界历史观，这是一条历史观不断深化发展的道路。马克思恩格斯苦苦探索黑格尔特别注重的自我意识的形成根源，也成为这条历史观发展道路中的学理深化关键环节。在这条历史观不断深化的发展道路中，黑格尔特别注重的自我意识，犹如一个重要驿站。黑格尔阐释的历史哲学与唯心史观，是将其所注重的自我意识作为重要归宿，并在这个驿站停顿了下来，逗留于欣赏人类历史发展进程中自我意识生长出各种思想观念的所开之花与所结之果。而马克思恩格斯创建的唯物史观则是继续前行，通过苦苦探索黑格尔注重的自我意识的形成根源，以此作为出发点继续前行，揭示出了形形色色的物质生活与各种各样的物质生产，这才是认识与书写人类历史发展过程需要注重的所开之花与所结之果。

二　注重民族生产生活发展过程的民族历史书写

在《德意志意识形态》这部经典著述中，马克思恩格斯在阐述了"人们必须能够生活"是"一切人类历史的第一个前提"，"生产物质生活本身"是"一切历史的基本条件"的唯物史观基本原理之后，针对英、法、德等国各自的历史书写状况，马克思恩格斯紧接着具体论述道：

> 因此任何历史观的第一件事情就是必须注意上述基本事实的全部意义和全部范围，并给予应有的重视。大家知道，德国人从来没有这样做过，所以他们从来没有为历史提供世俗基础，因而也从未拥有过一个历史学家。法国人和英国人尽管对这一事实同所谓的历史之间的联系了解得非常片面——特别是因为他们受政

治意识形态的束缚——，但毕竟作了一些为历史编纂学提供唯物主义基础的初步尝试，首次写出了市民社会史、商业史和工业史。①

　　近现代欧洲历史观领域的发展变化，先是出现从基督教神学史观发展出了黑格尔阐释的历史哲学与唯心史观，再出现了马克思恩格斯在批判黑格尔历史哲学与唯心史观的基础上所创建的唯物史观。同时欧洲历史书写的史学实践活动，也在广泛书写着英格兰、法兰西、德意志等民族以及民族国家的历史。因此，马克思恩格斯在阐述唯物史观基本原理后，紧接着所做的上述论述首先特别强调，"任何历史观的第一件事情就是必须注意上述基本事实的全部意义和全部范围，并给予应有的重视"。马克思恩格斯这一论述蕴含的关键内涵，是在强调应该将注重物质生活与物质生产的历史发展过程的唯物史观基本原理，具体落实到欧洲近现代广泛出现的民族以及民族国家的历史书写之中。

　　而马克思恩格斯在做出这一重要论述之后，紧接着针对德国人、法国人和英国人的历史书写实际发展状况的评述，则是对此提供的具体说明。在马克思恩格斯生活的时代，欧洲历史学的发展，已经出现了注重书写民族以及民族国家往昔历史的发展趋势。其中近现代德意志的历史学发展，既有诸如尼布尔、兰克、蒙森等一大批德意志历史学家编纂相关史学著作的史学实践，也有以黑格尔的历史哲学与唯心史观为典型代表的史学理论演绎。但这在马克思恩格斯看来，"他们从来没有为历史提供世俗基础，因而也从未拥有过一个历史学家"。而近现代的法国人和英国人尽管"了解得非常片面"，却"首次写出了市民社会史、商业史和工业史"，并"作了一些为历史编纂学提供唯物主义基础的初步尝试"。

　　可以看出，在近现代欧洲民族现代性建构与现代民族国家创建的历史潮流中，欧洲历史学的发展，也出现了注重书写民族以及民族国家往昔历史的发展趋势，这可谓欧洲历史学顺应欧洲近现代历史发展

---

① 《马克思恩格斯选集》第一卷，人民出版社 2012 年版，第 159 页。

趋势而出现的必然之举。但在 19 世纪上半期，黑格尔阐释的历史哲学与唯心史观，与马克思恩格斯在对此进行批判的基础上所创建的唯物史观，这两种在学理上不断深化的历史观，针对欧洲近现代历史学出现的注重书写民族以及民族国家往昔历史的发展趋势，却提供了两种不同的发展前景。

其中黑格尔阐释的历史哲学与唯心史观，针对欧洲近现代历史学出现的注重书写民族以及民族国家往昔历史的发展趋势，指明了其能够建构包含着民族意识、民族情感、民族伦理道德价值观念等民族精神，这是将欧洲书写民族以及民族国家往昔历史的史学实践，向注重思想、观念、意识、精神等的形而上学领域逐渐上行。这对民族以及民族国家的历史书写所造成的影响，恩格斯在 1886 年写作的《路德维希·费尔巴哈与德国古典哲学的终结》中也指出：

> 这种非历史观点也表现在历史领域中。在这里，反对中世纪残余的斗争限制了人们的视野。中世纪被看做是千年普遍野蛮状态造成的历史的简单中断；中世纪的巨大进步——欧洲文化领域的扩大，在那里一个挨着一个形成的富有生命力的大民族，以及 14 世纪和 15 世纪的巨大的技术进步，这一切都没有被人看到。这样一来，对伟大历史联系的合理看法就不可能产生，而历史至多不过是一部供哲学家使用的例证和图解的汇集罢了。[1]

这说明马克思恩格斯对于其青年时代所创建的唯物史观，马克思恩格斯在此后也进行了众多深刻论述。其中恩格斯的上述论述，也是再次指明了以黑格尔为典型代表的德国古典哲学，其是将欧洲近现代广泛出现的书写民族以及民族国家历史的史学实践，引向了最终服务于黑格尔注重民族精神的形而上学领域，这种形而上学领域的哲学阐释本质，则是一种"非历史观点"。这种历史观的影响，也具体表现为"一个挨一个形成富有生命力的大民族"的历史发展过程，"这一

---

① 《马克思恩格斯选集》第四卷，人民出版社 2012 年版，第 235—236 页。

切都没有被人看到"。

而马克思恩格斯在批判黑格尔阐释的历史哲学与唯心史观的基础上所创建的唯物史观，则是针对欧洲近现代历史学出现的注重书写民族以及民族国家往昔历史的发展趋势，先是批判了按照黑格尔为此提供的发展方法，这将会误入歧途。马克思恩格斯阐释唯物史观基本原理之后紧接着所说，"任何历史观的第一件事情就是必须注意上述基本事实的全部意义和全部范围，并给予应有的重视"，则是指明了书写民族以及民族国家往昔历史，应该重视书写其中物质生活与物质生产的历史发展过程的"全部意义和全部范围"。

其中的"全部意义"，这按照马克思恩格斯阐释的唯物史观基本原理，在民族以及民族国家往昔历史岁月中，以人们物质生活作为基本前提的物质生产的历史发展过程，这才是"人们从几千年前直到今天单是为了维持生活就必须每日每时从事的历史活动"。马克思恩格斯阐释的唯物史观基本原理，为欧洲近现代历史学出现的注重书写民族以及民族国家往昔历史，这所指明的发展道路与发展方向，是将民族以及民族国家的历史书写对象，指向了民族以及民族国家往昔历史岁月中人们经历的"每日每时从事的历史活动"。由此，民族历史书写的对象与指向，也发展为直指民族以及民族国家历史发展过程的本来面貌，历史书写也终于回归到需要书写人们经历的历史本身。这所显示出来的重要意义，是已经将杜赞奇后来所说的"从民族国家拯救历史"，从其逐渐误入的形而上学领域的歧路中拯救了出来。

其中的"全部范围"，也具体表现为马克思恩格斯阐释唯物史观基本原理，乃是为民族以及民族国家的历史书写，提供了书之不竭的无限丰富内容。书写民族以及民族国家的历史，在物质生活的历史发展这一环节，也需如马克思恩格斯所强调，"首先就需要吃喝住穿以及其他一些东西"，由此注重民族以及民族国家中人们吃喝住穿等物质生活状况的历史发展过程，其中就蕴含着饮食史、居住史、服饰史等无限丰富的内容。同时，按照马克思恩格斯阐释的唯物史观基本原理，书写民族以及民族国家中人们物质生活的历史发展，还需继续书写民族以及民族国家中人们物质生产的历史发展状况。到了物质生产的历史发展这一环节，其中既包括栽培各种农作物的农业史，也包括饲养各种牲畜的畜牧业史，还有运用手工劳动以及现代大机器生产的工业生产史。再具体到农业、畜牧业、工业等各个领域的历史发展过程，同样存在着无限丰富的内容。

三　民族与其自然环境之间关系的历史书写方法

在《德意志意识形态》这部经典文献中，马克思恩格斯阐释唯物史观的基本原理，将物质生活的历史发展，概括为"一切人类历史的第一个前提"，由此继续发展为注重物质生产的历史发展，并将其概括为"一切历史的基本条件"。在此过程中，马克思恩格斯的论述也是步步追问、层层深入，继续论述了人与自然环境关系的历史发展重要性：

> 全部人类历史的第一个前提无疑是有生命的个人的存在。因此，第一个需要确认的事实就是这些个人的肉体组织以及由此产生的个人对其他自然的关系。当然，我们在这里既不能深入研究人们自身的生理特性，也不能深入研究人们所处的各种自然条件——地质条件、山岳水文地理条件、气候条件以及其他条件。任何历史记载都应当从这些自然基础以及它们在历史进程中由于人们的活动而发生的变更出发。①

20世纪后期历史学的发展，生态环境史勃兴。马克思恩格斯在19世纪40年代做的上述论述，可谓是一段生态环境史研究的经典论述。其是指明了生态环境史的历史书写，也需书写出一枚硬币的两个侧面，一个侧面需要细究天地，需要书写各种自然条件，其中具体包括"地质条件、山岳水文地理条件、气候条件以及其他条件"等对人类历史的影响；另一个侧面则需要反思自身，需要书写相应的自然条件"由

----

① 《马克思恩格斯选集》第一卷，人民出版社2012年版，第146—147页。

于人们的活动而发生的变更"，由此形成的人类历史发展中出现沧海桑田的古今之变。

将此运用于民族以及民族国家的历史书写，一方面则是需要书写民族以及民族国家地理家园，并需要详细书写其中的"地质条件、山岳水文地理条件、气候条件以及其他条件"，注重其对往昔历史岁月中人们物质生活与物质生产的影响。另一方面则是需要书写民族以及民族国家往昔历史岁月中的人们，通过从事农耕、畜牧、开采矿产、加工制造各种物产等各种形式的物质生产活动，引发民族以及民族国家地理家园的各种自然地理条件变化。可以看出，马克思恩格斯阐释唯物史观所论述的人与自然关系历史发展的认识方法，这对于认识与书写民族以及民族国家的往昔历史，同样具有重要的指导价值。

对此也得注意到，黑格尔阐释其注重民族精神的历史哲学与唯心史观，也特别注重民族以及民族国家的历史发展与其地理环境之间的关系。在《历史哲学》一书绪论的最后部分，黑格尔最后也专列"历史的地理基础"作为一个标题，论述民族以及民族国家的历史发展与其地理环境之间的关系。黑格尔论述"历史的地理基础"开篇就点明，"助成民族精神的产生的那种自然的联系，就是地理的基础"[1]。这说明黑格尔的关注焦点，主要是集中于民族以及民族国家历史发展所呈现出的民族精神与地理环境之间的密切关系。对于民族精神与其地理基础之间的关系，黑格尔还详细解释道：

> 我们所注重的，并不是要把各民族所占据的土地当做是一种外界的土地，而是要知道这地方的自然类型和生长在这土地上的人民的类型和性格有着密切的联系。这个性格正就是各民族在世界历史上出现和发生的方式和形式以及采取的地位。[2]

可以看出，黑格尔所解释的民族精神与自然地理环境之间关系，

---

[1]　[德]黑格尔：《历史哲学》，王造时译，上海书店出版社2006年版，第74页。
[2]　[德]黑格尔：《历史哲学》，王造时译，上海书店出版社2006年版，第74页。

主要表现为民族居住的自然地理环境，生长出了相应的民族性格与民族精神。黑格尔在《历史哲学》一书绪论中论述的"历史的地理基础"，其主要内容也是先把这一原理解释清楚，紧接着就详细论述非洲、美洲、亚洲、欧洲等地高地、平原、海岸等自然地理状况，并最终揭示出其所说的"现实精神的帝国"在日耳曼世界出现。[①]

黑格尔所认为的民族居住的自然地理环境，生长出了相应的民族性格与民族精神，这在欧洲文化思想的发展过程中，存在悠久深厚的文化传统。其中古代希腊哲学家亚里士多德在其所著的《政治学》一书中，以及18世纪法国启蒙思想家孟德斯鸠在其所著的《论法的精神》一书中，也曾经论及了热带地区由于常年烈日炎炎，人们懒惰而缺乏思考，而温带地区则气候温和，人们勤奋并极富理性。黑格尔阐释民族精神与其地理基础之间的关系，与此也是一脉相传。在《历史哲学》一书的绪论部分，黑格尔论述"历史的地理基础"，对此也再次强调，"我们必须规定那些比较特殊方面的地理上的差别，我们要把这些差别看作是思想本质上的差别"。[②] 这种学术研究的关键特征，是直接将"地理上的差别"，视为形成"思想上本质的差别"的根源。

与此不同，马克思恩格斯创建唯物史观对于人与自然环境之关系历史发展的认识，则是以其创建的唯物史观原理作为前提，将物质生活与物质生产的历史发展，作为认识人与自然环境之间关系的中间环节。这是既注重"地质条件、山岳水文地理条件、气候条件以及其他条件"，对人类物质生活与物质生产的历史发展过程的影响，也注重人类物质生活与物质生产的历史发展，对"地质条件、山岳水文地理条件、气候条件以及其他条件"的影响。将物质生活与物质生产的历史发展，作为认识人与自然环境关系历史发展的中间环节，这也犹如一把钥匙，能够开启认识人与自然环境之间关系历史发展真实面貌的大门，由此在认识深度上，再一次超越了黑格尔直接将"地理上的差别"形成"思想上本质的差别"的学理阐释。

---

① ［德］黑格尔：《历史哲学》，王造时译，上海书店出版社2006年版，第82—86页。
② ［德］黑格尔：《历史哲学》，王造时译，上海书店出版社2006年版，第81页。

马克思恩格斯对于人与自然环境关系历史发展的真知灼见，后世诸多学者也给予了高度评价。这举例说来，20 世纪美国人类学家沃尔夫就认为，"对马克思来说，生产本身包含着人与自然之间不断变化的关系，包含着人类在改造自然的过程中必定要进入的社会关系，以及人类象征能力的必然转变"①。同样，20 世纪德国著名哲学家哈贝马斯倡导"重建历史唯物主义"也强调，"要想抓住人类生活方式的特殊的东西，最好就要在劳动过程的阶段上去描述生物及其与周围环境的关系"②。

四 "从物质实践出发来解释各种观念形态"的民族历史书写

马克思恩格斯创建的唯物史观，尽管注重物质生活与物质生产在人类历史发展过程中的重要作用，但其并非一种经济决定论，而是在注重物质生活与物质生产的基础上蕴含着丰富的内容。对此，恩格斯在 1890 年致约瑟夫·布洛赫的信中曾经详细解释道：

> 根据唯物史观，历史过程中的决定性因素归根到底是现实生活的生产和再生产。无论马克思或我都从来没有肯定过比这更多的东西。如果有人在这里加以歪曲，说经济因素是唯一决定性的因素，那么他就是把这个命题变成毫无内容的、抽象的、荒诞无稽的空话。③

马克思恩格斯创建的唯物史观，将物质生活与物质生产的历史发展过程，视为"历史过程中的决定性因素"，这不仅是认识人与自然环境之间关系历史发展的关键，同时物质生活与物质生产的历史发展过程作为基础，还会在人类历史发展过程中，继续生长出马克思恩格

---

① ［美］埃里克·沃尔夫：《欧洲与没有历史的人民》，赵丙祥、刘传珠、杨玉静译，上海人民出版社 2006 年版，第 29 页。

② ［德］尤尔根·哈贝马斯：《重建历史唯物主义》，郭官义译，社会科学文献出版社 2000 年版，第 140 页。

③ 《马克思恩格斯选集》第四卷，人民出版社 2012 年版，第 604 页。

斯所说的"市民社会""国家的活动"以及"所有各种不同的理论产物和形式，如宗教、哲学、道德等等"。马克思恩格斯对此详细论述道：

> 这种历史观就在于：从直接生活的物质生产出发阐述现实的生产过程，把同这种生产方式相联系的、它所产生的交往形式即各个不同阶段上的市民社会理解为整个历史的基础，从市民社会作为国家的活动描述市民社会，同时从市民社会出发阐明意识的所有各种不同的理论产物和形式，如宗教、哲学、道德等等，而且追溯它们产生的过程。这样做当然就能够完整地描述事物了（因而也能够描述事物的这些不同方面之间的相互作用）。①

　　马克思恩格斯的上述论述，是对唯物史观提供的历史书写方法进行的系统阐释。按照马克思恩格斯的上述论述，书写历史首先需要"从直接生活的物质生产出发"，这构成了历史书写的基础。在此基础上，还得书写出物质生产与物质生活的历史发展过程中"所产生出的交往形式"，并将此作为形成的"各个不同阶段上的市民社会理解为整个历史的基础"。以此作为基础，还得继续书写"从市民社会出发阐明意识的所有各种不同的理论产物和形式，如宗教、哲学、道德等等"的历史发展过程。这些具体内容之间的关系，可谓环环相扣、层层递进，既扩展了历史认识的对象与历史书写的内容，也为历史书写提供了一套系统性与综合性的方法。

　　这套系统性与综合性的历史书写方法，则对 20 世纪历史学的发展产生重要影响，后世诸多学者的研究，已经对此进行了广泛论述。这举例说来，英国历史学家巴勒克拉夫就强调，"马克思主义的影响之所以日益增长，原因就在于人们认为马克思主义提供了合理地排列人类历史复杂事件的真正使人满意的唯一基础"②。同样，霍布斯鲍

---

① 《马克思恩格斯选集》第一卷，人民出版社 2012 年版，第 171—172 页。

② ［英］杰弗里·巴勒克拉夫：《当代史学主要趋势》，杨豫译，北京大学出版社 2006 年版，第 21 页。

姆也认为，"马克思仍然是任何较为规范的历史研究不可或缺的基础，因为——迄今为止——他是唯一在方法学上试图把历史作为一个整体来系统阐述，并设想和解释了人类社会发展的整个过程的学者"①。除此之外，沃尔夫也评价道："马克思是深刻的历史主义的。在他看来，无论是构成生产方式的各种因素，还是这些因素的独特组合，都有其起源、发展及消亡的历史。他既不是一个普遍主义历史学家，也不是一个只关心事件的历史学家，而是一个关注物质关系如何构造或综合起来的历史学家。"②

将这套系统性与综合性的历史书写方法，具体运用于书写民族以及民族国家往昔历史的史学实践，则是需要注重民族以及民族国家中物质生产与物质生活的历史发展过程，在此基础上还得继续注重市民社会、国家活动以及思想观念的历史发展过程。由此，马克思恩格斯阐释唯物史观，也为认识与书写民族以及民族国家往昔历史，在黑格尔的历史哲学所注重的思想观念之外，增添了更为丰富翔实的认识对象与书写内容。之所以能够如此，则是因为其与黑格尔阐释历史哲学与唯心史观存在的关键差异，主要表现为"它不是从观念出发来解释实践，而是从物质实践出发来解释各种观念形态"。对此马克思恩格斯在《德意志意识形态》中就详细论述道：

> 这种历史观和唯心主义历史观不同，它不是在每个时代中寻找某种范畴，而是始终站在现实历史的基础上，不是从观念出发来解释实践，而是从物质实践出发来解释各种观念形态，由此也就得出下述结论：意识的一切形式和产物不是可以通过精神的批判来消灭的，不是可以通过把它们消融在"自我意识"中或化为"怪影"、"幽灵"、"怪想"等等来消灭的，而只有通过实际地推翻这一切唯心主义谬论所由产生的现实的社会关系，才能把它们

---

① ［英］埃里克·霍布斯鲍姆：《史学家——历史神话的终结者》，马俊亚、郭英剑译，上海人民出版社2002年版，第193—194页。

② ［美］埃里克·沃尔夫：《欧洲与没有历史的人民》，赵丙祥、刘传珠、杨玉静译，上海人民出版社2006年版，第29页。

消灭；历史的动力以及宗教、哲学和任何其他理论的动力是革命，而不是批判。①

19 世纪 40 年代，马克思恩格斯在其青年时代所撰写的《德意志意识形态》中，已经清楚地表达出上述唯物史观与唯心史观的关键学理差异，也成了贯穿于马克思恩格斯一生的根本认识。创作《德意志意识形态》二十多年之后，马克思在 1872 年《资本论》第一卷第二版所写的跋中，也再次谈道：

> 在黑格尔看来，思维过程，即甚至被他在观念这一名称下转化为独立主体的思维过程，是现实事物的创造者，而现实事物只是思维过程的外部表现。我的看法则相反，观念的东西不外是移入人的头脑并在人的头脑中改造过的物质的东西而已。②

将黑格尔阐释的历史哲学与唯心史观"从观念出发来解释实践"，与马克思恩格斯阐释的唯物史观"从物质实践出发来解释各种观念形态"，这两种历史观的学理根本差异，具体运用于认识与书写民族以及民族国家的往昔历史，也会出现根本差异。"从观念出发来解释实践"，会衍生出"从观念出发来解释"民族以及民族国家的往昔历史，这既会忽视民族以及民族国家历史发展过程中的无数具体内容，也会将书写民族以及民族国家的历史，置于一种画虎画皮难画骨、知人知面难知心的历史书写困境。而从"从物质实践出发来解释各种观念形态"，则会衍生出"从物质实践出发来解释"民族以及民族国家的往昔历史，在形成马克思恩格斯所说的"意识的所有各种不同的理论产物和形式，如宗教、哲学、道德等等"之前，还存在更为丰富的物质生产、物质生活、市民社会、国家活动等的历史发展过程值得认识与书写。"从物质实践出发来解释"民族以及民族国家的往昔历史，也

---

① 《马克思恩格斯选集》第一卷，人民出版社 2012 年版，第 172 页。
② 《马克思恩格斯选集》第二卷，人民出版社 2012 年版，第 93 页。

成了 20 世纪以来历史学的一个重要发展趋势。

第二节 分工交往深化发展形成的民族历史与世界历史

一 作为自我意识形成根源的社会交往与社会分工

在《德意志意识形态》的经典文献中，马克思恩格斯追溯黑格尔注重的自我意识的形成来源，不仅追溯到生活状况与生产状况，由此创建了注重人类历史中物质生活与物质生产的唯物史观，同时还追溯到物质生活中的社会交往与物质生产中的社会分工。对于自我意识的形成过程，马克思恩格斯还详细论述道：

> 意识起初只是对直接的可感知的环境的一种意识，是对处于开始意识到自身的个人之外的其他人和其他物的狭隘联系的一种意识。同时，它也是对自然界的一种意识，自然界起初是作为一种完全异己的、有无限威力的和不可制服的力量与人们对立的，人们同自然界的关系完全像动物同自然界的关系一样，人们就像牲畜一样慑服于自然界，因而，这是对自然界的一种纯粹动物式的意识（自然宗教）；但是，另一方面，意识到必须和周围的个人来往，也就是开始意识到人总是生活在社会中的。这个开始，同这一阶段的社会生活本身一样，带有动物的性质；这是纯粹的畜群意识，这里，人和绵羊不同的地方只是在于：他的意识代替了他的本能，或者说他的本能是被意识到了的本能。由于生产效率的提高，需要的增长以及作为二者基础的人口的增多，这种绵羊意识或部落意识获得了进一步的发展和提高。与此同时分工也发展起来。①

马克思恩格斯的上述论述，是对黑格尔注重的自我意识，苦苦探

---

① 《马克思恩格斯选集》第一卷，人民出版社 2012 年版，第 161—162 页。

索其形成根源的又一系统阐释。尽管黑格尔注重的自我意识，是诸多思想观念形成的重要源头，可是生存于天地之间的人们，存在着相应的物质生活状况，从事着相应的物质生产活动，这也和其他动物一样，得面对自然界中的风雨雷电、山川湖海、花草树木等。在此过程中形成的自我意识，首先表现为"对自然界的一种意识"。这种面对自然所形成的自我意识，也与诸多动物一样，慑服于自然界的无限威力与不可制服的力量，并是"一种纯粹动物式的意识"。可以看出，对于黑格尔所注重的自我意识，马克思恩格斯追溯其形成根源，首先是追溯到了人与自然之间的关系之中。

生存于天地之间的人们，不仅需要与自然界打交道，由此形成"对自然界的一种意识"，还得和形形色色的他者打交道，需要打交道的形形色色的他者，能够激发自我意识的萌生。自我意识之所以能够形成，还是因为马克思恩格斯的上述论述所指明，"意识到必须和周围的个人来往，也就是开始意识到人总是生活在社会中的"。马克思恩格斯这一论述，已经阐明了自我意识来源于人们的社会交往，只有人们在社会交往中遭遇他者，方才在自我与他者的彼此相对关系中，形成了人们的自我意识。因社会交往形成的自我意识，形成了人类历史发展过程中最初的"纯粹的畜群意识"与"部落意识"。

可以看出，对于自我意识的形成根源，黑格尔选择了主奴之间关系作为例证，说明自我意识的形成，来源于人们认知犹如主奴之间的彼此相对关系。这种对自我意识形成根源的学理阐释，目光主要聚集于人心之中，尽显从神学发展为玄学所具有的抽象思辨特征。马克思恩格斯探索自我意识的形成过程，则是揭示了自我意识的形成萌生于你去我来、你来我去的社会交往，这种对自我意识形成根源的学理阐释，则是将自我意识的形成根源，落实为人们朝朝日日需要与他者打交道的社会交往，并将探索自我意识形成根源的目光，转移到聚焦具体社会生活状况。

这两种对于自我意识形成根源的学理阐释差异，也会各自开花结果，继续生长出截然不同的后果差异。将自我意识的形成，视为来源于认知犹如主奴之间的彼此相对关系，这说明了出自我意识基础上形成的人心各异，乃是地老天荒、天经地义，其既是根源于现实社会中的自我始终是以个体的形式存在，也根源于现实社会中不可能脱离的人我之分。将自我意识的形成，继续追溯到来源于彼此之间的社会交往，这揭示了现实社会中始终是以个体形式存在的自我，尽管朝朝日日会遭遇着形形色色的人我之别，可是以个体形式存在的自我的思维活动，也得日日三省吾身，需要规避自我意识误入囿于自我由此自以为是的思维牢笼；以个体形式存在的自我的所作所为，也得在朝朝日日会遭遇着的社会交往中倾听他者，更加注重彼此之间的交流与沟通。以此作为现实社会基础，方才可能建构出一个心意相通、将心比心的心灵世界。

马克思恩格斯论述自我意识的形成来源于社会交往，还特别强调"与此同时分工也发展起来"，这说明马克思恩格斯反复探索黑格尔注重的自我意识的形成根源，不仅追溯到你来我去、你去我来的社会交往，而且还追溯到了现实社会中人们各有所长、各有所短的社会分工。对于社会分工的发展过程在自我意识形成过程中所发挥的重要作用，马克思恩格斯还详细论述道：

> 分工只是从物质劳动和精神劳动分离的时候起才真正成为分工。从这时候起意识才能现实地想象：它是和现存实践的意识不同的某种东西；它不用想象某种现实的东西就能现实地想象某种东西。从这时候起，意识才能摆脱世界而去构造"纯粹的"理论、神学、哲学、道德等等。①

马克思恩格斯的上述论述，是通过研究人类历史中社会分工的具体发展过程，由此说明了物质劳动和精神劳动之间的社会分工，这是人类发展过程中的一次重要社会分工。在此重要的社会分工之前，意识与实践本是形影不离、彼此一体，可是在物质劳动和精神劳动之间的社会分工中，自我意识竟然出现逐步"摆脱世界"，由此自立门户、

---

① 《马克思恩格斯选集》第一卷，人民出版社 2012 年版，第 162 页。

独自前行，"去构造'纯粹的'理论、神学、哲学、道德等等"。马克思恩格斯所说，"它是和现存实践的意识不同的某种东西"，这已经高度概括出了自我意识自立门户、独自前行所呈现出的总体特征，这说明物质劳动和精神劳动之间的社会分工中分化出来的自我意识，"去构造'纯粹的'理论、神学、哲学和道德等等"，这一过程在其诞生之时，就具有与"现实实践"渐行渐远的先天性缺陷。

马克思恩格斯反复探索黑格尔注重的自我意识的形成过程，既追溯到社会交往，也追溯到社会分工。其中社会交往属于马克思恩格斯阐释唯物史观注重的生活领域，而社会分工则属于马克思恩格斯阐释唯物史观注重的生产领域。社会交往与社会分工之间的关系，也犹如物质生活与物质生产关系一样。人们社会交往中经历无数舟车劳顿与远走他乡之苦，并与不相熟悉的陌生人打交道，也是根源于社会分工的深化发展，需要彼此之间互通有无。由此，马克思恩格斯创建的唯物史观，也从注重人类历史中的社会交往与社会分工，继续发展为注重社会交往与社会分工中的商品交换。

在近现代欧洲文化思想的发展过程中，以黑格尔为代表的德国古典哲学注重自我意识，亚当·斯密阐释的英国古典政治经济学家则注重社会分工与商品交换中的自我利益。对此，中国古人也展现出了相应的认识智慧。这举例说来，对于日益深化的社会分工对人们物质生活的影响，中国古代历史学家司马迁在《史记·货殖列传》中就感慨道，"夫千乘之王、万家之侯，百室之君，尚犹患贫，而况匹夫编户之民乎"。对于日益深化的社会分工与商品交换中的自我利益满足过程，司马迁则称之为，"各任其能、竭其力，以得所欲"，这已经说明了"各任其能、竭其力"的社会分工深化，引发着"以得所欲"的自我利益满足与社会生活变化。

而马克思恩格斯追溯自我意识的形成根源，既追溯到生活领域中的社会交往，也追溯到生产领域中的社会分工。由此，以黑格尔为代表的德国古典哲学注重的自我意识，与以亚当·斯密为代表的英国古典政治经济学注重社会分工与商品交换中的自我利益满足，在马克思恩格斯的理论探索中已经内在地结合了起来。在此基础上，马克思恩格斯继续探索，社会分工中互通有无的商品交换，也成了马克思在创建唯物史观后呕心沥血继续探索的重要领域。

对此，马克思在《资本论》一书中就指明，"最初一看，商品好像是一种简单而平凡的东西。对商品的分析表明，它却是一种很古怪的东西，充满形而上学的微妙和神学的怪诞"。① 正如马克思恩格斯通过反复追溯黑格尔注重的自我意识的形成根源，由此创建了注重物质生活与物质生产的唯物史观，马克思对商品这种"简单而平凡的东西"继续探索，剥开商品"充满形而上学的微妙和神学的怪诞"等神秘面纱，由此阐发剩余价值理论，这也成了恩格斯所概括的马克思继发现唯物史观后的又一重要发现。

二 民族历史中注重分工与交往的"公认的原理"

在《历史哲学》一书中，黑格尔论述其注重的思想、观念，已经具体落实到了黑格尔注重的民族精神。而马克思恩格斯在《德意志意识形态》的经典文献中，追溯黑格尔注重的自我意识的形成根源，既追溯到其是来源于生活领域中的社会交往，也追溯到其是来源于生产领域中的社会分工。马克思恩格斯对其所注重的社会交往与社会分工，也落实到对民族历史发展的具体认识之中，马克思恩格斯就指明：

> 各民族之间的相互关系取决于每一个民族的生产力、分工和内部交往的发展程度。这个原理是公认的。然而不仅一个民族与其他民族的关系，而且这个民族本身的整个内部结构也取决于自己的生产以及自己内部和外部的交往的发展程度。②

马克思恩格斯的上述论述，出现在马克思恩格斯追溯黑格尔注重的自我意识形成根源的众多论述之前，其可以视为贯穿《德意志意识

---

① 《马克思恩格斯选集》第二卷，人民出版社 2012 年版，第 122 页。
② 《马克思恩格斯选集》第一卷，人民出版社 2012 年版，第 147 页。

形态》中众多深刻论述的重要认识前提。"民族的生产力、分工和内部交往"的发展状况，既被马克思恩格斯称之为"各民族之间的相互关系"中的"公认的原理"，同时也是"民族本身的整个内部结构"的历史发展过程中的根本内容。

可以看出，在欧洲19世纪上半期民族国家创建并引发欧洲历史急遽变化的时代，黑格尔阐释的历史哲学与唯心史观，具体发展到了黑格尔注重以民族自我意识作为内在核心的民族精神。这种学理阐释的运行特征，是将历史阐释提升为抽象的哲学阐释。马克思恩格斯创建的唯物史观，则是将历史阐释回归到其所需要阐释的对象本身。将此运用于认识与书写民族历史，这首先需要注重民族的物质生产与物质生活的历史发展过程，以此为基础还继续细致入微，深入细致到注重物质生活中的社会交往与社会生产中的社会分工所构成的民族历史发展过程。

两相比较，在黑格尔阐释的历史哲学与唯心史观中，黑格尔注重以民族自我意识作为内在核心的民族精神，这是强调民族作为一个自觉实体与精神实体的重要性，可是马克思恩格斯注重民族的社会交往与社会分工的历史发展过程，这却是揭示了在民族作为一个自觉实体形成之前，民族已经通过社会分工与社会交往的长期历史发展，由此犹如滚雪球一般形成了一个自在实体。注重社会分工与社会交往的深化发展对民族形成过程的重要性，这在20世纪后期西方学界的民族理论研究中，也存在着相应的具体表现。

这举例说来，物质生产中社会分工的日益深化，以及物质生活中社会交往的不断扩展，这在20世纪后期西方学界涌现的民族理论研究中，就被盖尔纳视为传统农业社会发展为现代工业社会并由此生长出民族观念与民族主义思想的根本原因。盖尔纳比较传统农业社会与现代工业社会中的社会分工与社会交往就谈道：

> 新的劳动分工还有某些更微妙的特点，探讨这些特点的最佳方法，就是分析工业社会的劳动分工和发达的农业社会的劳动分工之间的差异。两者的明显差异在于，一个稳定性强，另一个流

动性更大。①

在盖尔纳看来，传统农业社会"稳定性强"的社会分工与社会交往，发展为现代工业社会"流动性更大"的社会分工与社会交往，这是滋生近现代以来民族意识觉醒与民族主义思想观念的土壤。能够对此进行说明的具体表现，则是在"稳定性强"中的传统农业社会中，广泛存在着人分尊卑贵贱的社会分层，其中往往只有社会上层精英才具备读书识字的文字语言运用能力。这在欧洲历史发展过程中的典型表现，就是欧洲中世纪与近现代初期的漫长历史岁月中，唯有教士与贵族等社会上层，方才能够运用已经发展成为文字语言的拉丁语。而各地之间，因缺乏社会交往而文化差异明显，人们主要运用的是尚未文字化并停留于口头语言状态的地方语言。这表现在欧洲近现代以前的历史发展过程中，英语、法语、德语等，尽管已经有人在运用，但尚未发展成为民族语言。

可是进入近现代"流动性更大"的工业社会中，尚未文字化的地方语言，则逐步发展成为文字化、普及化的民族语言。这尽管对于形成民族意识为核心的民族观念与民族主义思想发挥了重要作用，可是盖尔纳的研究，则强调这既是为了无数民族成员能够适应现代工业社会中"流动性更大"的社会交往，也是为了无数民族成员能够适应现代工业社会中因社会分工深化所需要的技术训练与职业变换。在进行相应的学理论证过程中，盖尔纳也感慨道：

> 事实上就是如此。为了理解这种角色，用马克思的一句话来说，我们不仅要考虑现代社会的生产方式，更重要的是必须考虑它的再生产方式。②

---

① ［英］厄内斯特·盖尔纳：《民族与民族主义》，韩红译，中央编译出版社2002年版，第35页。

② ［英］厄内斯特·盖尔纳：《民族与民族主义》，韩红译，中央编译出版社2002年版，第39页。

　　盖尔纳的相关研究，说明了民族并不仅仅限于本尼迪克特·安德森所论证的那样，其仅仅是通过民族语言作为重要载体，并通过文化教育的普及以及诸如文学、历史学以及地理学著作等印刷资本主义这种现代社会广泛兴起的文化传播方式，由此在人们的心灵世界之中形成了一个"想象的共同体"，而是主要因为社会分工与社会交往的深化发展，由此形成了一个在社会生活中你也离不开我、我也离不开你的共同体。

　　既然相关研究，已经深入揭示社会分工与社会交往在民族形成过程中扮演着重要作用，那么书写民族以及民族国家的往昔历史，也得首先书写南北东西等地域差异所形成的气候差异，以及山区平原等所表现出来的地形差异，由此形成各地社会生产与社会生活各具特色、各有所长的历史发展过程。在此基础上，还得书写南来北往、东去西来、翻过高山、穿越平原等社会交往越来越密切的历史发展过程。这所书写出来的民族以及民族国家的历史，能够呈现出你也离不开我、我也离不开你的现实生活状况，犹如形成山川大地的长期地质构造演化一般，其是来源于民族以及民族国家往昔历史岁月中人们社会分工日益深化与社会交往日益密切的层累式构造，由此在长期历史发展过程中逐步积累而成。

三　"物质的、可以通过经验证明"的世界历史

　　马克思恩格斯阐释的唯物史观，注重物质生产与物质生活中分工与交往的历史发展过程，不仅注重民族以及民族国家自身内部分工与交往的历史发展过程，而且还注重民族以及民族国家之间分工与交往的历史发展过程。通过注重民族以及民族国家之间分工与交往深化发展的历史发展过程，马克思恩格斯创建的唯物史观，也继续发展成为马克思恩格斯阐释的世界历史观。

　　对此也得注意到，在马克思恩格斯阐释世界历史观之前，黑格尔在阐述其历史哲学与唯心史观的过程中，同样阐释了黑格尔的世界历史观。在《历史哲学》一书的绪论中，黑格尔就详细论述道：

世界历史从"东方"到"西方"，因为欧洲绝对地是历史的终点，亚洲是起点。世界的历史有一个东方（"东方"这个名词的本身是一个完全相对的东西）；因为地球虽然是圆的，历史并不围绕着它转动，相反地，历史是有一个决定的"东方"，就是亚细亚。那个外界的物质的太阳便在这里升起，而在西方沉没那个自觉的太阳也是在这里升起，散播一种更为高贵的光明。世界历史就是使未经管束的天然的意志服从普遍的原则，并且达到主观的自由的训练。①

黑格尔的上述论述，是其世界历史观的一段系统描述。"地球虽然是圆的，历史并不围绕着它转动"，黑格尔之所以出现这种认识，则是因为念念难忘其所注重的民族精神。黑格尔的世界历史观，是从其注重民族精神的历史哲学与唯心史观滋生出的，黑格尔所认为的世界历史过程，经历了从东方的亚细亚作为起点、到西方的欧罗巴作为终点的一个线性历史发展过程，而之所以到达终点，则具体表现为民族精神在西方已经形成。这既是《历史哲学》一书绪论的主要理论阐释目标，同时也是《历史哲学》一书正文的主要历史书写线索。

黑格尔《历史哲学》一书的正文部分，先叙述古代的中国、印度、波斯的历史发展，再叙述古代的希腊、罗马的历史发展，最后叙述日耳曼世界的历史发展过程。黑格尔叙述的世界历史，犹如旭日东升与夕阳西下的自然变化过程一般，经历了一个由东到西的发展过程。夕阳西下之处，则是黑格尔所注重的自我意识觉醒之处，黑格尔对此也极富诗意地说道，"在西方沉没那个自觉的太阳也是在这里升起"，并认为其中"散播着一种更为高贵的光明"。而"在西方沉没那个自觉的太阳"之所以升起，主要表现为将上帝的神意变化为尘世中的精神。在《历史哲学》全书的最终论述中，黑格尔也具体谈道，"'景象万千，事态纷纭的世界历史'，是'精神'的发展和实现的过程——

---

① ［德］黑格尔：《历史哲学》，王造时译，上海书店出版社 2006 年版，第 95—96 页。

这是真正的辩神论，真正在历史上证实了上帝。"①

黑格尔的这一论述，也继续说明了黑格尔阐释的世界历史观，并没有脱离欧洲中世纪神学历史观的藩篱。按照黑格尔阐释的世界历史观，认识与书写世界历史，还得寻根问底，先得领悟神意，再得领悟神意化身为精神的过程，最后明白精神在尘世中"发展和实现的过程"，这对于书写世界历史的史学实践活动来说，实属强人所难。而马克思恩格斯在创建唯物史观基础上阐释的世界历史观，则与黑格尔阐释的世界历史过程存在根本差异，马克思恩格斯就具体论述道：

> 各个相互影响的活动范围在这个发展进程中越是扩大，各民族的原始封闭状态由于日益完善的生产方式、交往以及因交往而自然形成的不同民族之间的分工消灭得越是彻底，历史也就越是成为世界历史。例如，如果在英国发明了一种机器，它夺走了印度和中国的无数劳动者的饭碗，并引起这些国家的整个生存形式的改变，那么，这个发明便成为一个世界历史性的事实；同样，砂糖和咖啡是这样来表明自己在 19 世纪具有的世界历史意义的：拿破仑的大陆体系所引起的这两种产品的匮乏推动了德国人起来反抗拿破仑，从而就成为光荣的 1813 年解放战争的现实基础。由此可见，历史向世界历史的转变，不是"自我意识"、世界精神或者某个形而上学幽灵的某种纯粹的抽象行动，而是完全物质的、可以通过经验证明的行动，每一个过着实际生活的、需要吃、喝、穿的个人都可以证明这种行动。②

可以看出，马克思恩格斯阐释的世界历史过程，与黑格尔阐释的世界历史过程相比较，乃是将精神化为世俗。世俗之中因分工基础上形成的交往，既是世界历史的重要推动力量，也在改变着"自然形成的不同民族之间的分工"，并渗透到尘世之中人们吃喝住穿等社会生

---

① ［德］黑格尔：《历史哲学》，王造时译，上海书店出版社 2006 年版，第 426 页。
② 《马克思恩格斯选集》第一卷，人民出版社 2012 年版，第 168—169 页。

活的方方面面。"历史也就越是成为世界历史"的形成过程，是因分工与交往而形成，其对人们具体生活面貌的影响，则"是完全物质的、可以通过经验证明的行动，每一个过着实际生活的、需要吃、喝、穿的个人都可以证明这种行动"。马克思恩格斯对此的论证，既选择了"英国发明了一种机器"对近现代印度与中国具体历史发展的影响，也选择了"砂糖和咖啡的世界历史意义"在 19 世纪德意志历史发展中的具体表现，由此具体阐释其所创建的世界历史观基本原理。

其中古代的印度和中国本是手工棉纺织业高度发展的国家，古代印度和中国无数家庭与人们，也是赖此为生，但近现代在"在英国发明了一种机器"的生产方式变化，却"夺走了印度和中国无数劳动者的饭碗"，无数人丧失了谋生之路，众多依靠男耕女织而家道殷实的家庭，也出现了家道衰落。马克思恩格斯举例说明的世界历史的这一具体过程，既发生在纺织领域"发明了一种机器"的英国，也影响到印度和中国的纺织业生产，经历着一场传统手工纺织业生产到现代机械化大生产的转型。这作用于人们的现实生活，也具体表现为人们的所穿之衣，再也不是源于"慈母手中线"，而是源于纺织行业出现的机械化大生产。

马克思恩格斯举例所说的砂糖和咖啡在 19 世纪具有的"世界历史意义"，也说明马克思恩格斯对黑格尔所注重的自我意识形成根源，进行了更加深化、更为具体的探索。19 世纪拿破仑大军入侵德意志，这不仅激发了 19 世纪初期德意志民族意识觉醒，也引发了 19 世纪晚期德意志的统一、20 世纪上半期两次世界大战中德法对垒等重要历史事件，犹如连环一般不断涌现。19 世纪德意志的思想观念领域，涌现出诸如费希特发表《对德意志民族的演讲》、黑格尔注重民族精神与自我意识等相关学理阐释，也应时而生。

尽管 19 世纪初拿破仑大军入侵德意志，这激发了德意志民族意识觉醒，可是这更深层次的根源，还在于 19 世纪初期拿破仑征服德意志之后，为了从经济上封锁英国推行的"大陆封锁体系"，由此导致砂糖和咖啡等海外物资难以进入德意志，并给德意志民众造成巨大的现实生活困境。面对 19 世纪拿破仑争霸欧洲的纷纭历史，黑格尔看到了其激发德意志民族自我意识觉醒的重要影响，马克思恩格斯对此的认识则是更深一层，其是将拿破仑争霸欧洲激发德意志民族自我意识觉醒，追溯到19世纪初期拿破仑推行的"大陆封锁体系"给德意志民众造成的现实生活困境。马克思恩格斯阐述世界历史观，举例所说的砂糖和咖啡在19世纪所展示的"世界历史意义"，既是对19世纪初德意志民族意识觉醒更为深入具体的认识，也验证了马克思恩格斯阐释唯物史观与唯心史观的关键学理差异所说，"不是意识决定生活，而是生活决定意识"[①]。

　　马克思恩格斯阐释世界历史观也强调："单个人随着自己的活动扩大为世界历史性的活动，越来越受到对他们来说是异己的力量的支配（他们把这种压迫想象为所谓世界精神等等的圈套），受到日益扩大的、归根结底表现为世界市场的力量的支配，这种情况在迄今为止的历史中当然也是经验事实。"[②] 由此，马克思恩格斯阐释的世界历史观，再次说明了支配与影响着人们生活状况与历史命运的关键力量，并不是黑格尔所说的上帝意志与绝对精神，而是来源于因分工与交往，形成了各地区、国家、民族之间彼此联系、相互影响的世界历史。在这种彼此联系、相互影响的世界历史之中，物质生产中的地区性分工与专业性分工日益深化，由此形成的世界市场，已经成为一种支配与影响着人们生活状况与历史命运的异己力量。

第三节　从对立冲突走向交往交流的民族历史书写发展趋势

一　马克思恩格斯提供的欧洲民族之间战争历史的书写方法

　　马克思恩格斯阐释的世界历史过程，注重因分工与交往形成各个"相互影响的活动范围"的不断扩大。在此前提下，对于欧洲众多历

---

① 《马克思恩格斯选集》第一卷，人民出版社2012年版，第152页。
② 《马克思恩格斯选集》第一卷，人民出版社2012年版，第169页。

史著作中广泛书写的民族之间的战争历史，马克思恩格斯的论述，也呈现出了新的认识境界。马克思恩格斯在阐释因分工交往的深化发展而形成世界历史过程就曾经谈道："征服这一事实看起来好像是同整个这种历史观矛盾的。到目前为止，暴力、战争、掠夺、抢劫等等被看做是历史的动力。"① 马克思恩格斯此言说明，欧洲历史广泛存在民族以及民族国家之间的战争，这从表面上看来，并不合乎马克思恩格斯阐释的因分工交往的深化发展而形成的世界历史，由此出现马克思恩格斯所说的"同整个这种历史观矛盾"。

　　尽管如此，马克思恩格斯对于欧洲历史中广泛存在的民族以及民族国家之间战争的认识，既不同于欧洲无数历史学著作广泛书写民族以及民族国家之间战争的传统认识，只看到其所呈现出来的彼此相对与相互冲突，也与黑格尔在对立冲突中所看到的精神的历史哲学阐释大相径庭。马克思恩格斯的认识眼光，是将欧洲历史中广泛存在的民族以及民族国家之间战争视为一种"交往形式"，由此特别注重其所引发的社会生产变化与社会结构变化，马克思恩格斯对此继续具体论述道：

> 这里我们只能谈谈主要之点，因此，我们举一个最显著的例子：古老文明被蛮族破坏，以及与此相联系重新开始形成一种新的社会结构（罗马和蛮人，封建制度和高卢人，东罗马帝国和土耳其人）。对进行征服的蛮族来说，正如以上所指出的，战争本身还是一种通常的交往形式；在传统的、对该民族来说唯一可能的粗陋生产方式下，人口的增长越来越需要新的生产资料，因而这种交往形式越来越被加紧利用。②

　　在欧洲历史发展过程中，"蛮族入侵"的民族大迁徙，既摧毁了西罗马帝国，也被后世诸多欧洲史家视为欧洲古典希腊罗马时代转入中世纪的重要历史事件。对于"罗马和蛮人，封建制度和高卢人，东

---

① 《马克思恩格斯选集》第一卷，人民出版社 2012 年版，第 205 页。
② 《马克思恩格斯选集》第一卷，人民出版社 2012 年版，第 205—206 页。

罗马帝国和土耳其人"之间的战争，倘若换成黑格尔的历史哲学阐释，则会注重"罗马和蛮人，封建制度和高卢人，东罗马帝国和土耳其人"之间的战争所呈现出的彼此相对与相互冲突，由此形成自我意识与思想观念的彼此相对与相互冲突。可是在马克思恩格斯看来，"战争本身还是一种通常的交往形式"。形成这种认识视角的根本前提，还是在于马克思恩格斯注重世界各地区、民族、国家之间分工日益深化与交往不断密切的世界历史观。两者之间的差异，表面上看来是认识视角的变化，但关键根源还是在于历史观的变化，由此形成了认识视野的推陈出新。

在黑格尔阐释的历史哲学中，民族之间的战争历史呈现出的彼此相对、相互冲突，这成为能够激发黑格尔所注重的自我意识与民族精神的关键例证。由此，黑格尔的历史哲学阐释，也将民族以及民族国家之间的彼此相对、相互冲突，演绎成为黑格尔所注重的思想、观念、精神的常态。民族以及民族国家之间的彼此相对、相互冲突，也存在于黑格尔所注重的思想、观念、精神之中。与此截然不同，马克思恩格斯阐释的世界历史观，则揭示了分工日益深化与交往不断密切，这才是"历史越来越成为世界历史"的根本状态。

在《德意志意识形态》中，马克思恩格斯还指明，"一些纯粹偶然的事件，例如蛮族的入侵，甚至是通常的战争，都足以使一个具有发达生产力和有高度需求的国家陷入一切都必须从头开始的境地"①。马克思恩格斯的这一论述，说明了马克思恩格斯认识欧洲以往历史发展过程中广泛充斥着的民族之间的战争，绝不仅仅限于像黑格尔所阐释的历史哲学那般，只注重其对思想、观念、精神层面的影响，而是注重其对于物质生产与物质生活的影响。

对于欧洲民族之间的战争历史激发的民族意识与民族精神，马克思恩格斯也选择了诸多例证，揭示出了其中的民族意识与民族精神的具体蜕变过程。举例说来，18、19世纪，英国发动了对印度的殖民征服战争，印度最终沦为英国的殖民地。对于英国在印度的长期的殖民

---

① 《马克思恩格斯选集》第一卷，人民出版社2012年版，第188页。

征服战争，马克思就指出，"英国在印度斯坦造成社会革命完全是受极卑鄙的利益所驱使，而且谋取这些利益的方式也很愚蠢"①。马克思的这一论述，首先是指明了英国发动对印度的殖民征服战争，这造成了印度近现代历史发展和传统社会断裂，而其根源则是"受极卑鄙的利益所驱使"。这与黑格尔在《历史哲学》一书中对于希波战争激发希腊人民族精神的相关论述相比较，黑格尔所认识的民族之间历史，注重的是其对于民族意识与民族精神的塑造作用，可是马克思恩格斯的认识，则是深刻洞悉以民族自我意识为根基形成的民族自我中心主义向追逐利益的民族利己主义的蜕变过程。

马克思的论述，还说明了"谋取这些利益的方式也很愚蠢"。为何"很愚蠢"？这一问题的答案，首先在于近现代通过民族现代性建构与民族国家创建而形成的欧洲列强，竞相进行全球殖民扩张与殖民征服，是广泛采取军事征服作为手段，而其目标则是力图通过世界市场中的商业贸易获取利益。军事征服的具体手段与商业贸易获取利益的追求目标之间，本身就已经存在着一种互相矛盾的关系。对于这种相互矛盾的其他具体表现，马克思针对19世纪中期英国和法国共同发动的第二次鸦片战争也论述道：

> 惯于吹嘘自己道德高尚的约翰牛，却宁愿隔一定的时候就用海盗式的借口向中国勒索军事赔款，来弥补自己的贸易逆差。只是他忘记了：如果兼施并用迦太基式的和罗马式的方法去榨取外国人民的金钱，那么这两种方法必然会相互冲突、相互消灭。②

马克思上述论述所说的"迦太基式"的方法，主要表现为古代的迦太基人通过从事海上贸易而获取财富。马克思所说的"罗马式"的方法，则表现为古代罗马通过军事征服别的民族而获得财富的方法。"迦太基式"的商业贸易发展，需要各地社会经济的共同发展与彼此

---

① 《马克思恩格斯选集》第一卷，人民出版社2012年版，第854页。
② 《马克思恩格斯选集》第一卷，人民出版社2012年版，第814页。

互动，可是近现代西方列强在力图通过世界性的商业贸易获取自身利益的过程之中，却又广泛运用武力征服的"罗马式"的方法。近现代欧洲列强竞相进行全球殖民扩张与殖民征服，这是运用一种武力征服的"罗马式"的方法，而其力图通过世界市场中商业贸易获取利益的目标，则是一种"迦太基式"的方法。马克思所说的"这两种方法必然会相互冲突、相互消灭"，则是由于"迦太基式"的商业贸易发展，需要的是彼此之间物质生产能够不断深化发展，方才能互通有无、相向而行。可是近现代欧洲列强竞相进行全球殖民扩张与殖民征服运用的"罗马式"的方法，却是杀鸡取卵、涸泽而渔，既会对物质生产带来巨大破坏，也会对物质生活带来巨大灾难。

对此，马克思论述近代英国发动对印度的殖民征服战争也指出："不列颠人给印度斯坦带来的灾难，与印度斯坦过去所遭受的一切灾难比较起来，毫无疑问在本质上属于另一种，在程度上要深重得多。"①以往的印度次大陆的历史发展过程，既广泛充斥着外族入侵的征服战争，也广泛充斥着诸多邦国以及地方领主彼此争夺的内战。对于近代英国对印度次大陆的征服战争，造成的灾难"程度上要深重得多"的内在原因，马克思就详细分析道：

> 内战、外侮、革命、征服、饥荒——尽管所有这一切接连不断地对印度斯坦造成的影响显得异常复杂、剧烈和具有破坏性，它们却只不过触动它的表面。英国则摧毁了印度社会的整个结构，而且至今还没有任何重新改建的迹象。印度人失掉了他们的旧世界而没有获得一个新世界，这就使他们现在所遭受的灾难具有一种特殊的悲惨色彩，使不列颠统治下的印度斯坦同它的一切古老传统，同它过去的全部历史断绝了联系。②

可以看出对于近代英国在印度的殖民征服战争，马克思既注重其

---

① 《马克思恩格斯选集》第一卷，人民出版社 2012 年版，第 849 页。
② 《马克思恩格斯选集》第一卷，人民出版社 2012 年版，第 850 页。

对印度带来的"内战、外侮、革命、征服、饥荒",同时也注重英国的殖民入侵,"摧毁了印度社会的整个结构,而且至今还没有重新改建的迹象"。这说明对民族以及民族国家之间战争历史的认识,黑格尔以其历史哲学与唯心史观为前提,注重民族以及民族国家之间战争激发的民族意识与民族精神,而马克思以其创建的唯物史观作为前提,则是注重民族以及民族国家之间战争对社会生产带来的巨大破坏以及对社会生活带来的巨大灾难。针对近现代欧洲列强发动的民族之间的战争,马克思恩格斯的认识,已经从黑格尔注重的其在思想观念领域的影响,落实到其对人们具体生活状况与社会结构的影响。

二　两次世界大战凸显马克思主义历史观的生命力

19 世纪的欧洲历史发展,前有拿破仑战争,后有德意志、意大利通过一系列战争实现民族统一。这两者之间,也存在密切的内在联系,其中拿破仑大军在欧洲大陆对意大利、西班牙、德意志、俄罗斯等的军事征服,广泛地激发了欧洲各地民族意识的觉醒与民族观念的传播。在德意志与意大利的统一过程中,曾经发挥了重要思想观念威力的民族意识觉醒与民族观念形成,也逐步向东南欧扩展。这既验证了黑格尔阐释历史哲学注重民族精神的合理性,也验证了黑格尔阐释历史哲学注重历史书写建构民族观念的现实价值。19 世纪欧洲的众多历史著作,也广泛地书写着欧洲民族以及民族国家往昔历史中彼此之间的冲突与战争,由此广泛地建构黑格尔所注重的民族精神,并为近现代欧洲逐步形成的民族国家提供精神支柱。

可是到了 19 世纪晚期,东南欧的民族解放斗争与欧洲列强对此所展开的激烈争夺彼此缠绕,一步步将巴尔干地区变化成为欧洲的火药桶。欧洲大地弥漫着的民族以及民族国家之间的战争乌云,也是越积越浓,由此集聚而成的狂风暴雨,最终变化成了 20 世纪上半期两次世界大战中欧洲各地所出现的隆隆炮声与枪林弹雨。欧洲众多历史著作中,广泛书写着的欧洲民族以及民族国家往昔历史中彼此之间的打打杀杀,已经不再是往昔历史,而是在 20 世纪上半期的欧洲历史发展进程中愈演愈烈。

　　面对 20 世纪上半期欧洲历史发展出现的这种千年未有之大变局，黑格尔阐释的历史哲学与唯心史观，以此为标志所形成的杜赞奇所说的"西方学术中的黑格尔学术传统"，将眼光主要投向了自我意识及其形成所需要的彼此对立，这种学理阐释已经变得难以释惑。马克思恩格斯在 19 世纪，曾经论述的欧洲列强所发动的民族以及民族国家之间的战争，既会带来"内战、外侮、革命、征服、饥荒"等深重的社会生活灾难，也会带来摧毁"社会的整个结构"的影响，也不仅仅表现为 19 世纪英国人所发动的两次鸦片战争与对印度次大陆的征服战争之中，而是在 20 世纪上半期欧洲自身历史发展过程中也广泛地表现出来。

　　也正是在此欧洲历史发展本身所面临困惑的时代，马克思恩格斯在 19 世纪上半期，批判黑格尔历史哲学并在此基础上创建的唯物史观与世界历史观，其指导历史认识与历史书写蕴含着的真知灼见与远见卓识，在欧洲历史书写的史学实践中逐步受到重视。对此变化过程，第二次世界大战后英国著名历史学家巴勒克拉夫接受联合国教科文组织的委托，考察 20 世纪历史学的发展变化趋势，在其书写的《当代史学主要趋势》一书中就详细论述道：

　　　　在史学史的语境下，马克思主义的重要性首先在于，当历史主义（就其唯心主义和相对主义的词义上说）困于本身的内部问题而丧失早期的生命力时，马克思主义为取代历史主义而提供了有说服力的体系。[1]

　　巴勒克拉夫的《当代史学主要趋势》一书，书写出的 20 世纪历史学的发展变化趋势，是以 19 世纪末期黑格尔阐释的历史哲学与唯心史观受困，而马克思主义历史观逐步展现生命力，由此作为全书立意

---

① ［英］杰弗里·巴勒克拉夫：《当代史学主要趋势》，杨豫译，北京大学出版社 2006 年版，第 21 页。

起说的开篇之论，再铺陈言史，逐步叙述 20 世纪历史学的各种发展变化趋势。巴勒克拉夫上述论述所说，"历史主义（就其唯心主义和相对主义的词义上说）困于本身的内部问题而丧失早期的生命力时"，这主要是针对 19 世纪末 20 世纪初欧洲历史学出现的发展状况所言。其主要表现为在欧洲民族国家创建过程中，黑格尔阐述的历史哲学与唯心史观指明认识历史与编纂历史，需要建构黑格尔称之为民族精神中所蕴含的民族观念与民族主义思想，这能够为欧洲民族国家创建提供思想观念基础。可是相应的民族观念与民族主义思想，也导致 19 世纪晚期之后欧洲民族以及民族国家之间的敌对冲突愈演愈烈，由此如巴勒克拉夫所说"丧失早期生命力"。

循着巴勒克拉夫的论述可以看出，19 世纪上半期黑格尔阐释的历史哲学与唯心史观，这与马克思恩格斯对此进行批判的基础上所创建的唯物史观相比较，两者时隔二十来年，都发生在欧洲正在进入现代社会的 19 世纪上半期，都对如何认识历史与书写历史进行了系统阐释。黑格尔阐述历史哲学与唯心史观的总体特征，乃是总结过去，其生命力延续到了欧洲的民族观念与近现代民族主义思想蓬勃发展的 19 世纪。马克思恩格斯批判黑格尔历史哲学以及在此基础上创建的唯物史观与世界历史观，则是面向未来，其如巴勒克拉夫所说，"提供了有说服力的体系"，并在 20 世纪上半期欧洲饱受民族国家激烈的战争冲突之际，逐步显示其重要价值。

由此看来，20 世纪上半期的欧洲历史发展，尽管欧洲列强心怀各自的自我意识，在追逐自我利益的过程中彼此之间的冲突对立日趋激烈，并演化出两次世界战争中大规模的大打出手，但这却是影响历史认识与历史书写的历史观，从黑格尔阐述的历史哲学与唯心史观的学理体系逐步挣脱出来，逐步转向马克思主义历史观发挥广泛影响的重要转折时代。巴勒克拉夫考察 20 世纪历史学发展趋势也就具体指出："马克思主义对历史学家思想所发生的真正影响直到第一次世界大战结束后才开始"①。

---

① ［英］杰弗里·巴勒克拉夫：《当代史学主要趋势》，杨豫译，北京大学出版社 2006 年版，第 25 页。

　　巴勒克拉夫此言，继续说明了黑格尔阐述的历史哲学与唯心史观蕴藏的民族历史观，尽管能够为欧洲近现代以来的民族现代性建构与民族国家创建提供思想观念基础与精神支柱，但其所提供的思想观念基础与精神支柱，对于欧洲走向民族以及民族国家之间激烈的战争冲突，却是添油加醋、抱薪救火。其所形成的思想观念困惑，也犹如后世美国社会学家赖特·米尔斯所论，"在民族国家的体系和不平衡的世界工业化进程中，只要战争仍是固有的，那么不管有没有精神治疗的帮助，普通人在其有限的环境中是没有力量解决由体制或体制缺失所施加于身上的困扰的"[①]。其中 1914—1918 年的第一次世界大战，既暴露了欧洲近现代民族国家创建所形成的世界体系中冲突对抗加剧的内在问题，也暴露了自 19 世纪晚期以来欧洲工业化推进过程中经济发展不平衡的内在问题。在此欧洲的思想观念困惑之际，支配历史认识与历史书写的历史观，也逐渐另寻他路，巴勒克拉夫所说的"马克思主义对历史学家思想所发生的真正影响"，在第一次世界大战后也逐步形成。

　　而第一次世界大战后召开的凡尔赛会议，依然是欧洲列强为了争夺利益的一次分赃会议，欧洲各个民族国家之间心怀各自的自我意识并激烈追逐自我利益的历史发展之痛，在饱受第一次世界大战的战争灾难之后，还是难以得到痛定思痛。1929 年资本主义世界爆发的经济大危机，则为欧洲列强之间的旧仇再添新恨，继续助推着第二次世界大战在欧洲的莅临。欧洲在此历史发展潮流中的历史认识与历史书写，也如巴勒克拉夫所论：

　　　　1917 年的俄国革命迫使俄国以外的历史学家开始认真地对待马克思主义对历史所作的解释。即使如此，他们的反应本质上仍然是敌意的，只是出于意识形态而不是科学的或学术的考虑。促使这种状态开始真正转变的事件是 1929—1930 年的世界性大萧条

---

　　① ［美］C. 赖特·米尔斯：《社会学的想象力》，陈强、张永强译，生活·读书·新知三联书店 2005 年版，第 8—9 页。

和资本主义社会的深刻危机。马克思的历史性判断的正确性这时看来得到了证实。1929 年的大萧条结束了无视或蔑视地排斥马克思主义的时期。1930 年以后，马克思主义的影响广泛发展，即使那些否定马克思主义历史解释的历史学家们（他们在苏联以外仍然占大多数），也不得不用马克思主义的观点来重新考虑自己的观点。①

巴勒克拉夫的上述论述，说明了指导历史认识与历史书写的历史观，在 20 世纪上半期出现的发展变化，"不得不用马克思主义的观点来重新考虑自己的观点"，这不仅根源于 20 世纪上半期欧洲民族以及民族国家之间越来越激烈的战争冲突，同时还根源于"1929—1930 年的世界性大萧条和资本主义社会的深刻危机"。20 世纪上半期欧洲两次世界大战与资本主义经济危机彼此交织的历史发展过程，也验证了 19 世纪上半期马克思恩格斯在批判黑格尔唯心史观基础上创建的唯物史观，在黑格尔的唯心史观注重思想、观念、意识的基础上更进一层，发展为既注重生产生活的历史发展过程，也注重生产生活的历史发展过程中的相互影响与彼此联系，这才是历史书写需要如实直书的真正发展方向。

三 从世界历史观到全球史观的历史书写发展趋势

在近现代欧洲民族现代性建构与民族国家创建的历史发展过程中，出现了众多民族以及民族国家之间战争，这犹如众人推墙，最终在经历了两次世界大战之后，摧毁了近现代欧洲列强通过世界范围内的殖民扩张所建立的全球霸权。经历了两次世界大战之后的欧洲，也以建立煤钢联营为契机，出现了欧洲一体化。19 世纪上半期马克思恩格斯阐述的世界历史观，通过注重各民族、国家、地区之间的社会分工与

---

① ［英］杰弗里·巴勒克拉夫：《当代史学主要趋势》，杨豫译，北京大学出版社 2006 年版，第 25—26 页。

社会交往，由此注重世界历史中的相互联系与彼此影响，这表现在 20 世纪下半期的历史学发展趋势中，也变化成为当代德国著名哲学家哈贝马斯所概括的，"历史学家们首先着眼于相互联系的诸种状况，而不是历史事件，已经成了一种趋向"①。

　　19 世纪马克思恩格斯在阐释世界历史观的过程中，曾经既用英国人发明纺织机器对近代中国与印度历史发展的影响，也以砂糖和咖啡对德意志人反对拿破仑产生的影响，由此作为例证，具体说明"历史也就越是成为世界历史"，这是"需要吃、喝、穿的个人都可以证明这种行动"。这种通过注重具体的生产与生活之间的相互联系，由此呈现世界历史乃是彼此影响与相互联系的世界历史观，在 20 世纪下半期欧洲的历史书写中，也存在着相应的具体表现。这举例说来，法国年鉴学派历史学家布罗代尔的皇皇巨著《十五至十八世纪的物质文明、经济和资本主义》一书，就典型地呈现了相应的历史书写特征。布罗代尔在该书的序言中就强调，"在两个世界——生产和消费——之间起着联系和推动作用的市场经济，却将在它那狭窄而又活跃的区域里，造就出种种动力和活力，种种新事物、新觉醒和新主意，进而加速经济的增长和进步"②。对于布罗代尔的这种历史书写特征与马克思主义历史观之间的内在联系，伊格尔斯就评价道："在某些点上，马克思主义者的研究路数和年鉴派的是非常相符的。"③

　　而 20 世纪下半期历史书写注重相互联系与彼此影响的发展趋势，最为突出的当属全球史观的勃然兴起。对于马克思恩格斯阐述的世界历史观与 20 世纪下半期兴起的全球史观之间的关系，当代德国历史学家康拉德在其所著的《全球史是什么?》一书中就谈道：

---

　　①　［德］尤尔根·哈贝马斯：《重建历史唯物主义》，郭官义译，社会科学文献出版社 2000 年版，第 207 页。

　　②　［法］费尔南·布罗代尔：《十五至十八世纪的物质文明、经济和资本主义·第一卷·日常生活的结构：可能和不可能》，代译序，第 8 页。

　　③　［美］伊格尔斯：《二十世纪的历史学——从科学的客观性到后现代的挑战》，何兆武译，辽宁教育出版社 2003 年版，第 93 页。

　　广义的马克思主义框架如今依然是很多全球史诠释中不可或缺的工具。这些诠释与世界体系视角持有某些共同的信念，即研究社会冲突时不能只考虑单个社会的内部活动，还要考虑更广泛的权力分布以及它们造成变革和推动变革的方式。沿用此种路径的历史学家早就扬弃了"下层基础"和"上层建筑"、目的论发展阶段等机械模式，而是试图将资本主义理解为一种特殊的历史性产物，资本主义建构了社会矛盾和文化特质，同时又反过来受制于它们。马克思主义的影响力早已超越了狭隘的经济史范畴，对建构成熟的文化变迁理论也发挥了至关重要的作用。①

　　康拉德的上述论述，说明了马克思恩格斯创建唯物史观与世界历史观提供的认识方法，这对 20 世纪下半期兴起的全球史研究来说，"如今依然是很多全球史诠释的不可或缺的工具"。19 世纪上半期马克思恩格斯阐释的世界历史观，注重世界各民族、国家、地区之间历史发展的相互联系与彼此影响，这种认识世界历史的视角与特征，也成了 20 世纪下半期以来美国历史学家斯塔夫里阿诺斯编纂的《全球通史》，以及约翰·麦克尼尔与威廉·麦克尼尔父子俩编纂的《麦克尼尔全球史：从史前到 21 世纪的人类网络》等历史著作的重要书写内容。

　　斯塔夫里阿诺斯的《全球通史》一书，通常被视为 20 世纪下半期全球史观兴起的重要著作。斯塔夫里阿诺斯展现全球史观的历史书写，是以论述"世界史的性质"作为开篇，由此成为斯塔夫里阿诺斯统领全书的基本历史认识方法。这也说明世界历史观与全球史观具有内在的密切联系，两者都注重世界各地区、民族、国家历史发展的彼此互动，斯塔夫里阿诺斯就强调：

　　要确切认识西方的历史或非西方的历史，没有一个包含这两

---

　　① ［德］塞巴斯蒂安·康拉德：《全球史是什么？》，杜宪兵译，中信出版集团股份有限公司 2018 年版，第 44 页。

者的全球性观点是不行的；只有运用全球性的观点，才能了解各民族在各个时代中相互影响的程度，以及这种相互影响对决定人类历史进程所起的重大作用。①

　　可以看出，斯塔夫里阿诺斯上述论述所说，"了解各民族在各个时代中相互影响的程度"，即注重世界各民族以及民族国家彼此联系与相互影响的历史发展过程。斯塔夫里阿诺斯上述论述所说的"全球性的观点"，是将认识历史的视野从民族以及民族国家视野，继续提升为民族以及民族国家之上的全球性视野。

　　再就世界历史的发展过程来说，19 世纪上半期马克思恩格斯在阐释世界历史观的过程中，也特别指明，"随着美洲和通往东印度的航线的发现，交往扩大了，工场手工业和整个生产运动有了巨大的发展。……，——所有这一切产生了历史发展的一个新阶段，关于这个阶段的一般情况我们不准备在这里多谈"②。随后，马克思恩格斯也继续强调，"美洲的金银在欧洲市场上的出现，工业的逐步发展，贸易的迅速高涨以及由此引起的不受行会束缚的资产阶级的兴旺发达和货币的活跃流通，——所有这一切都使上述各种措施具有另外的意义"③。从马克思恩格斯这些论述可以看出，公元 1500 年前后欧洲人从事的新航路开辟，马克思恩格斯已经论述其是构成了"历史也就越是成为世界历史"的重要节点。1500 年前后新航路的开辟，激发了欧洲商业和工场手工业的发展，这所产生的重要历史影响，也如马克思恩格斯所说，"创造了相对的世界市场"，④ 马克思恩格斯对此就强调，"它首次开创了世界历史"。⑤

　　而斯塔夫里阿诺斯在 20 世纪后半期书写的《全球通史》一书，

---

　　① ［美］斯塔夫里阿诺斯：《全球通史——1500 年以前的世界》，吴象婴、梁赤民译，上海社会科学院出版社 1999 年版，第 55 页。
　　② 《马克思恩格斯选集》第一卷，人民出版社 2012 年版，第 190 页。
　　③ 《马克思恩格斯选集》第一卷，人民出版社 2012 年版，第 191 页。
　　④ 《马克思恩格斯选集》第一卷，人民出版社 2012 年版，第 193 页。
　　⑤ 《马克思恩格斯选集》第一卷，人民出版社 2012 年版，第 194 页。

也是选择 1500 年一刀两断，分为 1500 年以前的世界与 1500 年以后的世界两个部分。斯塔夫里阿诺斯编纂的 1500 年以前的历史，大致表现为马克思恩格斯阐述世界历史观所说"各民族之间的原始封闭状态"的历史发展阶段；而斯塔夫里阿诺斯编纂的 1500 年以后的历史，也大致表现为马克思恩格斯阐述世界历史观所说"各民族之间的原始封闭状态越来越不可能"的历史发展阶段。对于 1500 年以后的历史发展状况，斯塔夫里阿诺斯在其编纂的《全球通史》中也认为，"欧洲人首次使各大陆相互间发生直接交往，从而结束了世界历史中的欧亚大陆地区性的阶段，开始了全球性的阶段"[①]。

马克思恩格斯阐述的世界历史观，以注重人类历史发展中分工的深化发展作为根本前提，再发展为注重分工深化需要彼此交换，由此形成彼此联通的世界市场。在上升为注重世界市场的宏观视野中，马克思恩格斯又特别注重世界市场作为一种异己力量，广泛而又深刻地支配着人们吃喝住穿等根本的社会生活状况。在此理论演绎过程中，分工深化需要彼此交换而形成的交往，始终是马克思恩格斯的重要关注对象。马克思恩格斯就强调，"按照我们的观点，一切历史冲突都根源于生产力和交往形式之间的矛盾"[②]。

马克思恩格斯阐释世界历史观注重的交往，在 20 世纪下半期历史学兴起的全球史观研究中，也成了全球史观另外的重要代表人物麦克尼尔父子的具体历史书写内容。在《麦克尼尔全球史：从史前到 21 世纪的人类网络》一书的"导论：各种网络和历史"中，麦克尼尔父子就首先强调：

> 这本书是陈酿与新酒的勾兑，汇合之后，又倾注在一个新酒瓶里。书里的观念和见解，有一些早在 50 年前就有人提出了，在这里又做了些加工提炼；还有一些观念，则是第一次出现。而让

---

① ［美］斯塔夫里阿诺斯：《全球通史——1500 年以前的世界》，吴象婴、梁赤民译，上海社会科学院出版社 1999 年版，第 526 页。

② 《马克思恩格斯选集》第一卷，人民出版社 2012 年版，第 196 页。

这本书得以定型的那个"新酒瓶",是这样一个概念:在人类历史上处于中心位置的,是各种相互交往的网络。①

可以看出,"各种相互交往的网络",被麦克尼尔父子的全球史观视为"人类历史上处于中心位置"。《麦克尼尔全球史:从史前到21世纪的人类网络》一书的新颖之处,是将历史书写的内容,集中于全球各地人们因各种相互交往形成网络的历史发展过程。对此,麦克尼尔父子就指出:"这些相互交往和相互影响的人类网络的发展历程则构成了人类历史的总体框架。"② 各种相互交往的网络对人类历史发展的重要影响,麦克尼尔父子也强调,"假设没有那种巨大的交往,没有那些食物、能源、技术、货币等流通和交换所构成的现代世界性网络,我们人类便不可能达到60亿之巨的数量"③。

麦克尼尔父子全球史观注重交往的历史书写特征,麦克尼尔父子将其比喻为"陈酿与新酒的勾兑、汇合之后,又倾注在一个新酒瓶里",并且强调"书里的观念和见解,有一些早在50年前就有人提出了"。麦克尼尔父子所运用的这一比喻,可谓非常贴切。对此也得注意到,这种"观念和见解"的"陈酿",不只是麦克尼尔父子在书写该书时所说的"50年前就有人提出了",而是可以追溯得更早。马克思恩格斯在19世纪中期阐释其世界历史观,对于交往在人类历史中的重要性,已经进行了诸多深刻阐释。人类历史的层层演化,已经将人们变化成为始终身处麦克尼尔父子所说的"各种相互交往的网络"之中,由此人们难以置之度外。而马克思恩格斯已经论述了"各种相互交往的网络",最终形成的则是世界市场,这更为深刻地说明了之所以在"各种相互交往的网络"中人们难以置之度外,根本原因还是由

---

① 〔美〕约翰·R. 麦克尼尔、威廉·H. 麦克尼尔:《麦克尼尔全球史:从史前到21世纪的人类网络》,王晋新、宋保军等译,北京大学出版社2017年版,第1页。
② 〔美〕约翰·R. 麦克尼尔、威廉·H. 麦克尼尔:《麦克尼尔全球史:从史前到21世纪的人类网络》,王晋新、宋保军等译,北京大学出版社2017年版,第4页。
③ 〔美〕约翰·R. 麦克尼尔、威廉·H. 麦克尼尔:《麦克尼尔全球史:从史前到21世纪的人类网络》,王晋新、宋保军等译,北京大学出版社2017年版,第8页。

于在世界市场中人们难以超然物外。

麦克尼尔父子论述全球各地人们因各种相互交往形成网络的历史发展过程，也特别强调在各地人们因各种相互交往形成的网络之中，存在一个究竟是应该竞争抑或合作的关键问题。在《麦克尼尔全球史：从史前到21世纪的人类网络》一书中的开篇，麦克尼尔父子就详细论述道：

> 在对历史进行简略考察之前，有几个同这些网络相关的问题需要我们予以关注，并做一番深入的观察，即：它们所具有的合作与竞争的特性、它们的扩展趋势和他们它们在人类历史中重要意义的增长以及它们对地球历史的影响。
>
> （1）所有的网络都包含着合作与竞争两个方面的内容。社会权力的最广泛的基础就是交往，因为它可以维系人们之间的合作。交往使得众多的人为了一个共同的目标而努力奋斗，还使得人们将自身所擅长的技能专业化。在一个合作的组织框架中，专业化和劳动分工可以使得一个社会较之于其他方式更加富足，更加强大。然而，这也使得这个社会更加分层化，更加不公平。但是，倘若合作的框架能够得以继续维系，那么，这个网络就会扩展得更大，这个社会就会更加富足，更加强大，而生活在其中的人们之间的非公平化现象也会更加突出。
>
> 但是，与网络这种合作功用相矛盾，网络也同时构成了一种并行过程，即充满敌意的竞争。竞争对抗也分享着信息，这种分享主要是威胁方式来获得的。当确认威胁真正来临时，人们势必会做出一定的反应。①

麦克尼尔父子上述论述所说的"人们将自身所擅长的技能专业化"，这是一个人类历史发展过程中社会分工不断深化的过程，由此

---

① ［美］约翰·R. 麦克尼尔、威廉·H. 麦克尼尔：《麦克尼尔全球史：从史前到21世纪的人类网络》，王晋新、宋保军等译，北京大学出版社2017年版，第4页。

形成相互联系与彼此影响越来越密切的人类之网，也犹如一枚硬币具有两个侧面，一面乃是交流与合作，并"使得众多的人为了一个共同的目标而努力奋斗"，另一面则是"充满敌意的竞争"，并伴随着无数的"威胁方式"。对于麦克尼尔父子所说的"充满敌意的竞争"，黑格尔在阐释其所注重的自我意识的形成的过程中，已经通过主仆之间的彼此相对揭示了其形成机制，这种通过彼此相对而形成的自我意识，往往会经历从相对到敌对的蜕变，由此演化成为麦克尼尔父子所说的"充满敌意的竞争"中的"敌意"。对此进行批判，也成了马克思恩格斯创建唯物史观与世界观的根本前提。麦克尼尔父子上述论述所说的"网络的合作功用"与"充满敌意的竞争"，这既是人类历史发展中充斥着的重要旋律，也是从黑格尔历史哲学与唯心史观到马克思恩格斯创建的唯物史观与世界历史观的学理变化关键。

在当代国外学界的研究中，除了斯塔夫里阿诺斯与麦克尼尔父子的相关论述之外，沃尔夫的《欧洲与没有历史的人民》一书的导论部分，对于世界历史中的相互联系与彼此影响，同样进行了较为详细的论述。该书的主要内容，也如全书导论的开篇所说：

> 本书的中心议题是，人类世界是一个由诸多彼此关联的过程组成的复合体和整体，这就意味着，如果把整体分解成彼此不相干的部分，其结局必然将是将之重组成虚假的现实。诸如"民族""文化"和"社会"等概念只指名部分，其危险在于有可能变名为实。①

这所导致的结果，沃尔夫也强调，"因而，名变为实了，凡是还贴着'未可知'之名的事物，都足以成为战争的靶子"②。沃尔夫做出了这一论断之后，在该书导论中紧接着就专门设置了"社会科学的兴

---

① ［美］埃里克·沃尔夫：《欧洲与没有历史的人民》，赵丙祥、刘传珠、杨玉静译，上海人民出版社 2006 年版，第 1 页。
② ［美］埃里克·沃尔夫：《欧洲与没有历史的人民》，赵丙祥、刘传珠、杨玉静译，上海人民出版社 2006 年版，第 12 页。

起""经济学与政治科学""社会学理论的发展"作为标题的专节，主要论述了经济学、政治学与社会学等学科，需要以"民族""文化"和"社会"等作为语言概念名称与分析框架，由此纷纷出现将"整体分解成彼此不相干的部分"的"变名为实"。在沃尔夫看来，除了经济学、政治学与社会学等学科之外，人类学与历史学也是广泛参与这场"变名为实"的两门重要学科：

> 如果说社会学始终沉迷于"共同体"与"社会"的神话，那么，人类学也一直深陷于它自身的"远古原始人"神话。它们都生活在虚构之中，否认了始终存在着的关系和纠葛这一事实。
>
> 这些事实显然出现在那些从事民族史研究的人类学家和历史学家的著作中。之所以称为"民族史"，大概是为了与"真实的"历史相区别，后者是对所谓文明民族的研究。但从民族史的研究可以明白地看到，这两者历史的主体是一样的。我们对民族史看得越多，就越发明白，"他们的"历史和"我们的"历史都是作为同一历史的一部分而出现的。因此，如果没有"白人史"，也就没有"黑人史"，他们都是共同历史的组成部分，只不过由于经济、政治或意识形态的原因而被传统所压制或忽略了。①

沃尔夫上述论述所说的，"我们对民族史看得越多，就越发明白，'他们的'历史和'我们的'历史都是作为同一历史的一部分而出现的，"这可谓说出了近现代以来书写民族以及民族国家历史的内在实质。书写民族以及民族国家的历史，也总会面对往昔历史中充斥着形形色色的你来我去、你去我来，由此形成千丝万缕的你中有我、我中有你的密切联系与相互影响。彼此之间既是在共同汇聚而成世界历史，也在世界历史的浪潮之中难以脱离彼此，这既是民族以及民族国家往昔历史中的本来面貌，也是对此进行历史书写需要叙述与描绘的基本内容。

---

① ［美］埃里克·沃尔夫：《欧洲与没有历史的人民》，赵丙祥、刘传珠、杨玉静译，上海人民出版社2006年版，第26页。

　　沃尔夫的《欧洲与没有历史的人民》一书的"导论"部分，在对此原理进行了分析论证之后，紧接着还设置了"马克思的作用"作为标题的专节，详细论述了其所说的众多人文科学领域，将"整体分解成彼此不相干的部分"，由此出现"变名为实"所引发的各种问题，这是"马克思最一贯、最系统地提出了这些问题的"①。沃尔夫也特别强调，"马克思对这种再思考是非常重要的"②。随后，沃尔夫也继续论述了这对后世学者弗兰克写作的《白银资本》一书、沃勒斯坦写作的《现代世界体系》一书等所产生的重要影响。在该书导论部分中"马克思的作用"这一专节的最后部分，沃尔夫也最终说明了其写作《欧洲与没有历史的人民》一书的主旨："在我的解释中，无论是那些宣称他们拥有自己历史的人，还是那些被认为没有历史的人，都是同一个轨道中的当事人。"③

　　沃尔夫的《欧洲与没有历史的人民》一书出版后，受到众多学人的好评。这举例说来，霍布斯鲍姆就评价道："《欧洲与没有历史的人民》是一部具有强大理论智慧的著作，并且是一部具有活生生的社会现实感的著作。"④沃尔夫的《欧洲与没有历史的人民》一书导论部分的论述逻辑，已经说明了该书所具有的"强大理论智慧"与"活生生的现实社会感"，是来自马克思。19世纪上半期马克思恩格斯创建的唯物史观与世界历史观，不仅对沃尔夫写作《欧洲与没有历史的人民》一书，提供了"强大理论智慧"，同时欧洲书写民族以及民族国家历史的具体发展过程，也能说明其历经诸多蜿蜒曲折，逐渐走向注重书写民族以及民族国家之间交往交流的历史，这在广泛地验证着19世纪上半期马克思恩格斯创建唯物史观与世界历史观蕴含的基本观点。

---

　　①　［美］埃里克·沃尔夫：《欧洲与没有历史的人民》，赵丙祥、刘传珠、杨玉静译，上海人民出版社2006年版，第29页。

　　②　［美］埃里克·沃尔夫：《欧洲与没有历史的人民》，赵丙祥、刘传珠、杨玉静译，上海人民出版社2006年版，第29页。

　　③　［美］埃里克·沃尔夫：《欧洲与没有历史的人民》，赵丙祥、刘传珠、杨玉静译，上海人民出版社2006年版，第32页。

　　④　［英］埃里克·霍布斯鲍姆：《史学家——历史神话的终结者》，马俊亚、郭英剑译，上海人民出版社2002年版，第205页。

下 编

欧洲历史书写走出黑格尔
学术传统的史学史变化

第五章　古典希腊罗马时期

——欧洲书写民族之间战争历史
建构民族观念的起源

第一节　欧洲历史书写从史诗中破茧而出的方法变化

一　史诗不分中的记忆与想象不分

在《元史学：十九世纪欧洲的历史想像》一书中，海登·怀特将历史学家对往昔历史进行的认识与书写，视为历史学家对往昔历史进行"想象"的一个过程。怀特对此的阐释与论证，主要选择了19世纪欧洲相关历史学家与史学理论家的著作，以此作为例证来进行说明。尽管在19世纪的欧洲，历史学开始发展成为欧洲大学教育中的一门重要学科，欧洲的19世纪也成为历史学绽放光彩的一个重要时代，但继续探索怀特注重的历史书写与想象活动之间的关系，还可以将目光放远到古代希腊，重点关注希罗多德书写《历史》一书并标志着欧洲历史学诞生的重要时刻。

对于希罗多德书写的《历史》一书，这与怀特所说的历史书写中的想象之间的关系，在欧洲近代文化思想发展过程中，18世纪意大利哲学家维柯的"诗性历史"之说，已经作出了丰富的论述。维柯的"诗性历史"之说，主要见于维柯所著的《新科学》一书之中。维柯的《新科学》一书，全名为《扬姆巴蒂斯塔·维柯的关于各民族的共同性的新科学的一些原则》。从维柯的《新科学》一书的具体论述内容来看，维柯的《新科学》一书的全名所说的"各民族共同性的新科学"，其中维柯所论述的"各民族"，并非后世学界广泛承认的在氏族与部落基础发展而成的民族，而是作为民族前身的氏族与部落。维柯所说的"新科学"，也并非后世学界所说具有客观研究对象的科学，而是主要指各民族的思维观念。可以看出，维柯所说的"各民族的共同性的新科学"，这也成为黑格尔阐释历史哲学所关注的重要问题。

可是将维柯所说的"各民族的共同性的新科学"与黑格尔阐释的历史哲学相比较，两者尽管都注重民族的思维观念，可是却各有侧重。黑格尔《历史哲学》一书注重各民族的思维观念，重点关注的是欧洲走出中世纪并步入近现代所需要的民族观念，黑格尔对其所说的民族精神，也犹如庖丁解牛，侧重于探索各民族思维观念的构成元素。维柯关注"各民族的共同性的新科学"，其中所注重的各民族的思想观念，则是放眼远古，将目光紧盯从氏族与部落发展成为民族的重要时刻，并侧重于探索各民族思维观念的起源与形成过程。

维柯确定的"关于各民族的共同性的新科学一些原则"之中，也存在一个首要原则，即维柯认为在各民族还处于氏族与部落时代，在其思维观念之中，已经具备了维柯所说的"诗性智慧"。对此维柯就谈道："这种诗性智慧，即神学诗人们的认识，对于诸异教民族来说，无疑就是世界中最初的智慧。"① 在维柯看来，这种"诗性智慧"，也就是由各民族所构成的"世界中最初的智慧"，其存在于氏族与部落时代的人们的思维观念之中，主要表现为氏族与部落时代无数"神学诗人们的认识"，并通过其所创造的无数神话传说与英雄故事而传承后世，由此让后世之人能够洞悉其真容。

正如19世纪瑞士著名历史学家布克哈特论述希腊文明所说："其他的民族在编造关于他们的神灵和英雄故事的过程中同样也拥有一种属于他们自己的与希腊人相似的表达方式。"② 维柯论述其所说的"诗

---

① ［意］维柯：《新科学》，朱光潜译，商务印书馆1989年版，第8页。
② ［瑞士］雅各布·布克哈特：《希腊人和希腊文明》，王大庆译，上海人民出版社2008年版，第69页。

性智慧"，也主要是选择作为欧洲文化根源的古代希腊神话故事作为例证。尽管如此，各个民族在作为其前身的氏族与部落阶段，就已经通过神话传说与英雄故事展现出了相应"诗性智慧"，这并非古代的希腊人所独有。维柯主要选择作为欧洲文化根源的古代希腊人作为具体案例，则是以此为证，力图证明各个民族在作为其前身的氏族与部落阶段就已经具有"诗性智慧"，这成为维柯所说的"各民族的共同性"。

尽管各民族尚还处于氏族与部落时代，已经具备了维柯所说的"诗性智慧"，并成为维柯所说的"各民族的共同性的新科学"的首要原则，可是维柯所说的"诗性智慧"，包含内容异常广泛，维柯对其所说的"诗性智慧"，也如庖丁解牛，进行了相应的拆分，将其拆分为维柯所说的"诗性的玄学""诗性的逻辑""诗性的伦理""诗性的政治""诗性的经济""诗性的历史""诗性的物理""诗性的天文""诗性的宇宙""诗性的时历""诗性的地理"等具体范畴。《新科学》一书的论述结构，维柯在论证了"诗性智慧"乃是各民族"最初的智慧"这个首要原则之后，也将维柯所说的"诗性智慧"中所包含的这些具体内容作为篇章标题名称而展开论述。

维柯在《新科学》一书中所列举的具体内容，这与后世人们发展出来的哲学、逻辑学、伦理学、政治学、历史学、经济学、物理学、天文学、地理学等诸般学科相通相连。从维柯《新科学》一书的论述逻辑可以看出，尽管后世学科有划分，各个学科之间有壁垒，可是按照维柯的认识思路，这在远古时期却犹如一家之人，都是来源于人类最初的"诗性智慧"。维柯论及的"诗性智慧"，也成为后世众多学科的共同祖先起源。也因如此，当代美国历史学家斯图尔特·休斯就评价道："由于维柯在其所在多个领域都是第一个吃螃蟹的人，因此他被冠以民族学家、考古学家、语言学家、人类学家等诸多称呼。在两个半世纪之后，作为历史学家的我们仍然不能吸收其例证中的所有养分。"①

---

① ［美］斯图尔特·休斯：《历史学是什么？——科学与艺术之争》，刘晗译，北京师范大学出版社 2018 年版，第 29 页。

　　在维柯所说的"诗性智慧"发展出的各个范畴中，与历史学的诞生紧密相关的论证，则是维柯对其所说的"诗性智慧"进一步细分出的"诗性的历史"。作为被后世西方人们视为西方文明根源的古典希腊，曾经为后世人们留下了《荷马史诗》。维柯在《新科学》一书中，也专门列出了"寻找真正的荷马"与"发现真正的荷马"两章，其主要内容就是维柯选择《荷马史诗》作为例证，由此论述维柯所说的"诗性历史"的特征。概括说来，维柯所论述"诗性历史"的重要特征，乃是层层递进，首先，"诗性历史"是诗史不分；其次，"诗性历史"在诗史不分的基础上，延伸出历史与神话不分；最后，"诗性历史"在历史与神话不分的基础上，延伸出记忆与想象不分。所谓天地初开，一片混沌，维柯所说的"诗性历史"中众多具体内容的彼此不分，也说明了史前时期的文化形式与思维活动，同样是一片混沌。

　　首先，就"诗性历史"诗史不分的特征来说，维柯《新科学》一书中的"寻找真正的荷马"与"发现真正的荷马"两章，主要论述了古代希腊人创作的《荷马史诗》既是史，也是诗。维柯也强调，"诗人们必然是各民族的最初的历史家。"[①] 按照维柯的这一论述，尽管各民族在其形成之前的氏族部落阶段，就存在"诗性历史"，可是在"诗性历史"之中，只有如荷马那样的诗人，没有如希罗多德那样的历史学家。维柯论述"诗性历史"史诗不分的特征，也具有文体表现形式与具体书写内容两方面的重要表现，一方面，就书写的文体表现形式来说，在被后世西方人们视为西方文明根源的古典希腊，叙述历史的最初表现形式，并不是形散而神不散的散文形式，而是运用了诗的文体表现形式。另一方面，就书写的具体内容来说，在"诗性历史"史诗不分的关系之中，史是藏在诗中，人们对往昔历史的认识与书写，也是蕴藏在人们书写出的史诗之中。

　　其次，就"诗性历史"的历史与神话不分特征来说，维柯就强调，"一切古代世俗历史都起源于神话故事"[②]。可以看出，维柯论述

---

① ［意］维柯：《新科学》，朱光潜译，商务印书馆1989年版，第470页。
② ［意］维柯：《新科学》，朱光潜译，商务印书馆1989年版，第475页。

"诗性历史"具有历史与神话不分的特征，这已经不再涉及历史书写运用的文体表现形式，而是继续详细追究历史书写的起源与内容。一方面，就历史书写的起源来说，尽管历史学家总是扮演着历史神话解构者与终结者的角色，可是按照维柯的看法，认识与书写往昔历史的历史学家，却是由历史神话讲述者变化而来。另一方面，就历史书写的具体内容来说，作为维柯论述"诗性历史"的重要例证的《荷马史诗》的叙述内容既充斥着奥林匹斯山诸神腾云驾雾、众神相争等神话传说，也充斥着希腊大军远征特洛伊的历史发展过程。后世欧洲的人们根据《荷马史诗》的记载内容，能够发现特洛伊城等古迹，但难以根据《荷马史诗》的记载内容，找到奥林匹斯山诸神留下的痕迹。"诗性历史"中书写的人类历史，也是云遮雾绕，外围还笼罩着众多的诸神事迹。

最后，就"诗性历史"具有的记忆与想象不分的特征来说，这既不再涉及历史叙述的文体表现形式，也不再细究历史书写的起源与内容，而是维柯充分发挥其主要从事哲学研究之所长，细究通过史诗的文体表现形式，在书写神话与历史彼此不分的过程中，主要运用的心灵运行过程与思维活动形式。维柯就具体论述道：

> 在人类还那样贫穷的时代情况下，各族人民几乎只有肉体而没有反思能力，在看到个别具体事物时必然浑身都是生动的感觉，用强烈的想象力去领会和放大那些事物，用坚锐的巧智把它们归到想象性的类的概念中去，用坚强的记忆力把它们保存住。这几种功能固然也属于心灵，不过都根植于肉体，从肉体中吸取力量。因此记忆和想象是一回事，所以想象在拉丁文里就叫做 memoria（记忆）。①

维柯的上述论述说明，心灵之中的想象活动，可以慰藉现实生活中遭遇的贫穷，贫穷与想象总是相伴相随，物质生活领域内出现的贫

---

① ［意］维柯：《新科学》，朱光潜译，商务印书馆 1989 年版，第 469—470 页。

穷，能够成为心灵之中滋生无限想象的温床。各民族还在作为其前身的氏族与部落阶段的"那样贫穷的时代"，也是人类思想观念领域中想象能力异常丰富的一段历史岁月。史前时期物质生活的贫穷与匮乏，也生长出了史前时期人类心灵活动的丰富想象。所谓"天地不仁，以万物为刍狗"，史前时期物质生活状况极度贫乏滋生出的具体心灵活动运行状况，也如维柯上述论述所说，"看到个别具体事物时必然浑身都是生动的感觉，用强烈的想象力去领会和放大那些事物"。

可以看出，维柯所说的"诗性智慧"，主要表现为史前社会中人们面对物质生活极度贫乏，由此充分发挥想象而形成的智慧。在维柯所说的"用强烈的想象力去领会和放大那些事物"的史前社会中，思维活动之中的记忆能力，也被包裹在想象能力之中，由此出现"记忆和想象是一回事"。史前社会中人们物质生活极度贫乏，导致思维活动中的记忆也极为匮乏。由于缺乏记忆，因此也缺乏根植于记忆基础上的反思。维柯的上述论述也说明，物质生活的贫乏导致其所说的"诗性智慧"的思维活动特征，不仅是充分发挥想象，而且还"没有反思能力"。

由此来看，尽管当代西方的史学理论研究涌现出以海登·怀特倡导的"元史学"，将19世纪欧洲相关历史学家的历史著作，视为历史学家对以往历史的"想象"。同样当代西方的民族理论研究中，也涌现出了本尼迪克特·安德森将民族归结为一个"想象的共同体"的民族主义理论。由此，对于民族的历史书写，当代学界在史学理论研究与民族理论研究等领域，都存在强调对历史与民族进行"想象"的相关学术研究。可是按照维柯在18世纪的论述，在希罗多德书写《历史》一书，由此标志着西方历史学诞生之前的史前时期，古代希腊人已经充分展现了丰富的想象能力。

二　古希腊历史学通过注重调查探究与神话故事相揖别

维柯所著的《新科学》一书，通过以古代的希腊人为主要例证，论述在民族形成之前的氏族与部族阶段的"诗性历史"中，充分展现想象能力，在此基础上，维柯还继续揭示了"诗性历史"中充分发挥想象能力的思维活动，也曾误入歧途。也正是在"诗性历史"误入歧途的过程中，古代希腊的史诗不分，也变化成为史诗分家，历史与神话相揖别，由此欧洲的历史学在古希腊的史诗与神话故事中破茧重生。维柯详细论述道：

> 神话故事在起源时都是些真实而严肃的叙述，因此 mythos（神话故事）的定义就是"真实的叙述"。但是由于神话故事本来大部分都很粗疏，它们后来就逐渐失去原意，遭到了窜改，因而变成不大可能，暧昧不明，惹笑话，以至于不可信。①

从维柯的上述论述可以看出，尽管后世人们将荒诞不经、让人觉得叙述内容已经不是人间世事的叙述，称之为神话故事，但古代希腊最初的神话故事讲述者，也犹如后世的历史书写所追求的目标一样，需要"真实而严肃的叙述"，由此作用于人们的思想观念领域，能够达到让人相信的重要文化功能。在此过程中，古代希腊人尽管充分发挥想象，创造出了无数精彩纷呈的神话故事，但变成"不大可能、暧昧不明、惹笑话，以至于不可信"，这也让古希腊神话故事的发展之路走到尽头。维柯的上述论述还说明，古代希腊神话充分发挥想象，却越来越偏离追求"真实而严肃的叙述"的根本目标，古希腊神话故事充分发挥想象能力而形成的叙述内容，已经变得让人越来越不相信。

所谓山重水复疑无路、柳暗花明又一村，古希腊神话故事"山重水复疑无路"的困顿彷徨，也激发了古希腊历史学诞生的"柳暗花明又一村"。继古希腊神话故事的讲述者之后，古希腊也涌现出了诸如希罗多德那样的历史学家，古代希腊神话故事的讲述者，也逐步被历史学家所代替。对于古希腊神话故事的衰落与历史学诞生之间的关系，伊格尔斯也论述道，"至少早在西方的希罗多德和修昔底德以及东方

---

① ［意］维柯：《新科学》，朱光潜译，商务印书馆 1989 年版，第 466—467 页。

的司马迁的时代，人们就有意识地做出努力要把历史和神话区别开来，并对过去的事件进行一番真实可信的描叙"①。讲述的故事能够让人相信，也成为古代希腊神话故事逐渐衰落、再发展成为历史学诞生这一变化过程中的重要旋律。这也说明古代希腊历史学从其诞生之日起，已经将能够让人相信，作为其安身立命的关键。

因此，古代希腊历史学的诞生，扮演着古代希腊神话终结者的重要角色，这也是维柯在《新科学》一书中所表达的重要观点。尽管维柯认为各个民族在作为其前身的氏族与部落阶段，就具有"诗性智慧"，这是"各民族的共同性"，可是在《新科学》一书的绪论中，维柯也是开门见山，指明各民族在史前时期共同具有的"诗性智慧"，也会在历史的岁月变化中无可奈何花落去。这具体表现在古代希腊，维柯所说的古希腊神话中的"诗性智慧"与"诗性历史"，就被一个"号称希腊历史学之父的希罗多德"时才终止，对此维柯详细论述道：

> 根据上述新批判法的一些原则，我们研究在什么特定的时期，在某种特定的场合，异教世界中最初的人们感到人类的必需和效用，凭他们自己虚构出而且信仰的那些可畏惧的宗教，先想象出某一批神，后来又想象出另一批神。这些神的神谱或世系是在这些原始人心中自然形成的，可以向我们提供一部关于神的诗性历史的时历。英雄时代的寓言曾是英雄们和他们的英雄习俗的真实历史，据发现这种习俗曾盛行于一切民族的野蛮时期，所以荷马的两部史诗据发现就是仍在野蛮状态中的希腊各族的自然法的两座大宝库。在本书里这个野蛮时期可断定在希腊人中间直到号称希腊历史学之父的希罗多德时才终止。②

维柯的上述论述说明，古希腊神话诸神的制造，来源于人类思维

---

①　[美] 伊格尔斯：《二十世纪的历史学——从科学的客观性到后现代的挑战》，何兆武译，辽宁教育出版社 2003 年版，第 20 页。

②　[意] 维柯：《新科学》，朱光潜译，商务印书馆 1989 年版，第 9—10 页。

活动中充分发挥想象能力。古代希腊奥林匹斯山诸神的制造过程，也是"先想象出某一批神，后来又想象出另一批神"。可是所有这一切，却被一个"号称希腊历史学之父的希罗多德"所终止。维柯的这种论述，也说明古代希腊人的思维活动，从想象世界拉回到关注现实，由此走出"诗性智慧"，古代希腊历史学的诞生对此曾经发挥了重要作用。

而被维柯视为充当着古代希腊"诗性历史"终结者的希罗多德，其所书写的《历史》一书传承后世所能见到的具体书写内容，也能够为维柯论证的从"诗性历史"到古希腊历史学诞生的发展过程提供佐证。在《历史》一书中的开篇，希罗多德就直接说道，"以下所发表的，乃是哈利卡纳苏斯人希罗多德调查研究的成果"①。希罗多德此言，是重在说明其书写《历史》一书运用的历史书写方法。而这种历史书写方法的特别说明，是在刻意地与其所在时代的神话故事讲述者保持距离，特别说明了其并非如神话故事讲述者那样充分发挥想象，而是运用"调查研究"。

从《历史》一书众多篇章的具体书写内容来看，希罗多德运用的"调查研究"，其中的"调查"，主要表现为希罗多德通过在地中海周边世界的广泛游历，由此将其所见所闻，作为其书写《历史》一书的主要史料来源。在《历史》一书中，广泛存在"根据某某的说法"这种语言叙述方式，这说明了相关的历史书写内容，主要是希罗多德通过调查而获得；其中的"研究"，主要表现为希罗多德对其所见所闻而获得的史料来源，还得对其阐释希罗多德自己的判断与认识。在《历史》一书中，也广泛存在"在我看来""我认为"等语言叙述方式，这说明了相应的历史书写内容，主要是通过希罗多德的研究而获得。

因此，按照希罗多德所运用的历史书写方法，没有"调查研究"，也难以书写历史。注重"调查"与"研究"，这与荷马史诗大量充斥着的神话故事是通过想象而创造出来，已经发生了重要变化，并成为

---

① ［古希腊］希罗多德：《历史》，徐松岩译，上海三联书店2008年版，第1页。

古希腊史诗从史与诗不分彼此，变化成为史与诗之间、历史与神话各自安家落户的重要原因。后世众多西方学者，也对希罗多德书写《历史》运用的"调查研究"的方法给予了高度评价。

举例说来，柯林武德就曾经论述道："历史学是一个希腊名词，原意只是调查和探究。希罗多德采用它作为自己著作的标题，'从而标志着一场文学革命'……正是使用了这个名词及其含义，才使得希罗多德成为了历史学之父。"[①] 柯林武德的这一论述，说明了从事"调查和探究"，在古代希腊就是"历史"一词的内在含义，希罗多德的调查研究，也将历史学发展成为一门学科。除了柯林武德这一论述之外，当代英国历史学家约翰·布罗也谈道：

> 希罗多德的叙述步调，对事件与人物栩栩如生地重演与呈现，以及丰富的人文色彩与质朴的世俗风格——修昔底德与后世的史家皆无法与其相提并论——这些特质都可以冠之于"荷马的"这个形容词。虽然他的叙事整体来看是"荷马的"，显得松散与有意杂谈，但他叙事的根据源自仔细探问，有时需要对判断存疑，这些又与史诗传统大异其趣。[②]

布罗的上述论述，说明了书写《历史》一书的希罗多德，在语言叙述方面的技巧与能力，也是师从与弘扬荷马的叙事风格，欧洲历史学在其诞生时刻，也是非常注重语言叙述。从《荷马史诗》到希罗多德书写《历史》一书的语言叙述发展过程，也成为欧洲历史书写注重语言叙述的关键环节。希罗多德书写《历史》一书，以此作为标志而发展出来的历史学，尽管是从史诗中脱胎换骨变化而来，可是从史诗到历史学，两者之间还是有所联系，两者叙述风格都得力求栩栩如生，都具有布罗所说的"丰富的人文色彩与质朴的世俗风格"。

---

① ［英］柯林武德：《历史的观念》（增补版），何兆武、张文杰、陈新译，北京大学出版社2010年版，第20页。

② ［英］约翰·布罗：《历史的历史：从远古到20世纪的历史书写》，黄煜文译，广西师范大学出版社2012年版，第22页。

而布罗评价希罗多德书写的《历史》一书所说，"根据源自自身探问，有时需要对判断存疑，这些又与史诗传统大异其趣"，这也说明为了力求语言叙述所指涉的具体内容，乃是真实地存在于世俗之中，欧洲历史学在其诞生时刻，已经将书写内容转向为关注人间芸芸众生所作所为的世俗历史。19 世纪马克思恩格斯批判德意志的历史学编纂学所说，"他们从来没有为历史提供世俗基础，因而也从未拥有过一个历史学家"①。这也表现为古代希腊从史诗到历史学诞生，本身就经历了一场从书写诸神事迹到书写世俗历史的语言叙述转向。

三　古希腊历史学通过注重保存记忆与神话中的想象相揖别

欧洲历史学在其诞生时刻，将书写内容转向为关注人间芸芸众生所作所为的世俗历史，希罗多德书写的《历史》一书开篇之言的具体内容，也能对此进行说明。《历史》一书开篇之言，希罗多德首先声明其所书写的《历史》一书，乃是其通过"调查研究"而获得的成果，紧接着希罗多德还谈道：

> 其所以要发表这些研究成果，是为了保存人类过去的所作所为，使之不至于随时光流逝而被人淡忘，为了使希腊人和异族人的那些值得赞叹的丰功伟绩不致失去其应有的光彩，特别是为了把他们相互争斗的原因记载下来。②

希罗多德的上述言语，与希罗多德所说的其书写的《历史》一书是其"调查研究"的成果相比较，已经逐渐上升为另外一层内涵。强调其所书写的《历史》一书是其"调查研究"的成果，这主要是希罗多德谈论其所运用的历史书写方法，而希罗多德的上述后续言语，则是希罗多德谈论其历史书写所追求的目标，乃是如其所说，"是为了

---

① 《马克思恩格斯选集》第一卷，人民出版社 2012 年版，第 159 页。
② ［古希腊］希罗多德：《历史》，徐松岩译，上海三联书店 2008 年版，第 1 页。

保存人类过去的所作所为，使之不至于随时光流逝而被人淡忘"。这也说明希罗多德书写《历史》一书发展而出的历史学，与《荷马史诗》中充斥着的众多神话故事具有根本差异。

而从史诗到历史学的书写目标转向，也与其运用的书写方法变化是联系在一起的。书写希罗多德所说的"人类过去的所作所为"，在书写相关内容之前，需要依靠希罗多德所说的"调查研究"，其可以通过历经艰辛，遍访人间各地，这需承受无数的反复探问与判断存疑之苦。而在此之前的神话故事书写，即使历经艰辛，也难以在人间各地寻觅出其蛛丝马迹。神话故事的书写，只能通过马克思恩格斯批判黑格尔历史哲学与唯心史观所概括的"想象的主体的想象活动"，才能够书写出来。

这种从史诗到历史学的书写方法变化，也意味着古代希腊历史学的诞生，是在历史与神话彼此不分的混沌状态中，逐渐将诸神的事迹从书写内容中逐渐剔除出去。对此，后世众多学者也进行了相关论述。例如，柯林武德针对欧洲历史学诞生就论述道，"神话则与人类的活动完全无关。人的因素完全被摒除了，故事中的人物仅仅是神"①。除此之外，当代英国历史学家恩斯特·布赖萨赫则将古希腊历史学的诞生过程，称之为一个"神的退隐"过程。布赖萨赫针对希罗多德编纂的《历史》一书就谈道，"在希罗多德的著作中，男女众神仍有显赫的地位；虽然他仍在谈论神的重要作用，但已经不太频繁，而且方式也更为微妙。"② 布赖萨赫这一论述也说明，希罗多德编纂的《历史》一书，从在一个神话故事广泛支配人们思想观念的时代脱颖而出，难免存在诸神的无数痕迹，并常常被后世人们诟病，但与《荷马史诗》相比较，希罗多德的《历史》一书中诸神逐渐隐退，希罗多德也成为将古代希腊神话转化为历史学的重要开创之人。

从史诗到历史书写中的书写内容变化，出现了布赖萨赫所说的一

①　[英] 柯林武德：《历史的观念》（增补版），何兆武、张文杰、陈新译，北京大学出版社 2010 年版，第 16 页。
②　[英] 恩斯特·布赖萨赫：《西方史学史：古代、中世纪和近代》，黄艳红、徐翀、吴延民译，北京大学出版社 2019 年版，第 18 页。

个"神的退隐"过程，这反映的人类思维活动变化，也是一个"想象的主体的想象活动"逐步隐退的过程。柯林武德论述古代希腊神话就说道："所记载的神明活动并不是有日期可稽的过去事件；它们被想象为在过去发生过，不过确实是在遥远得不可考的过去，以至于没有人知道究竟是在什么时候。"①柯林武德此言，可谓说出了神话故事的阿喀琉斯之踵。神话故事的阿喀琉斯之踵，也具体地表现为"想象的主体的想象活动"这种思维活动的阿喀琉斯之踵。由于神话故事是通过想象而形成，因此想象出来的诸多事迹究竟何时发生，这却难以考证。从诸神逐渐隐退发展为专门关注人们世俗之中的所作所为，这是将人类思维活动中想象能力任意驰骋，发展为历史书写必须具备的时间可考，由此在思想观念领域，逐步建构出人类认识自身历史发展过程的时间谱系。

历史书写建构人类对自身历史发展过程的时间谱系，这对人类思维能力的塑造目标，并不是塑造思维活动的对象乃是脱离具体实际的想象能力，而是塑造思维活动的对象乃是亲身经历的记忆能力。由此，维柯论述古代希腊"诗性历史"中存在的"记忆和想象是一回事"，也变化成为思维活动中的记忆与想象，逐渐分门别类。保存记忆既成为古希腊历史学从史诗中走出的重要目标，也成了历史书写活动的基本前提。在此前提之下，想象的思维活动从脱离具体实际出发，一步步滑向臆想、幻想、假象等思维活动，并将人类自身经历过的历史视为虚无，也成了历史书写避之不及的思维活动。

其中希罗多德在《历史》一书中的开篇阐释其写作目标，不仅说明了"是为了保存人类过去的所作所为"，同时还说明了是"使之不至于随时光流逝而被人淡忘"。希罗多德这种对保存记忆的高度注重之言，也自有其心曲，这说明希罗多德所在时代的古希腊神话故事，也如维柯所说，"变成不可能，暧昧不明，惹笑话，以至于不可信"，由此希罗多德也说明了其所书写的《历史》一书，并非通过想象，而

---

① ［英］柯林武德：《历史的观念》（增补版），何兆武、张文杰、陈新译，北京大学出版社 2010 年版，第 16 页。

是为了保持记忆。古希腊史诗从史与诗不分彼此、互为混沌，变化成为历史从史诗中破茧而出，历史学与神话故事相揖别，这说明人类的思维从脱离实际的想象活动，逐步转向为注重保存自身经历的记忆活动。

希罗多德书写《历史》一书的开篇之言，说明了其历史书写的目标是为了保持记忆，这也成了后世欧洲史学理论研究领域内的重要关注对象。这举例说来，针对历史书写与人类思维中的记忆活动之间的密切关系，法国年鉴学派历史学家雅克·勒高夫就强调，"记忆滋养了历史，历史反过来又哺育了记忆。记忆力图捍卫过去以便为现在、将来服务"①。而对于古代希腊人从通过充分发挥想象，再认识到想象这种思维活动会滋生出无数弊端，由此逐步发展为转向注重记忆这种思维活动，并以此作为关键孕育出从事历史书写的历史学，勒高夫也详细论述了相应的变化过程：

> "历史"一词（在所有罗曼语言以及英语中）来自古希腊爱奥尼亚方言"Historie"。这种写法的根源是印欧语的"wid-weid"，指"看见"。从中又衍生出梵文的"vettas"，指"证人"，和希腊文的"istor"，指"目击证人"。这种将目击看成知识源泉的观点导致了"istor"思想的产生，即"看到"的人即是"知道"的人，古希腊语中的"istorein"，也即"设法去知道"，"去弄明白"之意。Istorein，也即调查研究。这也是希罗多德在其《历史》一书的开始对历史一词所下的定义，他的《历史》就是《研究》和《调查》。②

勒高夫这一论述，细致论述了古希腊历史学诞生，这对于"思想的产生"，具体蕴含着两道生产工序，其首先是"设法去知道"，再是

---

① ［法］雅克·勒高夫：《历史与记忆》，方仁杰、倪复生译，中国人民大学出版社2010年版，第113页。

② ［法］雅克·勒高夫：《历史与记忆》，方仁杰、倪复生译，中国人民大学出版社2010年版，第114—115页。

以此为基础"去弄明白"。在希罗多德的时代，由于文字刚刚诞生，文献稀少，因此，希罗多德难以如后世诸多历史书写者那般，通过因造纸技术与印刷技术的发展而广泛积累的文献与档案，由此作为认识过去的信息来源，而是通过游历四方之所见，广泛听闻各方之所说，希罗多德所运用的调查方法，主要是求助于自己的所见所闻，这形成了勒高夫上述论述所说的"设法去知道"。从事历史书写需要经历的这一过程，形成了历史学根植于史实的本质特征。其最根本的功能，也如柯林武德所说，"它有助于人们有关人的知识"。① 在此基础上，对于通过调查而获得的知识，还得继续进行研究，这形成了勒高夫上述论述所说的"去弄明白"。

在此就得继续注意到，尽管希罗多德的《历史》一书中的开篇之言，已经说明了其书写《历史》一书所依赖的方法，是通过调查研究，其书写《历史》一书的目标，"是为了保存人类过去的所作所为"，可是希罗多德所说的"人类过去的所作所为"，却包罗万象、内容广泛。既然如此，那么希罗多德书写的《历史》一书，"设法去知道"与"去弄明白"的具体内容，这又究竟是什么？对此问题，希罗多德《历史》一书中的开篇之言还特别强调，其是"为了使希腊人和异族人的那些值得赞叹的丰功伟绩不至于失去其应有的光彩，特别是为了把他们相互争斗的原因记载下来"。

希罗多德此言，已经说明了《历史》一书的主要书写内容，既包括书写希腊人与其他民族相互争斗的丰功伟绩，也包括书写希腊人与其他民族相互争斗的根本原因。因此，尽管该书的标题乃是"历史"，但主要的书写内容却是民族之间战争的历史，其是将历史书写的重点集中于民族史与军事史等领域的专门史。由此可以看出，希罗多德书写的《历史》一书，这尽管标志着欧洲历史学的诞生，但欧洲历史学在其诞生时刻，已经形成了注重书写民族之间战争的历史书写传统。而这种历史书写传统在其形成之初，尽管如勒高夫

---

① ［英］柯林武德：《历史的观念》（增补版），何兆武、张文杰、陈新译，北京大学出版社2010年版，第20页。

所论，在"思想的产生"的过程中，具体蕴含着"设法去知道"与"去弄明白"两道生产工序，但其所生产出的思想，主要集中于两方面主要内容的所思所想，一方面的主要内容，"关注希腊人和异族人的那些值得赞叹的丰功伟绩"，另一方面的主要内容，则是特别关注希腊人和异族人"相互斗争的原因"。

第二节　《历史》对民族之间战争前因后果的书写方法

一　从"归咎于神"到部族之间彼此劫掠的战争变化

古代希腊人在诸多氏族与部落的基础上，逐步发展成为一个民族。在此重要时代变化中，古代希腊从史诗与神话破茧而出的历史学，其书写内容也是因时而变。其中的特洛伊战争，是一场古代希腊人经历的民族形成之前的氏族与部落之间的战争，这成为《荷马史诗》与古希腊神话故事的重要内容。希罗多德书写的《历史》一书，尽管开篇也叙述特洛伊战争，但这仅仅是希罗多德在追溯希波战争爆发的根源。古代希腊人逐步形成一个民族之后，爆发了与古代波斯人的战争，这是古代希腊人与波斯人在历经了民族形成过程之后出现的迎面相撞与彼此争斗，并成为希罗多德书写的《历史》一书的主要内容。

更为重要的是，无论是《荷马史诗》与古希腊的神话故事，抑或希罗多德书写的《历史》一书，两者都书写了古代希腊人所经历的特洛伊战争，但两者对于特洛伊战争爆发原因的解释却有所不同。对于特洛伊战争爆发的根源，古希腊人流传后世的《荷马史诗》，就记载了特洛伊老国王普利阿莫斯对海伦所说："你没有错。只应归咎于神，是他们给我引起阿开奥斯人来打这场可泣的战争。"① 《荷马史诗》中的这一叙述，已经说明特洛伊战争爆发的根源，不能归咎于海伦的美貌，而是"只应归咎于神"。这说明《荷马史诗》解释特洛伊战争爆发

---

①　［古希腊］荷马：《荷马史诗·伊利亚特》，罗念生、王焕生译，人民文学出版社1994年版，第67页。

的原因，也主要是古代希腊人通过想象而创造的神话。对于特洛伊战争，荷马史诗的书写风格，不是在人间找原因，而是归结为冥冥之中的神意。

正如柯林武德所说："希腊人非常清楚地并有意识地不仅认为历史学是（或者可能是）一门科学，而且认为它必须研究人类的活动。"① 希罗多德在《历史》一书的开篇，谈到了其是要把古代希腊人与异族人"他们相互斗争的原因记载下来"之后，紧接着花费了一定篇幅，叙述了特洛伊战争爆发的原因。希罗多德对此的叙述，已经不见诸神事迹，而是只见人类活动。两相比较，对于特洛伊战争爆发的根源，《荷马史诗》是借特洛伊老国王普利阿莫斯之口，说明特洛伊战争爆发的根源，不能归咎于海伦的美貌，而是"只应归咎于神"。可是《历史》一书开篇的记载，希罗多德通过自己的调查，叙述了特洛伊战争爆发之前，在地中海周边的亚欧两洲交界之处，曾经上演过一幕又一幕彼此抢劫妇女的历史场景。

因此，希罗多德的《历史》一书记载远古时期人类的所作所为，开篇就描绘了远古时期广泛充斥着各个氏族与部落之间彼此抢劫妇女的一幅历史画卷。希罗多德在《历史》一书的开篇所说，其书写历史是为了把"希腊人和异族人他们相互争斗的原因记载下来"，希罗多德追寻希波战争的原因，已经追寻到了特洛伊战争。而对于特洛伊战争爆发的根源，希罗多德的研究，已经说明其是源于远古时期各个氏族与部落之间彼此抢劫妇女。

希罗多德在此的历史书写，已经展现出一种对于人们的所作所为不断追问与反复探索的知识生产模式。这所生产的知识内容，具体表现为让读史之人能够认知到在古代亚欧交界之处的氏族与部落社会中，曾经盛行彼此抢劫妇女的古风。这种知识生产的形成方法，主要是通过希罗多德编纂《历史》开篇之言强调的"调查研究"。这种方法不仅在《历史》一书的开篇就已经说明，同时在《历史》一书的第四

---

① ［英］柯林武德：《历史的观念》（增补版），何兆武、张文杰、陈新译，北京大学出版社 2010 年版，第 19 页。

卷，希罗多德叙述斯基泰人的历史发展状况，对此方法也继续强调："凡是通过最可靠的调查研究而获取的关于这些地区的知识，只要我能得到，我就会毫不保留地讲述出来的。"①

按照希罗多德的历史书写，特洛伊战争爆发之前，曾经上演过一幕又一幕彼此抢劫妇女的历史场景。对于这些历史场景的书写，希罗多德就直接指出，"根据在历史方面最有学识的波斯人的说法，腓尼基人是引起争端的肇始者"。② 希罗多德在此所说的"历史方面最有学识的波斯人"，属于希罗多德在调查了多方之说之后得出的认识与判断。紧接着《历史》一书则是详细叙述腓尼基人贩运来自亚述与埃及的货物，到希腊的阿尔哥斯出售货物。货物即将卖完之时，希腊妇女来此挑选自己称心的物品。腓尼基人则劫掠包括一位名叫伊奥的希腊妇女，并贩运到埃及。叙述了相关史实之后，希罗多德再次运用了其调查过程中获取的腓尼基人的说法："根据波斯人的讲述，伊奥就这样去往埃及的；这和腓尼基人的说法大不相同。腓尼基人说，就是这件事，成为一系列祸端的开始。"③

希罗多德随后的历史书写策略，也是话分两头，先不叙述伊奥被劫，作为事件当事人的"腓尼基人的说法"，究竟是什么具体内容，而是详细叙述伊奥被劫所引发的"一系列祸端"，重点书写伊奥被劫之后引发的后续事件。按照希罗多德《历史》一书的叙述，自希腊妇女伊奥被腓尼基人劫走之后，主要是克里特的希腊人，到了腓尼基沿岸的推罗，劫走了国王的女儿欧罗巴。希腊人紧接着又在科尔基斯的埃亚城，劫走了当地国王的女儿米底娅。针对希腊人到了腓尼基沿岸的推罗劫走了国王的女儿欧罗巴，希罗多德认为，"这样做是为了报复"。可是针对希腊人紧接着又在埃亚城劫走了当地国王的女儿米底娅，希罗多德则认为，这是"希腊人又犯下了第二次的不义之行"④。在希罗多德的这种历史书写的过程中，其所书写的伊奥被劫，引发欧

---

① ［古希腊］希罗多德：《历史》，徐松岩译，上海三联书店2008年版，第206页。
② ［古希腊］希罗多德：《历史》，徐松岩译，上海三联书店2008年版，第1页。
③ ［古希腊］希罗多德：《历史》，徐松岩译，上海三联书店2008年版，第2页。
④ ［古希腊］希罗多德：《历史》，徐松岩译，上海三联书店2008年版，第2页。

罗巴与米底娅被劫，这属于希罗多德通过听闻各方之所说的调查而形成的，而希罗多德对于希腊人劫掠欧罗巴与米底娅的书写，则是将听闻各方之所说的调查，逐步上升到希罗多德阐释自身看法的研究。

而希罗多德所说的希腊人的"报复"与"不义之行"，也导致腓尼基人的下一代，即普里阿摩斯的儿子亚历山大又劫掠了海伦。希腊人要求归还海伦，亚历山大却以希腊人在埃亚城劫走了国王的女儿米底娅为理由不归还，于是希腊人联合起来发动大军远征特洛伊，特洛伊战争爆发。由此，希罗多德进行的调查研究，也清晰地揭示了特洛伊战争之所以爆发，也并非如《荷马史诗》记载的"归咎于神"，而是从古代腓尼基人与希腊人相互劫掠对方妇女的历史场景中找原因。

二 从部族之间的彼此劫掠到民族之间战争的历史书写

《历史》一书主要叙述希波战争的历史，但全书的开篇则是首先叙述特洛伊战争爆发的原因。希罗多德的这种历史书写方法，主要是在为书写希波战争爆发的原因做铺垫。在希罗多德的笔下，古代希腊人经历的特洛伊战争，乃是引发古代希腊人经历的希波战争的重要原因。从特洛伊战争到希波战争，也被希罗多德的写史之笔，描绘出了一种具有前因后果的因果关系。而希罗多德的历史书写，之所以能够建立从特洛伊战争到希波战争的因果关系，则是希罗多德通过其所运用的调查，主要借用波斯人的看法而展现出来。对于从特洛伊战争到希波战争的发展过程，希罗多德就详细叙述道：

> 到这时为止，双方之间的伤害只不过是彼此劫掠而已。但是接下来，波斯人认为希腊人应该受到严厉的谴责，因为在他们未对欧罗巴发起任何袭击之前，希腊人就率领着一支军队入侵亚细亚了。他们说，劫掠妇女固然是无赖之徒的行为；但是因此而处心积虑地进行报复，那一定是蠢人所为。明智的人是丝毫不会对这样的妇女介意的，因为事情很明显，如果不是妇女们自己愿意的话，她们决不会被强行劫走的。波斯人说，在希腊人拐走他们

亚细亚的妇女时，亚细亚人从来就没把它当回事；可是那些希腊人，仅仅为了拉栖代梦的一个女子，便纠合了一支大军，入侵亚细亚，并且摧毁了普里阿摩斯的王国。自此以后，他们波斯人就把希腊人视为公开的敌人了。原来，波斯人认为，亚细亚以及居住在这里的所有异语诸部族都是隶属于他们波斯人的，但是欧罗巴和希腊民族是与他们迥然有别的。

这是波斯人对这些事件的讲述。他们追溯和希腊人结仇，是始于希腊人袭击特洛伊。①

希罗多德的上述叙述，多处反复提及了波斯人的说法与看法。按照波斯人的说法与看法，古代希腊妇女伊奥被劫以及后继发生的海伦被劫，这只不过是希腊人发动特洛伊战争的借口。在波斯人看来，古代希腊人与腓尼基人你来我去、你去我来，彼此劫掠对方的妇女，这"固然是无赖之徒的行为"，"明智的人是丝毫不对这样的妇女介意的，因为事情很明显，如果不是妇女们自己愿意的话，她们绝不会被强行劫走的"。可是希腊人却将彼此劫掠妇女的无赖行为，升级为一场战争，发动了特洛伊战争，并且"摧毁了一个王国"，由此波斯人"认为希腊人应该受到严厉的谴责"。因此，波斯人"他们追溯和希腊人结仇，是始于希腊人袭击特洛伊"，并将希腊人发动的特洛伊战争，再次延续为波斯人远征希腊的希波战争。希罗多德的这种历史书写方法，是运用其调查所得到的波斯人的看法，阐释了特洛伊战争升级为希波战争的内在原因。

希罗多德的上述历史叙述，多处强调是按照波斯人的说法，这蕴藏着的一种历史书写策略，则是说明了波斯人选择希腊人发动的特洛伊战争，以此作为借口发动希波战争，这仅仅是波斯人的一方之辞。波斯人之所以如此认为，希罗多德的叙述已经说明，这主要是由于"波斯人认为，亚细亚以及居住在这里的所有异族诸部族都是属于他们波斯人"。希罗多德此言，已经传达出希波战争爆发之前的波斯人，

---

① ［古希腊］希罗多德：《历史》，徐松岩译，上海三联书店2008年版，第2—3页。

已经具有一种地域观念。这种地域观念的具体表现，则是在山水相连的欧亚两洲交界之处生活着的人们，已经认识到亚细亚与欧罗巴两个大洲尽管山水相连，却迥然有别。这种地域观念的内涵也不断丰富延展，继续变化为具有这种亚细亚与欧罗巴两个大洲迥然有别的地域观念的波斯人，还具有将自身视为亚细亚的主人的领地意识。《历史》一书中的这种历史书写话语，已经塑造出了一种波斯人四处扩张的文化形象。

按照希罗多德的这种历史书写，正是因为波斯人以这种亚细亚与欧罗巴两个大洲迥然有别的地域观念，以及在此基础上形成的将自身视为亚细亚的主人的领地意识作为前提，因此对于希腊人将彼此抢劫妇女扩大为的特洛伊战争，波斯人也认为，"在希腊人拐走他们亚细亚的妇女时，亚细亚人从来就没把它当回事；可是那些希腊人，仅仅为了拉栖代梦的一个女子，便纠合了一支大军，入侵亚细亚，并且摧毁了普里阿摩斯的王国"。由此，希罗多德的这种历史书写，将古代希腊人与波斯人之间的战争，不仅书写成为一场希腊人与波斯人两个民族之间的战争，同时也书写成为一场亚细亚与欧罗巴两个大洲之间的战争。这种历史书写模式尽管是运用了波斯人的说法作为历史书写的材料来源，但其描绘出的古代波斯人不断扩张的外在形象，随着希罗多德书写的《历史》一书的世代流传，源源不断地移入后世人们阅读《历史》一书的心灵之中。

当希罗多德通过反复叙述波斯人的说法与看法，交代清楚了波斯人选择希腊人发动的特洛伊战争作为缘由，由此发展为波斯人远征希腊的希波战争之后，紧接着的希罗多德的叙述，却忽然出现了一个意想不到的书写内容变化：

> 然而，在说到伊奥被劫一事的时候，腓尼基人的说法和波斯人的说法有所不同。他们否认在把她带到埃及去的过程中使用过任何暴力手段；他们说，伊奥本人早在阿尔哥斯时，便和在那里的一位船主有了私交，当她发现自己怀有身孕之时，为了不让父母察觉，为了免遭责备而蒙羞，就在腓尼基人离开的时候，心甘

情愿地搭乘他们的船一同私奔了。[①]

在上述叙述内容出现之前，希罗多德首先借用波斯人的看法，详细阐述劫走伊奥的腓尼基人，是"一系列祸端的肇始者"。希罗多德再花费了大量笔墨，不断借用波斯人的看法，详细叙述了这"一系列祸端"的具体表现，乃是先引发彼此抢劫妇女，再是希腊人以海伦被劫为缘由，将抢劫妇女扩大化，发动特洛伊战争，随后波斯人再以希腊人发动的特洛伊战争，是"入侵亚细亚"作为缘由而发动希波战争。可是希罗多德叙述了这"一系列祸端"之后，紧接着又指明作为"肇始者"的腓尼基人，却另有看法。在腓尼基人看来，伊奥并非被腓尼基人所抢劫，而是因为和"一位船主有了私交"，并"心甘情愿地搭乘他们的船一同私奔"。

自此，希罗多德的历史书写，已经揭示了其费尽笔墨所书写的希腊人与波斯人眼中的伊奥之劫，让历史一次接一次地不断叠加积累，变化出特洛伊战争与希波战争，可是在作为事件当事人的腓尼基人看来，伊奥之劫的原委却是一桩你情我愿的爱情故事。希罗多德书写的《历史》一书，不仅描绘出了人类历史中的氏族与部落阶段，广泛充斥着各个氏族与部落之间彼此抢劫妇女的一幅历史画卷，同时还描绘出了彼此抢劫妇女的争端与冲突，会被肆意演变成为一场接一场的战争的历史画卷。而在这一幅幅充斥着冲突与争端的历史画卷中，竟然存在古代希腊妇女与腓尼基船主"心甘情愿一同私奔"的人间温馨与世俗浪漫。

希罗多德对此所运用的历史书写方法，也犹如法官断案，广纳各方之说，通过其所调查获得的腓尼基人的说法，隐隐约约地说明了其所调查获得的波斯人的说法，既是言不符实，也是别有他意。这种历史书写方法九曲回转的最终判断，已经为后世读史之人建构出了一种不利于波斯人的历史形象。当然，对于这种历史书写方法九曲回转所达到的最终判断，希罗多德的历史书写还是较为谨慎，为此希罗多德

---

① ［古希腊］希罗多德：《历史》，徐松岩译，上海三联书店2008年版，第2—3页。

还继续采用了更为婉转曲折的历史书写方法。

认识这种更为婉转曲折的历史书写方法，则需注意到希罗多德书写《历史》一书所用的"调查研究"，其中"调查"的重要内容是广泛听取各方之说。这种在别人的语言中获取历史书写内容的方法，能够启发人们对往昔历史的认识，千万不要人云亦云，而是另有他说，人们历经千辛万苦所能够认识的往昔历史，也只不过是人类所经历的历史的沧海之一粟。尽管如此，这种在别人的语言中获取历史书写内容的方法，一旦上升到希罗多德书写《历史》一书所需进入的"研究"层面，则是将历史书写技术，继续变化成为一种人类语言的验真技术，其会直接遭遇的困境，则是众说纷纭、难以定论。在别人的语言中获取而来的历史书写内容，究竟是不是往昔历史的真实面貌，这也让人心存疑窦，并成为希罗多德书写《历史》一书所开创的历史学的阿喀琉斯之踵。

希罗多德书写的《历史》一书，当把波斯人与腓尼基人对于伊奥被劫的不同看法呈现出来之后，希罗多德的历史书写，也直接遭遇了众说纷纭、难以定论，由此难以继续书写下去的历史书写困境。对此希罗多德谈道：

> 至于波斯人和腓尼基人的这两种说法中哪一种说法属实，我不想去评说。我马上要指出的，是据我所知最初侵害希腊人的那个肇始者，然后再把我的调查研究继续下去，不论是大邦还是小国，我在叙述的时候都是一视同仁的。①

希罗多德的上述议论，说明了希罗多德叙述特洛伊战争到希波战争的变化过程，已经是众说纷纭、难求定论。对此，希罗多德也特意强调，"我不想去评说"。对于古希腊妇女伊奥究竟是被腓尼基人劫走，抑或和一位腓尼基船主私奔，希罗多德编撰的《历史》一书，尽管既运用了波斯人的看法，也运用了腓尼基人的看法，但终究是往事渺茫。希罗多德只能根据自己的"调查"，把波斯人与腓尼基人的不同看法

---

① ［古希腊］希罗多德：《历史》，徐松岩译，上海三联书店2008年版，第3页。

记载下来，究竟孰是孰非，已经难以继续"研究"。

当叙述到此之后，希罗多德的"调查研究"，也开始变化了策略。这种历史书写策略的主要表现，则是不能总是纠结于各方看法所形成的争论不休，而是需要变化思路，转换话题。由此，希罗多德所运用的历史书写方法，不再是犹如广听各方之说的法官断案，而是犹如警察办案一般竭尽全力进行侦探，并在《历史》一书的第一卷中，希罗多德用了众多篇幅，详细叙述希罗多德"所知最初侵害希腊的那个肇始者"。这种历史书写方法，尽管婉转曲折，但却是继续为后世读史之人，建构出了一种波斯人乃是"那个肇始者"之后的继承者的文化形象。而对于"最初侵害希腊的那个肇始者"，希罗多德的历史书写也说得非常直截了当，那个"最初侵害希腊的那个肇始者"，就是吕底亚的国王克洛伊索斯。在《历史》一书中，希罗多德也直接亮明其看法：

> 据我们所知，这位克洛伊索斯，在异族人当中是第一位征服希腊人的，他迫使一些希腊人向他纳贡，并和另一些希腊人结盟。他征服了亚细亚的埃奥利斯人、伊奥尼亚人、多利斯人，和拉栖代梦人缔结了盟约。①

为了将"最初侵害希腊的那个肇始者"，坐实为吕底亚国王克洛伊索斯，希罗多德的历史书写，花费了无数笔墨对此进行详加分辨。希罗多德就谈到，在吕底亚国王克洛伊索斯入侵希腊之前，还有金麦里亚人也袭击过古代希腊人中的伊奥利亚人。对此希罗多德就明确指出，"因为金麦里亚人袭击伊奥尼亚虽早于克洛伊索斯，但他们并不是要征服各城邦，仅仅是为了劫掠而入侵"②。此言说明在希罗多德看来，由于金麦里亚人袭击伊奥尼亚人，只是属于劫掠。而之所以需要叙述金麦里亚人袭击伊奥尼亚人的历史，这是希罗多德在进行两相比较，由此坐实吕底亚的国王克洛伊索斯，乃是"最初侵害希腊的那个

---

① ［古希腊］希罗多德：《历史》，徐松岩译，上海三联书店2008年版，第3页。
② ［古希腊］希罗多德：《历史》，徐松岩译，上海三联书店2008年版，第3—4页。

肇始者"。

在《历史》一书的第一卷中，希罗多德也叙述了克洛伊索斯侵害希腊的具体过程。按照希罗多德的叙述，希腊人中的以弗所人是最先遭到克洛伊索斯攻击的希腊人。继以弗所人之后，希腊人中的伊奥尼亚人以及爱奥利斯人诸邦，也遭到了克洛伊索斯的入侵。对于克洛伊索斯入侵希腊的方式与目的，希罗多德详细谈道：

> 克洛伊索斯寻找这样那样的借口，又先后与伊奥尼亚人诸邦以及埃奥利斯人诸邦交战。如果他能够做到，他就给对方罗织重大的罪名；如果这一点他做不到，就向对方提出某些牵强附会的理由作为战争的口实。
>
> 克洛伊索斯以这样的方式使自己成为亚细亚的所有希腊城邦的主人，迫使这些希腊人向他纳贡；之后，他又打算建造舰船，以进攻岛上的居民。①

《历史》一书中的上述论述，说明了在希罗多德看来，吕底亚国王克洛伊索斯侵害希腊，并不是如金麦里亚人袭击伊奥尼亚人那样，只是为了劫掠，而是为了发动战争罗织罪名，并"以这样的方式使自己成为亚细亚的所有希腊城邦的主人，迫使这些希腊人向他纳贡"。自此，希罗多德书写的《历史》一书，也存在一个金麦里亚人袭击伊奥尼亚人与克洛伊索斯侵害希腊人的战争性质变化之辨。

这种战争性质变化，一方面说明了亚非拉三洲交界之地的人们，在从氏族、部落逐渐发展成为民族的历史变化之中，战争的性质从氏族、部落之间彼此劫掠对方人口与财富的战争，正在升级换代，变化成为民族形成的时代征服其他民族并成为主人的战争。另一方面，希罗多德在《历史》一书中所做出的这种战争性质变化之辨，既说明了希罗多德能辨析出从特洛伊战争到希波战争的战争性质变化，也说明了希罗多德的历史书写，还具有为古代希腊人发动的特洛伊战争进行

---

① ［古希腊］希罗多德：《历史》，徐松岩译，上海三联书店2008年版，第9—10页。

辩护之嫌。希罗多德的这种历史书写叙述，在间接说明希腊大军远征特洛伊，也犹如金麦里亚人袭击伊奥尼亚人一般，劫掠人口与财富之后，终须打道回府、步入归程。可是克洛伊索斯侵害希腊则是性质不同，其目的则是要"使自己成为亚细亚的所有希腊城邦的主人"，并为《历史》一书主要书写的希波战争缓缓拉开序幕。

在《历史》一书的第一卷中，希罗多德花费了诸多篇幅，大量叙述克洛伊索斯作为"最初侵害希腊的那个肇始者"的相关历史，其中既详细叙述吕底亚王国的起源与发展过程，也详细叙述了吕底亚王国向周边地区的征服扩展过程。这种详细铺陈克洛伊索斯之事的历史书写内容，也蕴含着一个彼此类推、承前启后的叙史策略。所谓彼此类推，则是因为既然有克洛伊索斯作为"最初侵害希腊的那个肇始者"，也会出现继续侵害希腊的继承者，而这个继承者则是取代克洛伊索斯的波斯人，这正是《历史》一书主要叙述的历史。所谓承前启后，则表现为详细克洛伊索斯作为"最初侵害希腊的那个肇始者"的历史，既将希罗多德对于希波战争的主要看法展现了出来，同时克洛伊索斯作为吕底亚国王还会被波斯所征服，波斯人也继承克洛伊索斯作为"最初侵害希腊的那个肇始者"的发展道路，继续入侵希腊，由此希波战争的双方希腊人与波斯人，也将彼此遭遇对方。

既然无论是吕底亚国王克洛伊索斯作为"最初侵害希腊的那个肇始者"，抑或作为其后继者的波斯人，都需要成为希罗多德所说的"使自己成为亚细亚的所有希腊城邦的主人"，由此，古代希腊人遭受外族入侵并进行反抗的历史，也成了《历史》一书开篇所说的"希腊人和异族人的那些值得赞叹的丰功伟绩"。希罗多德在《历史》一书所书写出来的这种"丰功伟绩"，发展到了19世纪黑格尔的《历史哲学》一书中，则被黑格尔称之为"希腊最光辉的时刻"。黑格尔在《历史哲学》一书中，对于希腊人在希波战争诸般表现的讴歌与赞美，古希腊历史学家希罗多德《历史》一书的总体书写风格，已经定下了此种论调。

三 对民族之间战争后果的历史书写方法

《历史》一书共九卷，其中第九卷写到希腊人攻占塞斯托斯，全书的写作就戛然而止，尽管如此，希罗多德对于希波战争后果的认识，在《历史》一书第一卷的书写内容中，还是能够寻其端倪。在《历史》一书第一卷中，当希罗多德书写到波斯人和腓尼基人的两种说法之后，希罗多德说明为了进行调查研究，其采取的书写方法，是"不论是大邦还是小国，我在叙述的时候都是一视同仁的"。之所以如此，希罗多德还特别解释道：

> 因为先前强大的城邦，现在大都变得弱小了；而如今强大的城邦，在先前却是弱小的。我之所以要对大邦小国同样地加以论述，是因为我相信，人类的幸福从来不会长久驻足于一个地方。①

希罗多德的上述论述，上接希罗多德追寻从特洛伊战争发展到希波战争的原因，下接希罗多德叙述其所知道"最初侵害希腊的那个肇始者"。在此承前启后的转折过程中，希罗多德突发议论，说到其书写历史所秉持的历史观一方面表现为，"不论是大邦还是小国，我在叙述的时候都是一视同仁的"，另一方面则表现为，"因为我相信，人类的幸福从来不会长久驻足于一个地方"。希罗多德在此叙述过程中，突然掺杂进希罗多德的这些评论，从表面上看来，这显得非常突兀。但从《历史》一书中的具体内容来看，这既是希罗多德书写《历史》一书表达其历史观的关键性话语，同时也显现了希罗多德对于希波战争后果的认识。

"不论是大邦还是小国"，之所以需要采取其"一视同仁"的态度，希罗多德此论，乃是其历史书写所运用的伏笔，这主要是为了即将叙述通过军事征服而形成的吕底亚王国以及幅员更为广阔的波斯帝

---

① ［古希腊］希罗多德：《历史》，徐松岩译，上海三联书店2008年版，第3页。

国入侵希腊的历史发展过程。古代希腊与幅员广阔的波斯帝国相比较，尽管双方力量对比悬殊，可是希罗多德却采取其所说的"一视同仁"的态度，希罗多德"一视同仁"的历史观之中，也是心中自有希腊。希罗多德对于希腊心有所系的焦点，则是在聚焦双方力量对比悬殊的前提背景下，希腊人对于吕底亚王国与波斯帝国的大军入侵，竟然能够奋起反抗，由此以弱胜强。这种以弱胜强、强弱变换的力量转化，也让书写了《历史》一书的希罗多德，能够认识到历史的古今之变也具体表现为，"先前强大的城邦，现在大多变得弱小了；而如今强大的城邦，在先前却是弱小的"，并让希罗多德相信，"人类的幸福从来不会长久驻足于一个地方"。

为了阐释"人类的幸福从来不会长久驻足于一个地方"这个较为抽象的道理，《历史》一书第一卷的具体书写内容，也说明了希罗多德为此费尽心思。《历史》一书第一卷的诸多具体内容，是在叙述吕底亚王国的历史。此中根源，希罗多德已经交代清楚吕底亚国王克洛伊索斯，被希罗多德认定是"最初侵害希腊的那个肇始者"。希罗多德笔下的吕底亚王国的主要历史发展过程，是先入侵希腊，后被波斯所征服。吕底亚王国的这种主要历史发展过程，既能够把希波战争的双方引导出来，同时还是希罗多德阐释其相信"人类的幸福从来不会长久驻足于一个地方"的重要例证。

对于克洛伊索斯发动的一系列征服其他民族的历史书写，希罗多德的历史书写方法，是首先叙述其具体过程。但希罗多德的历史书写内容，并没有局限于此，而是特别强调吕底亚国王克洛伊索斯发动一系列征服其他民族的战争，这给吕底亚王国带来了一片繁荣景象，希罗多德就叙述道：

> 后来，克洛伊索斯当政期间逐渐把哈利斯河以西几乎所有的民族都征服了。继续保持自由的只有吕基亚人和基里基亚人；所有其他的部族都被克洛伊索斯征服，沦为他的臣民。这些部族有：吕底亚人、弗里基亚人、美西亚人、玛里安迪尼人、卡利比亚人、帕弗拉刚尼亚人、赛尼亚的和比赛尼亚的色雷斯人、卡里亚人、

伊奥尼亚人、多利斯人、埃奥利斯人和湓菲利亚人。

　　当克洛伊索斯把这些征服的民族，都收归到吕底亚霸国统治之下的时候，萨尔狄斯的繁华，达到极盛。①

希罗多德的上述历史书写内容，说明了克洛伊索斯通过一系列对其他民族的征服战争，吕底亚王国的繁华达到了极盛。叙述到此之后，希罗多德又笔锋一转，花了相当多的篇幅，长篇累牍地叙述雅典贤哲梭伦造访繁华的萨尔狄斯，拜谒吕底亚国王克洛伊索斯，回答克洛伊索斯提出的"在你所见过的所有的人当中，你认为谁是最幸福的？"这一问题。

　　按照《历史》一书的叙述，对于克洛伊索斯提出"谁是最幸福的？"这个问题，梭伦则回答为首先当属雅典人泰鲁斯，并陈述了其中的相关理由，在此之后，梭伦则认为是阿尔哥斯的两位普通青年克列奥比斯和比托。在梭伦认为最为幸福的人中，第一与第二都没有提到通过发动征服其他民族的战争，并让吕底亚的繁华达到了极盛的克洛伊索斯，这引发了克洛伊索斯的不满。克洛伊索斯也质疑道，"雅典的客人啊！在你看来我的幸福是如此无足轻重，难道你认为我还不如一个普通人吗？"② 对于克洛伊索斯的问题，梭伦则回答道："至于国王你，克洛伊索斯，我知道你极为富有，并且统治着诸多民族；然而就你所提的问题而言，只有在我听到你幸福地结束了你一生的时候，才能够给你答案。"③

　　梭伦紧接着也详细述说了依靠征服其他民族而达到繁华，这不能获得长久的幸福的主要原因，梭伦的回答实在难以契合克洛伊索斯的心意，在转述了梭伦的长篇论述之后，希罗多德就指出：

　　这就是梭伦向克洛伊索斯所讲的一番话，这番话使梭伦既未

---

①　［古希腊］希罗多德：《历史》，徐松岩译，上海三联书店2008年版，第10页。
②　［古希腊］希罗多德：《历史》，徐松岩译，上海三联书店2008年版，第12页。
③　［古希腊］希罗多德：《历史》，徐松岩译，上海三联书店2008年版，第12页。

受到赏赐，也未赢得尊敬。国王完全没有把他当成什么人物，就打发他走了。因为克洛伊索斯认为，像这样一个完全不顾当前的幸福，而总是要人们在每件事上等着看最后结果的人，一定是个十足的大傻瓜。①

按照希罗多德的上述具体书写内容，梭伦向克洛伊索斯谈论幸福，两人的谈话内容可谓是各持己见。在梭伦看来，依靠武力征服其他民族并让其所统治的吕底亚极度繁华的克洛伊索斯，并不是最幸福的人。可是在通过一系列对其他民族的征服战争，并让吕底亚的繁华达到了极盛的克洛伊索斯看来，"像这样一个完全不顾当前的幸福，而总是要人们在每件事上等着看最后结果的人，一定是个十足的大傻瓜"。在希罗多德的历史书写中，梭伦与克洛伊索斯纵论人间幸福的谈话，其过程乃是各持己见，其后果乃是不欢而散。

对于古代希腊贤哲梭伦与吕底亚国王克洛伊索斯讨论幸福这件事情，古代希腊流传后世的相关文献，以及后世罗马历史学家普鲁塔克的《希腊罗马名人传》一书记载梭伦的相关事迹，难以寻找相应的文献记载作为佐证。因此，希罗多德详细叙述梭伦向克洛伊索斯谈论幸福，并继续长篇累牍地叙述沦为波斯人囚犯的克洛伊索斯的心路历程，对于这种历史书写内容，乃是难辨真假。这很有可能是属于希罗多德自己的想象与虚构。毕竟，希罗多德尽管被誉为西方的"历史学之父"，但也被广泛地称之为"撒谎者之父"。

尽管如此，这种难辨真假的历史书写内容，却有其力图表达的目标。其是希罗多德在借拜访克洛伊索斯的梭伦之口，阐述希罗多德对于《历史》一书所主要叙述的希波战争后果的认识，乃是希罗多德所认为的征服其他民族的战争不能获得永远幸福的看法与观念。希罗多德长篇累牍地叙述梭伦向克洛伊索斯谈论幸福，这在《历史》一书第一卷的叙述结构安排中，也属于承前启后的历史书写内容。其向前所承接的书写内容，包括希罗多德追踪克洛伊索斯作为"最初侵害希腊

---

① ［古希腊］希罗多德：《历史》，徐松岩译，上海三联书店2008年版，第13页。

的那个肇始者"，希罗多德认为"人类的幸福从来不会长久驻足于一个地方"，以及希罗多德书写的克洛伊索斯通过一系列对其他民族的征服战争，吕底亚王国的繁华达到了极盛等。其后紧随着的书写内容，则是希罗多德叙述了通过征服其他民族而获得繁盛的吕底亚，却最终被波斯大军征服。以吕底亚继续喻说波斯，这也成为希罗多德《历史》一书第一卷的历史书写内容所力图表达的看法与观念。

为了继续说明这种历史书写内容所力图表达的看法与观念乃是人间真理，《历史》一书第一卷紧接着的书写内容，也是继续由史说理。尽管希罗多德与沦为居鲁士俘虏的克洛伊索斯之间，乃是时空有隔，可是希罗多德的历史书写，还是犹如书写身边熟人的故事与心境一般，继续长篇累牍地书写出了沦为波斯人居鲁士俘虏的克洛伊索斯的心路历程与内心感悟。希罗多德笔下的克洛伊索斯，在被居鲁士俘虏后的临死之时方才感受到，"梭伦对他说的结果又和他的预言完全相符，虽然梭伦这话只是专门对他讲的，但是它是适用于每个人的，特别是那些自视为幸福的人们所讲的"。① 由此希罗多德的叙述，也终于和梭伦向克洛伊索斯谈论幸福的具体内容前后对接。

在希罗多德的笔下，克洛伊索斯这个"最初侵害希腊的那个肇始者"，对于其发动的征服其他民族的一系列战争，也在其临死之时感悟道，"没有一个人会愚蠢到宁要战争而不要和平，在战争中，不是儿子埋葬自己的父亲，而是父亲掩埋自己的儿子"②。此言尽管被希罗多德托付于克洛伊索斯之口，但却是由希罗多德所书写出来，这是希罗多德在展现自己的认识与看法。在详细叙述克洛伊索斯被居鲁士俘虏后的心路历程与内心感悟之后，希罗多德就转而谈道：

> 以上我已经陈述了吕底亚人是如何沦为波斯臣民的。以下，我的这部历史，就不得不探讨摧毁了吕底亚人的霸国的这个居鲁士是怎样的一个人物，而波斯人又通过何种途径而成为亚细亚的

---

① 〔古希腊〕希罗多德：《历史》，徐松岩译，上海三联书店2008年版，第34页。
② 〔古希腊〕希罗多德：《历史》，徐松岩译，上海三联书店2008年版，第35页。

霸主的。①

自此，希罗多德详细叙述作为"最初侵害希腊的那个肇始者"的克洛伊索斯，也终于出现了继承者。当叙述完"最初侵害希腊的那个肇始者"的历史之后，希罗多德也将详细叙述波斯人成为亚细亚霸主与入侵希腊的历史，波斯人也成了吕底亚国王克洛伊索斯之后继续侵害希腊的继承者。希罗多德书写的历史，也存在一种"后人哀之而不鉴之、亦使后人复哀前人"的困境。能够使读史之人哀之鉴之，也是希罗多德书写《历史》一书的重要著史目标。希罗多德既借用拜访克洛伊索斯的梭伦之口，也借用波斯人居鲁士俘虏的克洛伊索斯的内心感悟，由此表达出来的希罗多德的认识，这也成为希罗多德书写希波战争后果的伏笔。

第三节　《历史》对民族形成与民族之间交流的历史书写

一　《历史》在民族形成初期对民族内涵的认知

正如雅斯贝尔斯论述其所说的"轴心时代"强调，"轴心时代的观点对于我们理解普遍史的历史场景具有至关重要的意义"。② 生活在雅斯贝尔斯所说的"轴心时代"的希罗多德，其在《历史》一书中阐释的民族形成所需具备的因素，这对于后世欧洲的民族观念发展过程，也产生了深远影响。19世纪晚期法国历史学家勒南的著名演讲"民族是什么？"，以及20世纪晚期德国哲学家哈贝马斯论述其所说的"后民族结构"中所探讨的"何谓民族？"，欧洲近现代以来的人们苦苦思考的这个重要问题，古代希腊的希罗多德书写的《历史》一书，也在对此苦苦探索，并做出了众多深刻论述。

---

① ［古希腊］希罗多德：《历史》，徐松岩译，上海三联书店2008年版，第38页。
② ［德］雅斯贝尔斯：《论历史的起源与目标》，李雪涛译，华东师范大学出版社2018年版，第62页。

希罗多德的《历史》一书的前4卷，主要是交代希波战争爆发的历史形成背景，后5卷则是主要叙述希波战争的具体发展过程。《历史》一书的前4卷在交代希波战争的背景，希罗多德广泛叙述了古代地中海周边世界以及南亚、中亚等地区的民族形成状况。在此过程中，希罗多德也广发议论，具体论述了其对于民族形成的诸多认识。在希罗多德看来，民族的生成具有共同的历史起源、生活地理区域、语言、生产生活、风俗习惯等多种因素。

1. 民族的历史起源

在希罗多德生活的时代，人类历史中曾经广泛存在着的氏族与部落，正在逐步发展成为民族。希罗多德的《历史》一书，也如克罗齐所说的"一切历史都是当代史"，对其所在时代正在形成的民族，希罗多德广泛地论述了民族是通过氏族与部落之间无数的战争、兼并以及融合等过程而形成，由此较为明确地回答了民族的历史起源问题。这举例说来，在《历史》一书的第一卷中，希罗多德通过叙述吕底亚入侵希腊后又被波斯所征服的历史，引入了在希波战争中作为敌对双方的希腊人与波斯人。在此过程中，希罗多德也详细介绍了希腊人与波斯人作为一个民族的具体形成过程。针对希腊人作为一个民族的形成过程，希罗多德就谈道：

> 希腊人是皮拉斯基人的一个分支，在他们起初从皮拉斯基人主体上分离出去的时候，他们人数不多，势力弱小；然而，他们却逐步扩大和成长成为一个多民族的集合体，这主要是由于许许多多的非希腊语部落主动加入到他们行列当中的缘故。[1]

从希罗多德的上述论述可以看出，在希腊人发展成为一个民族的过程中，希腊人与皮拉斯基人都曾经停留在氏族部落阶段。两者最初的关系，也表现为希腊人曾经是皮拉斯基人的一支，并从皮拉斯基人分离出来。分离出来的希腊人与皮拉斯基人两相比较，希腊人势力弱

---

[1]　［古希腊］希罗多德：《历史》，徐松岩译，上海三联书店2008年版，第20页。

小，人数不多，这已经清晰地说明了希腊人发展成为一个民族的历史起源问题。同时，希腊人发展成为一个民族的过程，也表现为势力弱小、人数不多的希腊人逐步扩大和成长，其中最为重要的因素，也在于原来并非说着非希腊语的人们，也加入希腊人之中，这也清晰地说明了希腊人发展成为一个民族，同样犹如滚雪球一般，乃是通过融合发展而形成。而对于希波战争中另一方的波斯人的民族形成过程，希罗多德在《历史》一书的第一卷中也详细谈道：

> 这时波斯人整个民族是由许多部落组合而成的。居鲁士所召集来的并说服他们叛离米底人的那些波斯人，是一些主要部落，所有其他波斯人要依附于他们。这些主要部落是帕萨迦代人、玛拉菲伊人、玛斯皮伊人。在他们当中帕萨迦代人地位最为尊贵。阿赫明尼斯氏族，就是该部落的一个氏族，波斯的国王都是出自阿赫明尼斯氏族。其他的波斯部落有：潘泰亚莱伊人、德鲁希埃伊人、戈尔曼尼伊人、他们都是务农的；达伊人、玛尔德伊人、德罗皮基人和萨迦提伊人则是游牧部落。①

希罗多德的上述论述，非常清晰地叙述了古代社会中从氏族、部落到民族的历史发展状况。这已经说明居鲁士时代的波斯人，包含着帕萨迦代人、玛拉菲伊人、玛斯皮伊人等部落，在这些部落之中，帕萨迦代部落最为尊贵。而帕萨迦代部落则是由氏族发展而来，在帕萨迦代部落中，阿赫明尼斯氏族则地位显赫，波斯的国王也出自阿赫明尼斯氏族。作为古代波斯人崛起之地的伊朗高原，乃是农耕文明形成与游牧文明形成的交汇地带，因此居鲁士时代的波斯人形成一个民族，既有主要从事农耕的潘泰亚莱伊人、德鲁希埃伊人、戈尔曼尼伊人，也有主要从事游牧的达伊人、玛尔德伊人、德罗皮基人和萨迦提伊人。希罗多德书写的古代波斯人的民族形成史，也存在从事农耕与从事游牧的各个氏族与部落之间的彼此相融。

---

① ［古希腊］希罗多德：《历史》，徐松岩译，上海三联书店 2008 年版，第 49—50 页。

希罗多德书写的《历史》一书，不仅详细叙述希腊人与波斯人从氏族与部落发展成为一个民族的具体状况，而且希罗多德生活的公元前5世纪，那是一个人类历史从氏族与部落，正在广泛地发展成为民族的重要历史转型时代。在此重要历史转型时代，希罗多德在《历史》一书中，也以各民族走出氏族与部落的发展变化，作为判断民族是否古老的标准。

对此，《历史》一书的第二卷主要叙述埃及的历史发展状况，希罗多德叙述埃及人的历史发展，首先就是叙述埃及人作为一个民族的历史起源。希罗多德针对埃及人的历史起源就谈道："在普萨麦提库斯成为埃及国王以前，埃及人一直相信他们是全人类当中最古老的民族。"① 紧接着希罗多德在《历史》一书中，又花费相当的篇幅，叙述普萨麦提库斯成为埃及国王之后，力图弄清楚究竟哪一个民族比埃及人还古老。在陈述了相应事实之后，希罗多德也指明，"考虑到这个情况，埃及人放弃了先前的说法，承认弗里基亚人是比他们更古老的民族了"②。

民族一旦走出氏族与部落而形成之后，人们对此进行认识所形成的民族观念，这也会继续对民族历史发展进程产生影响。后世欧洲著名哲学家黑格尔阐释历史哲学，对此就进行了详细论述。希罗多德书写的《历史》一书，也是通过叙述史实，已经阐明了这个重要原理。在《历史》一书主要记载的希波战争中，希腊人作为一个民族，由无数城邦国家构成，而波斯人作为一个民族，不断征服其他民族，由此发展成为一个帝国。希罗多德编撰的《历史》中的相关叙述，也记载了波斯帝国尽管幅员广阔，兵员众多，但波斯帝国所征服地区中的民众与波斯大军中士兵的民族观念，也在影响着波斯军队的战斗力。

这举例说来，在希波战争中，波斯帝国也征服了一些古代希腊人所居住的地区。对于这些希腊人在希波战争中的表现，希罗多德就谈道，"至于那些站在波斯国王一边的希腊人，他们作战时大都故意不

---

① ［古希腊］希罗多德：《历史》，徐松岩译，上海三联书店2008年版，第81页。
② ［古希腊］希罗多德：《历史》，徐松岩译，上海三联书店2008年版，第81页。

卖力"。① 而对于整个波斯军队的战斗力，希罗多德也指出：

> 在我看来，除了波斯军队以外的其他的异族军队，是完全取决于波斯人在战斗中表现的，这一点非常明显。因为他们仅仅是因为看见波斯人在逃跑，在他们甚至还没有受到敌人任何攻击的情况下，就马上夺路而逃了。②

希罗多德的上述论述已经非常清楚地说明了波斯人，才是波斯大军的主心骨。波斯大军的战斗能力，是"完全取决于波斯人在战斗中的表现"。波斯帝国尽管幅员广阔，兵员众多，但其大军是由诸多"异族军队"构成，这导致波斯大军缺乏凝聚力与战斗力。希罗多德书写的历史通过诉诸史实，已经说明了民族观念在具体历史发展过程中的重要影响，而这则成为后世欧洲哲学家黑格尔阐释历史哲学的重要内容。

2. 民族的地理区域

希罗多德在《历史》一书中，叙述古代地中海周边世界诸多民族的状况，除了叙述各民族的历史起源与发展过程之外，还广泛论述了民族与其居住地理区域之间的密切关系。民族具有一块共同的生活地理区域，希罗多德在《历史》一书中，已经清晰地表达了民族形成所需的这一重要因素。

希罗多德叙述民族与其居住地理区域之存在密切关系，最为突出的例证，出现在《历史》一书第二卷对于埃及历史发展状况的叙述之中。在《历史》一书的第二卷中，希罗多德先叙述埃及的历史起源，紧接的大量论述内容，则是叙述埃及的自然地理环境。希罗多德不仅叙述了"埃及是尼罗河的赠礼"，还广泛叙述了埃及国土广阔，地势平坦，埃及境内经尼罗河的冲击形成的土壤，也非常肥沃。希罗多德也特别强调："现在必须承认的是，他们比世界上其他任何民族，包

---

① ［古希腊］希罗多德：《历史》，徐松岩译，上海三联书店2008年版，第492页。
② ［古希腊］希罗多德：《历史》，徐松岩译，上海三联书店2008年版，第492页。

括其他埃及人在内，都不费那么多辛劳而取得田地的果实。"① 希罗多德的这一叙述，已经非常清晰地展现了古代埃及人的民族形成以及文明成就，与其所生活的地理环境存在密切关系。希罗多德的《历史》一书也开创了书写民族历史，需要叙述民族与其所生活的自然地理环境之间关系的历史书写方法。

《历史》一书记载的民族与其所在地理区域之间的关系，也反映了在由氏族、部落发展而成民族的过程中，诸多民族已经从氏族、部落时代的四处迁徙，逐渐定居一地而发展成为民族，并在人们的思想观念世界之中，建构出了民族与其所在地理区域之间具有紧密关系的思想观念。希罗多德在《历史》一书中，针对埃及作为一个民族的形成与埃及人生活地理区域之间的关系就谈道："假如我们采纳伊奥尼亚人的关于埃及的看法，那么我们就必定会得出这样的结论：埃及人从前是没有任何领土的。因为伊奥尼亚人认为，真正的埃及就是三角洲那块地方。"② 希罗多德的这一论述，通过运用了其调查研究所得的伊奥尼亚人的看法，叙述了古代社会民族从四处迁徙向定居一地的历史发展状况。

民族定居一地之后，各地之间地理环境有所差异的自然地理，也变化而为各地居住的民族有所差异的人文地理。民族及其生活地理区域之间的密切关系，也发展成为人们认识民族，还得具体到认识民族生活地理区域的民族观。民族中因地名族、因族名地的民族认知与地理认知，也相互交织在了一起。希罗多德在《历史》一书中，也把希罗多德所在时代人们地理认知与民族认知彼此结合而形成的思想观念，已经非常清晰地表达了出来。

例如希罗多德就谈道："先来说说我个人对这些问题的看法。我认为，埃及是埃及人所居住的全部国土，正如基里基亚是基里基亚人所居住的地方，亚述是亚述人所居住的地方一样。"③ 在民族尚未形成

---

① ［古希腊］希罗多德：《历史》，徐松岩译，上海三联书店 2008 年版，第 85 页。
② ［古希腊］希罗多德：《历史》，徐松岩译，上海三联书店 2008 年版，第 85 页。
③ ［古希腊］希罗多德：《历史》，徐松岩译，上海三联书店 2008 年版，第 86 页。

的氏族与部落时代，人们已经四处迁徙，居无定所，而民族形成之后和其居住的地理区域密切相连，也被希罗多德视为理所当然。希罗多德所谈论的他自己的看法，已经表明民族形成之后，人们已经形成了民族认知与地理认知密切相连的思想观念。

3. 民族的语言

在从氏族、部落发展到民族之后，民族不仅和特定的地理区域联系在了一起，同时也发展出民族的语言。希罗多德在《历史》一书中，除了叙述各民族存在自身独特的起源与共同的生活地理区域之外，还叙述了各民族具有自己共同的语言。希罗多德编撰的《历史》书写民族历史，也开创了注重书写民族语言形成发展的历史书写方法。民族在形成发展过程中，形成了自己共同的语言，也被希罗多德广泛地视为民族形成的一个重要因素。

其中最为突出的表现就是，希罗多德在《历史》一书第一卷中，记载希腊人在发展成为一个民族的过程中，雅典人融入成为希腊人的语言变化。按照希罗多德《历史》的记载，后来融入希腊民族的雅典人，原来属于皮拉斯基人，而希腊人则是由外迁徙而来，"皮拉斯基人从来没有离开过自己居住的故土，而希腊人却是经常长途迁徙的。"① 雅典人原来所属的皮拉斯基人，究竟使用的是什么语言，希罗多德就指出，"我是无法确切说明的"②。按照希罗多德的叙述，雅典人原来所属的皮拉斯基人，不是使用的希腊语，而是使用的其他语言。

希罗多德经过一番论证后也指出："可以肯定的是，属于皮拉斯基族的雅典人，在他们成为希腊人的同时，必定是更改了自己的语言的。"③ 从希罗多德《历史》一书的这一记载可以看出，雅典人原来是属于皮拉斯基民族，但后来雅典人改用希腊语之后，雅典人也融入了希腊民族。希罗多德也特别强调："希腊民族自从他们出现以来，就从来没有改变过他们所使用的语言。至少在我来看这一点是十分明显的。"④

---

① ［古希腊］希罗多德：《历史》，徐松岩译，上海三联书店 2008 年版，第 19 页。
② ［古希腊］希罗多德：《历史》，徐松岩译，上海三联书店 2008 年版，第 20 页。
③ ［古希腊］希罗多德：《历史》，徐松岩译，上海三联书店 2008 年版，第 20 页。
④ ［古希腊］希罗多德：《历史》，徐松岩译，上海三联书店 2008 年版，第 20 页。

希罗多德的这种论述，不仅记载了希腊民族从氏族与部落到民族的历史发展过程，使用的语言也在发展变化，同时也记载了希腊人一旦民族形成之后，就开始使用共同的民族语言。民族具有自身语言的民族观念，在希罗多德《历史》一书的叙述中，同样非常清晰地表达了出来。

4. 民族的生产生活与风俗习惯

在从氏族、部落发展成为民族之后，民族不仅形成了共同的地理区域与民族语言等特征，同时也逐步发展出共同的生产生活方式。希罗多德在《历史》一书中叙述各民族的历史，除了叙述各民族的历史起源、地理区域、语言之外，书写内容最为广泛的，就是叙述各民族的生产生活状况与风俗习惯。希罗多德的《历史》一书中叙述波斯人、巴比伦人、埃及人、斯基泰人等民族的历史，诸多篇幅都是在叙述各民族的生产状况、生活方式、风俗习惯以及宗教信仰等内容。

这具体说来，希罗多德在《历史》一书中叙述诸多民族的历史发展，已经注重书写民族的社会生产发展状况。例如，希罗多德叙述埃及的历史，就广泛叙述了古代埃及人修建人工湖和人工运河、捕捉鳄鱼、男人坐在家里纺织、女人到市场上做买卖、喂养很多家畜等社会生产状况。希罗多德也认为，"关于埃及本身，我必须多花些笔墨来评述了，因为没有哪个国家有这么多令人惊异的事物，没有哪个国家有这么多的难以用笔墨描述的巨大工程"[1]。希罗多德的《历史》一书，详细记载了古代埃及社会生产的发展成就。

同时，希罗多德也将各民族社会生产状况的差异，作为区别民族的重要标准。例如，希罗多德在《历史》一书中叙述已经离开埃及、并居住在黑海沿岸的科尔基斯人，希罗多德就坚持主张，"毋庸置疑，科尔基斯人是属于埃及民族的。在我听别人提及这个事实之前，我自己就已经注意到这件事情了"[2]。而希罗多德之所以坚持认为科尔基斯人属于埃及民族，希罗多德除了从皮肤、毛发等体质特征以及割礼等风俗习惯进行判断之外，希罗多德还谈道："关于科尔基斯人与埃及

---

① ［古希腊］希罗多德：《历史》，徐松岩译，上海三联书店 2008 年版，第 93 页。
② ［古希腊］希罗多德：《历史》，徐松岩译，上海三联书店 2008 年版，第 115 页。

人是同族的事，我还要补充一个更有力的证据。这两个民族纺织亚麻的方法是完全一样的，世界所有其他各族对这种纺织的方法则全然不知；这两个民族在整个生活方式上，他们在语言上彼此都是相似的。"① 可以看出，希罗多德判断科尔基斯人属于埃及民族，已经不是运用地域标准，而是运用了体质特征与生产生活状况作为标准。而介绍斯基泰人，希罗多德在详细介绍了斯基泰人挤奶的生产方法之后，也特别强调，"斯基泰人这样做，是因为他们不是耕地的农民，而是游牧民族"②。

在广泛记载各民族生产状况的基础上，希罗多德在《历史》一书中，还广泛叙述了各民族生活状况与风俗习惯。其中希罗多德在《历史》一书第一卷叙述波斯人的历史，首先叙述了波斯人祭祀、生日、饮酒等各种风俗习惯。对于波斯人特别看重每个人生日的风俗习惯，希罗多德的叙述也非常细腻，已经具体细致到叙述每个人生日中富人和穷人之间的饮食表现。对于波斯人饮酒的风俗，希罗多德也谈道，波斯人重要的事情，往往是在大家饮酒正酣的时候所决定的。③ 希罗多德的相关叙述，既是波斯人社会分化与社会运行的社会史，也是波斯人饮食状况的饮食史。除了叙述了波斯人生活状况与风俗习惯之外，希罗多德对于埃及人、巴比伦人、阿拉伯人、印度人等民族的生活状况与风俗习惯，也叙述得特别详细。

除此之外，希罗多德在《历史》中叙述各地风俗习惯的过程中，也特别注重记载各民族的宗教信仰状况。例如，希罗多德在《历史》一书的第一卷中，不仅记载了波斯人的生活习俗，而且还记载了波斯人的宗教信仰。希罗多德在《历史》一书中就谈道："据我所知，波斯人遵守的风俗习惯是这样的。他们不供神像、不建神庙，不设祭坛，他们认为只有愚蠢的人们才会这样做的。"④ 而对于希腊人、埃及人的宗教信仰，按照希罗多德的叙述，则是另外一番面貌。在《历史》一书中，希罗多德对此同样进行了详细描述。

---

① [古希腊] 希罗多德：《历史》，徐松岩译，上海三联书店 2008 年版，第 116 页。
② [古希腊] 希罗多德：《历史》，徐松岩译，上海三联书店 2008 年版，第 201 页。
③ [古希腊] 希罗多德：《历史》，徐松岩译，上海三联书店 2008 年版，第 52 页。
④ [古希腊] 希罗多德：《历史》，徐松岩译，上海三联书店 2008 年版，第 51 页。

《历史》一书的具体书写内容说明，在西方历史学的诞生之初，历史书写也注重各民族生产生活的历史，由此历史书写的内容也是贴近人们生产生活的具体状况。希罗多德的《历史》一书，通过广泛叙述各民族的生产状况、生活方式、风俗习惯以及宗教信仰等，因此不仅仅是一部历史著作，而且还是一部记载希罗多德所知世界的各个民族具体状况的民族志。这蕴含的重要文化功能，在于能够让后世之人认识古代地中海周边世界各个民族的社会生产与社会生活等具体状况。希罗多德书写的《历史》一书的内在价值，也如当代美国历史学家唐纳德·R.凯利所评价：

> 无论如何，从现代的观点来看，希罗多德的著作在风格上首屈一指，其价值也从来没有像今天这样为人所欣赏——与其说对于那些值得记忆的军事行动的扣人心弦的叙述说是如此，不如说对于那种地理（或神话地理）风俗、宗教礼仪、神话和人类起源问题周密的背景调查亦是如此，它建立了社会文化史的连续传统。[①]

凯利对于希罗多德《历史》一书的上述评价，主要是针对希罗多德的《历史》一书对后世历史学发展的影响。希罗多德的《历史》一书，不只是一部民族之间的战争历史，而且是一部叙述各民族的生产状况、生活方式、风俗习惯以及宗教信仰等的历史著作。希罗多德书写《历史》一书的撰史风格已经说明，除了民族之间的战争之外，还有民族的生产状况、生活方式、风俗习惯以及宗教信仰等方面的历史发展状况，也应作为历史书写的重要内容。

二 《历史》对民族之间战争之外还有交流的书写

希罗多德书写的《历史》一书，主要叙述了希腊与波斯两个民族

---

① ［美］唐纳德·R.凯利：《多面的历史：从希罗多德到赫尔德的历史》，陈恒、宋立宏译，生活·读书·新知三联书店 2003 年版，第 50 页。

之间的战争，由此呈现了从氏族与部落而形成的民族之间的关系，乃是彼此之间充斥着冲突与战争。但这仅仅是希罗多德书写《历史》一书的一个侧面，希罗多德还广泛叙述了从氏族与部落而形成的民族，彼此之间也是你来我往，存在着广泛的交往交流。希罗多德书写的《历史》一书，不仅呈现出了一幅古代世界中诸如希腊与波斯两个民族之间激烈冲突的历史画卷，在这幅激烈的战争场景之外，还蕴含着古代世界中诸多民族密切交流的历史场景。

希罗多德广泛叙述民族之间的密切交流关系，这在《历史》一书的开篇，就有着相应的具体表现。《历史》一书的开篇，希罗多德在苦苦追溯希波战争根源。希罗多德在此的历史书写，已经说明了古代腓尼基人与希腊人之间，存在着密切的货物贸易。在古代腓尼基人与希腊人之间的货物贸易中，腓尼基人认为希腊妇女伊奥，心甘情愿搭乘腓尼基船主的船一同私奔，而希腊人则认为这是腓尼基人抢劫希腊妇女，由此采取报复。可以看出，希罗多德追溯希波战争的根源，追溯到了特洛伊战争，这表面是在追溯特洛伊战争的根源，但书写出来的却是一幅古代地中海周边世界存在着密切经济交流的历史画面。

同时，希罗多德书写的《历史》一书，主要是叙述古代世界希腊人与波斯人之间两个民族激烈的战争冲突。为此，希罗多德也花费了诸多笔墨，叙述了希腊人与波斯人之间两个民族之所以成为两强的具体发展过程。《历史》一书中的诸多叙述，已经说明了古代希腊人与波斯人，能够在古代世界中发展壮大，由此成为彼此相争的两强，这也在于古代的波斯人与希腊人，在各民族之间的交往交流之中善于学习其他民族文化。

这具体说来，《历史》一书记载古代波斯人的民族历史发展状况，希罗多德不仅叙述了古代波斯人从氏族与部落到民族的形成过程，也叙述了古代波斯人自民族形成后，不断征服两河流域、埃及、小亚细亚等地区的民族，由此波斯与希腊两强相迎，最终爆发希波战争。希罗多德书写古代波斯帝国发展壮大的过程，就特别叙述了古代波斯人向其他民族的学习状况，希罗多德就谈道：

没有哪一个民族像波斯人这样乐于采纳异族风俗的。他们身着米底人的服装，因为他们认为这种服装比他们自己的服装要好些；而在战时他们披戴的又是埃及人的胸甲。他们只要听说某种奢华享乐的事，他们就立刻把它学到手。①

希罗多德的上述论述说明，古代波斯人"学到手"的具体内容，既有服装，还有作战时披戴的胸甲，更有奢华享乐之事。从希罗多德的这种历史记载可以看出，古代欧亚非三洲交界的地中海周边世界民族众多，而积极学习其他民族发明创造，也成了波斯帝国发展壮大的重要根源。按照希罗多德的历史书写，身处地中海周边世界的希腊人，是善于学习其他民族文化的佼佼者。希罗多德叙述其所知世界中各个民族之间的密切交流与彼此学习，叙述得特别广泛与翔实的，当属叙述希腊人向其他民族的学习内容与学习过程。

其中《历史》一书的第二卷的主要内容，是希罗多德在叙述埃及的历史，可是诸多的叙述内容，则是希罗多德在为古代希腊文化追寻源头，《历史》一书的第二卷，也是在叙述古代埃及文化传播到希腊的文化传播史。这举例说来，希罗多德在《历史》一书中叙述埃及的历史，首先运用其所调查的状况谈道："埃及人是人类当中首先发明了用太阳年来计时的，并且把一年分为12个部分。他们认为，他们是根据星辰运行而得到这种知识的。"在此之后，希罗多德也转述了埃及人的说法，"他们还认定，是埃及人最初使用了12位神的名字，这些名字后来被希腊人采用了"②。

除了古代埃及人创造的太阳历被希腊人采用之外，古代希腊人在形成一个民族的过程中，发展出的古希腊神话，既广泛地影响着古代希腊人们的社会生活与精神世界，也对后世西方的文化思想产生了深远影响。但按照希罗多德的《历史》一书的记载，古代希腊神话的形成，仍然是来源于古代希腊人对其他民族文化的吸收与创造。按照古

---

① ［古希腊］希罗多德：《历史》，徐松岩译，上海三联书店2008年版，第53页。
② ［古希腊］希罗多德：《历史》，徐松岩译，上海三联书店2008年版，第82页。

希腊神话的传说，奥林匹斯山居住着众神之王宙斯、天后赫拉、太阳神阿波罗、海神波塞冬等"奥林匹斯诸神"。可是按照希罗多德《历史》的记载，古希腊神话中的"奥林匹斯诸神"，名字却是起源于埃及。希罗多德就谈道：

> 几乎所有的神祇的名字都是从埃及传入希腊的。我的调查研究证明，所有神祇都是起源于异乡希腊以外的地区的；而我的意见是，他们大多数是起源于埃及的。除了我前面所提到的波塞冬和狄奥斯库里之外，赫拉、赫斯提亚、塞米、卡莉特斯和涅雷德斯这些名字，其他诸神的名字都是从远古时代就为埃及人所知晓了。我这样断言，是以埃及人自己的说法为依据的。①

在此，希罗多德书写《历史》一书运用的调查研究方法，也在具体的历史书写内容中再次具体地显现出来。希罗多德书写历史的研究，揭示出"奥林匹斯诸神"的名字，"是从埃及传入希腊的"，这是来源于希罗多德通过自己的调查，由此希罗多德已经认识到在埃及已经存在古希腊诸神的名字。

古代希腊人为了祭祀"奥林匹斯诸神"，还举办了各种宗教节日游行，其中就发展出了为了祭祀"奥林匹斯诸神"而形成的奥林匹克运动会。各个希腊城邦国家共同组织奥林匹克运动会，加强了各个希腊城邦国家之间人们的交流与联系。在奥林匹克运动会期间，以"奥林匹斯诸神"的名义，禁止各个希腊城邦国家发生战争，由此形成奥林匹克运动会谋求交流与和平的宗旨。古代希腊人举办的奥林匹克运动会，也成了古代希腊人流传到后世的重要文化创造。但对于古代希腊人举办的奥林匹克运动会，希罗多德在《历史》一书中却记载道：

> 埃及人还是第一个向诸神举行庄严的集会、游行和连祷仪式的民族。希腊人从他们那里学会了所有这一切。因为在埃及，这

---

① ［古希腊］希罗多德：《历史》，徐松岩译，上海三联书店 2008 年版，第 99 页。

些惯例是从远古时代一直流传下来的，而希腊的这些惯例只是不久之前才开始有的，在我看来，这是证实我上述观点的一个很有力的证据。[1]

《历史》一书中的上述记载说明，不仅古希腊"奥林匹斯诸神"的名字来源于埃及，同时古代希腊人为了祭祀"奥林匹斯诸神"，举办各种庆典与集会活动，这也来源于古代埃及。希罗多德为了论证这种观点，也特别强调了两者形成的时间早晚关系，乃是古代埃及"是从远古时代一直流传下来"，古代希腊则"是不久之前才开始有的"。由此，希罗多德书写历史既阐明了观点，也提供了"一个很有力的证据"。

除了运用古希腊神话作为例证之外，在《历史》一书的第一卷中，希罗多德同样花了诸多笔墨，论述了古代希腊人作为一个民族与其使用的希腊语之间的密切关系，并将此作为判断雅典人属于希腊民族的重要标准。可是对于作为古代希腊人形成一个民族重要标志的希腊语，在其形成文字语言的过程中，希罗多德就认为这来源于学习腓尼基字母。对此，希罗多德就详细叙述道：

> 格菲莱伊人是属于那些和卡德摩斯一起来到希腊的腓尼基人。他们的到来，引进了极为丰富多样的技艺，在这些知识当中，就包括我认为当时尚不为希腊人所知的一套字母。起初，他们是一笔一画地照抄其他腓尼基人的，但是久而久之，字母的发音和写法渐渐地发生了变化。那时候，居住在他们周边的希腊人大都是伊奥尼亚人。因此，伊奥尼亚人学会了如何使用腓尼基字母，但他们在使用时对字母的写法却略加修改，并且一直沿用，至今他们仍旧把这些字母称为"腓尼基安"。[2]

从希罗多德的上述论述可以看出，尽管希腊语的形成，被希罗多

---

① ［古希腊］希罗多德：《历史》，徐松岩译，上海三联书店2008年版，第102页。
② ［古希腊］希罗多德：《历史》，徐松岩译，上海三联书店2008年版，第277—278页。

德视为希腊人形成一个民族的标准，可是古代希腊语发展成为字母文字，则是来源于希腊人中的伊奥尼亚人学习了腓尼基字母，并在此基础上"略加修改"，在发音与字母等方面进行了进一步的创造。古代的希腊人与腓尼基人之间，不仅存在着《历史》一书开篇就叙述的密切的货物交流，还存在着密切的语言文字交流。古代腓尼基人航行到希腊的航船，给古代希腊人带去的不仅仅有希腊人所需要的货物，同时还有可以用来借鉴学习的语言文字。希罗多德的《历史》一书中的记载，说明了希腊语发展成为一种文字语言，既来源于古代希腊人对其他民族语言的积极学习，也来源于古代希腊人在学习其他民族语言的基础上进一步积极发展创造。以此作为前提生成的古代希腊语，对后世希腊甚至整个西方世界的文化思想产生了深远影响。

通过对古希腊文化中的历法、神话、文字语言等的追根溯源，《历史》一书的第二卷，也从古代埃及文化传播到希腊的文化传播史，变化成为古代希腊文化的起源史。更为重要的是，《历史》一书书写古代地中海世界周边各民族的文化交流，不仅对服装、历法、神话、文字等具体方面的文化交流记载甚详，而且还记载了其中存在着的文化交流的具体特征。这举例说来，《历史》一书的第二卷记载古代埃及人与古代希腊人之间的文化交流，只见埃及的历法神话、字母文字等，被古代希腊人广泛吸取。而对于历史悠久与创造了丰富文化成就的古埃及人，希罗多德却谈道："埃及人反对采用希腊人的风俗习惯，简单地说，他们是反对采用任何其他民族的风俗习惯的。这种想法在全体埃及人中间都是很普遍的。"① 按照希罗多德的这一记载，古代埃及人与古代希腊人之间文化交流的具体特征，乃是一种古代埃及文化不断传入古代希腊的单向传播。

希罗多德书写的《历史》一书，除了书写古代地中海世界周边各民族文化交流的具体特征之外，还书写出了古代地中海周边世界各民族文化交流的重要制约因素。这举例说来，在《历史》一书的第一卷中叙述波斯人崛起的历史，希罗多德不仅叙述了"没有哪一个民族像

---

① ［古希腊］希罗多德：《历史》，徐松岩译，上海三联书店 2008 年版，第 110 页。

波斯人这样乐于采纳异族风俗的",而且对于波斯人乐于采纳异族风俗的具体状况还论述道:

> 在诸民族当中,离他们最近的民族,受到尊重的程度仅次于他们本族;离得远一些,则受到尊重的程度也就差些,依此类推,离得越远,受尊重的程度也就越低。这种看法的依据是,他们认为他们自己在各个方面比所有其他的人都要优越得多,认为其他的人的居住地离他们越近,优越的程度就越是高;因此居住地离他们最远的,也就一定是人类中最低等的了。①

在今天看来,希罗多德的上述叙述,是古代地中海世界周边各民族的文化交流,广泛地受困于文化自我中心主义的一段具体描述。这表面是在论述古代波斯人对其他民族的尊重程度,实则说明了这种对其他民族的尊重程度的根源,并非古代社会中盛行的远交近攻的军事策略,而是古代社会中彼此吸收对方之所长的文化交流策略。希罗多德的上述叙述也说明,这种彼此吸收对方之所长的文化交流,也犹如远亲不如近邻,其首先是受地理位置远近的影响,由此所导致的亲近疏远等情感变化,则是以自我为本的认知固有属性所滋生。这所展现出来的重要价值,也犹如当代英国历史学家约翰·伯瑞评论:

> 它把一个特定范围里相联系的各个民族的历史交织起来叙述使其不再孤立,并且使人们认识到它们在人类共同的历史上或多或少都是有意义的。在其主题所确定的那个范围里,希罗多德的包罗万象是无懈可击的。②

伯瑞的上述评论中所说,"把一个特定范围里相联系的各个民族

① [古希腊]希罗多德:《历史》,徐松岩译,上海三联书店2008年版,第53页。
② [英]约翰·伯瑞:《古希腊历史学家》,符莹岩、张继华译,上海三联书店2022年版,第31页。

的历史交织起来叙述"，这形成了希罗多德的《历史》一书的总体历史书写风格。在希罗多德的历史书写中，伯瑞所说的"相联系的各个民族的历史"既有战争，更有各民族之间的交往交流。希罗多德的《历史》一书，既是一部记述希波战争的战争史，也是一部叙述古代地中海周边世界各民族之间彼此接触、相互交流的文化交流史。

第四节　古代希腊罗马书写民族之间战争历史的变化

一　修昔底德对希腊民族形成与对外战争的历史书写变化

希波战争结束后，古代希腊文明进入了其全盛时代，但盛景难长，不久之后，古代希腊的历史发展，就爆发了斯巴达与雅典两强之间的伯罗奔尼撒战争，古代希腊文明开始由盛转衰。经历了伯罗奔尼撒战争的雅典将军修昔底德，以此为主题，书写了《伯罗奔尼撒战争史》一书，成为继希罗多德之后古希腊的又一重要历史学家。修昔底德书写的《伯罗奔尼撒战争史》一书，延续了古希腊从《荷马史诗》到希罗多德的《历史》一书注重书写战争历史的历史书写传统。古代希腊人记载的三次战争，性质也各有不同。其中，特洛伊战争是一场古代希腊人尚处于部族阶段而发动的一场对外掠夺财富的战争；希波战争则是希腊人作为一个已经民族形成，并联合起来反抗外族入侵的战争；而伯罗奔尼撒战争则是一场希腊人作为一个民族发生的斯巴达与雅典两强争霸的内战。

同时，《荷马史诗》通过神话形式叙述特洛伊战争，希罗多德书写的《历史》一书与修昔底德书写的《伯罗奔尼撒战争史》一书，则以历史学的方式叙述了希波战争与伯罗奔尼撒战争。古代希腊历史学从希罗多德书写的《历史》一书，发展到修昔底德书写的《伯罗奔尼撒战争史》一书，其对于历史书写的方法、目标以及原则等，也在逐步深化发展，其中《伯罗奔尼撒战争史》一书的第一章，可谓全书的导论，修昔底德对此就进行了详细叙述。

先就历史书写的方法来说，在《历史》一书的开篇，希罗多德已经说明了《历史》一书是其调查研究的成果。希罗多德运用的调查方法，具体表现为《历史》一书的诸多内容，主要是广泛记载了希罗多德听到的波斯人、腓尼基人、埃及人等的传说。希罗多德运用的研究方法，也具体表现为《历史》一书的诸多内容，希罗多德继续广泛叙述其对于这些传说的看法，由此将调查提升为研究。可是对于希罗多德运用的调查方法，修昔底德却有所质疑。在《伯罗奔尼撒战争史》一书的第一章中，修昔底德就指出，"在研究过去的历史而得到我的结论时，我认为我们不能相信传说中的每个细节"①。修昔底德此言也继续说明了书写历史，尽管需要广泛运用他人之言，由此作为书写往昔历史的资料来源，但在运用他人之言的过程中，千万不能人云亦云，尤其"不能相信传说中的每个细节"。

再就历史书写的目标来说，在《历史》一书的开篇，希罗多德阐明了其从事历史书写的目的，是为了保持记忆，由此使前人的丰功伟绩能够传承后世。可是修昔底德则以当时的希腊人对于希帕库斯的传说为例，说明了"其他希腊人也同样地不但对于记忆模糊的过去，而且对于当代历史，有许多不正确的猜想"②。两相比较，希罗多德论述了书写历史是为了保持记忆，可是修昔底德已经注意到人们对于过去的记忆，既存在记忆模糊的问题，也存在着充斥"许多不正确的猜想"的问题。

由此看来，在古希腊历史学发展过程中，希罗多德与修昔底德可谓双星闪耀，但比较两人之说，希罗多德所说的历史书写是依靠调查研究并用于保存记忆，可是修昔底德却既看出了历史书写广泛运用他人之言的过程中，还存在着他人之言难以属实的问题，也看出了历史书写尽管是为了保存记忆，但记忆之中往往还广泛充斥着"不正确的猜想"等问题。对于这些问题之所以形成的原因，修昔底德也详细论述道：

---

① 〔古希腊〕修昔底德：《伯罗奔尼撒战争史》，谢德风译，商务印书馆2018年版，第18页。
② 〔古希腊〕修昔底德：《伯罗奔尼撒战争史》，谢德风译，商务印书馆2018年版，第18页。

事实上，大多数人不愿意找麻烦去寻求真理，而很容易听到一个故事就相信它了。

但是，我相信、我根据上面的证据而得到的结论是不会有很大错误的。这比诗人的证据更好些，因为诗人常常夸大了他们主题的重要性；也比散文编年史家的证据更好些，因为他们所关心的不在于说出事情的真相而在于引起听众的兴趣，他们的可靠性是经不起检查的；他们的题材，由于时间的遥远，迷失于不可信的神话境界中。如果考虑到我们是研究古代历史的话，我们可以要求只用最明显的证据，得到合乎情理的正确结论。①

修昔底德的上述论述，首先在继续论述书写历史之所以不能人云亦云，是因为"大多数人不愿意找麻烦去寻求真理，而很容易听到一个故事就相信他了"。修昔底德的这种认识，相较于希罗多德书写《历史》一书运用的调查研究方法而言，其是将调查研究中广泛听取他人之言的调查方法，继续发展为特别注重对于他人之言进行仔细辨别的研究方法。

可以看出，古代希腊从希罗多德到修昔底德的历史书写方法变化，也具体表现为历史书写从广泛获取他人之言作为历史书写的资料来源，继续变化为对他人之言的资料来源进行甄别与分析。这一过程也意味着历史书写者从一个获取他人之言的搬运工，继续变化成为一个他人之言的检测者。历史书写的重点也从获取他人之言的资料堆砌，继续变化为以他人之言作为基础，对其进行更进一步的辨别与阐释。不能人云亦云，而是具有对其进行辨别与阐释的深刻见识，这也成为检验历史书写的试金石，由此历史书写的文化功能，也变为依靠其深刻见识而传播智识。

而以他人之言作为基础，对其进行更进一步的辨别与阐释，由此所展现出的深刻见识，这在修昔底德的论述中，已经将其目标清晰地定位为求真求实。修昔底德将历史书写原则清晰地定位为求真求实，

---

① ［古希腊］修昔底德：《伯罗奔尼撒战争史》，谢德风译，商务印书馆2018年版，第19页。

这表现在修昔底德的上述论述中，其是通过论述书写的历史与充斥着神话故事的史诗之间的关键差异而具体表现出来的。修昔底德的上述论述已经说明，充斥着神话故事的史诗的关键问题，在于"他们所关心的不在于说出事情的真相而在于引起听众的兴趣，他们的可靠性是经不起检查的"。

修昔底德将历史书写的目标清晰地定位为求真求实，这最为突出的表现，就是其从希罗多德说明的其历史书写的目标是"保存记忆"，变化成为修昔底德上述论述所说的"说出事情的真相"。至于"说出事情的真相"需要运用的方法，这在修昔底德看来，"可以要求只用最明显的证据，得到合乎情理的正确结论"。运用"明显的证据"，说出"合乎情理的正确结论"，也成了贯穿历史书写整个过程的关键线索。至于"说出事情的真相"面临的困难，修昔底德的表述已经说明，这主要是由于人类社会中的语言尽管千千万万，但"说出事情的真相"与"引起听众的兴趣"，两者之间实则存在着内在矛盾。由此可见，历史书写的目标究竟是探索事情的真相，抑或吸引兴趣，两者之间的关系，这既是古代希腊历史学从史诗中破茧而出的关键问题，同时也说明后世历史学发展过程中出现的科学与艺术之争，这早在古代希腊历史学的发展过程中，已是小荷已露尖尖角。

而修昔底德能看出"说出事情的真相"与"引起听众的兴趣"之间的关系存在着内在矛盾，这也说明在伯罗奔尼撒战争中身为雅典将军的修昔底德，对于其主要书写的伯罗奔尼撒战争的历史，也存在深刻的认识。一方面，尽管修昔底德已经将历史书写的目标，明确地定为"说出事情的真相"，可是修昔底德流传下来的文字叙述，也说明修昔底德已经深刻认识到"说出事情的真相"，这个被后世之人嘲笑为"历史学家的崇高梦想"，将会面临着无限困境。另一方面，修昔底德流传下来的文字叙述，还说明修昔底德已经深刻认识到，"说出事情的真相"与"引起听众的兴趣"两者之间之所以存在着内在矛盾，这可以追根溯源到人性，其往往表现为人们辨别真相实在是耗神费力，由此仅仅寄托于兴趣与嗜好。在《伯罗奔尼撒战争史》一书中，修昔底德就对此也谈道：

关于战争事件的叙述，我确定了一个原则：不要偶然听到一个故事就写下来，甚至也不单凭我自己的一般印象作为根据；我所描述的事件，不是我亲自看见的，就是我从那些亲自看见这些事情的人那里听到的，经过我仔细考核过了的。就是这样，真理还是不容易发现的：不同的目击者对于同一个事件，有不同的说法，由于他们或者偏袒这一边，或者偏袒那一边，或者由于记忆的不完全。我这部历史著作很可能读起来不那么引人入胜，因为书中缺少虚构的故事。但是如果那些想要清楚地了解所发生的事件和将来也会发生的类似的事件（因为人性总是人性）的人，认为我的著作还有一点益处的话，那么，我就心满意足了。我的著作不是只想迎合群众一时的嗜好，而是想垂诸永远的。①

修昔底德的上述论述，乃是在古希腊历史学发展过程中，对历史书写的对象、方法、原则与目标等，进行了一段深刻细致的重要论述。先就历史书写的对象来说，修昔底德上述论述中首先就强调"关于战争事件的叙述"，这说明了从《荷马史诗》记载的特洛伊战争、到希罗多德的《历史》一书记载的希波战争、再到修昔底德的《伯罗奔尼撒战争史》一书记载的伯罗奔尼撒战争史，这一过程尽管经历了从史诗发展为历史学的根本性质变化，但主要的书写对象都是集中于战争。修昔底德书写的《伯罗奔尼撒战争史》一书，继续发展古代希腊将历史书写对象集中于战争的历史书写传统。这种历史书写对象选择所形成的史学传统，也在后世欧洲众多历史学著作之中继续传承。

再就历史书写的原则与方法来说，修昔底德的上述论述中特别强调，"我这部历史著作很可能读起来不那么引人入胜，因为书中缺少虚构的故事"，这是继续说明了修昔底德在书写战争历史的过程中，已经明确地将历史书写的目标确定为求真求实。修昔底德上述论述中还说道，"真理还是不容易发现的"，也是在继续说明将历史书写的目标确定为求真求实，这将会遇到无数困境。修昔底德所运用的应对方

① ［古希腊］修昔底德：《伯罗奔尼撒战争史》，谢德风译，商务印书馆2018年版，第20页。

法，既是强调"亲自看见"，也是强调"仔细考核"。可以看出，历史书写究竟应该是"说出事情的真相"，或者是"引起听众的兴趣"，这在修昔底德看来，两者之间的关系没有任何调和的余地。

最后就历史书写的目标来说，修昔底德上述论述中所说，"如果那些想要清楚地了解所发生的事件和将来也会发生的类似的事件（因为人性总是人性）的人，认为我的著作还有一点益处的话，那么，我就心满意足了"，这既是修昔底德阐述其书写《伯罗奔尼撒战争史》一书的主要目的，也说明了历史书写求真求实的道路尽管遭遇无数困境，但却对于"了解所发生的事件"与避免"发生类似的事件"，也是"还有一点益处"。由此，修昔底德书写的《伯罗奔尼撒战争史》一书，这引发古代希腊历史学的发展变化，既是将书写的历史，变化成为可供学习与借鉴的对象，也将洞悉人性与直指人心，变化成为一项历史学家需要具备的重要技艺。

修昔底德在其书写的《伯罗奔尼撒战争史》一书中，展现出历史学家需要具备的能够洞悉人性与直指人心的重要技艺，这一方面表现为修昔底德洞悉人性的具体状况，乃是如其所说，"大多数人不愿意找麻烦去寻求真理，而且很容易听到一个故事就相信它了"。修昔底德此言说明，人云亦云、轻信他言，乃是修昔底德所在的古代希腊时代的多数人的本性，修昔底德对此的洞悉颇为深刻。另一方面为修昔底德书写《伯罗奔尼撒战争史》一书，对于其主要叙述的伯罗奔尼撒战争的战争原因，修昔底德的叙述则是一言直指人心，将其归结为历史发展过程中的此消彼长，引发了历史长河中的人心变化。对于其所书写的伯罗奔尼撒战争的原因，修昔底德就直接指出，"使战争不可避免的真正原因是雅典势力的增长和因而引起的斯巴达的恐惧"[①]。

由此可以看出，早在20世纪初，法国历史学家古斯塔夫·勒庞研究18世纪晚期出现的法国大革命，将引发与推进法国大革命的原因，归结为仇恨、恐惧、野心、嫉妒、虚荣以及热情等人类心理与

---

① ［古希腊］修昔底德：《伯罗奔尼撒战争史》，谢德风译，商务印书馆2018年版，第21页。

人间情感。① 将人类历史的具体变化发展过程，归结为人类的心理变化与情感变化，这种被称为心理史与情感史等的历史认识思路与历史研究方法，早在修昔底德的历史研究中，也初露端倪。修昔底德的历史书写，已经指明古代希腊雅典势力增长引起斯巴达的恐惧，这种人类心灵中生长出来的具体情感表现，会将人类历史发展引入陷阱，并成为修昔底德观察伯罗奔尼撒战争的重要视角。

　　将修昔底德的这种历史书写方法，再与希罗多德书写的《历史》一书相互比较。希罗多德书写的《历史》一书，将希波战争爆发的原因，归结为波斯入侵希腊并激起希腊反抗的一场战争，希罗多德先是借波斯人之口，从叙述特洛伊战争着手，由此展现波斯人以希腊人发动特洛伊战争作为借口，阐释双方结怨的根源。紧接着希罗多德再通过叙述吕底亚的历史，由此寻找"入侵希腊的肇始者"，继而引出波斯继续入侵希腊。希罗多德的这种历史书写过程，可谓极尽蜿蜒曲折、曲径通幽之能事。而修昔底德对于战争原因的书写认识，则是直截了当，简洁明确。在直接点明了关键性的史识之后，修昔底德随后就叙述科林斯卷入伊庇丹城的内部纷争，冲突不断层层升级，由此扩展为雅典与斯巴达双方的伯罗奔尼撒战争。

　　修昔底德书写的《伯罗奔尼撒战争史》一书，尽管主要内容是记载古代希腊人中雅典与斯巴达的两强相争，但在《伯罗奔尼撒战争史》一书的第一章，修昔底德还是既阐述了希腊民族形成的基本概况，也阐述了希腊人经历的对外战争与希腊人形成一个民族的内在关系。与希罗多德书写的《历史》一书相比较，修昔底德在《伯罗奔尼撒战争史》一书中，仅仅用了寥寥数语，就非常清晰地叙述了古代希腊人形成为一个民族的具体概况。这举例说来，对于希腊人作为一个民族的形成过程，修昔底德就谈道：

　　　　现在所称为希腊的国家，在古时没有定居的人民，只有一系

————————————————

　　① ［法］古斯塔夫·勒庞：《法国大革命与革命心理学》，倪复生译，北京师范大学出版社2015 年版，第45—49 页。

列的移民；当各部落经常受到那些比他们更为强大的侵略者的压
迫时，他们总是准备放弃自己的土地。当时没有商业；无论在陆
地上或海上，没有安全的交通；他们利用土地，只限于必需品的
生产；他们没有剩余作为资本；土地上没有正规的耕种；因为他
们没有要塞的保护，侵略者可以随时出现，把他们的土地夺去。
这样，他们相信别处也和在这里一样，可以获得他们每日的必需
品，所以他们对于离开他们的家乡也没有什么不愿意的，因此，
他们不建筑任何或大或小的城市，也没有取得任何重要的资源。①

　　修昔底德生活的时代，依然是希腊人刚从氏族与部落走出并发展
成为一个民族的时代。修昔底德的上述叙述，清晰地呈现了希腊人作
为一个民族形成之前，处于部落时代的基本社会面貌。古代希腊人在
部族时期的总体社会特征，乃是不断迁徙流动，"总是准备放弃自己
的土地"。古代希腊人在部落时代不断迁徙流动的总体社会特征之中，
商业、交通安全、土地的利用与耕种、剩余产品、防卫要塞等，也没
有出现。人们既没有萌生地域意识，也没有萌生家乡观念，"他们对
于离开他们的家乡也没有什么不愿意的"。

　　同时，修昔底德的叙述，也说明了古代希腊人作为一个民族的形
成过程，也具体表现为从部落时代的不断迁徙移动，逐步发展为定居
一地。在此过程中，商业、交通、耕种土地、修建要塞等民族的生产
生活状况，也开始从无到有，并不断发展，由此地域意识、家乡观念
等开始萌生。当民族定居一地，并在社会生产与社会生活等诸多方面
不断创造发展，由此防止外族入侵，避免民族生产生活等诸多创造成
就毁于一旦，也成了民族形成之后的历史发展关键。修昔底德在《伯
罗奔尼撒战争史》一书中，清晰地叙述了希腊人形成为一个民族，这
在其所进行的对外战争过程中表现得非常明显。对此，修昔底德就详
细谈道：

---

① ［古希腊］修昔底德：《伯罗奔尼撒战争史》，谢德风译，商务印书馆2018年版，第2—3页。

　　还有一点，照我看来，可以作为这个国家早期居民的弱点的良好证据：在特洛伊战争以前，我们没有关于整个希腊共同行动的记载。当然，我认为这个时候，整个国家甚至还没有叫做"希腊"。在丢开利翁的儿子希仑以前，希腊的名称根本还没有；各地区以各种不同的部落名号来称呼，其中以"皮拉斯基人"的名号占主要地位。希仑和他的儿子们在泰俄提斯的势力增长，并且以同盟者的资格被邀请到其他国家以后，这些国家才因为和希仑家族的关系，各自称为"希仑人"。但是经过很久之后，这个名称才排弃了其他一切名称。关于这一点，在荷马的史诗中可以找到最好的证据。荷马虽然生在特洛耶战争以后很久，但是他从来没有任何地方用"希仑人"这个名称来代表全部军队。他只用这个名称来指阿溪里部下的泰俄提斯人；事实上，他们就是原始的希仑人。其余的人，在他的诗中，他称为"得纳安人""亚哥斯人"和"亚加亚人"。他甚至没有用过"外族人"这个名词；我认为在他的那个时候，希腊人还没有一个统一的名称，以和希腊人以外的世界区别开来。无论如何，这些不同的希仑人集团，在特洛耶战争以前，没有参加过集体的行动。①

　　修昔底德的上述叙述，是在继续展现修昔底德对于希腊人作为一个民族形成过程的深刻认识。首先，古希腊人早期居民处于部落社会之中，不断迁徙流动，尚未定居一地，没有出现商业、交通安全、土地的利用与耕种、剩余产品、防卫要塞等，这被修昔底德视为古希腊"早期居民的弱点"。修昔底德这一论述，也说明了从氏族、部落到民族的发展过程，乃是修昔底德衡量古代社会各地历史发展的重要标准。其次，民族的形成也需要名实相符，需要表现为具有民族的名称。希腊"早期居民的弱点"，不仅表现为没有发展成为定居一地，还表现在名称方面，根本没有"希腊人"的总体名称，也没有"希腊人"与

_____

　　① ［古希腊］修昔底德：《伯罗奔尼撒战争史》，谢德风译，商务印书馆2018年版，第3—4页。

"异族人"的彼此相对，只存在各个部族的名称。修昔底德这一论述，也说明了民族的形成与人们对于民族的认知，乃是一个相伴而生的过程。最后，古希腊人还没有形成民族之前的名称状况，修昔底德则用《荷马史诗》的相关叙述作为论据，《荷马史诗》中所说的古希腊人各个部族的名称，已经被修昔底德转化成为希腊人在形成一个民族之前是处于部落社会的重要证据。

当然，在所有这些论据之中，修昔底德的上述叙述中提供的更为重要的证据，还包括修昔底德特别强调，"这些不同的希伦人集团，在特洛伊战争以前，没有参加过集体的行动"。修昔底德这一论述，已经触及特洛伊战争与希腊作为一个民族形成之间的关系问题。在修昔底德看来，特洛伊战争与希腊作为一个民族的形成过程，两者之间并没有密切的联系。对于特洛伊战争的性质，修昔底德也继续明确指出："这时候海上的交通比较便利些了，所以不只是希伦人，还有住在沿海和岛屿上的蛮族都把海上劫掠作为共同的职业。"[1] 这说明在修昔底德看来，特洛伊战争只不过是尚处于氏族、部落阶段的古希腊人，彼此联合起来远征特洛伊劫掠财富。

这与希罗多德《历史》一书对于特洛伊战争的叙述相比较，希罗多德的《历史》一书只是叙述了引发特洛伊战争的相关史实，而修昔底德的论述，则变化成为将特洛伊战争对外劫掠的战争性质明确地描述了出来。为了论证这一认识，修昔底德也进一步提供依据进行说明。修昔底德就指出，"在那个时候，这种职业完全不认为是可耻的，反而当作光荣的。"[2] 修昔底德的这一叙述，寥寥数语将古代希腊处于氏族与部落时代抢劫盛行的历史面貌，叙述得入木三分，充分展现了修昔底德认识往昔历史的深邃眼光。

为了说明古代希腊人在部落阶段不以抢劫为耻，而以抢劫为荣的历史发展状况，修昔底德也进一步提供论据继续对此进行说明。修昔底德所列举的证据，就包括修昔底德既列举了其所在时代希腊大陆上

---

① ［古希腊］修昔底德：《伯罗奔尼撒战争史》，谢德风译，商务印书馆2018年版，第4页。
② ［古希腊］修昔底德：《伯罗奔尼撒战争史》，谢德风译，商务印书馆2018年版，第4页。

的很多居民，是依靠海上劫掠而致富，也列举了其所在时代，希腊人仍然存在广泛携带武器的习俗。由此，历史书写被修昔底德发展成为既需提供证据也需展现深刻认识的严密逻辑论证。修昔底德也谈到，在特洛伊战争之后，"经过了许多年代，遇着许多困难之后，希腊人才能够享受和平的定居生活，人民迁徙的时代才告终结"①。由此，修昔底德的历史书写，也详细书写出了古代希腊人从部落时代的抢劫盛行到民族形成后的和平定居这一重要变化过程。

可以看出，对于希腊人作为一个民族的形成过程以及伯罗奔尼撒战争爆发的原因等，修昔底德在《伯罗奔尼撒战争史》一书中的历史书写，既展现出了其深刻认识，也能对此提供具体的史实作为证据，由此史家三绝中的史学、史才、史识兼备。而贯穿《伯罗奔尼撒战争史》全书的一个重要深刻认识，则是修昔底德认为希腊人"不能联合一致"，而其主要书写的伯罗奔尼撒战争史，则是对此深刻认识提供证据的重要史实。

修昔底德认为希腊人"不能联合一致"的深刻认识，这在修昔底德叙述希腊民族的起源与形成过程中，就已经充分显露了出来。修昔底德叙述希腊民族的起源与形成过程，尽管详细叙述了希腊人发展为定居一地并形成城邦，积极开展对外殖民活动，海上商贸运输也有所发展，可是对于这一切，修昔底德却总结道，"在长期中，整个希腊的国家不能联合一致，做出什么了不起的事业来，就是单独的城市也缺乏进取心"②。修昔底德此言说明，尽管古代希腊被后世欧洲无数人们视为欧洲文化的古代典范，可是这在身处古代希腊的修昔底德看来，古代希腊历史发展却存在"不能联合一致"的根本缺陷，由此不能"做出什么了不起的事业来"。

在这种对于古代希腊历史的根本性认识的支配之下，古代希腊历史发展过程中出现的希腊人与波斯人之间的希波战争，这尽管被希罗多德的《历史》一书大书特书，可是在修昔底德书写的《伯罗奔尼撒

---

① ［古希腊］修昔底德：《伯罗奔尼撒战争史》，谢德风译，商务印书馆2018年版，第12页。
② ［古希腊］修昔底德：《伯罗奔尼撒战争史》，谢德风译，商务印书馆2018年版，第16页。

战争史》一书中，则是寥寥数语一带而过。对于希波战争，修昔底德的《伯罗奔尼撒战争史》一书记载道：

> 希腊僭主政治终结不久，波斯人和雅典人发生了马拉松的战役。十年之后，外族敌人又带着巨大的军队想来征服希腊；在这个危急的时候，斯巴达人指挥希腊的联军，因为他们的势力最为强大。雅典人在被侵略的时候，决心放弃他们的城市，拆毁他们的房屋，登上他们的船舶，全部人民成为水手，共同努力把外族的入侵击退。①

可以看出，修昔底德笔下的希波战争，已经说明了在面对波斯大军入侵时，斯巴达与雅典还是能够联合起来，共同抗击外族入侵。但在修昔底德看来，这不过是古代希腊历史发展过程中的昙花一现。修昔底德在叙述了斯巴达与雅典联合起来抗击外族入侵的希波战争之后，立即转入了叙述斯巴达与雅典两强相争的伯罗奔尼撒战争。

因此，正如当代美国历史学家海登·怀特将历史著作分为喜剧与悲剧等的分类方法，古代希腊历史学发展过程中，出现了希罗多德书写的《历史》一书与修昔底德书写的《伯罗奔尼撒战争史》一书，这尽管是古希腊历史学发展过程中出现的两部重要历史学著作，但所谓月有阴晴圆缺、人有悲欢离合，古代希腊所涌现出的这两部历史著作，也是悲喜交加、各有风格，各自书写出了古代希腊人作为一个民族历史发展过程中的悲欢离合。其中希罗多德书写的《历史》一书，叙述了古代希腊人能够联合起来，共同反抗波斯大军入侵，通过书写希腊人的凝聚团结，由此整部著作呈现出一种志得意满、喜气洋洋的喜剧风格。而修昔底德书写的《伯罗奔尼撒战争史》一书，在书写古希腊人出现的斯巴达与雅典之间彼此纷争的过程中，则是满纸辛酸泪，其中的无数语言叙述，尽显修昔底德书写历史过程中心中所怀的忧郁，由此整部著作弥漫着一种浓厚的悲剧气氛。

---

① ［古希腊］修昔底德：《伯罗奔尼撒战争史》，谢德风译，商务印书馆2018年版，第17页。

二 古代希腊罗马转向注重书写对外扩张的战争历史

自伯罗奔尼撒战争后，希腊城邦国家开始走向衰落。此后古希腊的历史发展，出现了马其顿崛起。马其顿国王亚历山大带领希腊各个城邦国家远征东方，击溃了在希波战争中入侵希腊的波斯帝国，建立了横跨欧亚非三洲的大帝国，但帝国旋即分崩离析。随后，欧洲历史发展的重心由东向西转移，亚平宁半岛上的罗马崛起，首先统一了亚平宁半岛，继而东征西战，建立起了横跨欧亚非三洲的大帝国，地中海成为庞大的罗马帝国的内湖，地处欧亚非三洲的地中海周边世界的历史发展，长期深受古典罗马文明的影响。在欧洲历史发展从深受希腊文明影响变化为深受罗马文明影响的过程中，古代希腊由希罗多德与修昔底德所开创的欧洲历史书写发展过程，在历史书写的内容与方法等方面，既在继承希罗多德与修昔底德所开创的历史书写传统，也在希罗多德与修昔底德的历史书写基础上不断发展变化。

先就历史书写的内容来说，尽管古代希腊历史学诞生的过程，乃是从史诗中破茧而出，但在从史诗变化为历史著作的形式变化中，书写对象却一直是聚焦战争。其中希罗多德书写的《历史》一书与修昔底德书写的《伯罗奔尼撒战争史》一书，就记载了古代希腊人经历的两次重要战争。这发展到了伯罗奔尼撒战争之后的古希腊时期以及整个古罗马时期，尽管历史著作越积越多，由此欧洲史学史的发展过程，也犹如长河形成一般流程逐渐变长，河面也逐渐变宽，可是这条史学史长河中无数历史著作的书写内容，却是千年难变，依然是在广泛书写古希腊人与古罗马人经历的战争。

这举例说来，古代希腊人经历的希波战争与伯罗奔尼撒战争，是影响古代希腊历史发展的重要事件，由此各自分别成为《历史》一书与《伯罗奔尼撒战争史》一书的主要书写内容，而自伯罗奔尼撒战争之后出现的亚历山大远征，既是影响古代希腊后期历史发展的重要事件，同时也成为后世欧洲历史学家的重要历史书写内容。其中公元2世纪古希腊历史学家阿里安据此书写的《亚历山大远征记》一书，该书的开篇阿里安就谈道：

> 托勒密（拉加斯之子）和阿瑞斯托布拉斯（阿瑞斯托布拉斯
> 之子）都曾撰写过亚历山大（腓尼之子）的历史。他们二人所叙
> 述一致的事迹，我都作为相当准确的材料记载在我这本书里；不
> 一致的地方，我就选用我认为比较接近事实、比较有记述价值的
> 东西。关于亚历山大的事迹，别的人也有许多撰述。事实上，还没
> 有一个人物像他那样有这么多历史学家进行记述，所记内容又这么
> 不一致。我认为托勒密和阿瑞斯托布拉斯的记述较为可靠。[①]

阿里安这一论述也继续说明，对于亚历山大远征这一影响古代欧
亚非三洲历史发展的重要事件，早在阿里安之前，就已经成为阿里安
所说的托勒密与阿瑞斯托布拉斯的重要历史书写内容。阿里安的《亚
历山大远征记》一书的历史书写，是在前人书写内容的基础上继续
发展。

从阿里安上述的论述还可以看出，这种书写内容的传承与发展，
也蕴含着古代希腊历史书写的方法在不断发生变化。其中比较突出的
表现就是历史书写所需运用的他人之言，从公元前 5 世纪希罗多德书
写《历史》一书，广泛听取波斯人、埃及人等他人口中之言，已经变
化成为公元 2 世纪阿里安书写《亚历山大远征记》一书，广泛运用托
勒密与阿瑞斯托布拉斯书写亚历山大的历史形成的文字材料。由此历
史书写的材料来源，尽管存在着必须运用他人之言的共同特征，可是
历史书写需要运用他人之言的过程，却出现了从运用他人口中所说发
展成为运用他人笔下所写的内在变化。

阿里安的上述论述也说明，对他人之言进行核实辨析的历史书写
原则，这在希罗多德书写《历史》一书所运用的"研究"方法中，就
已经初露端倪，而在修昔底德书写《伯罗奔尼撒战争史》一书，修昔
底德则明确地将其确定为，"要求只用最明显的证据，得到合乎情理

[①]　［古希腊］阿里安：《亚历山大远征记》，李活译，商务印书馆 1979 年版，第 11 页。

的正确结论"，这发展到阿里安书写的《亚历山大远征记》一书中，则具体表现为阿里安上述论说中所说的，"选用我认为比较接近事实，比较有记述价值的东西"。由此可见，古代希腊历史学发展过程中，对于他人之言的历史书写材料来源，尽管经历了从运用他人的口中所说变化为他人的笔下所写的变化过程，可是犹如历史书写运用他人的口中所说作为材料来源，千万不能人云亦云，历史书写运用他人的笔下所写作为材料来源，也是尽信书不如无书，其需要对众多的文字书写材料进行核实辨析，找出如阿里安所说，"我认为比较接近事实，比较有记述价值的东西"。

可以看出，古代希腊的历史书写发展过程，已经说明历史书写尽管必须运用语言叙述作为工具，但历史书写在其自身发展过程中，已经变化成为对他人所说的口头语言与他人所写的文字语言进行核实辨析的一种技艺。而对他人的口头语言与文字语言进行核实辨析的目标，则力求历史书写运用的语言所指涉的具体内容，应是往昔历史岁月中发生的真实之事。历史书写虽然是一种言辞结构，但这种言辞结构的根本目标是为了求真求实，这在古代希腊历史学的发展过程中，已经逐步发展成为一种历史书写的重要传统。

而对于古希腊人经历的战争的原因与后果等历史书写内容，阿里安的《亚历山大远征记》一书对此的历史书写，却出现了诸多较大变化。这具体说来，希罗多德书写的《历史》一书，花费了诸多笔墨叙述了希波战争爆发的原因，而修昔底德书写的《伯罗奔尼撒战争史》一书，也在书中直接说明了伯罗奔尼撒战争爆发的原因，阿里安书写的《亚历山大远征记》一书，尽管书中所记载的亚历山大大军与波斯大流士三世军队之间的战争，乃是希罗多德书写的《历史》一书主要记载的希波战争的后续过程，可是对于亚历山大发动远征的原因，阿里安书写的《亚历山大远征记》一书所用的历史书写方法，对此采取了避而不书、隐而不写的策略。全书在开篇交代了其所运用的材料来源以及对此的应对方法之后，则是直接就开始叙述亚历山大远征的战争过程。

更为重要的是，对于希波战争中的希腊一方而言，从希罗多德的

《历史》一书所书写的希波战争，发展成为阿里安的《亚历山大远征记》一书所书写的希波战争，已经从防御变化成为进攻。阿里安的《亚历山大远征记》一书的主要历史书写内容，主要是歌颂亚历山大在对外征服战争中取得的重要军事成就，由此欧洲古代的历史书写逐渐发展成为书写征服其他民族取得重要军事成就的一种"军功记"。在《亚历山大远征记》一书中，阿里安叙述了亚历山大远征的历史发展过程后就总结道：

> 我确信无疑，在当时，全世界没有哪一个种族、哪一个城市或哪一个人没有听到亚历山大这个名字。因此，即使是我，也不能设想，像他这样超乎一切人之上的人，在出生时没有一点神力的影响。而且亚历山大的死，据说神也早有预示，各式各样的人也有这方面的梦幻。全人类对他这样超乎一切的崇敬，在他死后对他这样超乎对一切人的怀念，也都使人得到同样的结论。①

阿里安书写《亚历山大远征记》一书所在的公元 2 世纪，此时欧洲历史发展正是古代罗马文明的鼎盛时期。古代罗马的历史发展，从罗马作为一个"七丘之城"，发展成为一个将地中海作为内湖的大帝国，主要是依靠一步步对外扩张战争而完成的。阿里安的《亚历山大远征记》一书，将主要书写内容集中于书写亚历山大在对外征服战争中取得的重要军事成就。这种历史书写具体内容的变化，也是符合其所在时代的罗马历史发展特征。

除了阿里安书写的《亚历山大远征记》一书的具体内容乃是适应其时之外，古代罗马广泛吸取希腊文化而出现的众多历史学著作，同样将古代罗马的对外扩张战争作为历史书写的重要内容。由此，古希腊后期与古代罗马的历史书写，尽管延续着希罗多德与修昔底德的历史书写注重书写战争的传统，但历史书写的具体内容，已经从希罗多德的《历史》一书主要书写希波战争中希腊抵御外族入侵的事迹，变

---

① 〔古希腊〕阿里安：《亚历山大远征记》，李活译，商务印书馆 1979 年版，第 292—293 页。

化成为歌颂亚历山大以及古代罗马在对外征服战争中取得的重要军事成就。

这举例说来，公元 2 世纪古罗马历史学家阿庇安书写的《罗马史》一书，就典型地呈现古代罗马的历史书写，将主要内容集中于书写古代罗马对外征服扩张的历史书写风格。阿庇安在其书写的《罗马史》一书的开篇就强调，"在有意写罗马人的历史的时候，我认为必须从罗马人统治下诸民族的疆域开始"①。阿庇安紧接着列举"罗马人统治下诸民族的疆域"，包括了诸民族生活的大不列颠岛、北非、西亚、多瑙河流域与莱茵河流域的广阔领域。当对此一一列举完毕之后，阿庇安就指出，"罗马人虽然占有了一个包括这样多、这样大的一些民族的帝国，但是罗马人辛勤操劳了五百年，经过诸多艰难困苦才在意大利本部巩固地建立了他们的势力"②。阿庇安此言，说明了其书写《罗马史》一书的主旨，是主要书写古代罗马征服其他民族由此开疆拓土的历史发展过程。

在此历史书写的主旨之下，阿庇安也感慨道，"直到现在，还没有一个帝国曾经占有这样广阔的领土和维持这样长久的时间"③。将阿庇安书写的《罗马史》一书与阿里安书写的《亚历山大远征记》一书相互比较，这两部史书都共同呈现了古代希腊晚期与古罗马的历史书写，已经发展为书写古代希腊与古代罗马对外扩张的历史。这与希罗多德书写《历史》一书详细叙述入侵希腊的肇始者与继任者相比较，说明欧洲古代的历史书写已经悄然发生了巨大变化。这两部史书的差异之处，也主要表现为在讴歌古代希腊与古代罗马对外扩张历史过程的共同特征之下，存在着具体书写内容差异。其中阿里安书写的《亚历山大远征记》一书，主要书写亚历山大在对外征服战争中取得的重要军事成就，其是昙花一现，而阿庇安书写的《罗马史》一书，则是书写古代罗马人作为一个民族在对外征服战争中取得的重要军事成就，

---

① ［古罗马］阿庇安：《罗马史》，谢德风译，商务印书馆 1963 年版，第 1 页。
② ［古罗马］阿庇安：《罗马史》，谢德风译，商务印书馆 1963 年版，第 12 页。
③ ［古罗马］阿庇安：《罗马史》，谢德风译，商务印书馆 1963 年版，第 13—14 页。

其则如阿庇安所感慨，"维持这样长久的时间"。

在书写古代罗马人作为一个民族在对外征服战争中取得重要军事成就的过程中，阿庇安也将古代罗马人征服其他民族过程中所表现出来的谨慎、勇敢、忍耐和艰苦奋斗等，概括成为罗马人能够征服其他诸多民族的民族精神。对此，阿庇安就写道："由于谨慎和幸运，罗马人的帝国达到伟大而持久的地位；当取得这个地位的时候，在勇敢、忍耐和艰苦奋斗方面，他们超过了所有其他的民族。"[①] 可以看出，近代德国哲学家黑格尔阐述其历史哲学与唯心史观，阐明了历史书写需要呈现民族精神，这早在古代罗马历史学家阿庇安的历史书写中已经付诸实践。

更为重要的是，黑格尔阐述其历史哲学与唯心史观注重的民族精神，是通过民族之间的对立与对抗呈现出来的。古罗马历史学家阿庇安将古代罗马人征服其他民族过程中所表现出来的谨慎、勇敢、忍耐和艰苦奋斗等，概括成为罗马人能够征服其他诸多民族的民族精神，这也是通过与亚细亚诸民族的对立与对抗而书写出来。对此，阿庇安就书写道："关于成就和勇敢方面，亚细亚帝国是不能和欧罗巴最小的国家相比的，因为亚细亚诸民族优柔寡断和懦弱无能，正如在这部历史的进展中所将表现出来的。"[②] 由此可以看出，在从公元前 5 世纪希罗多德书写的《历史》一书，发展到公元 2 世纪阿庇安书写的《罗马史》一书，这所展现出来欧洲从古代希腊到古罗马的历史书写发展过程中，亚细亚诸多民族的形象也在发生变化。在希罗多德书写的《历史》一书中，亚细亚诸民族中的吕底亚人与波斯人，乃是前仆后继入侵欧罗巴的肇始者与继任者，可是到了阿庇安书写的《罗马史》一书中，亚细亚诸民族已经变成"优柔寡断和懦弱无能"。

而阿庇安的写史之笔描绘出来的亚细亚诸民族的优柔寡断和懦弱无能，也是通过书写古罗马对外征服扩张过程，由此比较亚细亚与欧罗巴以及阿非利加诸民族的不同反应而描绘出来的。对此阿庇安就写

---

① ［古罗马］阿庇安：《罗马史》，谢德风译，商务印书馆 1963 年版，第 16 页。

② ［古罗马］阿庇安：《罗马史》，谢德风译，商务印书馆 1963 年版，第 14 页。

道："罗马人所控制的是这样的亚细亚民族，所以他们在几次战役中就把它们征服了，虽然马其顿人也和它们联合起来自卫；而罗马人之征服阿非利加和欧罗巴，在许多情况下，却是竭尽了他们的力量的。"①

当介绍了其所书写的《罗马史》一书的写作主旨之后，阿庇安紧接着也谈到了全书的书写结构安排。阿庇安书写的《罗马史》一书的前三卷，主要是叙述罗马人在意大利半岛的征服扩张过程。前三卷中的第一卷，主要叙述罗马王政时期的历史；前三卷中的第二卷，主要叙述罗马对意大利半岛除亚德里亚海滨之外的地区的征服；前三卷中的第三卷，则是主要叙述罗马对居住在亚德里亚海滨的萨谟尼安人的征服。对于该书第三卷阿庇安也具体写道："最后一个民族是萨谟尼安人，他们住在亚德里亚海滨，罗马人在最困难的情况下，和他们斗争了八十年，但是最后罗马人征服了他们，并征服了跟他们同盟的邻近民族以及意大利南部的希腊人。"② 在前三卷书写了罗马人在意大利半岛的征服扩张之后，《罗马史》一书的其余各卷，则具体书写罗马人对意大利半岛之外的各个地区与民族的征服扩张，对此阿庇安就谈道：

> 其余诸卷将按照其内容，命名为《克勒特史》《西西里史》《西班牙史》《汉尼拔战争史》《迦太基史》《马其顿史》等等。这些历史彼此前后的次序是按照罗马人跟那个民族发生战争时间的顺序，虽然那个民族灭亡以前的许多其他的事情也插入其中了。③

可以看出，罗马人不断侵略扩张并开疆拓土的历史发展过程，构成了贯穿阿庇安书写的《罗马史》全书的主要线索。在交待了全书的著史主旨与结构安排之后，阿庇安选择了古代罗马对外征服战争的起

---

① ［古罗马］阿庇安：《罗马史》，谢德风译，商务印书馆1963年版，第14—15页。
② ［古罗马］阿庇安：《罗马史》，谢德风译，商务印书馆1963年版，第18页。
③ ［古罗马］阿庇安：《罗马史》，谢德风译，商务印书馆1963年版，第18—19页。

源，作为其书写的《罗马史》一书的历史书写起点。阿庇安就指出：
"最恰当的，是从我将叙述其勇武事迹的那个民族的起源开始。"① 阿
庇安所说"勇武事迹的那个民族"，则是罗马人。阿庇安书写的《罗
马史》一书，叙述了具有"勇武事迹的民族"的历史起源之后，紧接
着就叙述古代罗马对外征服扩张的过程。书写古代罗马人对其他民族征
服扩张的历史发展，构成了阿庇安书写的《罗马史》一书的主要内容。

三　古代希腊罗马的历史书写逐渐远离民族生产生活的历史

阿里安书写的《亚历山大远征记》一书与阿庇安书写的《罗马
史》一书等历史著作，已经从希罗多德《历史》一书中叙述的希腊人
反抗波斯大军征服的战争，发展成为叙述亚历山大以及古罗马征服其
他民族的战争，这种历史书写内容的变化，说明了一种崇尚武力征服
与军事扩张的文化思想观念，已经广泛影响希腊后期与古罗马的历史
书写。在此支配历史书写的根本思想观念发生变化的基本前提之下，
各民族生产生活、风俗习惯以及彼此之间交往交融的历史发展过程，
这本是希罗多德《历史》一书中的重要历史书写内容，但在阿里安书
写的《亚历山大远征记》一书与阿庇安书写的《罗马史》一书等历史
著作中，相关的叙述内容逐渐变得越来越稀少。

这具体说来，希罗多德书写的《历史》一书，叙述希腊人反抗波
斯大军征服的战争，先叙述波斯大军在西亚与北非的征服，并借此大
量叙述西亚与北非各民族的风俗状况。而阿里安书写的《亚历山大远
征记》一书，依然是一部希波战争史，但其叙述希腊军队东征，打败
波斯并远征印度，开篇就直接叙述战争过程。在叙述了亚历山大远征
的具体过程之后，阿里安的《亚历山大远征记》一书也专辟一卷，记
载了亚历山大远征到达的印度的风俗习惯状况。但希罗多德的《历
史》一书，先是通过前半部的四卷内容，书写希罗多德所知世界各个
民族的民风民俗，由此作为后五卷叙述的希波战争具体过程的背景介

---

① ［古罗马］阿庇安：《罗马史》，谢德风译，商务印书馆1963年版，第19页。

绍与叙史铺垫。阿里安书写的《亚历山大远征记》一书共八卷，前七卷都是叙述亚历山大远征的具体过程，第八卷才叙述亚历山大远征到达的印度的相关风俗习惯，仅仅成为全著的附属之史。

在一种崇尚武力征服与军事扩张的文化思想观念，已经广泛地支配古希腊后期与古罗马的历史书写的基本前提之下，不仅对于民族生产生活历史发展状况的书写内容在减少，同时民族生产生活历史发展状况的少数历史书写内容，也不再是展现各民族之间在生产生活中的交流，而是展现对于奇风异俗的好奇与异域财富的掠夺。举例说来，在记录了亚历山大的军队打败大流士三世大军之后，阿里安书写的《亚历山大远征记》一书的第七卷，也记载了亚历山大及其将士娶波斯女子为妻，由此大办集体婚礼，这尽管被视为一场古代希腊人与波斯人之间交流融合的"欧亚联姻"，但其却是以亚历山大对外征服的军事胜利作为根本前提。阿里安对此就谈道："人们认为，在这件事情上，亚历山大还能俯身下士，表现了战友精神。这种事倒是不多见的。新郎得到新娘之后，就都领着回家。"① 可以看出，阿里安在此的语言叙述，书写出了一万多希腊将士纷纷变化成为新郎的喜气洋洋，可是这场"欧亚联姻"中沦为新娘的众多波斯女性，则将经历背井离乡之悲，而亚历山大与大流士三世双方军队在战场上成功与失败，则成为这场婚礼中新郎之喜与新娘之悲相互交织的形成根源。这种历史书写内容所发挥的文化功效，则是会激发读史之人继续踏上对外扩张的行程。

除此之外，阿里安书写的《亚历山大远征记》一书的第八卷，书写其所征服的印度风俗状况，整体书写风格充斥着对于异域风情的好奇，而好奇之中，则特别关注印度盛产的珍珠与黄金。阿里安在《亚历山大远征记》一书中就记载道："即使是我们当代，凡是从印度买货出口到我们国家来的人，都在印度以高价收购这种珠宝运出。古时所有的希腊阔人和近代罗马的暴发户都特别热中于购买这种宝贝。"②

---

① 〔古希腊〕阿里安：《亚历山大远征记》，李活译，商务印书馆1979年版，第259页。

② 〔古希腊〕阿里安：《亚历山大远征记》，李活译，商务印书馆1979年版，第302—303页。

对于印度盛产珍珠与黄金的具体状况，阿里安也继续记载道，"印度人捉到牡蛎后，让它们的肉烂掉，用它们的外壳作装饰品。在印度，这种珍珠的价钱有时能相当于他自身重量的三倍的黄金，而金子也在印度挖掘。"① 阿里安的这种历史书写，已经将远方的印度，书写成为一个充满了珠宝与黄金的异域之地，这种历史书写传承的思想观念，则能激发后世欧洲人们在亚历山大远征之后，继续征服被视为盛产珠宝与黄金的异域之地。

　　除了阿里安书写的《亚历山大远征记》一书之外，古代罗马历史学家凯撒书写的《高卢战记》与塔西佗书写的《阿古利可拉传　日耳曼尼亚志》等历史著作，主要是凯撒与塔西佗在古代罗马对外战争中，根据自身的军旅生涯与亲身经历而书写出来的。因此，这种历史书写的特征，也是继续将历史书写内容集中于古代罗马的对外战争。在此根本性的历史书写特征的支配之下，尽管《高卢战记》与《阿古利可拉传　日耳曼尼亚志》等历史著作，也存在高卢人与日耳曼人的生产生活发展状况等方面的具体内容，这对于后世人们认识古代高卢人以及日耳曼人在古代社会中的具体历史发展状况，提供了重要的认识材料，但无论是凯撒在《高卢战记》一书中书写的古代高卢人的生产生活状况，抑或塔西佗在《阿古利可拉传　日耳曼尼亚志》一书中书写的日耳曼人的生产生活状况，这种历史书写的根本性质，是凯撒与塔西佗在古代罗马对外战争中，能够做到"百战不殆"所需的"知己知彼"。这种历史书写的主要目标，并非探索历史发展的古今之变，而是一种古代罗马对外战争中的敌情介绍。

　　在这种历史书写的根本性质的影响之下，凯撒与塔西佗等古罗马历史学家，对于古代高卢人以及日耳曼人的民族风俗的相关历史书写，也特别关注古代高卢人以及日耳曼人与战争相关的民族风俗表现。这具体说来，凯撒书写的《高卢战记》一书，也记载了古代高卢人生产生活中所形成的众多民风民俗。但其眼光主要是关注古代高卢人生产生活发展过程中形成的与战争紧密相关的民风民俗。这举例说来，凯

---

① ［古希腊］阿里安：《亚历山大远征记》，李活译，商务印书馆 1979 年版，第 303 页。

撒关注古代高卢人的社会结构，就特别关注古代高卢人各个社会等级与战争之间的关系。凯撒就记载道："祭司们向来不参加战争，也不跟其他人一样交纳赋税，他们免除了兵役和一切义务。"① 而对于古代高卢人的日常生活习惯，凯撒也记载道，"在其他的日常生活习惯中，他们主要不同于其他民族的还有一点：即自己的儿子，不到长大成人，可以在战争中服役时，不让他们公开接近自己，他们认为未成年的儿子，如果当着群众的面在父亲身边公开出现，是一种丢脸的事"②。

同时，由于古代罗马长期与古代的高卢人以及日耳曼人作战，因此在《高卢战记》一书中，凯撒的历史书写也发展为注重通过书写史实而展现各民族不同的民族性格与民族精神，可是凯撒比较古代高卢人与日耳曼人的民族性格与民族精神，主要是选择战场上所表现出的英勇状况作为标准。《高卢战记》一书就记载道，"过去有过一个时期，高卢人的英勇超过了日耳曼人，到他们那边进行侵略，而且还因为高卢人多，土地少，派人移殖到莱茵河对岸去。"③ 凯撒也认识到古代的高卢人之在战争中所表现出来的英勇，主要是其处在"贫乏、穷困和艰苦环境之中"。④ 而凯撒书写的古代高卢人在战争中非常英勇的民族性格与民族精神，在具体历史发展过程中也会发生变化，凯撒就对此记载道：

> 在高卢人方面，因为既邻接着我们的行省，又很熟悉海外的货品，无论是奢侈品还是日用品都供应很充裕，就逐渐把失败视为常事，经过多次战争中一再被击败后，连把自己跟日耳曼人在勇敢方面相提并论的想法都没有了。⑤

从凯撒的这一论述可以看出，古代高卢人由于邻近罗马，因此其

---

① ［古罗马］凯撒：《高卢战记》，任炳湘译，商务印书馆1979年版，第139页。
② ［古罗马］凯撒：《高卢战记》，任炳湘译，商务印书馆1979年版，第141页。
③ ［古罗马］凯撒：《高卢战记》，任炳湘译，商务印书馆1979年版，第144页。
④ ［古罗马］凯撒：《高卢战记》，任炳湘译，商务印书馆1979年版，第144页。
⑤ ［古罗马］凯撒：《高卢战记》，任炳湘译，商务印书馆1979年版，第144—145页。

生产生活的历史发展变化过程，也从处在"贫乏、穷困和艰苦环境之中"，逐步变化成为"无论是奢侈品还是日用品都供应很充裕"。凯撒对于古代高卢人这种生产生活的历史发展变化过程的书写，主要是为书写古代高卢人战争中逐步丧失英勇精神寻找原因，由此说明了古代高卢人在战争中所表现出来的英勇，乃是古风不存，这主要是由于古代高卢人的生活状况经历了相应的变化过程。这种历史书写的关注眼光，并非关注古代高卢人生产生活的历史发展变化过程，而是关注古代高卢人在战争中的表现所发生的内在变化。

除了凯撒书写的《高卢战记》一书之外，古罗马历史学家塔西佗书写的《阿古利可拉传　日耳曼尼亚志》一书，尽管从书名来看，该书是记录古代日耳曼生产生活各种表现的一部民族志，但书中的诸多具体内容，则说明了其特别注重记载古代日耳曼人与战争相关的生产生活状况。这举例说来，古代日耳曼人对于铁器的运用状况，塔西佗就记载道：

> 在它们那儿，铁也是很少的，这从它们兵器的形式可以看出来。他们没有剑和长枪，都使用一种短矛，他们称这种矛为"夫拉矛"，它带有一个狭而尖的铁头，非常轻便，因此，不论在短兵相接或长距离交战时，这种武器都能适用。①

可以看出，塔西佗书写的《阿古利可拉传　日耳曼尼亚志》一书，记载了古代日耳曼人对于铁器的运用状况，这并非关注铁器在生产生活中的运用状况，而主要关注的是铁器作为武器的使用状况。同样，塔西佗记载古代日耳曼人头盔、胸甲、马匹等武器装备状况，也叙述得特别细致。塔西佗的《阿古利可拉传　日耳曼尼亚志》一书，尽管内容单薄，但塔西佗对于战争方方面面的叙述却极为细致，这尽管详细描述出了古代日耳曼人在走出氏族与部落并形成民族与国家的

---

① ［古罗马］塔西佗：《阿古利可拉传　日耳曼尼亚志》，马雍、傅正元译，商务印书馆1959年版，第49页。

历史发展过程中，广泛地诉诸武力与战争的历史发展面貌，但这种详细描述，也说明了塔西佗关注古代日耳曼民族历史发展的眼光，主要是关注古代日耳曼人与战争相关的具体历史发展细节。

塔西佗书写的《阿古利可拉传　日耳曼尼亚志》一书，除了特别关注日耳曼人的武器装备之外，其记载古代日耳曼人占卜吉凶与男婚女嫁等风俗习惯，也特别注重其与战争之间的密切联系。对于古代日耳曼人占卜吉凶的相关状况，塔西佗就记载道："在重要战役之前，他们另有一种预占胜负的方法。那就是设法从敌族中捉拿一个俘虏，使他和本族中挑出来的一名勇士搏斗，各人使用本族的兵器，从这二人的胜负来看出战争的预兆。"① 而对于古代日耳曼人的男婚女嫁，塔西佗的《阿古利可拉传　日耳曼尼亚志》一书也记载道：

> 至于说到订婚的礼物，不是女方把嫁妆送给男方，倒是男方向女方交纳采礼。由父母和亲戚出面鉴定采礼，但这些采礼只是一�牛、一匹勒缰的马、一面盾、一支矛或一把剑，既不是为了迎合女人的口味，也不能用作新妇的装饰；当送了这笔采礼以后，妻子就被娶过来了，而她也带来一些盔甲之类送给自己的丈夫。他们认为这是一种最大的约束，这是一些神圣的礼节，这是一些保障婚姻的神力。为了恐怕妇女在婚后就放弃追求高贵行为的愿望和怀有避免战争危险的心理，因此，在成婚之夕，就谆嘱她应与她的丈夫共劳苦、同患难，在太平时候既与她的丈夫一同享福，遇到战争的时候也应当与他一共度过危难。驾扼之牛、勒缰之马以及那些交换的兵器也就是为了申明这种意义。②

塔西佗《阿古利可拉传　日耳曼尼亚志》一书的上述记载，说明了古代日耳曼人的日常生活，盛行着一种崇尚武力与战争的民风，

---

　　① ［古罗马］塔西佗：《阿古利可拉传　日耳曼尼亚志》，马雍、傅正元译，商务印书馆1959年版，第52页。
　　② ［古罗马］塔西佗：《阿古利可拉传　日耳曼尼亚志》，马雍、傅正元译，商务印书馆1959年版，第56页。

并浸透到古代日耳曼的婚姻习俗之中。不仅采礼与嫁妆主要是由马、盾、矛、剑、盔甲等兵器所构成，而且婚礼习俗的安排，也需防止男女联姻后女性避战的危险心理会传播给男人，由此削弱男人的尚武精神与战斗气质。这种历史书写内容，说明了塔西佗的历史观，乃是眼光紧盯战争的方方面面与点点滴滴。《阿古利可拉传 日耳曼尼亚志》一书的历史书写，也是继续将历史书写发展成为一种敌情介绍。

塔西佗的《阿古利可拉传 日耳曼尼亚志》一书，对于古代日耳曼人崇尚武力的民风民俗，除了对其具体内容进行细致书写之外，还有对其背后蕴藏着的思想观念所进行的详细分析。针对古代日耳曼人崇尚武力的民风民俗，塔西佗还谈道："他们还觉得：可以用流血的方式获取的东西，如果以流汗的方式得之，未免太文弱无能了。"[①] 塔西佗的这一论述，究竟是古代日耳曼人的思想观念，抑或塔西佗本人将古代罗马人普遍崇尚运用武力从事对外征服的思想观念，投射于其对古代日耳曼人的历史书写之中，这已经变得难以考证。

可是塔西佗这一记载的主要内容，则说明了古代日耳曼人的社会风尚，表面上看来是重武轻文，而具体内容则是注重战争轻视生产。这也说明了古代的日耳曼人或者罗马人已经认识到，在从氏族与部落发展为民族的历史发展过程之中，为了解决民族的生存与发展这个根本问题，尽管应对的方法很多，但总的说来，可以归结为流汗与流血两条主要道路。流汗需勤劳生产，而流血则需要进行对外战争。在此需要选择的十字路口，按照塔西佗的《阿古利可拉传 日耳曼尼亚志》一书的记载，古代日耳曼人主要是选择了流血的方式作为发展路径。不仅塔西佗笔下的日耳曼人如此，塔西佗所在的古代罗马历史发展过程，也是选择了依靠对外征服战争而崛起。"流血式"的武力扩展道路，也被塔西佗书写的《阿古利可拉传 日耳曼尼亚志》一书等历史著作中大书特书。

---

① ［古罗马］塔西佗：《阿古利可拉传 日耳曼尼亚志》，马雍、傅正元译，商务印书馆1959年版，第54页。

　　尽管防范崇尚武力的古代日耳曼人南下入侵罗马，构成了塔西佗书写《阿古利可拉传　日耳曼尼亚志》一书的主要目标，但历史的发展道路，却经常背离历史书写者的初衷与目标。到了公元 5 世纪，西罗马帝国最终被古代日耳曼人南下入侵所摧毁。欧洲的历史发展进入了后世欧洲众多史家所说的中世纪，锻造欧洲文明的日耳曼因素与罗马因素，也犹如两条大河彼此相汇。在此交汇之中，古代日耳曼人与古代罗马人彼此崇尚战争与武力的社会风气与思想观念，也合为一体，此后的欧洲历史发展道路，也沿着塔西佗所说的"流血式"的武力扩张道路继续前行。

第六章 中世纪晚期到 19 世纪

——欧洲书写民族之间战争历史建构民族观念的复兴

第一节 《不列颠诸王史》书写的民族意识觉醒

一 欧洲中世纪晚期与近代初期的民族意识觉醒

随着西罗马帝国的解体，欧洲进入中世纪。中世纪的欧洲具有双重面貌，其既是一个封建制度盛行的世俗欧洲，也是一个基督教神学笼罩的欧洲，封建制度与基督教犹如两根支柱，共同形成了欧洲中世纪的二元社会结构。而欧洲中世纪世俗的封建制度，同样具有双重社会特征，其中的封建等级制度，说明欧洲中世纪的封建社会，广泛存在人分三六九等而形成的纵向社会分层，其中的封建领地制度，则说明欧洲中世纪的封建社会，广泛存在人分各地而形成的横向社会分散。尽管如此，正如 20 世纪法国著名社会学家涂尔干所说，"社会没有凝聚力和调节器，就无法存在下去"[1]。到了欧洲中世纪晚期，欧洲的封建社会发展，也出现了久分必合的发展趋势，逐渐凝聚成为西班牙人、英格兰人、法兰西人等社会联系越来越紧密的民族共同体，欧洲曾经遍布封建领地的封建国家形态，也逐步走上了创建现代民族国家的历史发展道路。

---

① ［法］涂尔干：《社会分工论》，渠东译，生活·读书·新知三联书店 2000 年版，第二版序言，第 17 页。

在此历史发展过程中，意识到自身并不仅仅是身为某一封建领地之人，而是身为西班牙人、英格兰人、法兰西人等世俗的民族意识也开始萌生。这种世俗的民族意识尽管萌生于人们的内心之中，但却会通过欧洲中世纪遗留给后世的无数文献记载而显现出来。对于这种通过文献记载捕捉人们内心意识的认识方法，马克·布洛赫在其重要历史著作《封建社会》一书中就谈道："文献表明，就法兰西和德意志而言，1100 年左右民族意识就已经高度发展。"① 欧洲中世纪留下来的文献记载，也说明了欧洲中世纪晚期开始萌生的民族意识，经历了从一个最初较为模糊的地域意识，逐渐发展成为较为清晰的民族意识的内在变化过程。

而作为欧洲民族意识前身的地域意识，其在欧洲中世纪之所以极为模糊，也与欧洲中世纪封建社会的社会特征密切相关。对此，布洛赫运用相关文献的研究就具体说明，在欧洲中世纪的封建社会，"法兰西"这个语言名称首先是指特定的地域，可是其指涉的地域范围，却经历了一个非常混乱，并且变化不定的发展过程。此中根源，也是由于在欧洲中世纪分裂割据的封建社会特征中，封建领地在众多封建领主之间变化频繁，地域与民族之间的联系桥梁，也难以搭建而成。在此阶段，即使"法兰西人"的民族意识已经萌生，却极为模糊，人们难以通过认识地域，由此形成较为清晰的民族意识。

但即使民族意识在欧洲中世纪还极为模糊之时，其已经开始延伸到情感领域，广泛蜕变为在自我与他者之间相互讥笑、彼此仇恨等情感表现。欧洲中世纪遗留给后世无数白纸黑字的文献记载，就能够让后世之人得以一窥欧洲中世纪人们的情感表现，布洛赫对此也详细描述道：

> 在一个四分五裂的欧洲，正是这些古老的族群最初在相互表示蔑视或仇恨时，显示出他们自身的存在。纽斯特里亚人因来自

---

① ［法］马克·布洛赫：《封建社会》下卷，李增洪、候树栋、张绪山译，商务印书馆 2004年版，第 693 页。

"世界上最高贵的地区"而得意扬扬,他们动辄称阿基坦人为"背信弃义者"、称勃艮第人为"胆小鬼";而阿基坦人又指责法兰克人"邪恶",默兹河流域的居民斥责士瓦本人"奸诈";在撒克森人的笔下,图林根人怯懦,阿勒曼尼亚人掠夺成性,巴伐利亚人贪婪,撒克森人自然是永不逃跑的好家伙。人们不难从 9 世纪末至 11 世纪初的作家的作品之中选取一些实例来扩充这种相互攻击的言论集。①

布洛赫所说的欧洲中世纪晚期各民族在其民族意识萌生之时,就已经出现了彼此之间"相互表示蔑视或仇恨"的情感表现,这也犹如胚胎一样,将会在后世欧洲的历史发展过程中发展壮大,变化成为后世欧洲各个民族国家之间愈演愈烈的敌对与仇恨。在此过程中,欧洲中世纪晚期各地的封建领主彼此征战,由此逐步崛起的一些封建君主国家,首先成为欧洲中世纪晚期正在萌生的民族意识与民族情感的重要寄托对象,欧洲众多的现代民族国家也以此作为雏形变化而来。同时,这些正在崛起的封建君主国家,也说明了其所辖地域内的历史发展,正在摆脱欧洲封建社会的纵向社会分层与横向社会分散,逐步走向以民族与国家为框架所形成的凝聚与统一。

后世西方学界众多学者的研究,也揭示出了在中世纪晚期欧洲走向统一的封建君主国家的历史发展趋势中,英、法、德犹如三驾马车各自起跑上路。其中欧洲中世纪晚期的英国与法国,则是率先起跑,并跑在了前列,而德意志则是进展缓慢。这举例说来,20 世纪德国著名社会学家埃利亚斯研究"文明的进程",首先论述的是在欧洲中世纪晚期,出现了宫廷需要讲礼仪、宴席中的饮食活动需要用刀叉、拧鼻涕与吐痰得避忌他人等"文明的进程"。按照埃利亚斯的看法,这种"文明的进程"之所以形成,主要是因为在一个彼此交往与相互联系越来越密切的时代发展潮流中,人们的行为举止再也不能仅仅从自

① 〔法〕马克·布洛赫:《封建社会》下卷,李增洪、侯树栋、张绪山译,商务印书馆 2004 年版,第 689 页。

我意识出发，由此随心所欲、随意而为，而是需要注重与顾及他者的感受，需要注重自身的行为举止是否文明。这表面上是在论述"文明的进程"，实际上是论述在欧洲中世纪晚期由于社会交往的发展，整个社会出现了凝聚与整合开始增强的发展趋势。

在此过程中，埃利亚斯也继续苦苦追问，"如果有人问，英法地区的集中化与整合为何要比德意志地区早得多、完美得多"①，埃利亚斯认为这一问题的答案，主要在于欧洲中世纪晚期英国与法国形成的封建王国的幅员范围，刚好能够适应英格兰与法兰西的社会凝聚与社会整合所表现出的"文明的进程"。可是德意志的神圣罗马帝国既广阔又分散，并且还是帝国，在埃利亚斯所说的"文明的进程"中，难以作为德意志地区社会凝聚与社会整合的集纳器与承载者。埃里亚斯的这种追问与阐释，也具有一种恨铁难以成钢的研究特征。

而布洛赫书写的《封建社会》一书，同样具有这种研究特征。布洛赫论述欧洲"封建社会"的发展过程，也将欧洲封建社会的"分"，走向欧洲中世纪晚期凝聚、统一以及集中等社会发展趋势，在此社会发展趋势中欧洲的民族意识逐步觉醒，作为贯穿全书的重要线索。布洛赫就概括道：

> 在封建时代的欧洲，众多庄园、家族或村社聚落和附庸集体之上，存在着各种各样的政权，在很长时期内，这些政权统治的范围越广，则行动效力越差，前者为后者所抵消；然而，在这种四分五裂的社会里，这些政权注定要维持秩序和统一之类的一些原则。②

布洛赫的这一论述，同样说明了欧洲中世纪的封建社会，在"众多庄园、家族或村社聚落和附庸集体之上"，还存在封建诸侯的各种政权，"这些政权统治的范围越广，则行动效能越差"，整个社会需要秩序

---

① ［德］诺贝特·埃利亚斯：《文明的进程——文明的社会发生和心理发生的研究》，王佩莉、袁志英译，上海译文出版社 2013 年版，第 322 页。

② ［法］马克·布洛赫：《封建社会》下卷，李增洪、候树栋、张绪山译，商务印书馆 2004 年版，第 605 页。

和统一。这与埃利亚斯对于"文明的进程"的论述，可谓异曲同工，都是极力描述欧洲中世纪晚期走向统一凝聚的历史发展趋势。

在对欧洲中世纪封建社会走向统一与凝聚的研究过程中，作为一位德国社会家的埃利亚斯乃是恨铁难以成钢，感叹德意志落后于法兰西与英格兰，而作为一位法国历史学家的布洛赫，同样是恨铁难以成钢，感叹法兰西落后于英格兰。布洛赫在《封建社会》一书的结尾之处，主要叙述法国卡佩王朝的历史发展。在此过程中，布洛赫也不囿于仅仅叙述法国的历史发展状况，而是对这一时期英国与法国各自的历史发展状况进行了详细比较：

> 我们可以将法国和英国做一对比。英国有大宪章；法国在 1314—1415 年向诺曼人、朗格多克人、布列塔尼人、勃艮第人、香槟人、奥弗涅人、下边区的居民、贝里人和讷韦尔人颁发特许状。英国有议会；法国则有省区代表会议，这些省区代表会议总是比国家三级会议召开得更频繁，总体而论也更加活跃。英国有不受地方特殊情况影响的普通法；法国则有地方"习惯法"组成的大杂烩。所有这些差别都妨碍法兰西民族的发展。的确，法兰西王权即使在国家已经复兴以后，似乎还永久地带有那种聚合体——伯爵领、堡领和对教会权利的聚合体——的痕迹，法国王权以非常"封建的"方式使这种聚合体成为其权力的基础。[①]

布洛赫的上述论述，表面上是在详细比较中世纪晚期英国与法国各自的历史发展状况，但实际上是在详细比较中世纪晚期英国与法国各自的社会凝聚发展状况。布洛赫通过列举大量的史实，说明了在中世纪晚期欧洲各地彼此处于封建割据的社会状态中，与法国相比较，英国较早地克服了欧洲中世纪封建社会中的地方分散割据，逐步形成了现代民族建构与现代民族国家所蕴含的社会凝聚。

---

① ［法］马克·布洛赫：《封建社会》下卷，李增洪、候树栋、张绪山译，商务印书馆 2004 年版，第 678 页。

对于布洛赫的看法，当代美国人类学家里亚·格林菲尔德同样认为，在欧洲各国民族意识觉醒与民族国家创建的历史发展过程中，英国走在前列，英国也被格林菲尔德称为"上帝的长子"。[①] 格林菲尔德考察英格兰的民族意识率先觉醒，主要是通过16、17世纪英国宗教改革、英国革命过程中出现的英语相关词汇的内涵变化作为重要论据。格林菲尔德就举例论证道，英语中"country"一词，最初的含义是"county（郡）"，后来逐渐演化为指涉乡村。到了16世纪，英文"county"一词指涉的对象，逐步发生了变化。"16世纪的英国人，在说'我的county'时，并不是指他们所在的郡，而是指他们无比效忠的一个伟大实体，即祖国（patria），即民族。"[②] 由此"county"与"country"两个词的内涵开始互通，国家逐渐成为民族的政治屋顶。

格林菲尔德的考证还说明，英文中的"people"以及"state"等词，也经历了同样的内涵变化。其中英文"people"一词的内涵，最初是指涉平民。在欧洲中世纪的封建等级社会中，其主要是指众多的底层民众。但到了16世纪，英文"people"一词的这种指涉内涵则发生了变化，其所指涉的内涵，开始与英文的country（国家）与nation（民族）指涉的内涵紧密地联系在一起。对此，格林菲尔德就指出，"A country等同于a nation，而后者又被界定为people，这当中的意义十分重大。"[③] 而英文中"state"一词，原是与"estate"一词紧密相关，用来表示产业与地位，具有大量产业，也意味着具有高贵的社会地位，"estate"一词原是一个封建等级制度中高度分层的社会特征密切相关的词汇。可是伊丽莎白任英国女王的16世纪晚期，"estate"一词延伸出的"state"一词，其运用过程中指涉的内涵，也发生了相应的变化。"故意用它来替换'王土'或'王国'，因为后二者将政体视

---

① ［美］里亚·格林菲尔德：《民族主义：走向现代的五条道路》，王春华等译，上海三联书店2010年版，第1页。

② ［美］里亚·格林菲尔德：《民族主义：走向现代的五条道路》，王春华等译，上海三联书店2010年版，第6页。

③ ［美］里亚·格林菲尔德：《民族主义：走向现代的五条道路》，王春华等译，上海三联书店2010年版，第7页。

为君王的私产，此处‘state’是‘commonwealth’的同义词；它表示一个非人格化的政体。"① 这说明了从中世纪晚期到近代初期，英国从封建社会的分裂与分层，逐步走向统一凝聚的现代民族国家。在此过程中萌生的作为英国人的共同民族意识，也成为这些英文词汇的内涵发生变化的内在根源。

二　《不列颠诸王史》建构民族意识的历史书写方法

英国人的共同民族意识从中世纪晚期到近代初期萌生，这不仅在格林菲尔德所考证的一系列英文词汇的内涵变化中，存在相应的具体表现，同时在中世纪晚期英国出现的历史著作中，同样具有类似的具体表现。举例说来，早在 12 世纪，蒙茅斯的杰佛里（Geoffrey of Monmouth）书写的历史学著作《不列颠诸王史》一书，其中的众多历史书写内容，就具体呈现了中世纪晚期英国的民族意识萌生状况与民族观念形成状况。

蒙茅斯的杰佛里的《不列颠诸王史》一书，在当代西方史学理论研究与史学史研究中备受关注。总的说来，这些关注一方面集中于批判其书写内容的真实性，相关学者纷纷指明了《不列颠诸王史》的书写内容，主要是依靠神话与传说，另一方面也有学者强调该书是欧洲中世纪晚期以来，较早出现的走出基督教神学史观，并将具体书写内容集中书写民族历史的一部历史学著作。

先就蒙茅斯的杰佛里的生平年代与《不列颠诸王史》一书的主要影响来说，当代英国著名历史学家彼德·伯克就谈道："蒙默斯的杰佛里（约卒于 1155 年）是一位神职人员，可能是《不列颠诸王史》的作者，该著作使著名的布鲁图斯的传说广为流布。"② 伯克这一论述也说明，对于作为《不列颠诸王史》作者的"蒙默斯的杰佛里"，其

① ［美］里亚·格林菲尔德：《民族主义：走向现代的五条道路》，王春华等译，上海三联书店 2010 年版，第 15 页。
② ［英］彼德·伯克：《文艺复兴时期的历史意识》，杨贤宗、高细媛译，上海三联书店 2017年版，第 9 页。

详细的生平年代与具体事迹，这难以考证，尽管如此，这并不影响"布鲁图斯的传说广为传布"。

伯克关注蒙茅斯的杰佛里生平年代与其所书写的《不列颠诸王史》一书，主要是伯克研究欧洲"文艺复兴时期的历史意识"，大量运用了蒙茅斯的杰佛里编纂的《不列颠诸王史》一书的具体书写内容，以此为伯克阐释其所说的"历史意识三要素"提供材料与证据。对于"历史意识三要素"的具体内容，伯克就解释道："历史意识是一个复杂的概念，我给它的定义是包括三要素，各要素可以独立存在。第一个要素可称作为时序意识；第二，证据意识；第三，对因果关系的兴趣。"①

从《不列颠诸王史》一书的书写内容来看，其叙述不列颠人的起源与不列颠诸王事迹，是按照时间发展过程进行历史书写，因此具备伯克所说的历史意识三要素中的时序意识。同时，叙述过程中也有因有果，具备伯克所说的历史意识三要素中对于因果关系的认识。但《不列颠诸王史》一书叙述不列颠人的起源与不列颠诸王事迹的具体书写内容，却极为缺乏伯克所说的历史意识三要素中的"证据意识"，对此伯克就谈道：

> 就神话而言，从来难以确切地追踪最初的讲述者。经常是我们所相信的故事发明者，不过是在传递它而已，或许这个故事是在半意识下不断添加它而成，或是从其他人的故事里挪用的，根本不是"发明"的。蒙默思的杰弗里有关特洛伊人移居不列颠的记述，就有这种不确定性。②

伯克的上述内容，说明了《不列颠诸王史》一书，尽管成书于12世纪，但其历史书写的具体内容却广泛充斥着神话传说，书中所写内

① ［英］彼德·伯克：《文艺复兴时期的历史意识》，杨贤宗、高细媛译，上海三联书店2017年版，第1页。

② ［英］彼德·伯克：《文艺复兴时期的历史意识》，杨贤宗、高细媛译，上海三联书店2017年版，第9页。

容的真实性，难以寻找相应的证据提供支撑。这是将书写历史的具体内容，再次复古到古代希腊历史学没有形成之前的史诗书写。对于《不列颠诸王史》一书的这种历史书写特征，当代英国历史学家约翰·布罗也评价道：

> 杰弗里的作品写于 1130 年代，……杰弗里的作品是否具备事实基础并不影响人们对它的兴趣。他清楚知道当时人们期待的是什么样的历史，而他的聪明才智显然足以让叙事免于受到史料支配的危险，而又能写出一部详细的历史给读者。①

布罗的上述评价，与伯克的论述可谓异曲同工，其同样说明了《不列颠诸王史》一书，这在"是否具备事实基础"这一历史书写需要遵守的根本问题上，其具体书写内容则是不"具备事实基础"。对此，布罗也继续谈道："比杰弗里晚了半个世纪的纽伯格的威廉（William of Newburgh）说道，《不列颠诸王史》完全是虚构的，'不是出于对说谎毫无节制的喜爱，就是为了取悦不列颠人'。"②

对于《不列颠诸王史》一书，无论是伯克所说的其具体书写内容，抑或布罗所说的其具体书写内容不"具备事实基础"，都是共同说明了《不列颠诸王史》一书中的具体书写内容，并不是以往岁月发生过的真实之事，因此其只不过是一部"伪历史"。尽管如此，伯克与布罗质疑其具体书写内容真实性的论述之中，也说明了《不列颠诸王史》一书的历史书写，也是适应其时，其与中世纪晚期英国正在萌生的民族意识之间的关系，可谓互通款曲、两意相通，具体说明了中世纪晚期英国的民族意识正在萌生。

其中伯克就谈到蒙茅斯的杰佛里的《不列颠诸王史》一书，让"布鲁图斯的传说广为传布"，这说明了此书的具体书写内容，已经触

---

① ［英］约翰·布罗：《历史的历史：从远古到 20 世纪的历史书写》，黄煜文译，广西师范大学出版社 2012 年版，第 248 页。

② ［英］约翰·布罗：《历史的历史：从远古到 20 世纪的历史书写》，黄煜文译，广西师范大学出版社 2012 年版，第 253 页。

及不列颠人作为一个民族的历史起源问题，而这正是解决了不列颠人作为一个民族的民族意识萌生过程中，需要特别关注"我们是谁?"这一问题中的"我们来自何处?"这个关键问题。同样，布罗引用比蒙茅斯的杰佛里晚了半个世纪的纽伯格的威廉的话，说明了《不列颠诸王史》一书主要是"为了取悦不列颠人"，这更是直接说明了此书的具体书写内容，尽管缺乏真实性，但却能够取悦中世纪晚期不列颠人的心意。这种心意，则具体地表现为中世纪晚期不列颠人内心之中正在萌生的民族意识。对此，贝格尔在其编撰的《书写民族》一书中就直接指明，"传递了有关一个民族的政治文化统一体的清晰观念。这个民族便是'英格兰'"①。贝格尔论述其所说的"书写民族"在欧洲的表现，也将 12 世纪英格兰出现书写不列颠诸王事迹的历史著作，视为其所说的"书写民族"的重要开端。

从具体书写内容来看，《不列颠诸王史》一书的第一章，主要是叙述不列颠人形成一个民族的过程中的地理环境状况与历史起源。《不列颠诸王史》一书第一章的开篇，首先介绍不列颠岛的地理位置与自然环境，并重点描述不列颠岛内的自然环境，乃是非常美丽、极其富饶。这种民族书写历史方法，首先是呈现出民族与其所居住的地域，两者之间具有密切关联，书写民族历史，也需在民族从氏族与部落的四处迁徙转为定居一地的发展过程中，需要具体书写作为民族生存家园的地理环境状况。这所发挥的作用，则是能够建构出一种特定的一块地理区域乃是民族聚居之地的民族意识，在此基础上继续激发人们热爱民族地理家园的民族情感。

当对不列颠人作为一个民族的定居之地与生存家园进行了介绍之后，则需继续书写不列颠人作为一个民族的历史起源。《不列颠诸王史》一书的第一章，叙述民族与地域之间的关系，寥寥几笔，一带而过，而叙述民族的历史起源，则是《不列颠诸王史》一书第一章的主要内容。当对不列颠岛的自然环境叙述完毕之后，《不列颠诸王史》

---

① 〔德〕斯特凡·贝格尔主编：《书写民族——一种全球视角》，孟钟捷译，浙江大学出版社 2018 年版，第 47 页。

一书则转而叙述居住在不列颠岛的民族状况：

> 最终，有五个民族定居在那里，他们是诺曼法国人、不列颠人、匹克特人、撒克森人和苏格兰人。在这五个民族当中，不列颠人最早进入这座岛屿，占领了两片海域之间的整块土地。此后，由于不列颠人的傲慢，上帝的报复降临，使他们臣服于皮克特人和萨克森人。下面，我们就要讲讲这些不列颠人来自何方，又是怎样登上这片土地。[①]

上述《不列颠诸王史》一书叙述不列颠人的民族状况，也特别强调了"不列颠人最早进入这座岛屿"，而不列颠人因为傲慢，由此臣服于皮克特人和萨克森人，作者将此归结为上帝的报复。可以看出，这种历史书写仍然是依靠基督教神学观念进行解释，其这具有欧洲中世纪神学历史观的痕迹。当介绍了相关情况之后，《不列颠诸王史》一书第一章的主要叙述内容，则是主要叙述"不列颠人来自何方，又是怎样登上这片土地"。由此，《不列颠诸王史》的历史书写，不仅叙述了不列颠人和不列颠岛这块地理区域之间的关系，为读史之人塑造出了一种民族与其生活地域之间具有密切关系的意识，同时通过叙述民族的历史起源，也回答"民族来自何处"这一问题。这对于不列颠人的民族意识建构，是具体通过"我们来自何处"这一问题，回答了"我们是谁"这一问题。《不列颠诸王史》第一章的历史书写内容，一方面是广泛通过书写民族与地域之间密切关系而建构民族意识，另一方面则是通过书写民族的历史起源而建构民族意识。

叙述不列颠人形成一个民族的历史起源，这也构成了《不列颠诸王史》一书第一章的主要内容。这种不列颠的民族历史起源的书写内容，尽管能够塑造出一种不列颠人的民族，乃是从历史的深处一路走来的认识，但由于时间久远，所需的支撑材料极为匮乏，会成为其所

---

① ［英］蒙茅斯的杰佛里：《不列颠诸王史》，陈默译，广西师范大学出版社 2009 年版，第 2 页。

遇到的难点问题。对于不列颠人究竟从何而来，《不列颠诸王史》一书的历史书写方法，也主要是依靠作者充分发挥想象，将不列颠人的历史起源与《荷马史诗》的相关记载内容联系起来，建构出了一个不列颠人历史起源的"民族历史神话"。

这个"民族历史神话"的主要内容，则是附会古典希腊的《荷马史诗》，主要叙述了《荷马史诗》记载的特洛伊战争之后，"埃涅阿斯带领着他的儿子阿斯卡尼俄斯从陷落的城市中逃出，沉船到达意大利"，到了意大利之后，占领了全国，并且在台伯河边建立了阿尔巴城，阿斯卡尼俄斯生下儿子西尔维厄斯，西尔维厄斯与人偷偷相恋生下布鲁图斯。布鲁图斯弑父之后逃出意大利来到特洛伊，带领特洛伊人与希腊人展开激烈厮杀。在取得胜利之后，听从智者建议，为了避免与希腊人的长期战争而产生的彼此仇恨，远航他处，另寻定居之所，历经路途之中的各种艰辛，最终到达不列颠。

自此，《不列颠诸王史》叙述不列颠人的历史起源，也与《荷马史诗》的相关记载联系在了一起，并搭建出了一套不列颠人乃是战败的特洛伊人的后裔的认知谱系。其中的叙述内容，既有特洛伊人战败之后占领意大利并建造城市，也有布鲁图斯战胜了希腊人的复仇成功，还有布鲁图斯带领意大利的特洛伊人在到达不列颠路途中，经历了与高卢人的英勇战斗。而从特洛伊战败之后辗转奔波，最终的目的地则是不列颠，并且还特别叙述了布鲁图斯到达不列颠之前，做了一个梦，强调其是神在预示着布鲁图斯到达不列颠。由此，不列颠人与不列颠岛之间密切的民族观念建构中，既有"不列颠人最早进入这座岛屿"的历史叙述作为支撑，也有梦境、神谕等作为支撑。布鲁图斯到达不列颠之后，其所遇到的具体情况则是：

> 在那个时候，不列颠岛被称作阿尔比恩，除了少数巨人之外，没人在那里居住。但是，它那多样的地形、茂密的树林和满目游鱼的河流都呈现出喜人的景象。布鲁图斯和他的同伴们心中都充满了想在这儿生活的激情。他们在各地勘察，把巨人都驱赶到山上的洞穴里。在征得了首领的同意后，人们划分了土地。他们开

始耕种田地，建造了房屋——没过多久，你就会觉得这里仿佛一直有人居住。

布鲁图斯按照自己的名字将这座岛屿命名为不列颠，把它的族人称为不列颠人。他希望自己的事迹可以通过这座岛屿的名字永垂于世，不久之后，因为相同的原因，这支民族的语言——此前一直被认为是特洛伊语或不正宗的希腊语——也被称作不列颠语了。①

自此，《不列颠诸王史》一书第一章的书写内容，先介绍不列颠岛的地理位置，并详细描述不列颠的美丽与富饶，然后重点集中于叙述不列颠人从特洛伊辗转而来，最终定居不列颠。不列颠人作为一个民族，既有生存的地理家园，也有其悠久的历史起源，并且两者之间还具有密切联系，这也成为《不列颠诸王史》一书第一章力图向读史之人所阐释的主要意向。

三 《不列颠诸王史》书写民族之间战争历史塑造民族意识

《不列颠诸王史》一书叙述了布鲁图斯带领人民定居不列颠，由此介绍了不列颠人作为一个民族的历史起源，随后全书的内容，主要叙述不列颠诸王的人物事迹。正如欧洲中世纪晚期民族逐渐融为一体，乃是以世俗的封建王国作为载体，在蒙茅斯的杰佛里的笔下，不列颠诸王成了不列颠人作为一个民族共同体的象征，书写不列颠诸王的人物事迹，是在书写不列颠人作为一个民族的历史发展过程。《不列颠诸王史》一书，从表面上看来是一部不列颠诸王史，但却是一部不列颠人的民族史。

这从具体书写内容来说，当《不列颠诸王史》一书叙述了布鲁图斯带领人民定居不列颠之后，紧接着就记载道："首领布鲁图斯建造了那座城市，把它赠送给城中的人民，并向他们颁布了法典，使人们

---

① ［英］蒙茅斯的杰佛里：《不列颠诸王史》，陈默译，广西师范大学出版社 2009 年版，第 20 页。

可以在一起和平地生活。"① 这一历史书写内容说明了民族在具有一块定居之地后，还需要有相应的中心城市与法律秩序。随后，蒙茅斯的杰佛里则继续叙述布鲁图斯之后的不列颠诸王事迹，其中既详细叙述了英格兰早期历史中著名的李尔王相关事迹，同时也叙述争夺王位之间的内部激烈斗争。正是在叙述争夺王位的激烈斗争过程中，蒙茅斯的杰佛里就强调，"把不列颠变成一个繁荣兴盛的统一的国家，一直是各种分歧、争端的核心所在"②。

至此，蒙茅斯的杰佛里书写《不列颠诸王史》一书，已经具体展现出了主宰全书具体内容的核心思想观念，这种核心的思想观念的具体表现，则是渴求民族统一凝聚与国家繁荣兴盛。这种思想观念在欧洲中世纪晚期的时代背景中，可谓是思想观念的焕然一新，首先，其不同于欧洲中世纪广泛影响人们思想观念的基督教神学思想；其次，其不同于欧洲中世纪封建等级制度形成的人们具有等级之分的思想观念；最后，其不同于欧洲中世纪封建领地制度形成的人们具有属地之分的思想观念。这种在欧洲中世纪晚期焕然一新的思想观念，其目标不仅要形成蒙茅斯的杰佛里所说，"把不列颠变成一个繁荣兴盛的统一的国家"，同时还要不列颠人作为一个民族共同体，能够如蒙茅斯的杰佛里所说，"人民可以一起和平地生活"。这所面临着的关键问题，则是如何应对外族入侵，《不列颠诸王史》一书随后的书写内容，也主要对此继续展开叙述。

《不列颠诸王史》全书共八部，从第三部"罗马人的到来"到第七部"不列颠的亚瑟"，主要是叙述不列颠人与罗马人之间的战争，中间穿插着叙述不列颠人与其他民族之间的战争，而第八部"萨克森人的统治"，则是叙述不列颠人与萨克森人之间的战争。因此，蒙茅斯的杰佛里编撰的《不列颠诸王史》一书，不仅是一部叙述不列颠人历史发展过程的民族史，同时也是叙述不列颠诸王带领不列颠人反抗

---

① [英]蒙茅斯的杰佛里：《不列颠诸王史》，陈默译，广西师范大学出版社2009年版，第22页。

② [英]蒙茅斯的杰佛里：《不列颠诸王史》，陈默译，广西师范大学出版社2009年版，第38页。

外族入侵的一部战争史。在蒙茅斯的杰佛里的笔下，反抗罗马人对不
列颠岛的入侵与征服，是不列颠诸王带领不列颠人反抗外族入侵的重
要开端，反抗罗马人对不列颠人的入侵与征服，则是主要反抗恺撒率
领的罗马军队对不列颠岛的入侵与征服。对于即将入侵与征服不列颠
岛的恺撒，《不列颠诸王史》一书，也形象地书写出了一场统率罗马
大军的恺撒，隔海眺望不列颠岛的历史场景：

> 　　如罗马历史中的记载，尤利乌斯·恺撒在攻占高卢之后来到
> 了鲁特尼海岸。他从那里向不列颠岛眺望，询问身边的人那块土
> 地是什么地方，居住在那里的又是什么民族。得知那个国家和居
> 民的名字之后，恺撒仍然注视着海的那一方。①

　　以军功卓著并在古代罗马声名显赫的恺撒眺望不列颠岛，作为叙
述不列颠人反抗外族人入侵斗争的开始，蒙茅斯的杰佛里的这一叙述，
已经显示了不列颠人在作为一个民族定居之后，即将遭遇强大的敌人
入侵。《不列颠诸王史》一书，也具体书写了恺撒入侵不列颠岛的战
争爆发原因，是因为恺撒写信要求不列颠人纳贡，而遭到不列颠国王
凯斯维拉努斯回信拒绝，凯斯维拉努斯在回信中就谈道：

> 　　我们两个民族应该基于血缘的纽带友好地联合在一起，你向
> 我们要的是友谊，而不是奴役。我们这些人更习惯与人结盟，而
> 不是忍受压迫。我们早已经习惯了自由，对于奴役却一无所知。即
> 使是神想夺走我们的自由，我们也要尽最大的努力同他们抗争。②

　　把凯斯维拉努斯上述回信的具体内容，详细地写入《不列颠诸王
史》一书之中，这种历史书写的特征与目标，也是写史之人的意之所

---

① ［英］蒙茅斯的杰佛里：《不列颠诸王史》，陈默译，广西师范大学出版社 2009 年版，第
53 页。

② ［英］蒙茅斯的杰佛里：《不列颠诸王史》，陈默译，广西师范大学出版社 2009 年版，第
54 页。

向，其是在极力凸显不列颠人不甘屈服、英勇反抗的民族精神。由此可以看出，《不列颠诸王史》一书在叙述不列颠人历史起源的过程中，书写了布鲁图斯的传说，这种历史书写内容，是《荷马史诗》中记载的特洛伊战争的延续。其书写不列颠诸王带领不列颠人积极反抗外族入侵，这种历史书写风格，则是师承希罗多德书写《历史》一书叙述古代希腊人反抗波斯大军入侵的历史书写风格。《不列颠诸王史》一书的历史书写方法，也是重回古代希腊，其既沿袭古代希腊的荷马式的历史书写内容，也沿袭古代希腊的希罗多德式的历史书写特色，由此两相结合，彼此杂糅相应的历史书写特征而成书。

同时，《不列颠诸王史》一书中，也花了众多篇幅记载不列颠国王带领不列颠人，与恺撒率领的罗马军队之间的战争，这种历史书写内容也与古罗马历史学家恺撒所写的《高卢战记》的诸多内容密切相连。更为重要的是，《不列颠诸王史》一书中记载不列颠国王带领不列颠人，与恺撒率领的罗马军队之间的战争，这尽管与《不列颠诸王史》一书的成书年代，两者之间相隔一千多年，可是《不列颠诸王史》一书还是书写出了战场上的相关细节。这种细节描述，和《不列颠诸王史》叙述不列颠人历史起源时所想象出"布鲁图斯的传说"具有相似之处，共同缺乏伯克所说中"历史意识三要素"中的证据意识，其是在历史书写中通过充分发挥想象而书写出来。通过充分发挥想象而详细书写战场之中的细节，同样是为了呈现在不列颠人战场上英勇杀敌的历史书写主旨。这举例来说，《不列颠诸王史》一书在记载了不列颠士兵与恺撒军队在战场上的具体战斗状况后，作者也有感而发：

> 那个时候，不列颠民族是多么非比寻常啊！他们曾两次与那个使全世界都服从于其意志的人战斗！甚至到了现在，被困在战场当中，不列颠人仍然在抗争。他们准备为了祖国和自由而牺牲。①

---

① ［英］蒙茅斯的杰佛里：《不列颠诸王史》，陈默译，广西师范大学出版社2009年版，第62—63页。

　　至此，12 世纪蒙茅斯的杰佛里的《不列颠诸王史》一书的历史书写，通过具体书写不列颠人面对罗马军队所表现出来的英勇反抗精神，既书写出了不列颠人乃是一个共同体的民族意识，也书写出了民族意识基础上生长出的民族情感以及民族伦理道德价值观念。这种历史书写方法，构成了《不列颠诸王史》全书的关键线索，并在该书第七部书写亚瑟王反抗萨克森人的入侵过程中达到高峰。这种历史书写的本质特征，则是在欧洲晚期中世纪，继承了古代希腊历史学家希罗多德《历史》一书开篇所说，"关注希腊人和异族人的那些值得赞叹的丰功伟绩"，并花费了一番闪挪腾移的变化之功，变化成为关注不列颠人和异族人的那些值得赞叹的丰功伟绩。

　　《不列颠诸王史》一书，在书写亚瑟王登上王位的过程中，也是先说明此时的不列颠人，正面临萨克森人准备纠合其他日耳曼人，"开始极尽所能消灭不列颠人"，[①] 在此不列颠人的困难时刻，亚瑟登上不列颠人的王位。《不列颠诸王史》一书写亚瑟王时就说道："亚瑟当时年仅十五岁，但是已经表现出超凡的勇气，而且慷慨大方。他天生的美德，他优雅的举止，使他受到全国人民的爱戴。"[②] 《不列颠诸王史》一书随后的具体内容，则是详细书写亚瑟王带领不列颠人，反抗萨克森人纠合其他日耳曼人入侵不列颠的具体过程。

　　《不列颠诸王史》一书对此的历史书写，说明了亚瑟王带领不列颠人，反抗萨克森人纠合其他日耳曼人入侵，既在不列颠取得了胜利，并特别强调，"他在全国建立了持久的和平"，[③] 也在爱尔兰、冰岛、挪威、高卢等地取得了胜利，并特别强调，"亚瑟王的慷慨与勇敢传遍了世上的每一个角落"。[④] 书写亚瑟王带领不列颠人，反抗萨克

---

　　① ［英］蒙茅斯的杰佛里：《不列颠诸王史》，陈默译，广西师范大学出版社 2009 年版，第 155 页。

　　② ［英］蒙茅斯的杰佛里：《不列颠诸王史》，陈默译，广西师范大学出版社 2009 年版，第 155 页。

　　③ ［英］蒙茅斯的杰佛里：《不列颠诸王史》，陈默译，广西师范大学出版社 2009 年版，第 163 页。

　　④ ［英］蒙茅斯的杰佛里：《不列颠诸王史》，陈默译，广西师范大学出版社 2009 年版，第 164 页。

森人纠合其他日耳曼人入侵，《不列颠诸王史》一书也用了大量篇幅，继续书写亚瑟王与罗马军队相互作战的过程，并最终谈道："亚瑟，我们著名的国王，受了致命伤并被运送到阿瓦隆岛，在那里受到照料。他将不列颠王位传给了他的表弟——康沃尔公爵卡多尔之子康斯坦丁。"① 可以看出，《不列颠诸王史》对于亚瑟王的叙述，也是首尾一致，贯穿着亚瑟王勇敢作战与深受不列颠人爱戴的关键线索，围绕着这条关键线索的历史书写，描绘出了不列颠人在亚瑟王的带领下，逐渐发展成为一个凝聚团结的民族共同体。

第二节　孟德斯鸠与伏尔泰的历史书写变化

一　孟德斯鸠通过民族之间战争探究罗马盛衰的原因

17—18 世纪欧洲兴起的启蒙运动，为欧洲进入现代社会提供了重要的思想文化基础。启蒙思想家高扬理性的旗帜，运用理性作为工具分析人类社会，在此过程中欧洲民族概念指涉的内涵，也发生了相应变化。对此，霍布斯鲍姆考察欧洲民族概念内涵的演变过程就强调："根据语言学的发现。'民族'最原初的意义指的是血统来源。"② 霍布斯鲍姆此言，说明了在欧洲中世纪晚期与近现代之前，欧洲的民族概念内涵主要表示具有一定血缘关系的人群。具有一定血缘关系的人群，在标志着欧洲进入中世纪的"蛮族入侵"的民族大迁徙运动中，既成为征服者，也逐步演化成为欧洲中世纪封建等级制度中的贵族阶层。欧洲中世纪民族概念的内涵，也与欧洲中世纪人与人之间具有等级差异的封建等级制度相互融合。在欧洲中世纪，主要是高高在上的贵族阶层在广泛运用民族这个概念，其作用也是为了炫耀自身高贵的血缘与出身。

可是到了启蒙运动中，欧洲往昔历史岁月中广泛存在的人人生而

---

① ［英］蒙茅斯的杰佛里：《不列颠诸王史》，陈默译，广西师范大学出版社 2009 年版，第 198 页。

② ［英］埃里克·霍布斯鲍姆：《民族与民族主义》，李金梅译，上海人民出版社 2000 年版，第 18 页。

不平等的封建等级制度，却遭到了诸多启蒙思想家运用理性作为工具的质疑与批判。曾经被欧洲无数封建贵族广为运用的民族概念内涵，从欧洲中世纪封建贵族广泛用来炫耀自身高贵的血缘与出身，逐步变化为指涉现代民族国家中的人民、公民、国民等所构成的共同体。

欧洲民族概念出现这种变化的典型表现，当属存在着三个社会等级并鲜明地呈现了欧洲封建等级社会特征的法国。18 世纪的法国社会，既存在教士、贵族、第三等级的等级制度，同时对此进行批判的启蒙运动也发展得如火如荼。法兰西人这个概念尽管是指民族，可是在欧洲中世纪的悠悠历史岁月中，主要是指在日耳曼人侵罗马帝国的过程中征服了罗马高卢行省的法兰克人的后代，并在中世纪法国封建等级制度的形成过程中，发展成了主要指涉高高在上的贵族阶层。到了启蒙运动中，法兰西人仅仅指涉封建等级制度的贵族阶层的民族内涵，也紧随法国的封建等级制度，共同经历着启蒙运动中奉为神殿的理性法庭的审判。法兰西人指涉的内涵，也是旧貌换新颜，由中世纪指涉征服了罗马高卢行省的法兰克人的后代，逐步变化成为法兰西这个国家的全体人民、公民、国民等。例如法国大革命爆发前夕，希耶斯所写的小册子《第三等级是什么?》，就成了启蒙运动时期民族概念内涵变化的典型表现。

启蒙运动为法国大革命提供思想观念基础，由此法国大革命经过君主立宪派、吉伦特派、再到雅各宾派的层层推进，将由人民、公民、国民集合而成的现代民族国家观念变化成为现实，法国也从欧洲中世纪晚期与近现代初君权神授、主权在君的绝对主义封建国家，变成为主权属于全体人民、公民、国民的现代民族国家。在法国大革命中，欧洲列强数次干预法国大革命。面对欧洲列强入侵，法国大革命中"祖国在危急之中"的号召，激发了民众自发组织起来，抵御外敌入侵。人民、公民、国民等所形成的民族共同体的巨大力量，在法国大革命时期也犹如火山喷发。这说明现代民族国家的主权，为全体人民、公民、国民所拥有，这已经深入人心，现代民族国家与其所属人民、公民、国民之间也连为一体。法国大革命既是将民族观念的现代内涵变化成为现实，也说明了现代人类社会的根本秩序，先是变化成为由一定的人民、公民、国民等构成民族国家，再由民族国家作为基本单位构成现代国际社会。

法国启蒙运动中"民族"一词的内涵变化，不仅成为法国大革命的思想观念基础，同时也影响着欧洲的历史认识变化。启蒙运动高扬理性的旗帜，也推动欧洲历史学的发展，从欧洲中世纪的教会史学，逐渐发展成为启蒙运动时期的理性史学。对此伊格尔斯也说道："在法国，孟德斯鸠、伏尔泰和教士纪尧姆·雷纳尔（Abbé Guiiiaume Raynal，1716—1796）写的一些最著名的历史著作就其特征而言，具有更强的分析性，试图对历史变化做出因果解释。"[①] 所谓理性史学，也主要表现为追踪历史万般变化的根源与结果，从欧洲中世纪基督教的教会史学，归结为上帝的创造与实现上帝的旨意，发展成为对历史变化的原因与结果进行理性分析。孟德斯鸠的《罗马盛衰原因论》一书，可谓此中典型。

顾名思义，孟德斯鸠《罗马盛衰原因论》一书的主要内容，是孟德斯鸠论述古代罗马强盛和衰落的原因。在欧洲历史学的发展过程中，被后世欧洲人们称为典范的古代罗马由盛到衰的内在原因，这是众多欧洲历史学家的重要关注对象。除了孟德斯鸠之外，18、19 世纪英国的吉本，德国的尼布尔、蒙森等欧洲历史学家，也撰写了古代罗马史的相关历史著作，与之相比较，孟德斯鸠书写的《罗马盛衰原因论》篇幅单薄，该书并非详细陈述史实，而是重在史论，其主要是论述了孟德斯鸠所认识的古代罗马兴衰原因。

也正是因为重在史论，德斯鸠的《罗马盛衰原因论》一书，从表面上看来主要阐述了孟德斯鸠认识古代罗马原因，可是孟德斯鸠对古代罗马盛衰原因的认识，则是启蒙运动的思想观念变化的具体表现。再继续细究，孟德斯鸠认识古代罗马兴起和衰落原因的论述，主要是围绕着古代罗马作为一个民族的盛衰过程作为主要论述线索。因此《罗马盛衰原因论》一书所呈现启蒙运动的思想观念变化，这更为具

---

① ［美］格奥尔格·伊格尔斯、［美］王晴佳、［美］苏普里娅·穆赫吉：《全球史学史》（第二版），杨豫、［美］王晴佳译，北京大学出版社 2019 年版，第 34 页。

体地说来，主要表现为 18 世纪法国启蒙运动中人们认识民族的思想观念正在发生变化。孟德斯鸠的《罗马盛衰原因论》一书，也是一部具体呈现启蒙运动时期欧洲民族观念变化的重要著作。

可是对民族的认识，则是范围异常广泛。总的说来，《罗马盛衰原因论》一书的主要内容，是将古代罗马作为一个民族与其他民族之间战争的发展变化过程，作为论述古代罗马盛衰过程的主要线索。在《罗马盛衰原因论》一书中，孟德斯鸠所展现出的认识民族历史发展过程的思想观念，也主要表现为孟德斯鸠是通过古代罗马对外的民族之间战争，由此认识古代罗马的历史命运变化。而孟德斯鸠论述古代罗马与其他民族之间战争的历史发展过程，这同样是一个范围异常广泛的话题。在《罗马盛衰原因论》一书中，孟德斯鸠对此的论述，则是通过古代罗马公民在与其他民族之间的战争中的伦理道德观念变化过程作为主要线索，古代罗马兴衰成败的根本原因，也被孟德斯鸠归结为古代罗马公民的民族伦理道德观念变化。由此，孟德斯鸠所著《罗马盛衰原因论》一书，也是古为今用，其表面是观古罗马的兴衰成败，但却是以古鉴今的道德训诫。其主要是为了说明孟德斯鸠所在的 18 世纪，欧洲民族概念已经变化为指涉全体人民、公民、国民等的集合体，在此时代背景中，人们也需从古罗马兴衰成败的历史中吸收经验教训，需要形成从封建国家发展成为现代民族国家必须具备的民族伦理道德观念。

在具体的论述过程中，孟德斯鸠在《罗马盛衰原因论》一书中，先是论述罗马帝国走向强盛的原因。孟德斯鸠的论述也是直截了当，指明了古代罗马人与其他民族之间的战争，这是古代罗马人走向强盛的根本原因。《罗马盛衰原因论》一书的第一章标题，就是"罗马的起源——它的战争"，孟德斯鸠在全书的开篇就指出：

> 为了争夺公民、妇女和土地，罗慕露斯和他的继承者几乎永远是和他们的邻人作战的。他们每次回城都要带着从被征服的民族那里得来的战利品；这就是捆成一束束的麦子和畜群，这些战利品会给城市居民带来巨大的欢乐。这就是凯旋的起源：凯旋在

后来也正是这座城市所以变得伟大的主要原因。

　　罗马由于和萨比尼人结合到一起，他们的力量大大地增强了，萨比尼人是像拉栖代孟人那样的严峻而又好战的民族，而他们的祖先就是拉栖代孟人。①

　　孟德斯鸠的上述论述，已经说明了古代罗马兴起的原因，主要是依靠武力征服。孟德斯鸠所说，"罗慕露斯和他的继承者几乎永远是和他们的邻人作战"，其中的罗慕露斯相传是罗马城的开创者，罗马城也因罗慕露斯而得名。孟德斯鸠这一叙述，说明了古罗马兴起的过程，始终伴随着长期的对外作战。其目的则是从被征服的民族那里得到一束束的麦子和畜群等，"战利品会给城市居民带来巨大的欢乐"，并成为"凯旋的起源"。孟德斯鸠在此的论述已经说明，罗马"这座城市变得伟大的原因"，也在于"从被征服的民族那里得来的战利品"，古代罗马的兴起是建立在征服其他民族取得胜利的基础上。

　　而孟德斯鸠继续论述的"罗马和萨比尼人结合"，也是在继续说明罗马依靠武力征服而崛起的发展过程中，还有秉性相通之人能够成为盟友。按照孟德斯鸠的上述论述，在罗马崛起过程中融入罗马人的萨比尼人，像古代希腊的"拉栖代孟人那样的严峻而又好战"，而萨比尼人的祖先就是拉栖代孟人。按照希罗多德、修昔底德等古希腊历史学家的记载，孟德斯鸠所说的拉栖代孟人，乃是古代希腊斯巴达的主体民族。由此，孟德斯鸠论述罗马依靠武力征服而兴起，也是远追历史起源，追溯到古代希腊文明中斯巴达的尚武之风。在孟德斯鸠的笔下，古代希腊文明的罗马化，还具体表现为古代希腊文明以斯巴达为典型的尚武之风，也从爱琴海边吹到了亚得里亚海边。

　　当论述了古代罗马依靠武力征服而兴起的悠久历史起源之后，孟德斯鸠也继续论述古代罗马的历史发展，走上发动对外征服战争的道路，也是众人同心，是古代罗马从元老院到普通民众都乐于从事的事情，对此孟德斯鸠就论述道：

――――――――――

　　① ［法］孟德斯鸠：《罗马盛衰原因论》，婉玲译，商务印书馆 2009 年版，第 1 页。

元老院本身也是很愿意进行战争的。因为它经常不断地被人民的声诉和请求所苦，因此为了使自己摆脱人民的困扰，它就设法把人民的精力放到对外事务上去。

原来对人民来说，战争几乎永远是一件快意的事，因为战利品的合理分配是使人们获得利益的一种手段。

罗马这个城市没有商业，又几乎没有工业。每个人要是想发财致富，除了打劫之外，没有其他的办法。①

按照孟德斯鸠此论，古代罗马走上对外征服战争道路，主要有三方面的原因。首先，古代罗马的元老院通过发动对外战争，这能够让古罗马元老院转移"经常不断地被人民的声诉和请求"之苦。其次，罗马对外战争获得战利品的分配，也是古风犹存，还保留了原始社会中合理分配的方式，这能够激发罗马人民的对外战争激情。最后，罗马兴起过程中走向对外战争，也是因为"罗马这个城市没有商业，又几乎没有工业"，尽管如此，人们又特别渴望发财致富，由此只有走向对外战争获取战利品的发展道路。

可以看出，孟德斯鸠对于古代罗马走向对外战争原因的相关论述，与修昔底德在《伯罗奔尼撒战争史》开篇叙述古代希腊人在氏族部落阶段抢劫之风盛行，也极为相似，其主要是书写了从氏族、部落发展为民族过程中的历史发展状况。但两相比较，在修昔底德《伯罗奔尼撒战争史》的历史书写之中，古代希腊人从氏族部落阶段发展成为民族，也具体表现为抢劫之风盛行，逐步变化为民族形成过程中，开始定居，逐步发展农业、手工业、商业等，由此作为民族生存与发展根基。修昔底德已经说明了其所在时代，人们随身佩带武器，这只能算是远古遗风。可是孟德斯鸠笔下的古代罗马历史发展，则是一条依靠不断发动对外征服战争获取战利品，由此达到繁荣强盛的历史发展道路。在此基础上，犹如人们往往根据个体的所作所为，评定个体的个性特征一般，孟德斯鸠根据古代罗马注重对外征服战争的历史发展过

---

① ［法］孟德斯鸠：《罗马盛衰原因论》，婉玲译，商务印书馆 2009 年版，第 4 页。

程，也概括出了古代罗马人的民族特性。对于古代罗马历史发展与古代罗马人的民族特性之间的关系，孟德斯鸠就概括道：

> 罗马因此永远是处于战争状态，而且这些战争又永远是激烈的战争：原来，一个永远在进行战争的民族，一个以战争为政府统治原则的民族，必然会或是自己毁灭，或是战胜所有其他的民族，因为那些民族不论是在战时还是在平时，都是既不适于进攻又没有防守的准备的。①

可以看出，在孟德斯鸠的笔下，古代的罗马人乃是"一个永远在进行战争的民族，一个以战争为政府统治原则的民族"。当概括出了古罗马人的这种民族特性之后，孟德斯鸠的论述方法，也是继续对此分而论之，分别就古代罗马人的战争原则、武器运用、战争对罗马人形成一个民族共同体的影响等不同侧面，详细论述了古代罗马人，确实是"一个永远在进行战争的民族，一个以战争为政府统治原则的民族"。

首先，就战争原则来说，古代罗马人不断发动对外战争，孟德斯鸠就称之为"不断战争的原则"。孟德斯鸠也指出："不断战争的原则的另一个后果是：罗马人不战胜决不缔结和约。老实讲，和一个民族缔结可耻的和约以便再去进攻另一个民族，那还有什么意思呢？"② 孟德斯鸠这一论述，说明了古代罗马人信奉的思想观念，乃是崇奉战争并取得胜利。在对外征服战争中不断取得胜利，这成为古代罗马兴起的重要原因。孟德斯鸠此言的弦外之音，也说明了古代罗马一旦对外战争停止，相应的问题也不断滋生。

其次，孟德斯鸠以罗马人与高卢人之间的多次战争为例谈道："罗马人对高卢人曾进行过多次的战争。爱荣誉，不怕死，有顽强的胜利意志，这是这两个民族的共同的特点，但他们的武器却不相同。高卢人的楯是小的，他们的剑也不行：因此罗马人对他们的看法几乎

---

① ［法］孟德斯鸠：《罗马盛衰原因论》，婉玲译，商务印书馆2009年版，第5页。
② ［法］孟德斯鸠：《罗马盛衰原因论》，婉玲译，商务印书馆2009年版，第5页。

和后世西班牙人对墨西哥人的看法一样。"[1] 孟德斯鸠这一论述，说明了罗马对其他民族的对外征服战争，不仅仅需要作战勇敢、意志顽强等民族精神气质，而且还得以武器装备等民族的物质生产发展状况作为基础。

最后，孟德斯鸠还认为，"在罗马，战争从一开始便把全体的利益结合成为一体；但在迦太基，战争却只会扩大个人之间的利害冲突。"[2] 孟德斯鸠的这一论述，指明了追求对外战争的胜利，通过对外战争的胜利获取战利品，由此有难同当、有利同享，而不能像古代的迦太基那样，因战争而"扩大个人之间的利害冲突"，这能够把全体人们的利益结合在一起。

总的说来，孟德斯鸠的《罗马盛衰原因论》一书，将古代罗马征服其他民族之间的战争不断取得胜利，概括成为罗马帝国兴盛的根本原因，这种历史书写中所表现出的思想观念，在古代希腊后期与古代罗马也曾经广泛盛行。其中公元 2 世纪古代罗马的历史学阿庇安编撰《罗马史》，曾经把古代罗马的历史，编撰成为一个古代罗马人不断征服其他民族之间战争的历史。因此，孟德斯鸠的《罗马盛衰原因论》一书，尽管成书于 18 世纪法国启蒙运动时代，但启蒙运动中的理性之光带来的这种思想观念，在欧洲历史长河中却是古已有之，其是古代希腊后期与古代罗马崇奉武力的思想观念的延续与传承。古代希腊罗马与法国的启蒙运动之间，尽管相隔上千年，但相应的历史书写中呈现出的思想观念，却是千古相连、一脉相传。

但孟德斯鸠书写的《罗马盛衰原因论》一书，也说明欧洲历史长河中认识民族而形成的思想观念，还是在法国的启蒙运动中发生了重要变化。这具体来说，古代希腊历史学家希罗多德书写《历史》一书，已经广泛论述了民族具有共同的语言、共同的地理区域、共同的生产生活方式等特征。而在孟德斯鸠书写的《罗马盛衰原因论》一书中，孟德斯鸠论述古代罗马的兴起，也不仅仅局限于从古代罗马征服

---

① ［法］孟德斯鸠：《罗马盛衰原因论》，婉玲译，商务印书馆 2009 年版，第 15 页。
② ［法］孟德斯鸠：《罗马盛衰原因论》，婉玲译，商务印书馆 2009 年版，第 16 页。

其他民族的战争不断获得胜利中找原因，而是广泛论述了古代罗马征服其他民族的战争，这与古罗马所属的人民、公民之间存在密切关系，由此深究古代罗马征服其他民族的战争能够不断获得胜利的原因。孟德斯鸠的这种论述内容，说明法国启蒙运动时期对于民族的认识，不仅局限于在古代希腊时期已经认识到民族具有共同的语言、共同的地理区域、共同的生产生活方式等特征，同时到了18世纪法国的启蒙运动时代，人们使用的民族概念也增添了新的内涵，其逐步发展为民族的概念指的是现代民族国家中的人民、公民、国民等所构成的共同体的概念。

孟德斯鸠继续论述古代罗马征服其他民族的战争，这与古罗马所属的人民、公民之间存在非常密切的关系，孟德斯鸠对此论述的重点，则主要集中于论述古代罗马对外战争中战利品分配这个关键问题。如前所述，孟德斯鸠已经论述在古代的罗马，"对人民来说，战争几乎是一件快意的事，因为战利品的合理分配是使人们获得利益的一种手段"。在此，孟德斯鸠已经说明了古代罗马征服其他民族的战争能够不断获得胜利，根本原因在于"战利品的合理分配"。孟德斯鸠的这种论述，既概括出了古罗马人的民族特性，乃是"一个永远在进行战争的民族，一个以战争为政府统治原则的民族"，也说明古代罗马人的这种民族特性，与其所属的人民、公民之间的关系所需要应对的关键问题，也集中于"战利品的合理分配"。

而孟德斯鸠论述古代罗马对外战争中"战利品的合理分配"，则是重点强调了古代罗马对外征服战争所获取的土地，由此进行平均分配，这成为古代罗马对外战争中"战利品的合理分配"的具体内容，孟德斯鸠对此论述道：

> 古代共和国的缔造者是把土地平均分配的：只有这一点才能使人民强大起来，这就是说，造成一个井井有条的社会。这一点还能造成一支精良的军队，他们每个人都能同样充分地关心保卫自己的祖国。①

————————

① ［法］孟德斯鸠：《罗马盛衰原因论》，婉玲译，商务印书馆2009年版，第13页。

　　至此，孟德斯鸠的《罗马盛衰原因论》一书，探寻古代罗马走向强盛的原因，也终于全部展现出来。孟德斯鸠的这种论述，说明了古代的罗马人作为一个民族，不仅仅具有共同的语言、共同的地理区域、共同的生产生活方式等特征，而且其所属的人民、公民已经形成了一种命运与共的关系。这种命运与共的关系既具体表现为古代罗马通过对外战争获取土地并平均分配，由此共同发财致富，也在古代罗马历史发展过程中影响深远。其既在古代罗马历史发展过程中"使人民强大起来"，并"造成一个井井有条的社会"，也在古代罗马历史发展过程中，"造成一支精良的军队，他们每个人都能同样充分地关心保卫自己的祖国"。

　　为了对此观点继续提供佐证，曾经在波尔多从事过葡萄酒生意的孟德斯鸠，论述往昔历史也并非只说观点与道理，而是颇具商人精细算账的历史书写特征。孟德斯鸠继续选择古代希腊的雅典与斯巴达作为参照，仔细计算了古罗马的公民数量与古罗马取得对外征服战争胜利之间的关系，孟德斯鸠就算计道：

　　　　在国王被驱逐之后不久罗马所进行的人口调查，以及在法列拉的狄米特留斯在雅典所进行的调查中，我们看到两个城市居民的数目几乎是相等的：罗马的居民是四十四万人，雅典的居民是四十三万一千人。不过罗马的进行人口调查正是在它的全盛时代，雅典进行人口调查的时候，它已经完全腐化了。我们看到，罗马的成年公民是它的居民人数的四分之一，而在雅典，成年公民只占二十分之一弱；因此，在不同的时期中间，罗马的实力比起雅典的实力来几乎是四分之一比二十分之一，也就是说罗马比雅典要强到五倍。

　　　　在莱喀古士时期，斯巴达公民的人数是九千，可是斯巴达到国王阿吉斯和克列欧美尼的时候却只不过有七百人了，而且其中有土地的最多不过一百人，其他的人都只是些胆小的贱民而已；他们因而恢复了过去的法律，斯巴达也就重新取得了昔日的强大，成了对全体希腊人的严重威胁。[①]

────────────

① ［法］孟德斯鸠：《罗马盛衰原因论》，婉玲译，商务印书馆 2009 年版，第 13—14 页。

可以看出，孟德斯鸠算出的这笔历史旧账，可谓是褒斯巴达而贬雅典。在孟德斯鸠看来，"斯巴达公民的人数"纵然很少，但斯巴达却成为"全体希腊人的严重威胁"，而雅典成年公民尽管较多，但在整个人口构成中"只占二十分之一弱"，并且最为重要的是，雅典成年公民"已经完全腐化了"。而全盛时代的罗马，其公民既沿袭着斯巴达的作风，也在公民的数量方面远远超过了雅典。孟德斯鸠计算出的这笔历史旧账，也将论述目标继续指向了古代罗马人民与公民的素养与作风。

在孟德斯鸠看来，古罗马历史发展也会步雅典之后尘。而古代罗马人民与公民的素养与作风，也犹如古代雅典的历史发展一样，出现孟德斯鸠所说的"风俗败坏"，这成为孟德斯鸠在其《罗马盛衰原因论》一书中，极力论证的古代罗马由强盛走向衰落的重要原因。正如孟德斯鸠将古代罗马对征服战争所获取的土地平均分配，由此滋生出古代罗马人民与公民一系列的素养与作风，视为古代罗马走向强盛的原因。孟德斯鸠寻找古代罗马由盛转弱的原因，也并不仅仅限于只说古代罗马"风俗败坏"，而是找出古代罗马"风俗败坏"的根本原因，乃是因为古代罗马对外战争获取土地并平均分配，在古代罗马走向强盛的过程中逐步发生了变化，对此孟德斯鸠就论述道：

> 在风俗败坏之前，国家最初的收入是在士兵中间分配的，这就是说，在农民中间分配：当共和国的风俗败坏之后，土地立刻就转到富人手里去，富人又把土地交给奴隶和手工业者，再向他们抽取土地的一部分收入作为租税，用来维持士兵。
>
> 不过这样的人却完全不适宜于作战的：他们都是胆小鬼，他们都已被城市的奢侈生活，甚至往往被自己的技艺所腐蚀。此外，既然他们根本没有自己的祖国，而且他们到处可以凭自己的本领吃饭，因此他们就没有什么会丢失或是要保存的东西了。①

可以看出，孟德斯鸠所说的"风俗败坏"，具体表现为古代罗马

---

① ［法］孟德斯鸠：《罗马盛衰原因论》，婉玲译，商务印书馆 2009 年版，第 13 页。

在依靠征服其他民族的战争不断获得胜利的过程中，"土地立刻就转到富人手里去"，而"富人又把土地交给奴隶和手工业者，再向他们抽取土地的一部分收入作为租税，用来维持士兵"。按照孟德斯鸠的这种论述，古代罗马与其士兵之间的关系，已经变成了一种雇佣关系。古代罗马土地分配方式的变化，也导致古代罗马早期盛行的公民兵制，在古代罗马晚期转化成为雇佣兵制，并且延及至欧洲中世纪与近现代初期的漫长历史岁月。

这种因土地分配方式变化所形成的从公民兵制到雇佣兵制的变化，也是牵一发而动全身，还会继续形成多方面的历史发展变化。一方面，古代罗马早期，古代罗马的人民与公民如孟德斯鸠所说，"他们每个人都能同样充分地关心保卫自己的祖国"，这发展到古代罗马晚期，已经变化成为如孟德斯鸠所说，古代罗马晚期士兵眼中，"根本没有自己的祖国"。另一方面，古代罗马晚期士兵眼中"根本没有自己的祖国"，而是眼中只有雇主。这种从公民兵制到佣兵制所出现的思想观念变化，也会将罗马晚期以及此后的欧洲历史发展，推向一种军队中的将领变化成为地方上的诸侯，由此拥兵自重，各自割据一方的历史发展过程之中。孟德斯鸠在《罗马盛衰原因论》一书中，也是运用了罗马晚期历史发展的具体史实，对此详细论证道：

> 当军团越过了阿尔卑斯山和大海的时候，战士们在许多战役中就不得不留驻在他们所征服的地方，这样他们就逐渐地丧失了公民们应有的精神，而在手中掌握着军队和王国的将领们感到自己的力量很大，就不想再听命于别人了。
>
> 于是士兵们这时就开始只承认自己的将领了，他们把自己的一切希望都寄托在将领的身上，而且和罗马的关系也越发疏远了。他们已经不是共和国的士兵，而是苏拉、马利乌斯、庞培、恺撒的士兵了。罗马再也无法知道，在行省中率领着军队的人物到底是它的将领还是它的敌人了。①

---

① ［法］孟德斯鸠：《罗马盛衰原因论》，婉玲译，商务印书馆2009年版，第48—49页。

　　自此，孟德斯鸠的《罗马盛衰原因论》一书，探寻古代罗马走向强盛与逐步衰落的原因，也全部展现了出来。孟德斯鸠的论述，已经说明到了罗马晚期，随着罗马领域的扩展，驻守各地的士兵，不再忠诚于罗马，而是忠诚于各地的将领，并为自己的将领而作战，由此古代罗马的军事将领拥兵自重，古代罗马分崩离析在所难免。古代罗马士兵忠诚对象的变化，也将在"蛮族入侵"后日耳曼与罗马两种文化的交汇过程中继续发展，变化成为马克·布洛赫分析欧洲封建社会所说的人与人之间的依附与归属关系，并成为欧洲中世纪封建制度形成的罗马元素。

　　在此过程中，孟德斯鸠所说的罗马士兵为了罗马勇于作战、积极奉献等"公民应有的精神"，尽管被孟德斯鸠归结为古代罗马走向强盛的原因，但在古罗马晚期以及此后的欧洲历史发展过程中，已经是古风不再。苦苦寻觅古代罗马在对外征服战争中所展现出来的"公民应有的精神"，也构成了孟德斯鸠书写《罗马盛衰原因论》一书的重要目标。对于这种"公民应有的精神"，孟德斯鸠在《罗马盛衰原因论》一书中还继续论述道：

　　　　意大利各民族成为罗马的公民以后，每一个城市便表现了它自己的特色，表现了它所关心的特殊利益，表现了它对某一个强大的保护者的依赖。一个居民分散开来的城市再也不能形成一个统一的整体；而且既然人们不过是由于一种特殊的法律上的规定才成为罗马公民的，人们便不再有同样的高级官吏、同样的城墙、同样的神、同样的庙宇、同样的坟墓，因此人们就不再用和先前相同的眼光看待罗马，人们便不再象以前那样地爱自己的祖国，对罗马的依恋之情也不复存在了。①

　　古代罗马的对外征服道路，先是以罗马城为基础对外征服意大利半岛，再扩及地中海的周边世界，并让地中海变成古罗马的内湖。孟

---

① ［法］孟德斯鸠：《罗马盛衰原因论》，婉玲译，商务印书馆2009年版，第50页。

德斯鸠的上述论述，主要是针对古代罗马征服意大利半岛过程后的民族关系状况，而论述的主要目标，还是在强调"意大利各民族成为罗马的公民以后"，眼中只有自己的"特殊利益"，而不能形成一个"统一的整体"。由此孟德斯鸠的《罗马盛衰原因论》一书，也是看到了人类历史进入民族国家所构成的现代社会，民族国家需要解决自身社会凝聚的关键问题。

孟德斯鸠这种论述内容的主要目的，也并不是就历史而论历史，而是通过书写古罗马的往昔历史，服务于孟德斯鸠所在时代的历史发展。其是力图将孟德斯鸠所在时代的民族概念内涵，从主要指涉封建等级制度中具有高贵血缘与出身并与底层民众相互分离的贵族群体，继续变化成为由现代民族国家中平等的人民、公民所构成的共同体，现代民族国家中平等的人民、公民，也需具有孟德斯鸠特别强调的"公民应有的精神"。这种历史书写中所表现出来的思想观念变化，也犹如后浪推前浪的江河之水，推动着法国大革命从君主立宪派、吉伦特派、雅各宾派、再到拿破仑统治的层层历史变化。

而孟德斯鸠的《罗马盛衰原因论》一书，苦苦寻觅古代罗马在对外征服战争中具体表现出来的"公民应有的精神"，这种历史书写的本质特征，既是重拾古代罗马的历史文化遗产，也是寻找现代民族国家创建急需的精神内核。法国大革命中欧洲反法联军一次又一次入侵法国，法国大革命也出现无数次"祖国在危急之中"。在此过程中，无数法国民众响应"祖国在危急之中"的号召，高唱莱茵军歌，奋起反抗干涉法国大革命的欧洲列强。在人类历史进入现代社会重要标志时刻的法国大革命中，作为现代民族国家主体的人民、公民、国民等的力量，也犹如火山一般喷发出来。孟德斯鸠的《罗马盛衰原因论》一书，通过古代罗马与其所属人民、公民之间的关系探寻古代罗马盛衰原因，这也是 18、19 世纪欧洲创建现代民族国家需要应对的关键问题。

而 18、19 世纪欧洲从封建国家向现代民族国家转化的发展过程，也面临着内外兼修的双重历史发展任务。在对内方面，欧洲现代民族国家的创建，需要形成与其所属人民、公民之间的新型社会凝聚关系，在对外方面，究竟如何应对欧洲现代民族国家创建后所形成的国际关系，这也同样是18、19世纪欧洲创建现代民族国家需要应对的关键问题。对于古代罗马对外扩张的历史发展道路所形成的民族之间关系，孟德斯鸠在《罗马盛衰原因论》一书也曾经论述道：

> 在征服某一个民族的时候，他们把这个民族削弱就满足了。他们向它提出了这样一些会不知不觉地把它削弱下去的条件。如果它重新振作起来，他们就更进一步地贬低它；这个民族成了罗马的臣民，可是它自己也说不出到底它是在什么时候落到这种从属地位的。
>
> 因此，老实说，罗马既不是一个王国，也不是一个共和国，而是由世界各民族组成的躯体的脑袋。①

上述论述展现了孟德斯鸠对于古代罗马与其他民族之间关系的主要看法。对于古代罗马将对外征服战争中所征服的民族，孟德斯鸠强调古代罗马的应对措施，乃是"提出了这样一些会不知不觉地把它削弱下去的条件"，并"更进一步地贬低它；这个民族成了罗马的臣民"。孟德斯鸠还把对外征服战争中不断取得军事胜利的罗马，比喻成为"世界各民族组成的躯体的脑袋"，这种比喻也犹如古代印度婆罗门教为了维护种姓制度，将婆罗门种姓比喻为人体的大脑，将刹帝利种姓比喻为人体的双臂，将吠舍种姓比喻为人体的大腿，将首陀罗种姓比喻为人体的脚。两者之间的差异，则表现为古代印度的婆罗门祭司将婆罗门种姓比喻为人体的大脑，这主要是针对古代印度社会中人与人之间的社会关系；而孟德斯鸠将罗马比喻为"世界各民族组成的躯体的脑袋"，这种比喻显示了罗马征服其他民族不断取得胜利后形成的民族之间的关系，也是一种不平等关系。

这种历史书写的具体内容，说明了对于古代罗马对外征服战争与其所形成的不平等民族之间关系，这在作为启蒙运动中重要代表人物

---

① ［法］孟德斯鸠：《罗马盛衰原因论》，婉玲译，商务印书馆2009年版，第40—41页。

孟德斯鸠那里，是看不出在运用启蒙运动中奉为神明的理性，对此进行深刻的理性反思，而是在复古代罗马之古，继续传承古代罗马所走过的历史发展道路与其广泛盛行的思想观念。这种历史书写显示出的思想观念的本质特征，是在欧洲从封建社会变化成为由民族以及民族国家构成的现代社会的历史发展过程中，将欧洲封建等级制度形成的人与人之间不平等的关系，继续变化成为现代社会中民族以及民族国家之间不平等的关系。

　　这种历史书写显示出的思想观念产生的具体历史影响，则是继续助推 19 世纪与 20 世纪欧洲历史发展，犹如当代英国历史学家基尔南的《人类的主人——欧洲帝国时期对其他文化的态度》一书所描述，各路欧洲列强先是仿效古代罗马，并青出于蓝而胜于蓝，其不再局限于古罗马在地中海周边世界的广泛扩张，而是对全球范围的世界各地广泛征服并建立帝国，由此将近现代的欧洲历史发展，推入到基尔南所说的"欧洲帝国时期"。① 而基尔南主要描述的"欧洲帝国时期对其他文化的态度"，则是继续仿效孟德斯鸠将古代罗马比喻为"世界各民族组成的躯体的脑袋"，继续将自身视为基尔南所比喻为的"人类的主人"。由此，欧洲从古代罗马到近现代以来的历史发展，尽管存在无数具体内容的古今之变，但囿于欧洲自我中心，由此将欧洲人视为基尔南所说的"人类主人"的心性，这在作为法国启蒙运动重要人物的孟德斯鸠那里，依然没有多少变化。

二　伏尔泰从民族之间的战争转向书写各民族的风俗

　　孟德斯鸠运用古代罗马对外征服战争的历史，由此作为契机探寻古代罗马的盛衰原因，既复兴古代罗在对外战争中所展现出"公民应有的精神"，也特别崇奉古代罗马通过对外战争从共和走向庞大的帝国，作为启蒙运动时期又一核心人物的伏尔泰，其看法则与孟德斯鸠

---

　　① ［英］维克托·基尔南：《人类的主人——欧洲帝国时期对其他文化的态度》，陈正国译，商务印书馆 2006 年版。

存在诸多具体差异。

伏尔泰在其所著的《哲学辞典》一书中，就阐述了其对于历史书写的主要看法。对于欧洲长期注重民族历史书写的传统，伏尔泰已经明晰指出民族历史书写在民族历史发展过程中的重要性。伏尔泰在《哲学辞典》一书中论述"列王纪与历代志"就强调，"各个民族刚一会写作，便都写下了他们自己的历史"。① 可是对欧洲长期盛行的民族历史书写的具体内容，伏尔泰则是广泛运用启蒙运动中倡导的理性，对此进行了深刻反思与激烈批判。这举例说来，从中世纪以来，欧洲的历史书写由于深受基督教神学史观影响，广泛充斥着偶像崇拜，伏尔泰在《哲学辞典》一书中论述"偶像、偶像崇拜者、偶像崇拜"，对此就进行了激烈批判。在此过程中伏尔泰就总结道："粗野而迷信的群氓，丝毫不通理性，既不懂得有所怀疑，也不懂得有所否认，更不会有所相信。"② 伏尔泰此言说明，启蒙运动中倡导的理性对历史书写的影响，也具体表现为在历史书写中，被伏尔泰解释为应该"有所怀疑""有所否认""有所相信"。

对此伏尔泰所做的亲身示范，除了具体表现为对欧洲民族历史书写传统中广泛充斥着的偶像崇拜，伏尔泰是"有所怀疑"与"有所否认"，并将其怀疑与否认变化为深刻反思与激烈批判之外，而且对于欧洲民族历史书写广泛充斥着的战争历史书写，伏尔泰所展现出来的理性，也是"有所怀疑"与"有所否认"。伏尔泰在"有所怀疑"与"有所否认"的基础上所形成的"有所相信"，也具体表现为伏尔泰相信民族历史书写，除了书写彼此之间的战争之外，还可以书写其他的内容。伏尔泰的这种理性运动过程，贯穿于其所书写的《哲学辞典》《查理十二传》《路易十四时代》《风俗论》等著作之中。

伏尔泰在《哲学辞典》一书中论述"战争"，就展现了伏尔泰对于人类历史充斥着的战争的总体看法。伏尔泰就谈道："一切动物都

---

① ［法］伏尔泰：《哲学辞典》，王燕生译，商务印书馆1991年版，第555页。
② ［法］伏尔泰：《哲学辞典》，王燕生译，商务印书馆1991年版，第563页。

经常处于战争状态；每种动物又都生来是为吃另外一种动物的。"① 伏尔泰的这种论述，典型地表现了启蒙运动中众多重要人物的思维活动特征，已经不是通过欧洲中世纪以来广泛支配人们思维活动的基督教神学中的神意，而是通过认识自然状态，探寻人类所作所为的形成根源。对于"一切动物都经常处于战争状态"这种自然状态影响的人类历史具体表现，伏尔泰紧接着就谈道，"造成人类大量死亡的战争却是人类可怕的劣根性，以致除了两三个民族是例外，几乎没有哪些民族的古代史不是表现他们彼此兵戎相见的"②。

通过伏尔泰的这些话语，可以看出伏尔泰的理性活动过程，之所以先追寻到"一切动物都经常处于战争状态"的自然状态，则是为"几乎没有哪些民族的古代史不是表现他们彼此兵戎相见"寻找根源。在此寻根溯源的过程中，源自自然状态的"人类可怕的劣根性"已经不再抽象，而是通过人类在历史长河中的所作所为而具体展现出来。欧洲的这种具体历史发展特征，则可以追根溯源到作为欧洲文化根源的古典希腊与古典罗马的历史发展过程中，对此伏尔泰也谈道：

> 蹂躏乡村、摧毁住房并且常年每十万人要伤亡四万，这无疑倒是一种很漂亮的艺术了。这种发明首先就由议会国家为了他们的共同利益而钻研着；例如希腊议会就曾经向弗里吉亚及其附近民族的议会宣布说，倘若可能的话，希腊人要乘千支渔船去歼灭他们。
>
> 罗马议会判断罗马宜于在割麦季节以前去攻打维伊民族或沃尔斯克民族，并且，几年以后，全体罗马人都生迦太基人的气，便在海上和陆上打了很多年的仗。③

这种源于古典希腊与古典罗马的历史发展特征，影响到欧洲的历

---

① ［法］伏尔泰：《哲学辞典》，王燕生译，商务印书馆 1991 年版，第 549 页。
② ［法］伏尔泰：《哲学辞典》，王燕生译，商务印书馆 1991 年版，第 550 页。
③ ［法］伏尔泰：《哲学辞典》，王燕生译，商务印书馆 1991 年版，第 550—551 页。

史书写，也表现为欧洲的历史著作中的具体书写内容，广泛地充斥着
打打杀杀的战争。伏尔泰对此的认识，既看出了欧洲自从古代希腊罗
马以来就崇尚对外武力扩张的历史发展特征，也看出了欧洲众多历史
著作中充斥着战争历史书写的史学史发展特征。置身于欧洲历史长河
中的伏尔泰撰写的历史著作，则是力图对此有所改变。伏尔泰撰写历
史著作的这种心迹，在其书写的《路易十四时代》一书的导言中，就
明显地流露了出来，伏尔泰谈道：

> 读者不应指望能在本书中，比在对先前几个世纪的描绘中
> 找到更多关于战争的，关于攻城略地的大量繁琐细节……在这部
> 历史中，作者将只致力于叙述值得各个时代注意，能描绘人类天
> 才和风尚，能起教育作用，能劝人热爱道德，文化记忆和祖国的
> 事件。①

从伏尔泰的这种论述可以看出，在伏尔泰书写《路易十四时代》
一书的时代，以及在此之前的几个世纪中，欧洲的历史书写状况，乃
是广泛书写战争的历史，并不厌其烦地书写战争中攻城略地的大量烦
琐细节，至于这些烦琐细节是否真实，也难以考证。对于欧洲的这种
历史书写状况，伏尔泰书写历史著作的理性活动，首先表现为对欧洲
的这种历史书写内容极为不满，同时还表现为伏尔泰也深信，除此之
外还有更多的历史发展内容值得书写。伏尔泰书写出的《查理十二
传》《路易十四时代》以及《风俗论》等著作，则成为伏尔泰这种理
性活动的具体产物。

伏尔泰的《查理十二传》《路易十四时代》以及《风俗论》等著
作，也一改欧洲以往诸多历史著作将主要笔墨集中于书写民族之间战
争历史的历史书写传统，转而书写民族的风俗。其中伏尔泰书写的
《路易十四时代》一书，伏尔泰构思其具体内容与所发挥的作用也如

---

① ［法］伏尔泰：《路易十四时代》，吴模信、沈怀洁、梁守锵译，商务印书馆1982年版，
第10页。

其所说，"能描绘人类天才和风尚，能起教育作用，能劝人热爱道德，文化记忆和祖国的事件"。在这种思想观念的支配之下，《路易十四时代》尽管是一部主要叙述法国太阳王路易十四时代历史发展状况的史学著作，但其具体书写内容，多集中于叙述了法国路易十四时代的社会风尚，由此伏尔泰书写的《路易十四时代》一书，也成了一部路易十四时代法兰西民族的"风俗论"。

而伏尔泰书写的《风俗论》一书的主要论述内容，既不限于路易十四时代，也不限于法兰西一个民族，而是针对世界范围内各民族的风俗状况，其书写对象的时间跨度，也从古代一直延续到伏尔泰所在的时代。尽管如此，对其所在时代欧洲无数历史著作广泛充斥着战争书写内容的强烈不满，共同构成了伏尔泰书写《路易十四时代》一书与《风俗论》一书共同的思想动力。在《风俗论》一书的开篇，伏尔泰借用夏特莱候爵夫人的话就谈到：

> 我曾经津津有味地阅读过希腊史和罗马史，这些历史在我脑海里展示了一幅幅宏伟的画卷使我流连忘返。但是对于近代国家的历史巨著，无论哪一本我都无法卒读，我在那里看到的几乎只是一片混乱，一大堆既无联系、又无下文的琐事，千百次没有解决任何问题的战争，就连在这些战争中人们使用什么武器来互相残杀，我也不清楚。我只好放弃了这种既枯燥乏味又空乏无边、只能压抑思想而不能给人启迪的学习。①

可以看出，启蒙运动时期重要人物孟德斯鸠在其书写的《罗马盛衰原因论》一书中，通过古代罗马的对外战争作为线索探寻古罗马盛衰的原因。与孟德斯鸠的这种历史书写方法有所不同，作为启蒙运动时期又一重要人物的伏尔泰，则是一位对于欧洲无数历史著作广泛充斥着战争书写内容的史学传统进行激烈批判并力图有所改变之人。伏尔泰的《风俗论》与《路易十四时代》等著作的历史书写，也是另起

---

① ［法］伏尔泰：《风俗论》，梁守锵译，商务印书馆 1995 年版，第 1 页。

炉灶，将欧洲历史著作中广泛充斥着战争书写的史学发展传统，发展变化为书写民族的风俗。

伏尔泰的这种历史书写变化，说明了欧洲史学史发展到18世纪的启蒙运动，也是力图有所转向，这种转向也引起了后世欧洲历史学家的关注。这举例说来，对于伏尔泰编撰《风俗论》一书，当代德国历史学家洛维特就评价道，"无论是在原则上，还是在方法和内容上，它都成为对传统历史观的一种反驳"①。同样，当代英国历史学家彼得·伯克论述18世纪欧洲历史学发展状况也认为：

> 与此同时，不那么关注理论的学者也从政治和战争等传统历史主题，逐渐转向研究社会史，即商业、艺术、法律、习俗和"风俗"的发展。比如说，伏尔泰的《风俗论》（1756）讨论了自查理曼时代以来欧洲的社会生活。该书并非直接基于原始材料，但却做出了大胆而新颖的综合，是对伏尔泰首先命名的"历史哲学"的一大贡献。②

伯克上述论述的重点，也是在强调伏尔泰的《风俗论》一书，标志着18世纪欧洲历史学发展，在大量书写战争的传统史学基础之上力图有所转向，转而书写各民族的风俗。伏尔泰这种注重对各民族风俗的历史书写，被伯克解释成为其就是后世历史学发展出现的社会史或者社会生活史等史学领域的主要内容。而伯克强调伏尔泰的《风俗论》一书，是"对伏尔泰首先命名的'历史哲学'的一大贡献"，这也说明"伏尔泰首先命名的'历史哲学'"，其最初并非黑格尔阐释历史哲学注重的抽象的民族精神，而是需要首先注重民族社会生活状况所表现出的各民族的风俗。

伏尔泰力求从欧洲历史著作中广泛充斥着战争书写的史学发展状

---

① ［德］洛维特：《世界历史与救赎历史》，李秋零、田薇译，商务印书馆2016年版，第128页。

② ［英］彼得·伯克：《历史学与社会理论》（第二版），李康译，上海人民出版社2019年版，第8页。

况，发展变化为书写民族风俗的史学方法发展变化，这从欧洲历史学的总体发展过程来看，是在一定程度上恢复古代希腊罗马时期的欧洲史学，已经存在着的注重书写民族风俗的历史书写传统。在欧洲古典希腊罗马史学的发展过程中，希罗多德书写《历史》一书在叙述希波战争的过程中，也叙述了诸多各民族的风俗。而古希腊历史学家阿里安编撰《亚历山大远征记》，全著主要记载亚历山大远征的过程，但阿里安则在全著的最后，专门开辟一章，用以叙述各民族的风俗。同时古罗马时期的历史学家恺撒编撰的《高卢战记》，塔西佗编撰的《阿古利可拉传　日耳曼尼亚志》，尽管主题都是书写古罗马人对于高卢人与日耳曼人的战争，但同样叙述了各民族的风土人情。这说明书写各民族的风土人情，这在欧洲的古代希腊罗马时代尽管已经存在，但叙述各民族风俗状况的历史书写，往往是被遮蔽在对于战争书写的历史书写主题之中。而伏尔泰书写的《风俗论》一书，乃是抛开了欧洲诸多史学著作中对于战争的历史主题书写，转而叙述各民族的风俗，这是将以往欧洲历史书写的战争主题中蕴藏着的书写各民族的风俗，从历史书写的配角，转化成为历史书写的主角。

因此，伏尔泰从欧洲历史著作广泛书写战争的史学传统，发展变化为书写民族的风俗，这是欧洲历史书写的发展过程中在另谋出路。但这种另谋出路也并非易事，其需要经历无数山重水复疑无路的各种艰辛，方才能够柳暗花明。伏尔泰在《风俗论》一书的开篇，对于其书写《风俗论》一书所经历的各种艰辛就曾谈道：

> 如果您在那么多未经加工的素材中，选用可供你建造大厦的材料，如果删掉那些令人生厌而又不真实的战争细节，那些无关紧要的，只是无聊的尔虞我诈的谈判，那些冲淡了重大事件的种种个人遭遇，而保留其中描写风俗习惯的材料，从而把杂乱无章的东西构成整幅联贯清晰的图画；如果您力图从这些事件中整理出人类精神的历史，那么，您会认为这是光阴虚掷吗？①

---

① ［法］伏尔泰：《风俗论》，梁守锵译，商务印书馆 1995 年版，第 1—2 页。

伏尔泰这一论述说明，由于书写战争的历史，长期以来成为欧洲无数历史著作中的主要内容。在此传统之下，伏尔泰书写的《风俗论》一书，乃是从各民族的风俗视角去书写历史，这尽管是欧洲史学史长河中的力求创新之举，但其遇到的一个难题，就是伏尔泰发现文献资料异常缺乏。

伏尔泰书写的《风俗论》一书，是力图重新发展希罗多德的《历史》一书的民族志书写风格。希罗多德编撰《历史》，大量叙述了古代地中海周边世界各民族的风俗，为此希罗多德费了无数听取他人之说的调查之功。而伏尔泰书写《风俗论》一书，叙述历史的地理范围已经有所扩展，伏尔泰所在时代的交通状况，决定了伏尔泰难以依靠"希罗多德式"的调查，书写出各民族风俗的发展状况，而只能借助文献资料。尽管伏尔泰所在的时代，欧洲已经出现了印刷技术革命，可是记载各民族风俗状况的文献与史料，却依然稀少，这所经历的困苦，伏尔泰就表白道：

> 我记得，当我们打开普芬道夫——他在斯德哥尔摩写作，可以阅读国家档案——的著作时，我们以为一定可以从中找到（瑞典）这个国家的兵力情况、它有多少人口、哥德兰省的居民如何与蹂躏罗马帝国的民族融合，在以后的年代中艺术如何传入瑞典、它的主要法律、它的财富或者不如说它所匮乏的是什么，但是我们所要寻求的东西，书中一个字也没有提到。①

伏尔泰的上述论述，主要是伏尔泰谈到了其所书写的《查理十二传》一书，伏尔泰力图叙述瑞典人等北欧民族的风俗，并且也提及了需要关注"哥德兰省的居民如何与蹂躏罗马帝国的民族融合"，这需要参考普芬道夫的著作。伏尔泰也说明了普芬道夫在斯德哥尔摩写作，可以阅读瑞典的国家档案，书写出瑞典的兵力、人口、艺术、法律、财富等状况。可是伏尔泰在普芬道夫的著作中搜索资料，却一无所获。

---

① ［法］伏尔泰：《风俗论》，梁守锵译，商务印书馆1995年版，第2页。

伏尔泰对此也继续谈道，"从卷帙浩繁的史籍中，我所得到的帮助微乎其微"。

伏尔泰书写其所在时代欧洲各民族的风俗，尚且面临史料缺乏的困难，而伏尔泰书写《风俗论》一书，还得书写地理位置更远的东方民族的风俗。在伏尔泰所在的时代，这只能依靠西方人的道听途说。对此伏尔泰就谈道："西方人所写的关于几个世纪以前的东方民族的事情，在我们看来，几乎全都不像是真的；我们知道，在历史方面，凡是不像真的，就几乎总是不真实的。"① 伏尔泰此言所说"凡是不像真的"，这需要的是理性思考，因此伏尔泰此言，既是遵循修昔底德论述历史书写的目标乃是求真的欧洲史学传统，也具有启蒙运动崇奉理性的时代特色。在《风俗论》一书中，伏尔泰也说明了其书写《风俗论》一书针对史料困难的具体解决方法：

> 在这样劳而无功的研究中，唯一给我以支持的，是我们不时遇到的一些关于艺术和科学的史料，这一部分成了我们主要的研究对象。读者会很容易地发现：继罗马帝国衰落、分裂之后，在我们所处的野蛮无知时代里，我们的一切——天文学、化学、医学，特别是比从希腊人和罗马人那里得知的更为温和、更为有益身体的药物，几乎都是来自阿拉伯人。代数是阿拉伯人的发明，甚至我们的算术，也是由他们传来的。阿尔丰沙天文图是两个阿拉伯人哈兰和本·赛义德绘制的。被称为努比亚地理学家的地方官本·穆哈迈德被逐出本国后，把一个重 800 马克的银质地球仪带到西西里，献给国王罗杰二世，地球仪上刻有已知世界的地图，并纠正了托勒密的说法。
>
> 因此，尽管阿拉伯人是伊斯兰教徒，我们必须给他们以公正的评价。同时必须承认，我们西方民族虽然对某些重要事物的真理有所领悟，但在艺术、科学和国家管理方面却很缺乏知识。如果有那么一些人对这种公正态度恶意指责，并企图加以丑化，那

---

① ［法］伏尔泰：《风俗论》，梁守锵译，商务印书馆 1995 年版，第 2 页。

他们就与他们生活的时代很不相称，实在太可悲了。①

伏尔泰的上述论述说明，由于欧洲以往的历史著作对各民族风俗的记载较为匮乏，因此伏尔泰书写《风俗论》一书的解决方法，主要运用科学与艺术等方面的相关记载，作为其书写《风俗论》一书的材料来源。这种伏尔泰自己所说的"唯一给我以支持的"材料来源，也给伏尔泰书写《风俗论》一书带来了重要的历史书写效果。伏尔泰在《风俗论》一书的过程中，运用其从科学与艺术等方面的相关记载作为材料，发现各民族的历史发展，广泛充斥着各民族之间在科学与艺术方面的密切交流。其中伏尔泰所列举的阿拉伯人大量文学、化学、医学等成果传入欧洲，则是伏尔泰所举的重要例证。由此，伏尔泰书写的《风俗论》一书，不仅是为历史书写的方法与视角另谋出路，而且在历史观方面呈现出的一个重要历史认识变化，也表现为已经具有逐步走出欧洲中心主义的历史认识新气象，并发展为注重书写人类历史中各地区、各民族之间的密切交流。

在此前提之下，伏尔泰《风俗论》一书对于民族历史发展过程的认识，也闪耀着无数真知灼见。首先，民族由氏族与部族发展而来，这在希罗多德与修昔底德的历史著作中已经有所论述，伏尔泰的《风俗论》一书，继续对此做出了类似的论述。伏尔泰就指出："一切民族都曾经过野人阶段；就是说，在很长时间内，有些家庭在树林中游荡，与其他动物争食，用石头和粗树枝抵御野兽，吃各种野菜和瓜果，最后连动物也拿来充饥。"② 其次，伏尔泰已经认识到，人类社会中的民族，是先有自在实体，再通过出现民族名称而成为自觉实体。对此，伏尔泰选择希腊人和罗马人为例证就谈道："古代希腊人和罗马人只是在形成民族实体很久之后，才有比较复杂的词。"③ 再次，既然人类社会中的民族是先有自在实体，再成为自觉实体，因此民族历史发展

---

① ［法］伏尔泰：《风俗论》，梁守锵译，商务印书馆1995年版，第2—3页。
② ［法］伏尔泰：《风俗论》，梁守锵译，商务印书馆1995年版，第35页。
③ ［法］伏尔泰：《风俗论》，梁守锵译，商务印书馆1995年版，第36—37页。

过程中的悠悠岁月与层累构造，也成为认识民族的重要因素。伏尔泰对此就强调："一个民族要能够集合而成为国家，能够强盛，经得起磨炼，又有文化知识，肯定需要经历很长的岁月。"① 最后，既然认识民族需要尊重其悠久历史发展过程，因此对于具有悠久历史文化的亚洲民族，伏尔泰就强调："几乎所有的民族，尤其是亚洲的民族，都有几千年的历史，年代之久，足以使我们瞠目。"② 伏尔泰的这种认识，已经与 18、19 世纪欧洲广泛流行的自我中心主义大异其趣。

伏尔泰这种尊重民族历史发展过程的历史观，也具体表现在伏尔泰的《风俗论》一书的结构安排中。伏尔泰的《风俗论》一书，首先叙述亚洲各民族的风俗，再转向重点论述欧洲各民族的风俗。这种历史书写的结构安排，在 19 世纪黑格尔的《历史哲学》一书中，依然可见其类似之处。黑格尔的《历史哲学》一书，也是先写古代东方、再写古希腊罗马、最后写日耳曼世界，由此人类历史发展被黑格尔叙述成为一条直线一般。尽管这两部著作的书写结构安排颇为相似，可是具体论述内容却存在差异，伏尔泰的《风俗论》一书较为广泛地书写了各地区、各民族之间的文化交流，而黑格尔的《历史哲学》一书则弥漫着较为浓厚的欧洲自我中心主义氛围。

第三节　兰克与蒙森书写民族之间战争历史建构民族意识

一　兰克以民族历史为单位书写的《世界史》

在近现代欧洲民族主义思想兴起过程中，英国通过 17 世纪的革命、法国通过 18 世纪的革命，逐步将两国的封建国家形态转化为现代民族国家形态。与之相比较，19 世纪的德意志，还走在力求摆脱诸侯割据、实现德意志民族统一的历史发展道路之中。19 世纪德意志谋求

---

① ［法］伏尔泰:《风俗论》，梁守锵译，商务印书馆 1995 年版，第 18—19 页。
② ［法］伏尔泰:《风俗论》，梁守锵译，商务印书馆 1995 年版，第 18 页。

民族统一的历史发展，既迫切需要德意志的民族观念与民族主义思想作为思想基础，也迫切需要历史书写能够塑造德意志的民族观念与民族主义思想。由此，19世纪德意志的民族主义史学也得到了高度发展，其中的代表人物，当推19世纪德意志民族国家创建时代所涌现出的著名历史学家兰克。对于兰克众多史学著作所表现出来的特征，20世纪英国历史学家乔治·古奇就总结道：

> 兰克的缺点，与其说是在积极方面，不如说是在消极方面。他同时代人不满的，大多是关于他著作里所作的省略，很少是关于他著作的内容。热心的民族主义者感叹他世界主义的平静态度，道德家感叹他在伦理方面的中立倾向，唯物主义者感叹他暧昧不明的先验论。德罗伊曾嘲弄地说他具有阴阳怪气的不正常的超然态度。特赖齐克讽刺地写道，难得被偶然掠过的浮云遮掩的和煦阳光，照耀着一群高贵的风雅人物……。阿克顿宣称，这个世界比他所讲的有时要好得多，有时又要坏得多。①

古奇引用欧洲众多历史学家对兰克史学特征的评价，主要是说明兰克史学的特征，乃是不偏不倚、秉持中立。在兰克的史学著作中，也难以找出有争议的历史书写与历史认识。可是古奇所引用的众多欧洲历史学家对兰克史学的评价也说明，诸多需要历史学研究中需要深入探讨，并会成为极富争论性的历史研究问题，兰克的历史书写对此所采取的态度，要么是隐晦不明，要么是避而远之。兰克的历史书写，也将不偏不倚、秉持中立的历史书写模式发挥到了极致。

这从表面上看来，作为历史学家的兰克的历史书写，与作为历史学家的黑格尔所阐述的历史哲学，两者之间确实存在差异。黑格尔所阐述的历史哲学，已经强调了书写历史需要将黑格尔所阐述的思想观念呈现出来，可是作为历史学家的兰克，却是极力在其历史书写中避

---

① ［英］乔治·皮博迪·古奇：《19世纪历史学与历史学家》上册，耿淡如译，商务印书馆2014年版，第211页。

免掺杂自己的思想观念，而是平心静气地"按照事情的本来面貌书写历史"。尽管如此，历史书写主观性的根本前提，也决定了兰克所强调的"按照事情的本来面貌书写历史"，那仅仅是一个历史学家的"崇高的梦想"。兰克的历史书写中的无数白纸黑字，还是闪耀着相应的思想观念。

这具体举例说来，兰克所著的《世界史》一书，是兰克在生命晚年所撰写的最后一部历史学著作，系统地呈现了兰克毕生的史学思想与史学方法，并能够典型地说明兰克的历史书写，还是心有所向、意有所指。对于兰克书写的《世界史》一书，古奇曾经感慨道，"《世界史》是一个已经不能再写和读的八九十岁的人的智力成就，仅仅就这一点来说，就足以称之为奇迹了。本书是为已有相当基础的人编写的，也只有他们最能够领会它。"① 在《世界史》一书的前言中，兰克首先就指明：

> 自大地变得宜居，人类便栖息其上；种族被划分开来；个中关系纵横交错；这些种群屹立于文明开始的地方，甚早于白纸黑字的记载，但唯有这白纸黑字能够成为历史的载体，历史之所能及，实乃凭此载体之所能及。②

兰克《世界史》一书开篇之言所说的"种族"，从兰克的《世界史》一书的其他叙述内容来看，主要指的是民族。兰克的《世界史》一书开篇的上述论述，也说明了兰克书写《世界史》一书的心有所向、意有所指，主要表现为三个方面。其一，兰克已经认识到，人类自居住在大地上来，便已经划分出诸多的"种族"，民族是有史以来就已经存在。其二，既然人类自居住在大地上来，便已经划分出诸多的民族，因此兰克认为书写历史的基本方法，也需以民族为单位认识

---

① ［英］乔治·皮博迪·古奇：《19 世纪历史学与历史学家》上册，耿淡如译，商务印书馆 2014 年版，第 210 页。

② ［德］利奥波德·冯·兰克：《世界史（1）》，陈笑天译，吉林出版集团股份有限公司 2017 年版，第 1 页。

世界历史和书写世界历史。这与黑格尔在《历史哲学》一书的绪论中的相关论述相比较，也说明了兰克与黑格尔尽管具有作为历史学家与哲学家的术业专攻，但论述的学理却是异曲同工。其三，以民族为单位书写世界历史，首先得书写各个民族的历史，而各个民族的历史，则是以白纸黑字为载体。因此，兰克认为认识与书写民族的历史，也必须依赖记载民族历史的文献资料，对此，黑格尔的《历史哲学》一书却没有进行论述，这已经涉及历史学所运用的具体方法。

兰克书写的《世界史》一书开篇就谈到，应该以民族为单位书写世界历史，这种历史书写方法，在被誉为"西方史学之父"的希罗多德书写的《历史》一书中，早就已经有所运用。两相比较，希罗多德书写的《历史》一书，那是欧洲刚刚从氏族与部落发展而成为民族的时代，希罗多德书写《历史》一书，也注重书写民族历史，这构成了杜赞奇所说的"西方学术中的黑格尔传统"的历史书写起源。兰克书写《世界史》一书的 19 世纪晚期，则是欧洲民族主义思想蓬勃发展，并以此作为思想文化基础创建现代民族国家的时代，兰克晚年所书写的《世界史》一书，集其毕生史学研究之大成，继续注重书写民族历史，这是杜赞奇所说的"西方学术中的黑格尔传统"的重要历史书写标志。这也说明希罗多德与兰克两人之间，尽管生活的时代相距两千多年，但其历史书写的方法却是千古相连。

在这种千古相连的历史书写方法发展过程中，兰克的历史书写所呈现出来的一个方法变化，则具体表现为历史书写运用的材料来源发生了重要变化。希罗多德书写《历史》一书，主要强调依靠调查研究；而兰克在其编撰的《世界史》一书的开篇，兰克已经指明黑纸白字的文字记载，乃是民族历史的载体。这种历史书写方法变化的原因，也在于希罗多德所在时代，语言文字刚刚诞生，希罗多德书写《历史》一书，也无多少文献资料可供利用，只能借助四处走访调查。但从 15 世纪晚期古登堡印刷术出现后，欧洲已经发生了印刷技术革命，欧洲中世纪晚期到近现代初期的各个世俗国家与民族，也纷纷编撰各自的文献资料，这已经为兰克强调通过记载民族历史的文字材料作为史料来源，由此为书写民族历史提供了技术支撑。兰克历史书写方法的发展变化，也主要表现为注重通过记载民族历史的文字材料，由此作为史料来源认识历史与书写历史，并在由民族国家所构成的现代社会中推进了历史学的现代化。

在此发展变化过程中，对"文字记载"是否可信继续进行甄别，也成了历史书写需要掌握的重要技能。在《世界史》一书的开篇，兰克也对此强调，"历史只能在对遗迹的充分理解和可信的文字记载的基础上展开，因而也就变成无法量化的一个领域"。① 兰克的这一论述也继续说明，运用记载民族历史的文献材料的关键，也如古希腊历史学家修昔底德反复强调需要对他人口中之言进行仔细甄别一样，这也同样需要仔细辨别文献材料记载的内容是否可信。兰克书写相应的历史著作，注重运用文字记载作为历史书写的材料来源，也具体发展为将档案材料等作为历史书写的重要材料来源。对此，当代英国历史学家彼得·伯克就高度评价道：

> 与兰克相连的史学革命首先是史料和方法上的革命，是从利用已有的史书或"编年史"转向利用政府的官方记录。历史学家开始经常查阅档案，并发展出一系列越来越精致的技术，评估他们找到的文档的可靠性。他们声称，自己的著作就比前人的手笔更加客观，更加"科学"。②

伯克的这一论述，也说明了兰克的历史书写所形成的 19 世纪欧洲历史学发展成就，是通过"经常查阅档案"与"评估他们找到的文档的可靠性"，这是将古希腊历史学家修昔底德反复强调需要对他人的口中之言进行仔细甄别，继续发展成为需要对无数文献材料中的众多文字记载进行仔细甄别。由此所形成的"史学革命"，也将历史学发展成为一门"科学"。

---

① ［德］利奥波德·冯·兰克：《世界史（1）》，陈笑天译，吉林出版集团股份有限公司 2017 年版，第 2 页。

② ［英］彼得·伯克：《历史学与社会理论》，李康译，上海人民出版社 2019 年版，第 10 页。

　　尽管兰克的历史书写如伯克所论，在历史书写所需运用的材料来源方面实现革命性的变化，可是兰克的历史书写的心之所系与意之所向，则始终是民族的历史发展过程。其中兰克的《世界史》一书的书写时间是在 19 世纪，在《世界史》一书的开篇，兰克也回顾了欧洲在 17、18 世纪书写世界史的具体发展过程：

　　　　直到 17 世纪，人们的世界史认知还停留在先知书中所记世界四大君主国的水平；但随着日常生活的进步，这一印象已在 18 世纪遭到质疑。通过这种观念的颠覆，世界史的概念也随之被世俗化。一系列冠名"世界的历史"的民族史在英国得以出版，随后被德语学界纷纷效仿，在此推波助澜之下，旧有的世界史观再难立足。①

　　按照兰克的上述论述，直到 17 世纪，人们认知世界历史，主要认为世界历史是由各君主国的历史所构成，由此人们书写历史，也主要是书写君主国家的历史。到了 18 世纪，认为世界历史是由各君主国的历史所构成，这种世界历史观开始受到质疑。18 世纪的人们认知世界历史，也发生了变化，开始认识到世界历史的构成，乃是由各民族的历史所构成。兰克回顾 17、18 世纪世界史编写方法发生的变化，这是在为其编撰的《世界史》一书中以民族国家为单位的历史书写方法寻找理由，由此说明了在欧洲从封建君主国家发展为现代民族国家的历史浪潮中，以民族为单位书写历史，已经成为 18 世纪以来欧洲历史学发展的主要趋势。

　　兰克的《世界史》一书，不仅在开篇中强调了从 18 世纪以来，对于世界历史的认识与书写，已经发生了从书写君主国家的历史到民族历史的变化，而且在叙述古希腊民族历史的时候，兰克也具体强调："活跃在世界史舞台上的主体，与其说是大帝国们，不如说相对封闭

　　① ［德］利奥波德·冯·兰克：《世界史（1）》，陈笑天译，吉林出版集团股份有限公司 2017 年版，第 2 页。

区域内的民族体。后者在组织起错综复杂的族群关系的同时，又为自己成为特定聚合体而积蓄了独有的能量和生命力。"① 兰克的这一论述，也是在继续为其倡导以民族为单位的历史书写方法提供论据。

由此看来，18、19 世纪欧洲的历史发展，已经广泛出现了从封建君主国家发展到现代民族国家的历史发展趋势，作为历史学家的兰克已经认识到了这一历史发展趋势，并在历史书写中倡导书写民族的历史。兰克的《世界史》一书，书写了无数的民族历史，这是欧洲从封建君主国家发展到现代民族国家的历史发展趋势，作用于欧洲的历史书写领域的典型表现。在兰克看来，活跃在世界历史舞台上，不是大帝国，而是民族，民族才是支配世界历史发展的主体。与之相应，兰克《世界史》一书的历史书写，也将活跃于世界历史舞台上的民族，继续变化成为活跃于其书写的《世界史》一书之中的历史书写单位。

兰克的论述也说明，书写世界历史从书写君主国家的历史构成的世界历史，发展成为由民族的历史构成的世界历史，这首先发生在英国，随后德语学界纷纷仿效。兰克能够做出这一判断的内在根源，也在于兰克对其所在时代之前欧洲历史学的发展趋势非常熟稔。兰克在其晚年编撰《世界史》之前，已经编著了《法国史》《英国史》等欧洲的相关民族历史著作。兰克的历史学职业生涯，也是先从事《法国史》《英国史》等民族历史书写，再在其晚年集其民族史研究之大成，编写了由各民族的历史汇合而成的《世界史》一书。同时，兰克认为在欧洲各国的历史学发展过程中，英国率先书写民族史，这也源于从中世纪晚期到近现代以来，英国的民族意识率先觉醒，激发了民族作为单位的历史书写变化。而兰克所说，"随后被德语学界纷纷效仿"，这说明近代德国以兰克为典型代表的民族历史书写，是将最先发源于英国的民族历史书写进一步发扬光大，并继续传播到欧洲各国以及世界各地。在此过程中，兰克成为近现代以来历史学发展成为注重书写民族历史的集大成者。

---

① ［德］利奥波德·冯·兰克：《世界史（1）》，陈笑天译，吉林出版集团股份有限公司 2017 年版，第 101 页。

　　尽管兰克在其书写的《世界史》一书，反复强调注重民族的历史发展过程，但兰克主要关注的则是欧洲诸多民族的历史发展过程。对此伊格尔斯就评价道："兰克要想写世界史，但是世界史对于他乃是日尔曼民族和拉丁民族的历史和中欧与西欧的历史的同义词。"[1] 同时，兰克注重民族历史发展过程的历史书写特征，这在欧洲历史学的发展过程中，尽管能够追溯到希罗多德的《历史》一书，可是对于民族历史书写中"何谓民族？"这个关键问题，希罗多德在《历史》中认为，这可以通过民族的历史起源、地理区域、语言、生活习惯等因素进行回答，而兰克《世界史》一书中，则是将民族与"种族"两个概念相互混淆在一起。

　　其中兰克在《世界史》一书的开篇所说，"自大地变得宜居，人类便栖息其上；种族被划分开来"，这是兰克将民族与"种族"两个概念相互混淆的具体例证。兰克在此所说的"种族"，并不是指民族形成之前的氏族与部落，而是将氏族与部落基础上形成的民族视为种族。对此，兰克在其书写的《世界史》一书的前言中也继续强调，"不同群落和部落各自特有的自然特质——它们也具备天生的合法性和不可否定的内在"[2]。兰克的这一论述，也是在继续说明民族是从氏族、部落等社会群体发展而来，但兰克在此的论述，则是继续把民族误认为是种族。

　　这种历史书写的特征，则如霍布斯鲍姆评价19世纪欧洲民族主义发展过程所说，"曾几何时，'种族'与'民族'竟然变成同一件事，人们把它们视为同义词，而且还漫无边际地把种族等同于民族特质"[3]。可以看出，霍布斯鲍姆所说的19世纪欧洲将"种族"与"民族"视为同义词，这在19世纪著名历史学家兰克所书写《世界史》

---

　　① ［美］伊格尔斯：《二十世纪的历史学——从科学的客观性到后现代的挑战》，何兆武译，辽宁教育出版社2003年版，第33页。

　　② ［德］利奥波德·冯·兰克：《世界史（1）》，陈笑天译，吉林出版集团股份有限公司2017年版，第3页。

　　③ ［英］埃里克·霍布斯鲍姆：《民族与民族主义》，李金梅译，上海人民出版社2000年版，第129页。

一书中，也得到淋漓尽致的表现。对于兰克《世界史》一书中将民族与种族混为一谈的历史书写，贝格尔也评价道：

> 在 19 世纪末，随着社会达尔文主义在欧洲的兴起，种族开始进入历史编纂的讨论中。它促成了早期民族叙述的关注与种族特性和种族化的文化结合在一起——甚至达到了这样一种程度，即民族时常在等同于种族特性的层次上得到使用。进而，它试图根据所谓的种族亲近性，来为欧洲民族国家进行分类。因此，它在整个欧洲的民族讨论中构成了新的敌友类型。[1]

贝格尔的上述论述也能够继续说明，兰克的《世界史》一书中将民族与种族混为一谈的历史书写，也是深受兰克的《世界史》一书所在的 19 世纪晚期的时代影响。其既有 19 世纪后期欧洲人文社会科学中社会达尔文主义兴起的添油加火，也有 19 世纪后期欧洲自然科学中遗传学的发展在推波助澜。这尽管属于历史书写中的概念混淆，但其所发挥的文化功能也是继续推波助澜，将 19 世纪欧洲高度发展的民族主义思想一步步蜕变为种族主义，并最终化思想为现实，变观念为行动，催生了 20 世纪上半期欧洲历史发展过程中出现的种族大屠杀。

二　兰克的《世界史》注重书写民族之间战争建构民族意识

兰克书写的《世界史》一书，尽管注重以各民族的历史为单位书写世界史，可是纵观兰克的《世界史》一书的具体历史书写内容，可以看出兰克的世界历史书写，也犹如 20 世纪下半期兴起的全球史观一般，兰克也是在努力避免将各民族的历史，书写成为分散隔绝的各个单元，由此拼凑集合而成世界史，而是极力寻找各民族历史发展之间的联系，以此能够书写出浑然一体的世界史。对此，兰克在其书写的

---

① ［德］斯特凡·贝格尔主编：《书写民族——一种全球视角》，孟钟捷译，浙江大学出版社 2018 年版，第 30 页。

《世界史》一书的前言中就详细谈道：

> 我们不应在民族历史面前驻足不前，即使在或大或小的范围内的各民族历史之集合也不足以构成任何一部世界史，因为它并不能体现各自之间的关系性，而世界史学的任务恰恰是认识这一关系性，并展示出能够将各民族联系起来的占统治地位的大境遇下的历史发展。显而易见，这种共同体是存在的。①

可以看出，兰克在其书写的《世界史》一书的前言中，已经阐释了其书写世界史的两个主要特征，其一是注重以各民族的历史为单位书写世界历史，其二则是注重书写各民族之间相互关系的历史发展过程。兰克的上述论述，也强调不能将世界历史的书写，书写成为"各民族历史之集合"，而是需要书写出民族之间相互关系的历史发展过程，唯有如此，方才能够呈现出各民族历史"各自之间的关系性"。由此看来，兰克书写的《世界史》一书，也算得上是一部"世界各民族的关系史"。

注重书写各民族之间相互关系的历史发展过程，也广泛表现在兰克《世界史》一书的具体书写内容之中。这举例说来，兰克的《世界史》一书，先是书写兰克所说的"远承自上古某一东方民族"的历史，论述至此，兰克同样强调：

> 远承自上古某一东方民族的特质属性也许偶尔会被看作是构成其他所有民族的基石，然而世界历史的内在原理绝不可能被还原成某些亘古不变的民族性。对诸民族间的关系性的唯一正确便是：它们相互影响，交替出现，一起构成一个生命的契合。②

---

① ［德］利奥波德·冯·兰克：《世界史（1）》，陈笑天译，吉林出版集团股份有限公司2017年版，第2—3页。

② ［德］利奥波德·冯·兰克：《世界史（1）》，陈笑天译，吉林出版集团股份有限公司2017年版，第3页。

兰克在此所说的"远承自上古某一东方民族",从兰克书写的《世界史》一书的相关具体内容来看,主要是指古代埃及与古代西亚具有悠久历史的东方民族。兰克对此的历史书写,也是继续强调不能只书写"某些亘古不变的民族性",而是强调这些民族的历史发展,乃是"相互影响、交替出现,一起构成一个生命的契合"。兰克的《世界史》一书之中叙述古代埃及与古代西亚等东方民族的悠久历史,也犹如老死幼生、世代交替的生命延续过程一样,存在着相互影响、交替出现的发展过程。

既然兰克在其书写的《世界史》一书中,如此注重各民族之间相互影响的世界历史发展,那么这种各民族历史发展的相互影响关系,又究竟是如何影响民族的历史发展?对此问题兰克也论证道:

> 世界史不能够和民族史完全脱离,否则就会蜕变成奇幻和哲思;另一方面,它也不可能指望依附于民族史。人类的历史从诸民族自身脱颖而出,一个历史性的生命在不同国家和民族之间穿行跳跃。诸民族的斗争,实乃一部共同历史,各民族的自我意识就在其中觉醒,因为诸民族并非自然生发。与其说这些被打上各自特质烙印的大国之民族性者(如英国的和意大利的)是一种国家和种族的创造,毋宁说是大境遇的演变之产物。①

兰克的上述论述,乃是兰克世界历史观的学理关键。对于历史中的民族历史与世界历史之间的关系,兰克首先强调了"历史发展决不能够和民族史完全脱离",这实际上是兰克在继续强调认识历史,不能脱离民族史的基础。而兰克也强调世界历史的编撰与书写,"不可能指望依附于民族史",则是兰克在继续强调认识历史,需要注重民族之间相互影响的历史。可是对于注重民族之间相互影响的历史,兰克的认识眼光则是紧盯"诸民族的斗争"。之所以需要在注重民族之

---

① [德]利奥波德·冯·兰克:《世界史(1)》,陈笑天译,吉林出版集团股份有限公司2017 年版,第 3—4 页。

间相互影响的历史中注重"诸民族的斗争",兰克已经解释道,这是因为"诸民族的斗争,实乃一部共同历史,各民族的自我意识就在其中觉醒,因为诸民族并非自然生发"。

由此观之,兰克的世界历史书写,注重民族之间相互影响的历史,这与黑格尔阐释历史哲学所论证的原理,也是异曲同工。黑格尔阐释的历史哲学,注重历史书写建构民族意识、民族情感、民族伦理道德价值观念所构成的民族精神。兰克的世界历史书写,也存在着同样的学理演绎的内在逻辑,其是首先注重民族之间的相互影响,再注重民族之间相互影响之中的"诸民族的斗争"。之所以如此,则是因为"诸民族的斗争"能够滋生民族意识并继续生长出民族特性。

以此内在学理作为基本前提,兰克书写的《世界史》一书,首先呈现出来的历史书写特征,也表现为其不仅是一部"世界各民族的关系史",而且用兰克的话来说,其还是一部世界诸民族的斗争史。兰克眼中的世界历史,不仅是各民族之间相互联系与彼此影响的民族关系史,而且还是各民族之间彼此斗争延续不断的发展过程所构成的共同历史。认识历史,需要一线贯穿历历看分明,兰克书写出的世界史,则是将各民族之间斗争的历史发展过程,作为其书写世界史的一条关键线索。兰克书写的《世界史》一书,起于书写古代埃及人发动的对外族人的战争,终于1453年土耳其人攻占君士坦丁堡的战争,这尽管篇幅浩大,但书写内容则是一幅又一幅各民族之间打打杀杀的历史画面。世界历史中各民族之间的相互影响,也被兰克书写成了民族之间打打杀杀的战争历史。

"诸民族的斗争"的历史发展延续不断与交替出现,也构成了兰克书写的《世界史》一书的主要内容。兰克的《世界史》一书,首先叙述东方民族的悠久历史。在此过程中,兰克就详细叙述埃及人的悠久历史。兰克叙述古代埃及人的历史,也特别强调了在公元前16世纪,古代埃及人不仅依靠航海从西亚带回大量财富,古代埃及人还发动了对闪族的战争。这一历史事件记载于古代埃及的铭文之中,兰克对此叙述道:

　　我们有必要再一次参考铭文，尽管它们总是千篇一律。我们已经有了关于第一次海上远航的记录，现在与之比肩的便是第一场可以从古代的混沌之中辨识出来的有系统的陆地战争。人类历史的清晰面貌在航海和战争活动中第一次得到确认。它们构成了我们了解古代的国家制度以及最古老战争的独特形式的唯一信息来源。[①]

　可以看出，公元前 16 世纪，埃及人发动了对闪族的战争，这被兰克视为"第一场可以从古代的混沌之中辨识出来的有系统的陆地战争"，兰克也特别强调，这种"人类历史的清晰面貌"，"第一次得到确认"。兰克的这种论述，典型地呈现了兰克注重书写民族之间战争的历史书写特征。兰克书写《世界史》一书，是从叙述民族之间的战争开始，而其具体书写出的埃及的历史，也秉承兰克所强调的注重真凭实据的历史书写风格，特别看重从古埃及的铭文中，获取"古代的国家制度以及最古老战争的独特形式"的信息。正如从古代埃及的铭文，兰克能够看出"人类历史的清晰面貌"，兰克《世界史》一书的上述历史书写，也能够看出兰克书写世界历史的关注焦点，乃是注重"了解古代的国家制度以及最古老战争的独特形式"。

　　正如伏尔泰的《风俗论》一书，首先叙述亚洲各民族的风俗，再转向重点论述欧洲各民族的风俗，黑格尔的《历史哲学》一书，也是先写古代东方，再写古希腊罗马，最后写日耳曼世界，同样，兰克的《世界史》一书，也存在类似的结构安排，其是先书写东方的埃及与西亚，再书写古代希腊，随后书写古代罗马，最后转入书写西欧的日耳曼世界。尽管世界历史书写的结构安排较为类似，可是具体书写内容却有所不同。兰克的《世界史》一书，广泛书写了古代埃及与西亚、古代希腊罗马以及日耳曼世界中所发生的民族之间战争，并对其性质与影响也进行了众多论述。例如在叙述古代亚述帝国的历史发展

---

　　① ［德］利奥波德·冯·兰克：《世界史（1）》，陈笑天译，吉林出版集团股份有限公司 2017 年版，第 15—16 页。

时，兰克就先谈道：

> 如果把以强大武力为基础的亚述帝国说成是人类文化发展中的关键时刻，不免会被人指责为滥用概念。然而这种"陈词滥调"并未言过其实。在过往的风云变幻和生生世世中，一个文明世界已经形成：族群之间界限分明，却也时时越界称王；保证共同体的法规秩序。①

兰克的这一论述，说明了兰克对以强大武力为基础的古代亚述帝国评价甚高，古代亚述通过对外武力征服而建立庞大的帝国，兰克将其视为"人类文化发展中的关键时刻"。兰克之所以对古代依靠武力扩张而形成的亚述帝国给予如此高的评价，也在于兰克认为在泾渭分明的民族界限中，历史上发生的武力战争可以"越界称王"，而"越界称王"的目的，则是"保证共同体的法规秩序"。同样，在兰克书写的《世界史》一书中，兰克叙述古代马其顿帝国的历史，也是先谈论了自己的看法，由此展现出了兰克对于民族之间战争历史的认识状况，兰克就谈道：

> 武力既是共同体对外扩张的手段，也是其存在本身的先决条件。民族与国家间敌意是人类生活天然的组成部分。……当所有民族各自为敌时，一个更大的组织形式呼之欲出了，只有最高的绝对领袖才能带领各族人民同仇敌忾。群雄逐鹿之中形成军事化的君主国，而决定胜负的不仅仅有百万雄师，还要依赖精湛的指挥艺术。战争不可避免，并且往往一战定乾坤。世界历史就在攻防间展开。②

---

① ［德］利奥波德·冯·兰克：《世界史（1）》，陈笑天译，吉林出版集团股份有限公司2017年版，第81页。
② ［德］利奥波德·冯·兰克：《世界史（1）》，陈笑天译，吉林出版集团股份有限公司2017年版，第263页。

　　兰克的上述论述中所说，"世界历史就在攻防之间展开"，再次说明了兰克认识世界历史的眼光，主要集中于世界历史中民族之间发生的战争，民族之间一直延续着彼此攻防的冲突与斗争，这是兰克所看到的世界历史的本来面貌。兰克评论古代马其顿帝国的历史发展状况，运用的是 19 世纪晚期欧洲大行其道的思维与观念，这种思维与观念将对外扩张视为民族共同体"存在本身的先决条件"，并且还会对 20 世纪上半期欧洲的历史发展产生重要影响。在此前提下，对于决定战争胜负的百万雄师、战争精湛的指挥艺术、一战定乾坤等因素，兰克的世界历史书写，也难掩兰克心中蕴藏着的推崇羡慕之情。

　　兰克的上述论述中强调，"民族与国家间敌意是人类生活天然的组成部分"，这说明兰克的世界历史书写，并不是就历史论历史，兰克同样注重历史背后的思想与意识。兰克所说的"世界历史就在攻防之间展开"与"民族与国家间敌意是人类生活天然的组成部分"，两者之间的关系，也可谓意识与实践相统一。兰克的《世界史》一书特别注重书写诸多民族之间的战争，也在于兰克特别注重民族之间的战争对于民族意识的激发作用，诸多民族之间的战争历史，也被兰克视为激发民族意识觉醒的重要形式。兰克书写的《世界史》一书，不仅在书写古代马其顿帝国历史的过程中，已经流露出此意，同样在叙述古代埃及对外战争历史的过程中，兰克也谈道：

　　　　这种对立催生了战争，也加强了埃及针对异族统治者的排斥。这件事并没有什么普世意义，埃及人的做法跟过去并无二致。但重要的是埃及的自我意识被激发起来；能够统摄高地埃及的只有一个王，任何角落的敌对势力都要被清剿。[①]

　　可以看出，兰克叙述的古代埃及的对外战争，是将眼光集中于认识其所激发的埃及人的自我意识。兰克认识民族之间的战争，将眼光

---

　　① ［德］利奥波德·冯·兰克：《世界史（1）》，陈笑天译，吉林出版集团股份有限公司 2017 年版，第 14 页。

集中于认识其所激发的民族自我意识，不仅表现在其对于埃及历史的叙述中，还广泛表现在兰克叙述其他诸多民族之间战争的历史之中。例如，兰克的《世界史》一书叙述15世纪的英格兰与法兰西的历史，对于15世纪的英格兰与法兰西之间的诸多战争后果，兰克则一言以概之，"从此，法兰克与英格兰泾渭分明"①。兰克的历史书写，也揭示出英格兰与法兰西之间的诸多战争，激发了英格兰与法兰西民族意识的觉醒。

兰克也认为，民族之间战争的历史激发民族意识的觉醒，这比较典型的案例，当属希罗多德的《历史》一书记载的希波战争。兰克的历史书写表面上尽管不偏不倚，难见其主观心迹，但兰克叙述希波战争激发了希腊人民族意识觉醒的历史，也流露出了兰克对于希波战争的褒扬之意与对于希罗多德的崇敬之心。对于希波战争以及希罗多德的《历史》一书，兰克也详细谈道：

> 通过这场战争，双方的所有力量碰撞并交织在了一起。当时世界的情势无非就是：波斯进犯、波斯失败和希腊反攻。它们构成了希罗多德作品的另一板块，而其历史写作的主要任务，便是将不同板块拼接成一个整体。希罗多德写就了第一部真正意义上的历史，它超越了国家的界限，而与"他者"相遇便是各个民族自我认知的必经过程。这就要求一个凌驾于敌我分别之上的历史之灵，希罗多德很好地执行履行了这一使命，对所谓的"蛮夷"给予了客观评价。人们总是诟病希罗多德偏袒雅典人，为其战争行为辩护。对此，我持保留态度。希腊世界的转运全要归功于雅典人，因为后者也要保障自身的制海权，希罗多德的这一历史评价难道全出于私心吗？事实如此。可以说，他对于这一时期的历史性和政治性的考察是全书的精华所在。②

---

① ［德］利奥波德·冯·兰克：《世界史（3）》，陈笑天译，吉林出版集团股份有限公司2017年版，第666页。

② ［德］利奥波德·冯·兰克：《世界史（1）》，陈笑天译，吉林出版集团股份有限公司2017年版，第225页。

　　兰克的上述论述，说明了兰克对于希波战争的褒扬之意，这主要源于兰克特别注重民族之间的战争对于民族意识的激发作用。民族之间战争能够激发民族意识觉醒与敌我之分，也被兰克视为"历史之灵"，这与黑格尔阐释的通过彼此对立而形成的民族意识与民族精神相比较，则是异曲同工。兰克所说，"希罗多德写就了第一部真正意义上的历史"，这种对希罗多德的崇敬之心，也主要是因为在兰克看来，希罗多德的《历史》一书所书写的希波战争的历史，能够让希腊人通过敌我区分形成民族自我意识。

　　由此看来，被视为西方史学之父的希罗多德，与将近现代欧洲历史学推向高峰的兰克，尽管两人身处不同的时代，可是两人的历史认识与历史书写之间的关系，也是一线贯穿。希罗多德的《历史》一书是在一个民族已经形成的时代，书写了一场希腊人与波斯人两个民族之间的战争，而兰克则是继承希罗多德的历史书写方法，在一个民族以及民族国家构成的现代社会来临之际，继续广泛书写民族之间的战争历史。

　　但在这种一线贯穿的史学史发展长河中，希罗多德的《历史》一书的一些具体书写内容也在逐步消失。这举例说来，希罗多德书写的《历史》一书，既有对民族之间的战争原因与性质的不断探寻，也有对"民族是什么？"这一问题的不断追问，还有对地中海周边世界各民族生产生活以及民族之间彼此交流的详细书写。可是，这一切在兰克书写的《世界史》一书中，则难见踪影，兰克书写出来的《世界史》一书，只见无数打打杀杀的战争冲突。这所存在的问题，伊格尔斯就评价道："毫无疑问，兰克低估了时代的社会与经济转变，而且误解了民族的狂热性。"① 兰克书写的《世界史》一书，注重的民族之间战争的敌我区分形成的民族自我意识，尽管能够为 19 世纪德意志的统一提供思想意识基础，但却会让以民族自我意识为核心的民族主义思想，误入只看得到对立冲突的思想观念歧路，由此兰克所说的民族之间的战争能够塑造民族自我意识的"历史之灵"，也会在欧洲历史

---

　　① ［美］伊格尔斯：《德国的历史观》，彭刚、顾杭译，译林出版社 2006 年版，第 118 页。

长河中让无数的生命沦为亡灵。

三　蒙森的《罗马史》对罗马征服其他民族武力战争的认识

在 19 世纪德意志历史学的发展过程中，德国历史学家蒙森书写的《罗马史》一书，该书篇幅浩大。蒙森在《罗马史》一书的引论中开篇就谈道："在古代，这个内海周围居住着许多民族，从人种学和语言史的观点来看，这些民族不属于同种，但就历史而言，他们却构成一个整体。这个历史整体惯常被不甚恰当地称为古代世界史，实则是地中海世界各民族的文明史。"① 蒙森在此所说的"内海"为地中海，随后蒙森也特别强调，"民族的独立单位，即各族，乃是构成最古历史的成分。"② 这说明蒙森对古代历史的认识，也是选择民族作为单位，蒙森的《罗马史》一书也是以民族为单位书写而成。

而在具体的历史书写过程中，由于古代地中海周边环绕着的欧、亚、非三洲民族众多，因此对其历史进行书写也并非易事。而蒙森对此的认识，则是将地中海南部的北非的埃及人、地中海东部的西亚的叙利亚人、地中海北部的欧洲的希腊人与罗马人，概括成为地中海周边世界的四大民族。在蒙森所认为的古代地中海周边世界的四大民族之中，蒙森则是重点选择了罗马人的历史起源与历史发展过程，由此书写出了《罗马史》一书。而对于古代罗马人的民族历史发展过程，蒙森又概括道："意大利历史分为两个主要部分：一部分是意大利人在拉丁民族领导下归于统一的内部历史：另一部分是意大利人统治世界的历史"。③

蒙森此言，首先说明了其所书写的《罗马史》一书，尽管是鸿篇巨制，但全书内容的总体结构安排，是先从迁入意大利的移民与拉丁人的定居入手，叙述罗马人的民族起源，再叙述罗马人统一意大利的

---

① ［德］特奥尔多·蒙森：《罗马史》，李稼年译，商务印书馆 2015 年版，第 11 页。

② ［德］特奥尔多·蒙森：《罗马史》，李稼年译，商务印书馆 2015 年版，第 17 页。

③ ［德］特奥尔多·蒙森：《罗马史》，李稼年译，商务印书馆 2015 年版，第 15 页。

过程，最后转入叙述罗马人对地中海周边世界各民族的征服历史。这种结构安排，也继续说明了蒙森在书写《罗马史》一书的过程之中，心中始终流淌着两种非常重要的意识活动，其一就是蒙森非常注重"意大利人在拉丁民族归于统一的内部历史"，其二就是蒙森非常注重"意大利人统治世界的历史"。蒙森书写《罗马史》一书的这两种意识活动，既是合二为一，也是内外兼修，共同形成了一种内部寻求统一与对外力图统治世界的思想观念，这种思想观念也弥漫于蒙森书写《罗马史》一书的无数具体历史书写内容之中。

当然，蒙森这种书写古代罗马历史的书写结构安排以及其所呈现出来的思想观念，尽管出现在 19 世纪的德意志的历史书写之中，但也和欧洲古代希腊罗马时期的历史学发展存在着内在关联。这举例说来，古代罗马历史学家阿庇安书写的《罗马史》一书，是先书写古代的罗马人统一意大利半岛，再书写罗马人对周边民族的征服扩张过程。这种以古代罗马人的对外扩张战争作为贯穿全书的主要历史书写线索，则是继续贯穿于蒙森书写的《罗马史》一书的结构安排之中。这种书写古代罗马人对外扩张战争的历史发展过程，由此所流露出崇尚武力扩张的思想观念，也继续成为蒙森书写《罗马史》一书所流露出来的重要思想观念。

在具体书写内容之中，蒙森书写的《罗马史》一书，也在努力呈现出一种注重民族内部统一与对外力图统治世界两相合一的思想观念。这举例说来，在《罗马史》一书的"平定西方"一章中，蒙森对于罗马征服凯尔特人的过程就论述道：

> 各个部落日趋衰微、不可救药；同时全体一致感却正在这民族中勃然而兴，并且以种种方式求表现和确立。凯尔特全体贵族的团结与各个部落的联合互相对立，虽则扰乱了现状，却也唤起和培植了民族全体一致的观念。此民族常遭外患，与邻交战，疆土日戚，其效果亦复相同。昔希腊人对波斯人作战，意大利对内阿尔卑斯的凯尔特人作战，始感到全国一致的存在和力量，今外阿尔卑斯的高卢人对罗马人作战，似乎也有此感。在各部落彼此

争雄的喧嚣中，在封建社会的一切争吵中，仍可听到一些人的主张，他们情愿以各个部落的独立甚至骑士贵族权利的独立换取民族的独立。反抗异族统治的事如何深得民心，可见于恺撒的战争，凯尔特爱国派对恺撒的态度，与以后德意志爱国派对拿破仑的完全相同；关于反抗运动的广大和饶有组织，证据甚多，消息传递的迅速如电报，即其一端。①

　　蒙森《罗马史》一书中"平定西方"一章的历史书写内容，主要是蒙森在书写其所注重的"意大利人统治世界的历史"，可是蒙森书写古罗马征服凯尔特人的上述论述也说明，蒙森尽管注意到古罗马征服凯尔特人的过程中，古代凯尔特人"各个部落日趋衰微、不可救药"，可是古代凯尔特人"此民族常遭外患，与邻交战"，由此"唤起和培植了民族全体一致的观念"，这才是蒙森书写罗马史的关注焦点。这种对外战争中所唤起与培植的"民族全体一致的观念"，则是蒙森所在的 19 世纪的德意志历史发展所迫切需要。这种历史书写内容也说明蒙森书写的《罗马史》一书，尽管是叙述古代罗马的历史，但其主要目的是借用古代罗马的历史，由此纵论其所在时代的德意志历史发展。

　　而蒙森的上述论述，从叙述古罗马征服凯尔特人，继续扩散为叙述"昔希腊人对波斯人作战""意大利对内阿尔卑斯的凯尔特人作战""今外阿尔卑斯的高卢人对罗马人作战"等历史，这尽管已经超出了《罗马史》一书的书名所显示的历史书写范围，但蒙森却是通过这些具体例证，反复说明欧洲历史发展过程发生的民族之间战争，能够"唤起和培植了民族全体一致的观念"，这是贯穿欧洲历史发展过程的一条重要线索。在这些具体例证中，蒙森也特别提到，"凯尔特爱国派对恺撒的态度，与以后德意志爱国派对拿破仑的完全相同"。这更是具体说明了蒙森特别关注古罗马征服凯尔特人过程中引发古代凯尔特人的反应，这种历史书写的心理活动根源，是来源于蒙森力图以史

---

① ［德］特奥尔多·蒙森：《罗马史》，李稼年译，商务印书馆 2015 年版，第 1569—1570 页。

为鉴，重点论证 19 世纪初拿破仑征服德意志，"唤起和培植了"德意志人"民族全体一致的观念"。

　　因此，蒙森的这种历史书写特征，与孟德斯鸠在《罗马盛衰原因论》一书，以及兰克在《世界史》一书中的历史书写内容相互比较，也是异曲同工，都是在欧洲近现代民族国家创建的时代背景中，共同述说着民族的对外战争，能够形成"民族全体一致的观念"。而对于罗马人对周边民族进行武力征服的本质特征，蒙森对此的解释，也与孟德斯鸠将对周边民族不断进行武力征服的古代罗马人，解释为其所征服的"各民族的大脑"，同样具有类似之处，蒙森也将古代罗马人对周边民族进行的武力征服，解释为人类历史发展过程中存在着一种"化蛮荒为野蛮"的内在原理。在《罗马史》一书的"平定西方"一章，蒙森就详细谈道：

　　　　已蔚为国家的民族吞并政治上未成年的邻族，文明民族吸收心智上未成年的邻族：这定律与引力定律一样普遍适用，一样很合自然法则。根据这条定律，意大利民族既然是上古唯一能把较高政治发展和较高文明合为一体的——虽则在这方面其文明有欠完满，只有皮毛——自可在东方把那些摇摇欲坠的希腊国家夷为藩属，在西方用它的移民逐出文化较低的利比亚人、伊比利亚人、凯尔特人、日耳曼人；正如英吉利在亚洲可以征服一个地位相等但缺乏政治能力的文明国，在美洲和澳洲可以今昔一贯地把它的国民性加在广大的蛮族地带，化蛮荒为文明区域。①

　　上述论述说明，在蒙森看来，凯尔特人属于"政治上未成年的邻族"与"心智上未成年的邻族"，而罗马人则是"文明民族"。古代的罗马人征服凯尔特人的战争，也"很合自然法则"。蒙森的这种历史书写特征，典型地呈现欧洲启蒙运动以来往往是运用自然界的相关原理，由此论证人间世事的思维活动特征。蒙森视"文明民族"征

---

① ［德］特奥尔多·蒙森：《罗马史》，李稼年译，商务印书馆 2015 年版，第 1556 页。

服"野蛮民族"为自然合理，也继续运用了英国人对亚洲文明古国
以及美洲、澳大利亚的殖民征服战争作为例证进行说明。这种思维
活动的运行特征，也支配着蒙森书写的《罗马史》一书，已经将古代
罗马人征服其他民族的战争性质，解释成为一种"化蛮荒为文明"的
战争。

而这种历史书写的学理阐释，也是由于存在一种视自身为文明的
自我意识在流淌，由此形成了一种既有学理来源也有具体论证的自我
中心主义的历史观。在这种自我中心主义历史观的支配下，蒙森书写
的《罗马史》一书，不仅是一部书写古代罗马人对周边民族的征服扩
张史，而且还是将化野蛮为文明的宏大目标与人类壮举作为历史书写
的主题。在《罗马史》一书的结语之中，蒙森也最终点明了其书写
《罗马史》的撰史目标，乃是以此激励后人。

这具体说来，蒙森的《罗马史》一书，尽管篇幅浩大，但其叙史
的时段，却仅仅是叙述到罗马征服扩张的全盛时期，即书写到古代罗
马的恺撒时代，全著的历史书写也就戛然而止，古代罗马后期的衰落
过程，蒙森的《罗马史》一书却并没书写至此，这说明蒙森的《罗马
史》一书，仅仅是一部古代罗马的兴盛史。而蒙森的《罗马史》一
书，书写了罗马从其起源到兴盛的发展史，则是寄托着蒙森对其所在
的德意志民族的历史发展愿景。蒙森编撰的《罗马史》一书，不仅止
笔于罗马的全盛时代，而且在叙述了古罗马发展到恺撒时代的伟业之
后，蒙森的收官之论，也是叙史之笔露真心，不仅大量讴歌古代罗马
的恺撒，而且表示将继续继承恺撒的伟业。在《罗马史》一书的最后
结语中，蒙森就详细谈道：

> 在恺撒所遇见的世界里，有以往各世纪许多的贵重遗产，有
> 无限丰盈的壮丽和光荣，可是缺少精神，更缺少趣味，最缺少快
> 乐的人生和人生观。这诚然是个老世界；甚至恺撒那得天独厚的
> 爱国心也不能使它返老还童。晨光非到黑夜完全侵入以后不能复
> 回。但有了恺撒，地中海上多灾多难的人民便在闷热的中午以后
> 得到个尚好的晚间；在漫漫的历史长夜以后，一个新的人民日终

于再露曙光，新兴的各民族在自由自发的活动中开始向较高的新目标竞走，于是许多民族有恺撒所播的种子在内里生长起来；并且不问今昔，他们受恺撒之赐而得其民族的个性。[①]

可以看出，蒙森书写的《罗马史》一书全著的结尾之语，最终说明了蒙森作为一位历史学家，心中既有情结也有梦想。《罗马史》一书鸿篇巨制的历史书写目标，也是梦想继承古代罗马伟业，并寄望于古代罗马恺撒式的人物，能够在蒙森生活的时代再次降临。褒扬古代罗马对外征服与扩张，再显古代罗马的辉煌，这种情结与梦想支配着蒙森的《罗马史》一书的历史书写。对此，卡尔在《历史是什么?》一书中也评价道："蒙森内心渗透着一种强烈的愿望：需要一位强人来收拾德国人民未能实现其政治愿望而留下的残局。"[②] 卡尔所说的"蒙森内心渗透着一种强烈的愿望"，这既主宰着蒙森《罗马史》一书的历史书写，也在 19 世纪晚期与 20 世纪上半期德意志历史发展过程中，存在着相应的具体表现。

---

① ［德］特奥尔多·蒙森：《罗马史》，李稼年译，商务印书馆 2015 年版，第 1926 页。
② ［英］E. H. 卡尔：《历史是什么?》，陈恒译，商务印书馆 2007 年版，第 124 页。

第七章　从19世纪末到20世纪上半期

——欧洲从民族之间的战争转向交流的历史书写转向

第一节　布克哈特通过民族之间战争书写
"历史上的危机"

一　19 晚期欧洲民族观念与民族主义思想的蜕变

19 世纪兰克、蒙森等德意志历史学家的相关史学著作，广泛书写着民族之间的战争历史，由此广泛地凸显与讴歌黑格尔阐释历史哲学与唯心史观注重的民族精神。这所形成的 19 世纪欧洲文化思想发展过程中的德意志发展道路，乃是哲学与历史共举，共同为 19 世纪德意志历史发展需要的民族精神添砖加瓦。可是到了 19 世纪末与 20 世纪上半期，在欧洲逐步完成现代民族国家创建的历史过程之后，在德意志受到如黑格尔等哲学家与兰克等历史学家共同讴歌的民族精神，其所蕴含的民族观念与民族主义思想，也正在发生各种蜕变。这种思想与观念逐渐蜕变的发展之势，也不仅仅局限于德意志，而是在欧洲大地广泛蔓延，并继续作为思想观念基础，驱使着 19 世纪晚期的欧洲历史发展，逐步进入到 20 世纪上半期欧洲成为两次世界大战重要战场的历史岁月之中。

而欧洲近现代民族观念与民族主义思想发生蜕变的具体过程与主要原因，也主要表现为经历了 1789 年爆发的法国大革命以及 1871 年德意志的统一，欧洲的民族观念与民族主义思想作为一种思想观念基础，已经为近现代欧洲如法国与德国的民族国家创建发挥了重要作用，可是从 19 世纪晚期开始，欧洲的民族观念与民族主义思想，一方面沿着黑格尔唯心史观注重自我意识的道路发展，其中的民族自我意识逐步蜕变成为民族自我中心主义，由此近现代的欧洲国际关系纵然纷纭变化，却万变不离其宗，始终崇奉民族自我中心主义生长出的民族利己主义。另一方面，黑格尔阐释的自我意识形成需要的相互敌对，也正在变化成为英格兰、法兰西、德意志等欧洲列强之间的彼此敌对，由此近现代的欧洲国际关系纵然万般变化，但难以挣脱对立冲突的思维牢笼。两者合二为一，彼此作用，导致欧洲的国际关系之中各自为中心的民族利己主义，在不断激化着欧洲民族以及民族国家之间的敌对冲突。

由此，曾经推动欧洲近现代政治、经济、文化迈入现代社会的民族主义思想观念，也将民族现代性建构与民族国家创建中的包容他者与社会凝聚，变化成为 20 世纪上半期欧洲民族以及民族国家之间的敌对冲突。19 世纪晚期与 20 世纪上半期欧洲的这种前世之史，欧洲的后世之人也有论说。这举例说来，对于 19 世纪晚期与 20 世纪上半期欧洲民族主义思想的这种蜕变过程，当代英国学者奥利弗·齐默就详细论述道：

> 在 19 世纪的欧洲，民族主义一旦使其自身成为支配性的政治力量，便注定要挑起不同民族概念之间的竞争，并且成为民族自称的主要催化剂。因此，1890—1940 年欧洲民族主义的主要推动力之一便是民族主义间的竞赛。19 世纪的革命性剧变和战争加强了国际因素和地缘政治因素在激发民族情感上的重要作用。在 1867 年奥地利和匈牙利签订协定建立奥匈帝国以及德国和意大利统一之后，这一进程进一步加强。1900 年前后，在欧洲帝国主义的高峰阶段，民族主义的竞争更加残忍，并在两次世界大战期间达到了新的狂热点。[1]

---

① ［英］奥利弗·齐默：《欧洲民族主义，1890—1940》，杨光译，北京大学出版社 2013 年版，第 58 页。

齐默的上述论述，也说明了19世纪末到20世纪上半期欧洲民族主义思想正在发生蜕变，逐渐向欧洲各民族之间越来越激烈的竞争、对立、冲突等方向发展。欧洲的19世纪末到20世纪上半期，也成了越来越强调民族与民族之间、国家与国家之间彼此对抗的一段历史时期。这种越来越激烈的竞争、对立、冲突等，不仅存在于彼此之间的外交、军事、贸易、文化等领域，还会犹如水漫大地，会渗透到社会生活的方方面面。这举例说来，在近现代欧洲工业化进程所催生的城市化发展过程中，以增强人们体质、促进人们交往为初衷的各种体育活动，也犹如雨后春笋一般纷纷涌现，可是根据霍布斯鲍姆结合自己的切身经历所观察，早在20世纪上半期，欧洲民族以及民族国家之间的竞争对立关系，已经广泛通过体育比赛中你争我夺的激烈角逐而表现出来。①

而在近现代欧洲文化思想的发展过程中，对于欧洲近代逐步形成的民族国家之间的竞争、对立、冲突关系，这既有黑格尔运用主奴之间关系作为比喻，阐释自我意识形成过程需要彼此相对的哲学阐释，也有兰克的历史著作之中所阐释的历史本来就是如此的众多历史书写。由此近现代欧洲哲学与历史共举，既有抽象的哲学阐释，也有具体的史实叙述，这既犹如积众石而成大山与高峰，也犹如汇众多支流而成大江大河，将注重竞争、对立、冲突等的欧洲文化思想观念特征，逐渐发展成为欧洲近代文化思想中长河的主流，由此共同为20世纪上半期欧洲遭受两次世界大战的战争灾难提供思想观念根源。

近现代以来欧洲文化思想发展历程中，对于欧洲近代逐步形成的民族国家之间的竞争、对立、冲突关系，近代欧洲诸如法国的卢梭、德国的康德等睿智之士，也有相关的论述。这举例说来，犹如黑格尔在其晚年将其毕生哲学研究，进一步推及到历史学领域，康德在其晚年运用其哲学研究成就，也书写了《永久和平论》一书，其主要是针对康德生活的时代，欧洲已经出现民族以及民族国家之间的冲突越来

---

① ［英］埃里克·霍布斯鲍姆：《民族与民族主义》，李金梅译，上海人民出版社2000年版，第170页。

越激化的时代之困。康德对此开出的灵丹妙药，则是运用其哲学研究崇奉的理性与道德。康德就强调："唯有一个民族那种按它的本性来说它就是被创造得在原则上能够避免侵略战争的体制，才会本身就是正义的并且在道德上是善良的。"① 康德这一论述，说明康德对于其所说的"永久和平"，乃是寄希望于人类道德的改善。到了 19 世纪晚期，欧洲各民族之间竞争、对立、冲突越来越激烈。对此，勒庞在 1895 年出版的《乌合之众——大众心理研究》一书中也论述道："在 20 年的时间里，各国都内讧不已，欧洲出现了甚至连成吉思汗或帖木儿看了也会心惊胆战的大屠杀。世界还从未见过因为一种观念的传播而引起如此大规模的后果。"②

到了 20 世纪上半期，法国思想家朱利安·班达仿照 19 世纪初费希特的《对德意志民族的演讲》，在 20 世纪初发表了《对欧洲民族的讲话》。对于黑格尔阐释自我意识形成举例所说的主奴之间的彼此相对，在欧洲近现代历史发展过程中，已经广泛地具体发展成为民族以及民族国家之间的彼此相对，班达就认为这是一种强调区别与对立的思想观念，班达指出："他把与自己相似的这些人聚集起来，然后画线为界，与'非我弟兄者'区别开来。"③ 班达还论述了这种彼此相对、画线为界形成的民族自我意识，会继续引发民族情感与民族伦理道德价值观念的不断蜕变。一方面，针对欧洲民族意识觉醒后引发的民族情感蜕变，班达就指出："因执着于某种自然共同体而聚集起来；然后一致对外，反对非我。因而所有的集体都以'类聚'的意志和'群分'的意志为前提。前者有爱。后者有恨。"④ 另一方面，针对欧洲民族意识觉醒后引发的民族伦理道德价值观念蜕变，班达也指出："盗窃、撒谎和不义也是德性。利己主义一旦沾上民族两字，也就成

---

① ［德］康德：《历史理性批判文集》，何兆武译，商务印书馆 1990 年版，第 157 页。
② ［法］古斯塔夫·勒庞：《乌合之众——大众心理研究》，冯克利译，中央编译出版社 2005 年版，第 36 页。
③ ［法］朱利安·班达：《对欧洲民族的讲话》，佘碧平译，上海人民出版社 2005 年版，第 91 页。
④ ［法］朱利安·班达：《对欧洲民族的讲话》，佘碧平译，上海人民出版社 2005 年版，第 91 页。

了'神圣的'利己主义了。"①

所谓当局者迷，旁观者清，对于欧洲近代逐步形成的民族国家之间的竞争、对立、冲突关系，在世界其他地区也有睿智之士，同样论说了欧洲时代之困的问题根源。这举例来说，在班达的上述论述出现之前，作为英国殖民地的印度诗人泰戈尔，在历史发展告别19世纪并即将进入20世纪的1899年最后一天，也写下了"世纪的黄昏"一诗，泰戈尔就感慨道："世纪末日的太阳在西方的血红的云海中和仇恨的旋风中没落，民族利己的赤裸裸的激情带着它那贪欲的醉狂，紧随刀剑的砍杀和复仇的狂歌舞蹈。"② 泰戈尔这一描述，也高度描绘出了19世纪末到20世纪初的世纪之交欧洲历史发展所面临的困境，尽管19世纪的末日太阳已经夕阳西下，但"西方的血和仇恨的旋风"却依然在"狂歌舞蹈"。"狂歌舞蹈"不断延续，最终发展为1914年第一次世界大战在欧洲爆发。

第一次世界大战期间，泰戈尔在日本、美国等地演讲，也继续激烈批判欧洲民族主义思想中的民族利己主义。泰戈尔就认为："民族的概念是人类发明的一种最强烈的麻醉剂。在这种麻醉剂的作用下，整个民族可以实行一整套最恶毒的利己主义计划。"③ 泰戈尔不仅激烈批判欧洲民族主义思想中的民族利己主义，而且还指明欧洲的民族主义思想，具有一种排他性的根本特征。泰戈尔就认为："排他的文明，依靠别人繁荣兴旺，却不让别人得到它的好处，这就宣判了它本身在道义上的死刑。"④ 泰戈尔认为自利与排他，犹如一对孪生兄弟，成为欧洲近现代民族主义思想蜕变而出的两种根本特性。自利与排他的相互交织。也导致19世纪晚期20世纪初，欧洲民族主义思想观念在完成了推动欧洲民族国家创建、发展民族经济与民族文化的历史使命后，不仅向不择手段追求民族自我利益的民族自我中心主义的方向逐渐蜕

---

① ［法］朱利安·班达：《对欧洲民族的讲话》，佘碧平译，上海人民出版社2005年版，第93页。

② ［印度］泰戈尔：《民族主义》，谭仁侠译，商务印书馆1982年版，第71页。

③ ［印度］泰戈尔：《民族主义》，谭仁侠译，商务印书馆1982年版，第23页。

④ ［印度］泰戈尔：《民族主义》，谭仁侠译，商务印书馆1982年版，第11—12页。

变，也向民族以及民族国家之间激烈对抗冲突的方向逐渐蜕变。

在此时代潮流之中，欧洲一些历史学家尽管在书写历史，可是也如当代法国历史学家普罗斯特所说，"作为个体和群体的历史学家并非处在社会之外，而是生活于其中；他们提出的问题都难免沾染了所处时代特有难题的色彩，即使那些他们自认为'纯粹的'历史学问题也是如此。"① 与 19 世纪诸如兰克、蒙森编纂的相关史学著作广泛地书写着民族之间的战争历史相比较，19 世纪末到 20 世纪上半期欧洲诸多历史学家书写的历史著作，依然在广泛地书写着民族之间的战争历史，但欧洲少数历史学家的历史书写风格，却逐渐变化为通过书写着民族之间的战争历史，由此反思黑格尔阐释历史哲学与唯心史观所注重的民族精神。

二 布克哈特通过民族之间战争书写"历史上的危机"

19 世纪瑞士著名历史学家布克哈特，既与 19 世纪德国历史学大家兰克齐名，也与兰克的历史认识方法具有差异。兰克擅长从政治、军事、外交等角度认识历史，布克哈特书写的《意大利文艺复兴时期的文化》《希腊史》等重要历史著作，则擅长从精神与文化等角度认识历史，由此成为欧洲文化史研究的重要开创者。对于欧洲民族之间战争历史，兰克与布克哈特两人的认识同样存在差异。兰克通过民族之间的战争历史，看到了欧洲的民族之间战争广泛激发出的民族意识觉醒，而布克哈特通过民族之间的战争历史，则看到了其所形成的"历史上的危机"。

布克哈特晚年潜心历史教学，后人根据其在 1868—1874 年期间所开课程"关于历史学习"的讲义，编辑出版了《世界历史沉思录》一书。该书第四章的主要论述内容，是在论述欧洲民族之间战争的历史发展状况，而该书第四章的标题，布克哈特则称之为"历史上的危

---

① ［法］安托万·普罗斯特：《历史学十二讲》，王春华译，北京大学出版社 2012 年版，第 90 页。

机"。《世界历史沉思录》一书第四章的历史书写内容与历史书写特征，成为布克哈特通过民族之间的战争历史认识"历史上的危机"的突出表现。

布克哈特的《世界历史沉思录》一书内容形成的 1868—1874 年，这一时期正是德意志通过三次王朝战争完成民族统一之际。在此无数人们为之欢欣并深受鼓舞的重要历史发展时刻，作为历史学家的布克哈特却是心存忧虑。布克哈特通过回顾欧洲民族之战争历史发展，对于其所在时代的历史发展趋势却谈到，"目前的危机有一种大规模的民族之间的战争交织在一起的趋向，这是非常令人担忧的迹象"①。布克哈特在此所说的"令人担忧的迹象"，这发展到了 20 世纪上半期，布克哈特的担忧逐渐变成现实，欧洲历史发展也演变为欧洲遭受两次世界大战的战争灾难。对于欧洲历史发展过程中广泛充斥着的民族之间战争，一步步积累而成"历史上的危机"的内在演变过程，布克哈特详细论述道：

> 一般来说，每个民族在一定的时候都有理由而且不可避免地以某种借口对其他民族大动干戈。首先动武的国家最主要的借口通常是，在诸多民族一起生活的这个世界里没有更好的解决办法，"假如我们不这样做，别人也会这么干"。毋庸置疑，每一场战争都有其独特和复杂的发生过程，我们暂时把这个问题置之不理。
>
> 一个民族确实只能在战争中充分体验到自身的力量，因为这一力量只有在与其他民族的较量中才真正体现出来。我们应当设法在这一点上确定一个民族的力量；不过，衡量这种力量的尺度现在变得越来越大了。②

这说明在布克哈特看来，各民族"以某种借口对其他民族大动干

---

① ［瑞士］雅各布·布克哈特：《世界历史沉思录》，金寿福译，北京大学出版社 2007 年版，第 183 页。

② ［瑞士］雅各布·布克哈特：《世界历史沉思录》，金寿福译，北京大学出版社 2007 年版，第 155—156 页。

戈"，这不仅是世界历史发展过程中的普遍现象，也是因为应对民族之间关系难以找到更好的解决办法。由于"其独特和复杂的发生过程"，因此即使擅长文化史研究的布克哈特，也倡导对此"暂时置之不理"。但这种"置之不理"，也并非完全的"置之不理"，而是需要变化视角，需要将眼光转移到聚焦一个更为关键的问题，即布克哈特所强调，"一个民族确实只能在战争中充分体验到自身力量"。布克哈特这一论述，主要是在强调各民族之间爆发的战争，犹如一把衡量民族团结凝聚的尺子，能够通过民族之间战争的激烈较量，将民族团结凝聚所形成的力量检验出来。可是布克哈特随后立即谈到，"不过衡量这种力量的尺度现在变得越来越大了"，这继续说明了这把尺子的检验尺度已经越来越大，芸芸众生的生产与生活等生命旅程所汇聚而成的世界历史，也难以经受这种检验。布克哈特的这种历史书写，说明布克哈特已经认识到欧洲民族之间的战争，这尽管是欧洲历史发展过程中的常态，但其也犹如滚雪球一般会越滚越大，将成为欧洲历史发展过程中越来越大的破坏性力量。

而"衡量这种力量的尺度现在变得越来越大"，也成为布克哈特论述欧洲民族之间战争历史发展过程的重要线索。总体上说来，布克哈特论述欧洲民族之间战争历史发展过程，主要分为古代社会与布克哈特所在的近现代两个时段。对于古代社会各民族之间的战争历史，布克哈特的论述较为简略。布克哈特的主要论点，是说明了古代社会的一些民族，会以神的名义发动对其他民族的战争。同时，布克哈特以罗马帝国晚期日耳曼人入侵等为例，广泛地通过文明与野蛮之间的相互作用关系，论述了古代社会各民族之间的战争对于世界历史发展的影响。布克哈特也认为，野蛮民族入侵文明民族，在古代历史中非常广泛，并推动布克哈特所说的野蛮民族向更高阶段发展。布克哈特就总结到，"战争是民族危机最明显的表现方式，它同时也代表了向更高阶段发展的契机。"① 文明与野蛮之间的关系，也成了布克哈特判

---

① ［瑞士］雅各布·布克哈特：《世界历史沉思录》，金寿福译，北京大学出版社 2007 年版，第 154 页。

断古代社会各民族历史发展的重要标准。布克哈特这种认识，并没有脱离其所在的 19 世纪欧洲普遍流行的思想观念的影响。

对于近现代各民族之间战争的历史，特别是布克哈特所在的 19 世纪欧洲爆发的诸多民族之间的战争，布克哈特的论述则是越来越详细。而布克哈特的主要论述目的，则是极力展现欧洲民族之间战争发展到 19 世纪晚期之后呈现的新特点，布克哈特就论述道：

> 战争迫使生活的各个方面以及社会的所有财富都为眼前的目标服务，它像威严的风纪官一样让那些无聊却又无所不做的自私的人有所收敛；战争把一切力量集中起来为公众利益服务，而且也是最高的公众利益，并且在这样一种原则的指导下，促使最高贵的英雄品德脱颖而出。总之，只有战争才能让人们看到把任何人的利益都置于公众利益之下的必要性和可能性。①

布克哈特上述论述中所说的，"战争迫使生活的各个方面以及社会的所有财富都为眼前的目标服务"，主要是针对德意志的统一战争而得出的认识。布克哈特对于民族之间战争的上述论述，来源于布克哈特对于其所在时代欧洲的民族之间战争已经发生了重要变化的认识。布克哈特所在的 19 世纪，正是欧洲民族主义思想逐渐高涨的时代，布克哈特在 1868—1874 年的课程教学讲授上述论述的时代，也正是德意志依靠高涨的民族主义思想完成德意志统一大业的时代。布克哈特在此所说，"战争把一切力量集中起来为公众利益服务，而且也是最高的公众利益"，其中"最高的公众利益"，则是在 19 世纪已经普遍发展起来，并以德意志统一为突出标志的民族以及民族国家利益。在布克哈特看来，任何人的利益都只能置于民族以及民族国家利益之下，这在民族之间的战争时刻能够明显地表现出来，并成为布克哈特所在时代民族之间战争发展出来的新特点。

---

① ［瑞士］雅各布·布克哈特：《世界历史沉思录》，金寿福译，北京大学出版社 2007 年版，第 156—157 页。

因此，布克哈特尽管没有对其所在时代已经普遍高涨的民族主义思想观念进行论述，但看出了其所在时代民族之间战争历史发展出来的新特点。更为重要的是，1870—1871 年德意志通过普法战争完成统一大业，尽管是近现代欧洲民族主义思想发展的标志性事件，但布克哈特却看到了一个欧洲列强为了民族利益不择手段并激烈冲突的时代即将来临，布克哈特指出：

> 1870 年到 1871 年的战争结束以后，首先映入我们眼帘的重大现象就是人们挣钱获利的欲望再一次极度膨胀，这种欲望远远超出了补充战争造成的空缺和损失的程度。许多战前的价值观念重新恢复，甚至一些早已变成僵尸的观念也死灰复燃，其中不乏欺骗性的东西。①

以今天的眼光来看，布克哈特做出上述论述的时代，欧洲还要经历几十年的繁荣与发展，才能走向第一次世界大战期间欧洲各个列强之间的兵戎相见。19 世纪晚期欧洲的历史发展，欧洲各国还要经历第二次工业革命的广泛推进，在此历史发展洪流中，既会出现布克哈特所说，"人们挣钱获利的欲望再一次极度膨胀"，而且社会的物质财富，还随着第二次工业革命的广泛推进继续增长。布克哈特的上述论述，充分呈现了布克哈特通过民族之间的战争历史看欧洲历史发展趋势，由此忧心忡忡，并预感一个"历史上的危机"时代即将莅临欧洲。对于其中的关键根源，布克哈特的回答，也将其所说的"历史上的危机"归因于人性，布克哈特就谈道：

> 人性将向哪个方向发展，这个问题会成为最终起到决定作用的因素。以唯利是图和权力至上为标志的乐观主义还能持续下去吗？如果能的话，还能持续多久？眼下悲观失望的哲学已经指出

---

① ［瑞士］雅各布·布克哈特：《世界历史沉思录》，金寿福译，北京大学出版社 2007 年版，第 193 页。

了我们这个时代的窘境。①

布克哈特做出上述论述的时代，正是 19 世纪德意志统一之际。19 世纪晚期的欧洲历史发展，既出现了德意志与意大利的统一等民族国家创建等重要政治发展变化，也出现了第二次工业革命所带来的社会经济巨大变化，由此 19 世纪晚期欧洲的历史发展，正在呈现出一片日新月异的发展面貌。可是布克哈特的上述论述，却说明了早在 19 世纪 70 年代，作为历史学家的布克哈特，已经看到了欧洲历史发展即将出现其所说的"历史上的危机"。

第二节 斯宾格勒通过民族之间对立书写"西方的没落"

一 斯宾格勒论述的历史书写塑造民族观念的问题

19 世纪晚期，随着德意志与意大利的统一，欧洲民族主义思想继续深化发展，但这种深化发展也在发生着蜕变。19 世纪 20 年代黑格尔阐释历史哲学与唯心史观所注重的自我意识，在 19 世纪晚期的欧洲历史发展过程中，正在蜕变成为欧洲列强争夺自身利益的民族自我中心主义。而黑格尔阐释历史哲学与唯心史观注重的自我意识形成需要的彼此相对，也在蜕变成为欧洲列强各自为了自身利益而形成的彼此之间的激烈争夺，其日积月累，逐步将欧洲变化为 20 世纪上半期两次世界大战的重要战场。

面对第一次世界大战中众多欧洲列强在战场上的激烈厮杀，作为一位德国中学教师的斯宾格勒，正在忙于书写《西方的没落》一书，并主要阐释了一种后世人们所说的文化形态史观。从《西方的没落》一书的具体书写内容与学理演绎逻辑来看，可以看出该书的书写内容尽管繁杂冗沉，学理演绎逻辑也是千回百转，但斯宾格勒在《西方的

---

① ［瑞士］雅各布·布克哈特：《世界历史沉思录》，金寿福译，北京大学出版社 2007 年版，第 196 页。

没落》一书中所揭示与批判的文化形态，主要是一种西方民族意识觉醒后走向自我中心主义并特别强调彼此对抗与相互冲突的文化形态。而斯宾格勒的学理演绎千回百转之所指，也指向了西方的民族自我意识觉醒以及由此形成的对抗冲突，由此感伤"西方的没落"。

这也说明在 19 世纪到 20 世纪的欧洲文化思想发展过程中，19 世纪 20 年代黑格尔阐释历史哲学与唯心史观所注重的民族自我意识觉醒，时隔近一个世纪之后，再一次成为斯宾格勒书写《西方的没落》一书的关注对象。但由于时移世异、今非昔比，欧洲不同时代人们对此的关注，却呈现不同的心态。其中黑格尔所在的时代，乃是欧洲民族国家建构如火如荼的历史岁月，对于黑格尔所在时代欧洲正在觉醒的民族自我意识，黑格尔的论述充斥着欣喜之情。可是时隔近一个世纪之后的斯宾格勒，面对欧洲民族自我意识觉醒后的诸多蜕变，身处 20 世纪初欧洲历史正在发生变化之中的斯宾格勒，对此的论述则是充斥着无限感伤。

这具体说来，黑格尔在其《精神现象学》与《历史哲学》等著作中，论述了民族自我意识的重要性，同样，在《西方的没落》一书中，斯宾格勒也是率先抛出了"醒觉意识"作为全书的开篇之言，先叙述"植物过的是一种无醒觉意识的生活"，[①] 再由此作为参照，指明了人作为万物之灵，其与众多的植物以及其他的动物相比较，人类所具有的"醒觉意识"非常重要。斯宾格勒特别关注的人类的"醒觉意识"，这成为支撑《西方的没落》一书的重要立论根基，斯宾格勒由此作为源头开始铺陈说理，并形成《西方的没落》一书的众多具体书写内容。

斯宾格勒在《西方的没落》一书中，开篇指明了人类"醒觉意识"的重要性之后，就逐渐广泛论述人类的"醒觉意识"在部落、民族、宗教、城市、国家等的发展状况与具体表现。斯宾格勒所注重的人类"醒觉意识"，也犹如灵魂不能飘荡而是需要附体一般，其总是

---

① ［德］奥斯瓦尔德·斯宾格勒：《西方的没落》，张兰平译，陕西师范大学出版社 2008 年版，第 6 页。

需要人类社会中的部落、民族、宗教、城市、国家等作为依附对象，由此形成围绕着部落、民族、宗教、城市、国家等而变化出的各种意识活动与思维观念，再由此形成相应的各种文化形态。对于各种文化形态的形成过程，斯宾格勒既广泛论述了人类社会逐步发展出的文字书写作为工具，在广泛呈现与传承着各种形式的"醒觉意识"与思维观念，也广泛论述了从古代社会的祭司阶层到近现代社会的知识分子，在广泛地呈现与传承着各种形式的"醒觉意识"与思维观念。由此，斯宾格勒论述各种形式的"醒觉意识"与思维观念所形成的众多文化形态，既有传承工具，也有传承人员。通过这一既庞大而又复杂的内在过程，各种文化形态也犹如水漫大地，广泛地浸透到世俗之人的心灵世界之中。

《西方的没落》一书中的这种论述内容，仅仅是斯宾格勒在《西方的没落》一书的论证前提。当斯宾格勒论述了人类醒觉意识形成后的诸般各种文化形态表现、文化形态的具体传承方法、传承各种文化形态的社会阶层等具体内容之后，《西方的没落》一书论述各种形式的"醒觉意识"与思维观念所构成的文化形态的重要目标，也逐渐凸显出来"。在《西方的没落》一书中，斯宾格勒就说道：

> 作为人在历史上得以起作用的绝对基本形式的"民族"、原始的家、原始的居住区、各民族的迁徙——所有这一切全都是1789 年的"Nation（民族）"与 1813 年的"Volk（民族）"所表达的动人心弦的观念的反映，这两个词分析到最后全来自英格兰及清教的自恃精神。但是这种观念所包含的强烈的热情将它保卫得非常好，让它未遭受批判。甚至敏锐的研究者也毫无机智地用它来将大量截然相反的东西混在一起加以讨论，结果，"民族"变成了一种确定的、假定已经被非常好地理解的、全部历史都是由其创造的单位量。在当今，对我们而言，世界史的意义便是诸民族的历史——对希腊人及中国人而言，这并非不言自明的，它也没有这种意义，其他所有东西，文化、语言、才华、宗教都是民族所创造的。国家是民族的形式。

本文的目的便是要推翻这种浪漫的观念。①

由此来看，斯宾格勒的《西方的没落》一书的论证逻辑，与黑格尔《历史哲学》一书绪论部分的论述逻辑可谓异曲同工。黑格尔《历史哲学》一书的绪论部分，是先论述思想、观念、精神等重要性，最后落实为具体论述民族精神的重要性，而斯宾格勒《西方的没落》一书的论证逻辑，则是在广泛论述了以"醒觉意识"为核心的各种文化形态之后，最后聚焦于"作为人在历史上得以起作用的绝对基本形式的'民族'"。可是当斯宾格勒进行了一番详细论证却最终强调，"本文的目的便是要推翻这种浪漫的观念"，则可以看出书写了《西方的没落》一书的斯宾格勒，已经不是一位杜赞奇所说的"西方学术中的黑格尔传统"的传承者，而是一位杜赞奇所说的"西方学术中的黑格尔传统"的批判者。

认识其中的变化，也在于黑格尔在《历史哲学》一书绪论部分，具体论述民族精神的重要性，黑格尔既详细论述了民族精神在客观历史中的重要性，也详细论述了主观历史领域的历史书写需要呈现民族精神的重要性。斯宾格勒上述论述中所说，"作为人在历史上得以起作用的绝对基本形式的'民族'、原始的家、原始的居住区、各民族的迁徙——所有这一切都是 1789 年的'Nation（民族）'与 1813 年的'Volk（民族）'所表达的动人心弦的观念的反映，这两个词分析到最后全来自英格兰及清教的自恃精神"。其中"1789 年的'Nation（民族）'"，主要是指 1789 年法国大革命所表现出来的民族概念内涵，而"1813 年的'Volk（民族）'"主要是指反抗拿破仑征服欧洲所表现出来的民族概念内涵。总的说来，斯宾格勒的这一论述，主要说明了近现代欧洲众多历史学家所书写出的历史著作，确实是遵循黑格尔指明的方法进行历史书写，在历史著作中广泛书写民族以及民族国家的历史，由此广泛呈现出黑格尔注重的思想观念与民族精神。

---

① ［德］奥斯瓦尔德·斯宾格勒：《西方的没落》，张兰平译，陕西师范大学出版社 2008 年版，第 77 页。

　　而斯宾格勒的上述论述还强调："这种观念所包含的强烈的热情将它保卫得非常好，让它未遭受批判。甚至敏锐的研究者也毫无机智地用它来将大量截然相反的东西混在一起加以讨论，结果，'民族'变成了一种确定的、假定已经被非常好地理解的、全部历史都是由其创造的单位量。"斯宾格勒的这一论述，则说明了尽管近现代欧洲众多历史学家所书写出的历史著作，遵循着黑格尔指明的方法进行历史书写，在历史著作中广泛书写民族以及民族国家的历史，由此广泛建构黑格尔注重的思想观念与民族精神，但这一切发展到了 20 世纪初期，已经变化成为斯宾格勒的历史书写中的主要批判对象。

二　斯宾格勒注重民族观念中的民族意识

　　在斯宾格勒看来，遵循黑格尔指明的方法进行历史书写，尽管在历史著作中广泛书写着民族以及民族国家的历史，由此建构民族精神，可是这种学理演绎中的"民族"概念，却如斯宾格勒所说，"变成了一种确定的、假定已经被非常好地理解的、全部历史都是由其创造的单位量"。对此，斯宾格勒也进一步论述道：

　　　　最后——假如非常小心的话——我们有可能研究"民族"这个概念，并将有关民族形式的混乱状态整理好，这种混乱状态被现代的历史研究弄得比以前更紊乱了。没有一个词如民族这个词被用得更随便、更加不严谨，但又没有一个词比它需要经受更严格的批判。即便是十分谨慎的史学家也免不了这样的麻烦，就是将自己的理论基础阐明到一定程度之后，回头又把民族、种族成分与言语团体完全等同起来。①

　　斯宾格勒的上述论述，是在继续论述欧洲近现代历史的著作，广

---

　　① ［德］奥斯瓦尔德·斯宾格勒：《西方的没落》，张兰平译，陕西师范大学出版社 2008年版，第 107 页。

泛地书写着民族以及民族国家单位书写历史，由此建构黑格尔注重的思想观念与民族精神，可是在此过程中其所运用的民族概念，却是极度混乱。对于这种混乱状况，斯宾格勒既强调，"即便是十分谨慎的史学家也免不了这样的麻烦"，同时也强调"这种混乱状态被现代的历史研究弄得比以前更紊乱了"，并且还说明欧洲历史著作中民族概念的运用，乃是"民族、种族成分与言语团体完全等同起来"。斯宾格勒的这些论述，是在极力论证斯宾格勒的一个重要看法，即在斯宾格勒看来，欧洲无数历史学家尽管连民族概念的内涵都没有弄清楚，但却书写出了欧洲不计其数的民族以及民族国家的历史。

对于斯宾格勒的这种看法，后世西方历史学家也有类似的论述。例如杜赞奇也认为，"如果存在于历史中的事物真的不能界定，那么，民族在历史中寻求最终归宿，就显得十分滑稽"[1]。而斯宾格勒极力批判欧洲历史著作中民族概念运用的混乱状况，在此基础上斯宾格勒还有一个关键的学理演绎，这就是在斯宾格勒看来，欧洲众多书写民族以及民族国家历史的历史著作，尽管其中民族概念的运用极度混乱，但这还是功莫大焉，其能够乱中获胜，能够在思想观念领域，唤醒斯宾格勒在《西方的没落》一书开篇所强调的"醒觉意识"中具体包含的民族意识。

由此，斯宾格勒在《西方的没落》一书中的众多论证，尽管蜿蜒曲折，但却是曲径通幽，最终通向的幽深之处，也表现为斯宾格勒对于民族意识高度注重。一方面，斯宾格勒在《西方的没落》一书开篇强调"醒觉意识"的重要性，由此继续广泛论述了人类社会逐步发展出的文字书写作为工具，在广泛呈现与传承着各种形式的"醒觉意识"。这种论证是为了最终说明欧洲不计其数的书写民族以及民族国家历史的历史著作，在广泛地建构民族意识。另一方面，斯宾格勒在《西方的没落》一书开篇强调"醒觉意识"的重要性，由此继续广泛论述了人类社会由古代社会的祭司阶层到现代社会的知识分子，在广

---

① ［美］杜赞奇：《从民族国家拯救历史——民族主义话语与中国现代史研究》，王宪民、高继美、李海燕、李点译，江苏人民出版社 2009 年版，第 1 页。

泛地呈现与传承着各种形式的"醒觉意识"，这种论证是为了最终说明欧洲书写了民族以及民族国家历史的众多历史学家，尽管如斯宾格勒所批判，在其书写出来的历史著作中对于民族概念的运用极度混乱，但却是民族意识的重要建构者。

可以看出，斯宾格勒经历了蜿蜒曲折的学理演绎，揭示出民族意识觉醒过程的内在过程，这种对于民族意识高度注重的学理演绎总体特征，是在斯宾格勒书写《西方的没落》一书的 20 世纪初期，延续与传承 19 世纪 20 年代黑格尔在《历史哲学》一书中的相关论说，并将黑格尔在《历史哲学》一书中论证得较为晦涩的民族意识觉醒的内在过程，继续展开详细论证。这种学理论证的延续与传承关系，在斯宾格勒的论说中，也有着诸多方面的具体表现。

首先，斯宾格勒认识民族内涵的总体特征，沿袭了黑格尔注重民族精神的民族认识方法。斯宾格勒就认为，"民族既不是语言的单位，也不是政治的单位，也不是动物学上的单位，而是精神上的单位"[1]。斯宾格勒将民族视为一个精神单位，这实则是黑格尔的历史哲学注重民族精神的进一步发展，并且强调民族精神支配着人们的思想观念与思维活动。对此斯宾格勒也就谈道，"现代的民族主义精神只是加强了这种'按民族进行思考'的倾向"[2]。

其次，黑格尔在《历史哲学》一书中，已经指明了主观的思想、观念等历史发展的重要性。斯宾格勒则将此具体到民族历史发展对形成民族相关思想观念的重要性。斯宾格勒就指出，"'民族'是一种心灵的单位，历史上的很多伟大事件实际上不是民族所创造的；相反，那些事件本身创造了民族"[3]。斯宾格勒此言，可谓从心灵、思想、观念等看民族的典型表现，其是注重认识民族历史发展在民族观念形成

---

① ［德］奥斯瓦尔德·斯宾格勒：《西方的没落》，张兰平译，陕西师范大学出版社 2008 年版，第 114 页。

② ［德］奥斯瓦尔德·斯宾格勒：《西方的没落》，张兰平译，陕西师范大学出版社 2008 年版，第 107 页。

③ ［德］奥斯瓦尔德·斯宾格勒：《西方的没落》，张兰平译，陕西师范大学出版社 2008 年版，第 111 页。

过程中的重要作用。在斯宾格勒的演绎中，所谓"历史创造一个民族"，并不是以往历史中在人们生产生活中彼此融合，由此形成民族的自在实体，而是以往历史中发生的伟大事件，人们对此进行认识，由此在人们的主观内心之中，形成民族观念。在斯宾格勒看来，主要是由于民族的历史发展，将民族发展成为属于共同民族的人们万众一心，而不同民族之间人们的心灵又各有所向，由此民族成为一个心灵单位。

最后，既然民族如斯宾格勒所说，乃是一个心灵单位，那么这个心灵单位的根基又是什么？对此，斯宾格勒指出，"一个民族是一个个人的集合体，它觉得自己是一个单位。"[1] 斯宾格勒对民族的定义，说明了民族是由无数的民族成员构成的集合体。而在这个集合体中，斯宾格勒认为无数民族成员彼此之间具有一种属于同一个民族的心理意识，这是民族作为一个心灵单位的根基。对此斯宾格勒还继续强调，"'民族'是所有人意识到的一种连接，在一般用法里，一个人将自己所属的许多团体中在精神上与它最接近的一个团体——带着感情地——称作他的'民族'"[2]。

可以看出，斯宾格勒认识民族的各种属性，最为看重的是民族思想观念中的民族意识。而民族意识又究竟如何表现出来，斯宾格勒对此就强调："由于有了一个名称，一群人便有意识地用一种神圣的高贵感来激励自己。"[3] 斯宾格勒的这一论述，也继续说明了在欧洲众多的历史著作中，其所运用的民族概念内涵尽管非常混乱，但民族具有了名称并被广泛使用，这存在一个非常重要的功用，这即是其能够乱中取胜，能够作用于人们的心灵，并广泛地塑造着人们的民族意识及其衍生出的各种心理活动。

---

[1]　［德］奥斯瓦尔德·斯宾格勒：《西方的没落》，张兰平译，陕西师范大学出版社 2008 年版，第 108 页。

[2]　［德］奥斯瓦尔德·斯宾格勒：《西方的没落》，张兰平译，陕西师范大学出版社 2008 年版，第 107—108 页。

[3]　［德］奥斯瓦尔德·斯宾格勒：《西方的没落》，张兰平译，陕西师范大学出版社 2008 年版，第 108 页。

三　对立之中形成的民族意识与"西方的没落"

按照斯宾格勒的相关学理演绎，欧洲相关的历史著作中充斥着无数的民族概念名称，人们对此阅读，民族意识会进入到人们内心世界之中，那么这种已经进入到人们内心世界之中的民族自我意识，又究竟有何特征？近现代以来的西方学界对此问题的回答，黑格尔在其《精神现象学》中曾经用主奴理论，阐述了自我意识的形成，需要认知犹如主奴之间的两两相对。斯宾格勒论述民族意识的形成，也继续沿着黑格尔主奴理论的思路，揭示出了民族意识形成来源于彼此之间的二元相对。但从黑格尔到斯宾格勒的学理探索差异，还具体表现为黑格尔揭示彼此之间的二元相对，能够激发欧洲近现代民族现代性建构与民族国家创建所需要的民族意识与民族精神，可是斯宾格勒却是在民族意识形成的对立关系之中，看到了形成民族意识的彼此对立关系，这会导致欧洲民族以及民族国家的对抗冲突，走向越来越激化的发展道路，由此最终形成斯宾格勒所说的"西方的没落"。

因此，民族意识形成过程所需要的彼此相对，也成了斯宾格勒演绎其所说的"西方的没落"的核心环节。民族自我意识的形成，需要在自我与他者的二元相对中形成，斯宾格勒在论述民族意识觉醒的过程中就强调："正因为有某个'你'，我们才知道有个'我'。"①斯宾格勒对于民族自我意识的论述，也不仅仅局限于通过自我与他者的二元相对，由此阐述民族自我意识形成需要的二元相对，而是以此为基础，揭示了通过民族自我意识的二元相对，既在人们的主观世界中，发展出了一个强调对立、敌对的主观精神世界，也会在客观历史之中，发展出了一个广泛诉诸武力与战争来解决对立、敌对的现实世界，斯宾格勒就谈道：

---

① ［德］奥斯瓦尔德·斯宾格勒：《西方的没落》，张兰平译，陕西师范大学出版社 2008年版，第 79 页。

一个民族只有在跟其他民族的相互关系中才真正成为一个民族，而且这个现实的本质是在自然的和难以断绝的敌对中，在攻击和防御之中，敌视和战争之中显露出来的。战争是一切伟大事物的创造者，生存之流中一切有意义的事物大多是通过胜利和失败体现出来的。①

斯宾格勒的上述论述，既是斯宾格勒所注重的民族意识觉醒，逐步向民族之间敌对与战争状态演化的关键论述，也是斯宾格勒断言的"西方的没落"的学理演绎关键环节。

首先，斯宾格勒所说"一个民族只有在跟其他民族的相互关系中才真正成为一个民族"，这典型地反映了斯宾格勒从民族意识的角度看民族的民族观，即人们在民族之间的相对关系之中，形成了民族意识，由此民族才演变成为斯宾格勒所说的一个心灵单位。其次，依靠民族之间彼此相对的关系形成的民族意识，会如斯宾格勒所说，会自然地和延续不断地演化为敌对关系，这种敌对关系也通过所谓的攻击和防御、敌视和战争而显现出来。最后，当论述了民族意识的相对关系，演化为敌对关系的具体表现之后，斯宾格勒就得出了"战争是一切伟大事物的创造者"的结论，并且继续强调在这种对立与敌对关系中，胜利与失败已经变化成为体现生存的重要价值。

因此，黑格尔通过主奴之间的二元相对，揭示了自我意识的形成根源，斯宾格勒则通过民族意识觉醒形成的自我与他者的相对，揭示出了民族与民族之间彼此冲突与相互敌对的意识形成根源。也正是因为民族意识的形成根植于与其他民族的相对关系，因此斯宾格勒也认为，在民族意识为根基的精神世界中，反抗精神由此而变得伟大。斯宾格勒就指出，"民族，因其他民族之故，因反抗别的民族，精神上便变伟大了。"② 在一个民族以及民族国家构成的世界之中，斯宾格勒

---

① ［德］奥斯瓦尔德·斯宾格勒：《西方的没落》，张兰平译，陕西师范大学出版社 2008 年版，第 245 页。

② ［德］奥斯瓦尔德·斯宾格勒：《西方的没落》，张兰平译，陕西师范大学出版社 2008 年版，第 110 页。

也揭示出了民族以及民族国家的彼此相对以及对立冲突，这对人们内在精神世界与思想观念具有深刻影响。

当斯宾格勒揭示了民族意识依靠自我与他者的相对关系而形成，以及揭示了民族精神在对抗之中而显得伟大的相关原理后，斯宾格勒对于民族的认识，也延伸到斯宾格勒对历史的认识之中，斯宾格勒的历史观，也逐渐水到渠成。斯宾格勒的《西方的没落》一书，以论述醒觉意识作为开篇之言与立论根基，在此基础上诸多论述多方展开，并逐渐汇集到论述民族意识觉醒，最后的收官之论，斯宾格勒则集中于民族意识形成的相对关系与其引发的敌对冲突，由此作为主要视角认识历史，斯宾格勒就认为：

> 真正的历史不必像一切文明发端时期的哲学家和理论家所断言的一样，不是反政治意义的"文化的历史"，相反，它是以男人和女人、家族、民族、等级、国家的形式，在伟大事实的波浪起伏中相互防御相互攻击的种族的历史、战争的历史、外交的历史、存在川流的历史。①

可以看出，在斯宾格勒看来，所谓历史发展长河，乃是由一系列伟大的事实所构成。这些伟大事实的本质，却是由防御与攻击的彼此相对所组成，并且通过战争与外交表现出来。斯宾格勒也特别强调，"这种敌对的历史与世界历史几乎是一回事"②。斯宾格勒的这一论述，也继续强调了民族之间彼此对立、冲突以及战争，构成世界历史发展的动力。近代英国政治哲学家霍布斯所说的"一切人对一切人的战争状态"，在斯宾格勒的演绎之下，已经变化成为民族以及民族国家之间的对立冲突，并被视为世界历史的根本状态。对此斯宾格勒也论述道："作为国家的各个民族，是全部人类世界的真正动力，在作为历

---

① ［德］奥斯瓦尔德·斯宾格勒：《西方的没落》，张兰平译，陕西师范大学出版社2008年版，第229页。

② ［德］奥斯瓦尔德·斯宾格勒：《西方的没落》，张兰平译，陕西师范大学出版社2008年版，第233页。

史的世界里，再也没有超过它们的事物，它们就是命运。"①

正如马克思论述近代英国对中国发动第二次鸦片战争，将近代英国对世界财富的掠夺方式，分为迦太基式的商业贸易与罗马式的武力征服两种方式。其中罗马式的武力征服，在古代罗马的凯撒时代发展到顶峰。斯宾格勒在《西方的没落》一书中，也将罗马式的崇尚武力的文化发展形态，称之为"凯撒主义"。斯宾格勒就认为："伴随着凯撒主义的出现，历史再度沦为无历史的状态、沦为原始生活的古老节奏，为了物质权力而进行无止无休的、没有意义的战斗。"② 斯宾格勒在其所生活的时代，看到古代罗马崇尚武力的"凯撒主义"，已经在其所在时代的西方再次盛行，由此断言其所说的"西方的没落"。

斯宾格勒书写《西方的没落》一书的时代，近现代欧洲列强对世界各地的殖民征服，激发了世界诸多民族意识觉醒，由此形成世界各地反对西方列强殖民征服的民族解放运动。而欧洲列强在第一次世界大战的战场上，也厮杀正酣。斯宾格勒在《西方的没落》一书中也最终感慨道，"巨大冲突的时期已经开始了，我们自己今天正处于这个时期"③。在欧洲民族以及民族国家的敌对气氛以及欧洲各个列强激烈厮杀的战争气氛中，斯宾格勒在《西方的没落》一书中，已经论述了依靠相对关系形成的民族意识觉醒，会成为思想观念世界中的意识源头，并将人类历史锻造成了一个彼此冲突、相互对抗并难见尽头的历史发展过程。

可以看出，斯宾格勒在其所书写的《西方的没落》一书中所最终展现出的这种认识，首先是基于欧洲历史发展的特征所做出的有感而发。这种认识所呈现出的思想观念变化，则是既不同于 19 世纪黑格尔所做的历史哲学阐释，也与 19 世纪欧洲众多历史书写中的语言叙述相

---

① ［德］奥斯瓦尔德·斯宾格勒：《西方的没落》，张兰平译，陕西师范大学出版社 2008 年版，第 245 页。

② ［德］奥斯瓦尔德·斯宾格勒：《西方的没落》，张兰平译，陕西师范大学出版社 2008 年版，第 229 页。

③ ［德］奥斯瓦尔德·斯宾格勒：《西方的没落》，张兰平译，陕西师范大学出版社 2008 年版，第 281 页。

比较，已经从 19 世纪欧洲众多历史书写中无数语言叙述所呈现出的欢欣与鼓舞，变化而为斯宾格勒的历史书写中在极力述说着的无限感伤与无奈。

第三节　汤因比书写的希土战争与费弗尔书写的莱茵河

一　汤因比书写希土战争反思欧洲的民族自我中心主义

1922 年，20 世纪英国著名历史学家汤因比作为新闻记者，采访了一战后爆发的希腊与土耳其之间的战争，随后出版了《文明的接触：希腊与土耳其的西方问题》一书（以下简称为《文明的接触》），该书成了汤因比毕生从事历史学职业生涯的第一部历史学著作。将汤因比的《文明的接触》一书与斯宾格勒的《西方的没落》一书两相比较，斯宾格勒在《西方的没落》一书中，主要是论述其所关注的醒觉意识，在人类文明中的乡村与城市、宗教与僧侣、语言与书写、民族与国家、农业与工业等文化形态中的表现，因此，其主要是表述了后世学界所说的文化形态史观。而汤因比的《文明的接触》一书，则将一战后爆发的希腊与土耳其之间的战争，归结为以希腊为代表的西方文明与以土耳其为代表的东方文明相互接触产生的问题。汤因比所说的文明，其指涉内容比斯宾格勒所列举的文化形态要广泛得多。汤因比以文明作为单位认识历史，选择文明史观作为其毕生从事历史研究的历史观，这在汤因比从事历史学职业生涯的第一部历史学著作中，已经初露雏形。

尽管如此，斯宾格勒的《西方的没落》与汤因比的《文明的接触》两部历史学著作，却有相应的异曲同工之处。这两部历史学著作分别形成于第一次世界大战期间与结束之后，这一时期欧洲的历史发展过程，既有第一次世界大战中欧洲列强的激战正酣与炮声隆隆，也有第一次世界大战结束后欧洲各国的满目疮痍与断垣残壁。因此，在此共同的历史背景之中，这两部历史著作的具体书写内容，弥漫着一种浓浓的悲剧氛围，其中的无数语言叙述，也是充斥着无限感伤。这两部历史著作具有一个共同点,都注重对斯宾格勒与汤因比自身所在的西方文化与西方文明进行反思。

再就具体的历史书写方法来说,斯宾格勒的《西方的没落》一书,缺少史实陈述,主要长于历史观的史学理论阐释。斯宾格勒对于西方文化的反思,最后重点是落在了通过民族意识形成所需要的对立关系,由此反思西方文化发展到近现代出现的民族以及民族国家之间的敌对关系,最后形成斯宾格勒所说的"西方的没落"。而汤因比的《文明的接触》一书,主要以希腊与土耳其之间战争的具体事例作为分析对象,充分展示了汤因比擅长于史实叙述与理论思考相互结合的史学才能。汤因比对自身所在的西方文明进行反思,则是重点落在了反思近现代西方文明中的民族主义思想,并且指向了西方文明中民族自我中心主义的内在核心,由此反思其对近现代以来人类历史的危害。

在对此内容进行具体书写的过程中,汤因比的《文明的接触》一书的历史书写线索,也首先表现为对其所在的西方文明进行反思。对其所在的西方文明进行反思的重要内容,则集中于反思身处西方文明的人们对待东方的态度与表现,由此具体说明西方自我中心主义存在的根本思想观念问题。在《文明的接触》一书的开篇,汤因比就谈道:

> 我们文明的西方带着同情或鄙夷的眼光,看待生活在某种更强大力量阴影之下的非西方同类时,也常常用几乎同样的方式,似乎不给光就可以使他们的能量瘫痪。我们通常过度醉心于我们自己的事务,以致无法看得更仔细。①

可以看出,汤因比反思西方文明的上述论述,主要表现为反思"醉心于自己的事务,以致无法看得更仔细"的西方自我中心主义。除了开篇所论之外,汤因比《文明的接触》全书的最后一章,同样是集中于反思西方文明对待东方的态度与表现。汤因比在《文明的接

---

① [英]阿诺德·汤因比:《文明的接触:希腊与土耳其的西方问题》,张文涛译,上海人民出版社 2019 年版,第 7 页。

触》中最后一章的结语中同样强调：

> 我们的精神祖先古代希腊人创造了希腊文明。他们在年轻气盛时认为，自己与古代东方人有共同起源。如果在公元前 5 世纪时有预言说，有朝一日自然会将他们与东方人带到一起，以便产生我们这样的后代，他们是不会相信的。[①]

汤因比的上述论述，所说的古代希腊人乃是西方文明的精神祖先，这主要表现为古代希腊罗马，往往被西方广泛视为西方文明的古典起源。按照汤因比的说法，尽管古代的希腊人认为自己与东方具有共同起源，可是奉希腊文明为典范的西方后代，却已经变化成为奉自我为中心的后世子孙。其对待东方的态度，也如汤因比在《文明的接触》一书中所说，"我们的怀疑是如此之深，我们的鄙视是如此强烈"[②]。汤因比在此所展现出的历史认识，与近现代欧洲通过民族国家创建、广泛征服世界各地、工业革命急速推进等历史发展，由此形成奉自我为中心的历史认识，已经发生了巨大变化。汤因比的《文明的接触》一书，将反思西方自我中心主义作为贯穿全书的主要线索，由此首尾一贯，展现了汤因比对西方文明中自我中心主义的深刻反思。

因此，《文明的接触》一书作为汤因比历史学生涯的第一部史学著作，不仅其文明史观已经初露雏形，同时汤因比的文明史观之中，其反思西方自我中心主义的历史观特征，也是初露雏形。汤因比认为西方文明对待东方存在着自身的思想观念问题，汤因比对此的论述方法，也是以史为证，选择第一次世界大战后爆发的希腊与土耳其之间的战争，追溯其爆发的根源，揭示其导致深重的战争灾难与战争悲剧，由此史论结合，具体说明西方文明中的自我中心主义对待东方存在着的思想观念问题。

---

　　① ［英］阿诺德·汤因比：《文明的接触：希腊与土耳其的西方问题》，张文涛译，上海人民出版社 2019 年版，第 264 页。

　　② ［英］阿诺德·汤因比：《文明的接触：希腊与土耳其的西方问题》，张文涛译，上海人民出版社 2019 年版，第 257 页。

第一次世界大战爆发后的希腊与土耳其两个民族之间的战争，在当时西欧的英法列强看来，这是"东方问题"。在《文明的接触》一书中，汤因比却对此强调，所谓"东方问题"，无论是名称的来源，抑或问题的根源，都是属于西方制造，汤因比对此论述道：

> 多数观察者可能对这个事实深有感触，即：他们的希腊与土耳其熟人，尽管几乎在每个方面都有分歧，却一致相信是西方政治造成了东方问题，并认为英国人或法国人看待世界的眼光中带着强烈的爱恨。当然，对于希腊与土耳其民族而言，事实可能也是如此。……我们只清楚自己心里想什么，并且我们对于东方事务的兴趣几乎完全不自知，因而很难认识到，我们无意中的所作所为事实上给东方带来了多么大的影响。对于其他民族的生活产生了多么大的影响，同时很少有兴趣或有意识地考虑他们，这种做法在人类的生活中固然司空见惯，却也是招致人类不幸的一个主要因素。①

自此，汤因比对于第一次世界大战爆发后的希腊与土耳其两个民族之间战争的主要历史认识智慧，已经充分展现了出来。第一次世界大战结束后希腊与土耳其两个民族之间战争，犹如汤因比《文明的接触》一书的第一章标题"西方的阴影"所示，尽管是"东方问题"，但却是西方制造，"东方问题"的根源，乃是西方文明阴影所蔓延出来的问题。汤因比《文明的接触》一书的历史书写方法，主要内容是叙述第一次世界大战后希腊与土耳其两个民族之间的战争，核心思想却是反思西方文明存在着的问题。

既然如此，西方文明自身存在的问题，又是如何蔓延并制造出了"东方问题"？并在第一次世界大战后爆发了希腊与土耳其两个民族之间的战争。对此问题，汤因比的论述，除了以希腊被视为西方文明、土耳其被视为东方文明等东西方文明之间关系作为认识视角，对此展

---

① ［英］阿诺德·汤因比：《文明的接触：希腊与土耳其的西方问题》，张文涛译，上海人民出版社 2019 年版，第 7—8 页。

开论述之外，汤因比还集中于论述欧洲文明中滋生的民族主义思想，乃是西学东渐，传播到了希腊与土耳其所在的近东地区。这所带来的后果，则是制造出了希腊人与土耳其人两个民族之间的敌对与仇恨，对此汤因比就论述道：

> 观念、体制与知识分子的行动同样是这样——例如，西方政治性的民族观念。如果近东与中东民族要想在当代国际政治中完全保全自身，那他们必须按照民族界限重新组织自己。因为民族是西方国家的当代基础，并且由于西方在世界上的优势地位，非西方民族之间的互相关系，以及它们与西方列强的关系不得不靠近西方世界认为理所当然的形式。然而政治中的民族性原则之所以被我们视为当然，仅仅是因为其从我们的特定环境中自然产生，而不是由于其具有普遍适用性。①

在此，汤因比已经明确地指出，希腊与土耳其之间爆发战争的思想文化根源，在于希腊与土耳其在受近代西方文明影响的过程中，按照近现代西方文明中兴起的民族主义思想观念来思考问题。对于希腊与土耳其之间战争导致的悲剧，汤因比也称之为"将西方公式引入这些人群导致了惨案"②。汤因比所说的"西方公式"，也主要是针对欧洲近现代历史发展过程中围绕着民族现代性建构与民族国家创建而兴起的民族主义思想观念。

尽管近现代欧洲民族主义思想的勃兴，既源于近现代欧洲以民族以及民族国家单位的社会经济联系越来越密切的历史发展趋势，也离不开近现代欧洲从封建国家转型为现代民族国家的历史发展趋势，民族主义思想由此成为推动近现代欧洲历史发展的重要思想力量，可是汤因比的上述论述已经说明，其"仅仅是因为从我们的特定环境中自

---

① ［英］阿诺德·汤因比：《文明的接触：希腊与土耳其的西方问题》，张文涛译，上海人民出版社 2019 年版，第 17 页。

② ［英］阿诺德·汤因比：《文明的接触：希腊与土耳其的西方问题》，张文涛译，上海人民出版社 2019 年版，第 18 页。

然产生"。对此汤因比也强调："西方的民族国家从我们中成长起来，它已经努力给我们的世界带来了效率最大化的政治与经济。"① 民族主义推动近现代欧洲民族国家的创建、民族经济的发展、民族文化的兴起，这仅仅是近现代欧洲民族主义思想的正面效应。近现代欧洲历史中广泛盛行的民族思想犹如一柄双刃剑，这种认识在汤因比的历史书写中已经呈现出来。

近现代欧洲民族主义勃兴，也具有引发欧洲民族以及民族国家之间敌对冲突的另一侧面，并在 19 世纪晚期，逐步蜕变成为欧洲民族以及民族国家彼此敌对的思想根源。汤因比叙述希腊与土耳其之间爆发的战争，乃是"将西方公式引入这些人群导致了惨案"，也正是针对 19 世纪中后期，欧洲民族主义思想传播到近东地区，并且犹如传染病一般，不断形成希腊与土耳其两个民族之间的民族仇恨情绪。此中过程，汤因比也具体描述道：

> 希腊与土耳其人比邻而居，至少和平相处了 5 个世纪——甚至在 1821—1829 年、1897 年的希土战争期间也是如此。他们如今双双被嗜杀成性的民族仇恨所支配。1914 年与 1916 年，仇恨的情绪在当地土耳其人中爆发。1919 年 5 月，希腊军队登陆后，仇恨的情绪在当地希腊人中爆发，1921 年 4 月以来，所有占领区内部都爆发了仇恨的情绪，我和妻子在这一年的 5—6 月间对某些地区有个人体验。②

希土战争爆发之际，作为记者的汤因比到战场进行采访，面对希腊与土耳其之间强烈的民族仇恨，激发了汤因比对于欧洲文明以及欧洲文明中的民族主义思想向外传播的深刻反思。面对希腊与土耳其两个民族因民族主义思想传播引发的民族仇恨，汤因比在《文明的接

---

① ［英］阿诺德·汤因比：《文明的接触：希腊与土耳其的西方问题》，张文涛译，上海人民出版社 2019 年版，第 17 页。

② ［英］阿诺德·汤因比：《文明的接触：希腊与土耳其的西方问题》，张文涛译，上海人民出版社 2019 年版，第 18 页。

触》的开篇就指出："历史学家会作出这样的判断，民族主义运动是一座纪念碑，与其说是政治的进步，不如说是必要的邪恶。"① 通过以希腊与土耳其两个民族之间的战争作为具体事例，由此反思民族主义的危害性，这在汤因比的历史观中，已经淋漓尽致地表现出来。

汤因比的《文明的接触》一书，不仅揭示了民族主义传播到东方之后引发的民族之间敌对冲突，而且全书的收官之论，汤因比还强调，"土耳其现在与希腊一样，彻底受到西方政治性民族观念的影响。这种观念某种程度上是一种破坏性的影响。"② 反思西方文明中的民族主义传播到东方，引发民族之间的敌对冲突，也成了贯穿汤因比《文明的接触》全书的重要内容。全书的诸多叙述，是通过汤因比的所见所闻，将民族主义传播到东方，引发希腊与土耳其两个民族之间敌对冲突的事实揭示了出来。汤因比的《文明的接触》一书，不仅仅是一部反思西方文明的著作，而且是一部反思西方文明中民族主义引发民族之间敌对冲突的一部重要史学著作。

因此，汤因比的《文明的接触》一书与斯宾格勒的《西方的没落》一书相比较，都具有一个共同之处，即都揭示出了近现代民族主义思想兴起会引发民族与民族国家之间敌对冲突的特征。这也说明第一次世界大战前后几年之间，欧洲民族主义思想蜕变的现实社会后果，已经在具体的历史发展过程中广泛呈现，诸如《西方的没落》与《文明的接触》等史学著作的先后出版，也反映了对欧洲民族主义思想引发民族以及民族国家之间的敌对与仇恨进行深刻反思，在欧洲这一时期涌现出的历史著作中，已经开始逐渐兴起。

而反思之中，也存在着具体差异。一方面，从史学方法来说，斯宾格勒的《西方的没落》一书，是从民族意识觉醒的相对关系作为认识方法，凸显其所引发的民族以及民族国家之间的敌对冲突，其是以德国式的思辨哲学方式见长，由此通篇说理；汤因比《文明的接触》

---

① ［英］阿诺德·汤因比：《文明的接触：希腊与土耳其的西方问题》，张文涛译，上海人民出版社 2019 年版，第 19 页。

② ［英］阿诺德·汤因比：《文明的接触：希腊与土耳其的西方问题》，张文涛译，上海人民出版社 2019 年版，第 236 页。

一书，则是以第一次世界大战结束后希腊与土耳其之间的战争作为事实为基础，凸显民族主义思想所引发的民族以及民族国家之间的敌对冲突，其是运用英国式的经验哲学方法，由此以史说理。

另一方面，从史学认识的视野来看，斯宾格勒的《西方的没落》一书，主要表现为认识到欧洲民族以及民族国家之间的敌对冲突，这会形成"西方的没落"。而汤因比的《文明的接触》一书，则论述了近现代起源于欧洲的民族主义思想，引发民族以及民族国家之间的敌对冲突，还会从欧洲传播到世界其他地区，会将世界其他地区变化成为冲突不断与动荡不安的"热点地区"。近现代人类历史中西方文明向东方传播的西学东渐，传播的则是欧洲民族主义思想中的对立冲突思维，这在汤因比的笔下，已经勾勒了出来。

更为重要的是，汤因比在《文明的接触》中，对于起源于欧洲的民族主义思想进行反思，不仅仅限于反思民族主义传播到东方，引发了民族之间激烈的敌对冲突，而且还发展为批判西方列强对待东方，本身存在着民族自我中心主义危害。汤因比在《文明的接触》一书中批判的西方自我主义，还另有内核，其中还蕴藏着各个西方列强彼此之间各自谋求自身利益的民族自我中心主义。

对此，《文明的接触》一书的第二章，汤因比以"西方的外交"为标题，主要叙述了第一次世界大战后希腊与土耳其爆发的战争，只不过是英法等西方列强为了自身利益的产物。汤因比就谈到，1921 年 3 月的伊诺努战役期间，一位希腊士兵曾对汤因比说，"这其实是一场英法争夺安纳托利亚的战争"[1]。在此汤因比借了一位士兵之口，点明了这场战争的性质。这说明历史事件的当事人与历史事件的书写者之间的认识，也并非彼此分离。对于这位希腊士兵之说，汤因比还进一步辩析道：

> 从表面上看来这是对的，因为大部分参与这场战役的希腊和土耳其战士相信，是法国和英国军官在指挥对抗双方的行动。

---

① ［英］阿诺德·汤因比：《文明的接触：希腊与土耳其的西方问题》，张文涛译，上海人民出版社 2019 年版，第 35 页。

他们的误解表明，他们对西方外交的看法很粗糙。结盟的西方诸政府过于世故也过于体面，以至于不会公开采取反对彼此的行动。他们知道丑闻永远是不值当的。不过这位希腊士兵的评论本质上也没有错。遥远的西方列强是蹂躏近东和中东广阔土地的这场战后之战的主角，而执行任务与承受痛苦的当地人民只是小卒子。①

《文明的接触》一书，尽管是汤因比从事历史学研究职业生涯的首部著作，可是汤因比的上述论述，却是才华毕露、见识过人，充分展现了汤因比高超的叙史技巧与深入分析问题的能力。一方面，这揭示了英法两强方才是希腊与土耳其两个民族之间战争的真正对手，具体交战的希腊与土耳其双方，只不过是英法两强的任务执行者与战争灾难的具体承受者；另一方面，汤因比也揭示了英法两强，毕竟是刚刚结束的第一次世界大战的盟友，还得继续维持盟友之间的体面，不能公开反对彼此。汤因比的寥寥之语，已经点明了在英法维持外交体面的表面形象之下，竟然还隐藏着第一次世界大战后英法两强为了继续争夺自身利益的自我中心主义本质。

在此过程之中，发端于欧洲的民族主义思想传播到近东地区，并引发了希腊与土耳其两个民族之间的战争，只不过成为英法两强彼此争夺的利用工具。汤因比对此也指明："当地民族主义群体的幻觉已经被西方外交官所利用，以便从他们的框架残骸之中救出一些东西。"② 与之相应，希腊与土耳其两个民族之间的战争，在汤因比看来只不过是英国与法国两个玩家的游戏，对此汤因比就总结道：

　　拥有巨大力量的民族个性能够如变戏法似地被唤出，并受到对神献祭的诱惑，碾压过其崇拜者的躯体。在国际棋局的博弈中，

----

① ［英］阿诺德·汤因比：《文明的接触：希腊与土耳其的西方问题》，张文涛译，上海人民出版社 2019 年版，第 35 页。

② ［英］阿诺德·汤因比：《文明的接触：希腊与土耳其的西方问题》，张文涛译，上海人民出版社 2019 年版，第 50 页。

这些特点造就了优秀的卒子。专心于自己的传统和天性，要利用一切可能的手段实施职业行动的西方外交官们，没有忽视这些特点，"这真是一场英国与法国的战争"。希腊和土耳其作为马前卒，在执行着英国与法国玩家们的游戏。①

可以看出，汤因比的《文明的接触》一书，通过叙述希腊与土耳其之间的战争，不仅仅深刻反思欧洲民族主义思想引发了希腊与土耳其的民族之间敌对冲突，而且已经发展为反思西方列强的民族自我中心主义。尽管英法同为西方列强，可是在希腊与土耳其之间的战争中，英国支持希腊，法国转而支持土耳其。汤因比的历史书写，通过反思西方文明的西方中心主义，揭示了西方列强各自争夺自身利益的民族自我中心主义的内在本质。

二 费弗尔书写本是一条推动各民族交流的莱茵河

在近现代欧洲民族主义思想兴起的过程中，民族与地域之间的关系，也在发生着诸多变化。一方面，民族居住的地理区域，被视为民族构成的根本元素，注重民族之间地理区域的边界，也成了欧洲近现代民族现代性建构与民族国家创建的根本内容。另一方面，民族地理区域内的山川等自然景观以及生长着的动植物等，也发展成为民族的象征。其中在近现代德意志民族主义思想的兴起过程中，流经欧洲诸多国家的莱茵河，既被视为日耳曼民族与法兰西民族的边界，也被视为德意志民族的民族象征。在 19 世纪德意志诗人斯莱格尔的诗歌之中，莱茵河中流淌着的河水，已经被描绘成为日耳曼民族流淌着的血液。由此，20 世纪 20 年代，德法两国之间围绕着莱茵河争端的民族敌对情绪，已经非常浓厚。在此时代背景之中，法国年鉴学派历史学家费弗尔联合法国著名地理学家德芒戎，由费弗尔负责书写莱茵河流

---

① ［英］阿诺德·汤因比：《文明的接触：希腊与土耳其的西方问题》，张文涛译，上海人民出版社 2019 年版，第 50—51 页。

域的历史发展，德芒戎书写莱茵河流域的经济地理。费弗尔在将莱茵河作为历史书写对象的过程中，也将莱茵河联通欧洲各民族相互交流的本质特征揭示了出来。

费弗尔书写莱茵河流域的历史，首先在开篇叙述古代欧洲莱茵河的人文历史，就以"莱茵河的三个题目"为主题，将欧洲历史发展过程中莱茵河主要扮演着的三种历史形象揭示了出来。其一，对于欧洲历史发展过程中莱茵河主要扮演着的第一种历史形象，费弗尔将此归为"通道：一条大河的形成"。费弗尔通过描述莱茵河的自然地理特征以及相应的人类活动状况，指明了"是人，是将众多的水流集为一条大河的人，把山口、激流锻造成为一条通道，而不是一堵屏障；是一条纽带，是将众多的水流集为一条大河的人，而不是一条鸿沟。"[①]其二，人类开始定居后的历史发展，对于所居之地的地理家园，也特别需要难以逾越的山川作为边界与保障。费弗尔也认为，"想要知道各个民族在地球上分布状况的人们，通常只有一些粗略的地图，而地图上的河流和几条著名的'山脉'恰恰勾勒了出于使用目的而划分的范围。"人们对于一块地理区域的地理认知，也需要依靠相应的山川作为地图上的边界。对于欧洲历史发展过程中莱茵河主要扮演着的第二种历史形象，费弗尔就归结为莱茵河乃是一个"天然边界"。其三，作为"天然边界"的莱茵河，还会发展为在欧洲历史发展过程中莱茵河主要扮演着的第三种历史形象，即"两个种族之间的莱茵河"。其中费弗尔就叙述道，在欧洲的古代历史发展过程中，莱茵河先演变成为日耳曼人与罗马人之间彼此相隔的一条河流，两岸之间的人们，也具有诸多语言差异，后来莱茵河也演变成为高卢人与日耳曼人之间彼此相隔的一条河流。

可以看出，对于莱茵河在欧洲历史发展过程中扮演的形象，欧洲的历史书写既可以将莱茵河视为边界与鸿沟，也可以将莱茵河视为纽带与通道。在欧洲以往的历史书写中，费弗尔所说的作为一个"天然边界的莱茵河"与"两个种族之间的莱茵河"，两者之间的关系，也从莱

---

① ［法］吕西安·费弗尔：《莱茵河——历史、神话和现实》，许明龙译，辽宁教育出版社2003年版，第12页。

茵河的自然特征变化为人文地理。费弗尔对此的论述，主要是为了与费弗尔所注重的作为一个通道的莱茵河相互对照。在《莱茵河——历史、神话和现实》一书的开篇中，费弗尔将人们赋予莱茵河的各种特征视为"题目"，也意味欧洲的历史发展，需要在将莱茵河作为纽带、通道与莱茵河作为边界、鸿沟的两条道路之间做出选择。费弗尔对莱茵河的历史书写重要变化，则是选择了将莱茵河视为一条纽带与通道进行书写。

随后，费弗尔就大量叙述了莱茵河从罗马晚期到欧洲中世纪的人文历史发展过程。在费弗尔看来，从罗马晚期到欧洲中世纪的莱茵河两岸，则是罗马、日耳曼与基督教三种力量在发酵。在这三种元素的相互发酵与彼此交融的过程中，莱茵河地区商业逐步繁盛，文化逐渐发展，城市不断增多。费弗尔对此也强调："莱茵河城市是富足的，它们拥有众多的人口，充满活力。"[1] 在城市增多并逐渐富足的过程中，莱茵河两岸地区的历史发展，也经历了费弗尔所概括的"从城邦到国家"的历史发展过程。

对于"从城邦到国家"的历史发展过程，费弗尔也认为，"莱茵河的君主都是小小的王侯……，莱茵河的王国都是些小小的王国，都是爱说大话的小国，在名副其实的强国和大国面前没有多少分量"[2]。在此过程中，费弗尔所说的"走向两个民族间的莱茵河"的时代，却逐渐来临。费弗尔就对此特别强调："于是出现了悲剧，令人心碎的莱茵河近代悲剧。"[3] 费弗尔所说的"令人心碎的莱茵河近代悲剧"，也即是在欧洲近现代民族主义思想兴起的时代，莱茵河逐渐承担起了欧洲民族主义思想中的地理形象建构重任。曾经在以往历史中推进了无数经济交流与文化相融的莱茵河，不仅在欧洲古代成为罗马

---

① ［法］吕西安·费弗尔：《莱茵河——历史、神话和现实》，许明龙译，辽宁教育出版社 2003 年版，第 138 页。

② ［法］吕西安·费弗尔：《莱茵河——历史、神话和现实》，许明龙译，辽宁教育出版社 2003 年版，第 148 页。

③ ［法］吕西安·费弗尔：《莱茵河——历史、神话和现实》，许明龙译，辽宁教育出版社 2003 年版，第 156 页。

人与日耳曼人、高卢人与日耳曼人之间的鸿沟，而且在欧洲近代已经发展成了德意志人与法兰西人两个民族之间的鸿沟。对此，费弗尔就论述道：

> 两个对抗的民族之间，两种各自确立、彼此对立的理念之间有一条莱茵河。莱茵河是一条居中的主轴。这些国家在数百年中紧贴在两种文化边界之间，一条边界在西面，它标志着法兰西影响的进退；另一条边界在东面，它是一条相对稳定的日耳曼分界线的标志。①

通过费弗尔的上述论述可以看出，近现代欧洲民族主义的思想观念尽管主观抽象，但其具体地表现为人们对于民族的生活地理区域、语言、生活方式、历史起源的相关认识。仅仅就民族主义的地理观念而言，其首先表现为强调民族具有一块特定地理区域，同时也强调这块特定地理区域的边界。也正是欧洲近现代民族主义思想中的地理观念兴起，莱茵河变化成为费弗尔所说的"走向两个民族间的莱茵河"。尽管莱茵河也和以往的历史岁月一样，不断流淌，但是在欧洲民族主义思想兴起的时代，人们对于莱茵河所持的看法与观念，已经发生了变化。近现代欧洲的人们对于莱茵河所持的看法与观念，也成了欧洲近现代民族主义思想观念中认识民族地域的思想观念具体表现。

因此，费弗尔书写的莱茵河在近现代以来的历史发展变化，实则是莱茵河未变，而是人们认识莱茵河的思想观念，已经发生了变化。更为重要的是，近代欧洲人们认识莱茵河的思想观念所发生的变化，还会激发莱茵河两岸的人们发生激烈的对抗冲突。对此费弗尔就强调："它本是一条属于各个民族的河流，后来却变成了两个民族你争我夺的河流。"②

---

① ［法］吕西安·费弗尔：《莱茵河——历史、神话和现实》，许明龙译，辽宁教育出版社2003年版，第175页。

② ［法］吕西安·费弗尔：《莱茵河——历史、神话和现实》，许明龙译，辽宁教育出版社2003年版，第159页。

随着 19 世纪德意志与法兰西民族主义思想的高涨，德意志与法兰西两个民族围绕着莱茵河的冲突也日趋激烈，莱茵河已经不仅仅是自然界中流淌着的一条河流，而是成为法兰西与德意志两个民族之间矛盾的地理象征。法德矛盾困扰近代欧洲历史发展，法德双方围绕着莱茵河的争端，则成为法德矛盾的集中体现。莱茵河已经不再是一条推进两岸人民经济交流与文化交融的河流，而是成为近代欧洲历史发展难以逾越的鸿沟。在费弗尔书写莱茵河的 20 世纪 20 年代，法德两国围绕着莱茵河的激烈争端依然紧张。作为历史学家的费弗尔通过梳理莱茵河在欧洲古代、中世纪的历史发展状况，不仅分析了莱茵河在近代欧洲民族主义思想兴起过程中人们对待莱茵河的思想观念变化，而且还详细地论述了其中存在着的思想观念问题。费弗尔就详细论述道：

> 那么他们错在哪里呢？首先，他们顽固地把莱茵河看成一条应该坚守或夺取的边界，一个应该首先夺取然后严加控制的猎物；莱茵河曾经勾勒了边界，如今它的某些段落再次成为边界；也就是说，在许多年月里，年迈的莱茵河老爹在人们的心目中是一个囚徒，是一个人质，……，这些年月离我们并不遥远。在精神的自然的作用下，历史学家们把不久前的过去和活生生的现在，一股脑儿抛进了遥远的往昔。在他们天真的想象中，眼前的悲剧年深日久，一部充满着人与人之间的知识、宗教和艺术交换、借鉴和接触（姑且暂不深入到经济方面去）的历史，经常被他们不自觉地说成是一部不人道的屠杀和战争的历史，如今他们又以巨大的努力故伎重演。事情尚不止于此，历史学家们无缘无故地对莱茵河的过去所施加的重压，便是套在人类愿望头上既盲目又有目的命运桎梏的重压。
>
> 谴责他们的狂热吗？可是，恰恰是各国人民的狂热，即暴烈的历史的现代参与者，企图从过去为这种历史找到辩解。我们的同时代人自以为熟知所有路口，于是便在每一转弯处，向沿着崎岖的莱茵河命运之路而下的朝圣者们，一一指明所有的路口。观

察历史的角度于是被危险地扭曲了。①

费弗尔的上述论述，主要是在欧洲民族主义的敌对思潮越积越浓的两次世界大战期间，批判法兰西人与德意志人围绕着莱茵河争端激起的彼此敌对的狂热激情。在费弗尔看来，"本是一部充满着人与人之间的知识、宗教和艺术交换、借鉴和接触的历史"，却在欧洲近现代历史书写中，被书写成为"不自觉地说成是一部不人道的屠杀和战争的历史"。作为历史学的费弗尔，思考这个关键问题的重要形成根源，已经说出了这主要是因为人们"观察历史的角度已经被危险地扭曲了"。

在18世纪和19世纪的欧洲，法国以法国大革命为突出表现所呈现的公民民族主义，德国则以德意志的统一为突出表现所呈现的文化民族主义，既是法德两国走出欧洲中世纪封建社会的重要文化创造成就，也典型地呈现了欧洲现代民族主义思想的两种发展道路。到了19世纪后半期，法国的公民民族主义与德国的文化民族主义两种民族主义思想的发展道路，也是逐渐合流。尽管如此，以莱茵河为突出表现的法德矛盾，却又说明无论是法国的公民民族主义道路，抑或德国的文化民族主义道路，都没有为如何走出欧洲民族以及民族国家之间的敌对状态提供充足的思想认识准备。费弗尔书写的莱茵河历史，是指明了对待莱茵河的历史观，已经发生了扭曲。这说明在法德两国民族敌对气氛依然浓烈的20世纪二三十年代，费弗尔已经开始反思广泛影响欧洲近现代历史书写的历史观背后蕴藏着的民族观问题。费弗尔所说的对待莱茵河的历史观之所以被危险地扭曲，主要是在于这种历史观背后隐藏着的民族观，已经被危险地扭曲为只看得到围绕着莱茵河的争端与对立，而看不见莱茵河带动的各地区、各民族之间的交流与接触。

费弗尔书写的莱茵河的历史，在对近代欧洲对待莱茵河的历史观

---

① ［法］吕西安·费弗尔：《莱茵河——历史、神话和现实》，许明龙译，辽宁教育出版社2003年版，1935年版序言，第20—21页。

与民族观发生的扭曲做出了深刻的批判与反思之后，再次与其开篇就已经提出的莱茵河作为一条通道的论述首尾一致，最终点明了以往历史中的莱茵河，曾经广泛推动了各地区、各民族之间的密切联系和相互交流，这才是莱茵河的本质特征。费弗尔也指明：

> 从人类历史的初期直到现代文明的繁荣时期，莱茵河的巨大特征就这样展现在我们面前，民族的激情无法摧毁这一特征，因为它不顾各个民族的意愿，把自己镌刻在每一个世纪之中，镌刻在人类社会的生活和事业中，这个特征就是：莱茵河是密切联系和促成相互接近的河流。[①]

　　费弗尔的上述论述，说明费弗尔书写的莱茵河的历史，是注重莱茵河曾经广泛推动了各地区、各民族之间的密切联系和相互交流。这种历史书写的方法与思路，和 19 世纪欧洲广泛盛行的历史书写内容相比较，已经是另外一番景象。至于这种历史书写方法与思路的形成根源，费弗尔也曾经说过，"今天只要稍有思考能力的史学家，都有一点马克思主义的成分；只要受过教育，都会沾染上马克思主义思考问题的方法。"[②] 19 世纪 40 年代马克思恩格斯阐释唯物史观与世界历史观，为历史书写所指明的需要注重生产生活中的分工交往等思路与方法，这在 20 世纪 20 年代费弗尔对于莱茵河的历史书写之中，已经显露出了重要影响。
　　费弗尔书写莱茵河的历史的 20 世纪 20 年代，莱茵河两岸依然弥漫着法兰西人与德意志人之间的敌对气氛，费弗尔书写的莱茵河的历史，仅仅是书生之言。20 世纪 20 年代之后莱茵河两岸的历史发展，还得再次经历第二次世界大战的战火连绵。当第二次世界大战的连绵战火熄灭之际，德国的阿登纳与法国的舒曼等新一代欧洲政治家思考

---

① ［法］吕西安·费弗尔：《莱茵河——历史、神话和现实》，许明龙译，辽宁教育出版社 2003 年版，第 204 页。
② 转引自张绪山《史学管见集》，生活·读书·新知三联书店 2019 年版，第 128 页。

法德重建，也将思路集中于如何重新恢复欧洲各民族经济领域的相互合作。欧洲近现代历史中曾经出现的莱茵河两岸的激烈争夺，在第二次世界大战之后，也再次出现一番新的历史发展变化，变化成为莱茵河两岸的煤钢联营创建。费弗尔书写莱茵河的历史所展现出来的思想观念，也在第二次世界大战后欧洲的历史发展过程中，变化成为欧洲一体化进程的具体实践。

第八章 第二次世界大战后

——欧洲走向注重民族之间交流的历史书写发展趋势

第一节 汤因比与吕森反思欧洲的民族观念蜕变

一 二战后汤因比继续反思民族主义对欧洲历史的影响

在 20 世纪上半期，斯宾格勒、汤因比、费弗尔等人的反思性历史书写，乃是欧洲彼此敌对年代中的稀世之音，而经历了第二次世界大战深重的战争灾难后，欧洲的痛定思痛之风，则是忽如一夜春风来、千树万树梨花开。欧洲对往昔历史进行的反思，也表现得更加广泛、更为深刻。诸如德国的阿登纳与法国的舒曼等欧洲政治家，通过反思欧洲近现代历史中民族主义思想的影响，欧洲历史发展的长河，也逐步从近现代民族国家之间彼此对抗的深沟峡谷河段，逐步走向建设欧共体与欧盟所展现出的欧洲民族国家之间的彼此合作。而在历史书写领域，20 世纪上半期斯宾格勒、汤因比以及费弗尔书写的历史学著作，已经出现的对于欧洲近现代民族国家之间激烈对抗的反思之风，在第二次世界大战之后的欧洲历史书写发展进程中，也继续深化发展。对此，贝格尔论述其所说的"书写民族"在欧洲的历史发展过程就强调："正是第二次世界大战和大屠杀，才让欧洲大多数地区与民族范式实现了根本上的断裂。"[1]

---

[1] ［德］斯特凡·贝格尔主编：《书写民族——一种全球视角》，孟钟捷译，浙江大学出版社 2018 年版，第 20 页。

第二次世界大战后欧洲的历史书写发展道路，也难以在杜赞奇所说的"西方学术中的黑格尔传统"中继续前行。

举例来说，第二次世界大战之后，汤因比的历史书写生涯，先是完成了鸿篇巨制的《历史研究》一书，紧接着在 1964 年，汤因比又出版了《变革与习俗：我们时代面临的挑战》一书，其既论现实，又论历史。对于深刻影响欧洲以及整个近现代世界历史发展的民族主义思想，汤因比在该书中继续进行了广泛论述。20 世纪 20 年代汤因比书写的《文明的接触——希腊与土耳其的西方问题》一书中所论述的"西方问题"，到了 20 世纪 60 年代汤因比书写的《变革与习俗：我们时代面临的挑战》一书中，继续变化成为 20 世纪 60 年代汤因比所说的"我们时代面临的挑战"。

在《变革与习俗：我们时代面临的挑战》一书中，汤因比就认为，欧洲自从基督教的宗教信仰与思想观念瓦解后，影响欧洲历史发展主要的思想观念，乃是"民族主义、社会主义与个人主义，而民族主义又是其中最为强势的"[1]。汤因比的这一论述，在此后斯塔夫里阿诺斯编撰的《全球通史》一书中，也有类似之论。斯塔夫里阿诺斯也认为，从 19 世纪开始，"民族主义、自由主义和社会主义，它们从那时起已对欧洲历史和世界历史的进程产生了最大的影响"[2]。可以看出，欧洲近现代历史发展萌生出的民族主义思想威力，也被 20 世纪六七十年代的西方历史学家所广泛承认。

汤因比不仅强调了民族主义乃是影响近现代人类历史发展的一种重要思想观念，同时还论述了近现代欧洲历史发展中兴起的民族主义的思想根源与发展历程。先就思想根源来说，汤因比就指出："对西方民族主义起作用的第一个因素是古希腊罗马的民族主义。"[3] 在汤因

---

① ［英］阿诺德·汤因比：《变革与习俗：我们时代面临的挑战》，吕厚量译，上海人民出版社 2016 年版，第 23 页。

② ［美］L. S. 斯塔夫里阿诺斯：《全球通史：1500 年以后的世界》，吴象婴、梁赤民译，上海社会科学院出版社 1999 年版，第 354 页。

③ ［英］阿诺德·汤因比：《变革与习俗：我们时代面临的挑战》，吕厚量译，上海人民出版社 2016 年版，第 88 页。

比看来，近现代欧洲民族主义思想的兴起，首先是在古希腊罗马时代，就已经存在着相应的古典文化思想根源。汤因比的这一认识，来源于汤因比青少年时代广泛阅读古代希腊罗马文献。与西方学界的相关民族研究比较，汤因比的论述也展现了历史学家能够眼光放远，能够从悠远的历史中去寻根问底的研究特征。

同时，黑格尔阐释历史哲学所探讨的神意与黑格尔注重的民族精神之间的关系，以及本尼迪克特·安德森所论述的前民族主义时代的宗教信仰与近现代民族成为一个"想象的共同体"之间的关系，这在汤因比的历史书写中，也有相应的类似论述。汤因比论述欧洲民族主义的发展过程就强调，"西方民族主义的第二个刺激因素是基督教的狂热情绪"①。汤因比此论，也说明历史学研究不仅能够刨根问底，而且还能够细说变化，说明了人们固然有喜怒哀乐愁等内在情感，但这些情感的寄托对象，也是因历史长河的奔涌向前而不断发生变化。其中近现代欧洲民族主义思想的兴起，存在着一个情感寄托对象的转化过程，其是将欧洲中世纪人们对基督教的宗教热情，转化成了对世俗的民族以及民族国家的情感。

既然如此，在古希腊时代就已经有根可寻，同时又从中世纪基督教狂热继续变化而成的欧洲近现代民族主义思想观念，这究竟对欧洲近现代历史以及整个世界的历史发展产生了怎样的深远影响？对此问题就得注意到，在《变革与习俗：我们时代面临的挑战》一书中，汤因比就专门开辟一章，称之为"历史中的分与合"，其中的具体内容就是论述人类历史中的分分合合，汤因比也强调，"分分合合是人类与生俱来的现象"②。此章之后的几章，汤因比则广泛论述民族主义思想的重要影响。可以看出，先看人类历史中的分分合合，再以此作为标准与前提认识民族主义的历史影响，这成为汤因比在《变革与习俗：我们时代面临的挑战》一书中论述民族主义的重要论证线索，汤

---

① ［英］阿诺德·汤因比：《变革与习俗：我们时代面临的挑战》，吕厚量译，上海人民出版社 2016 年版，第 89 页。

② ［英］阿诺德·汤因比：《变革与习俗：我们时代面临的挑战》，吕厚量译，上海人民出版社 2016 年版，第 45 页。

因比也继续论证道：

> 西方的民族主义是一种分裂力量，西方的技术则是一种统一力量，这两件来自西方的礼物彼此间是水火不相容的。鉴于西方和西方以外的效仿者们都不会放弃现代技术，那么我们可以比较有把握地断定，西方的民族主义即将被人们抛在一边。[①]

可以看出，汤因比所说的"分分合合是人类与生俱来的现象"，汤因比对此的分析主要是运用"西方的民族主义"作为例证。汤因比上述论述所说的"西方的民族主义是一种分裂力量"，主要是说明了近现代欧洲民族主义思想的兴起，先是将欧洲从基督教体系中解脱了出来，锻造出一个由欧洲的民族以及民族国家所构成的威斯特伐利亚体系，并且还随着欧洲列强的对外殖民征服引发世界范围的民族解放运动，继续将近现代以来人类社会，锻造成了一个由民族以及民族国家为单位所构成的现代世界体系。在这种历史发展过程中，无论是仅仅局限于欧洲的威斯特伐利亚体系，抑或此后蔓延至全球范围的现代世界体系，始终存在构成其基本单位的民族以及民族国家之分。

而汤因比上述论述所说的"西方的技术统一则是一种统一力量"，主要表现为近现代以来人类生产生活中无数技术的革新与发展，在推动着各个民族以及民族国家的人们生产生活的相互趋同与彼此联系。汤因比认为，"西方和西方以外的效仿者们都不会放弃现代技术"，由此"西方的民族主义即将被人们抛在一边"。可以看出，汤因比的学理推演，是在用"西方的技术统一则是一种统一力量"之矛，以攻"西方的民族主义是一种分裂力量"之盾，其是说明了由一个民族以及民族国家的现代世界体系，尽管存在构成其基本单位的民族以及民族国家之分，可是再进一步追寻，现代世界体系中众多民族以及民族国家的人们的生产与生活，却始终存在着彼此联系与相互依存。

[①]　［英］阿诺德·汤因比：《变革与习俗：我们时代面临的挑战》，吕厚量译，上海人民出版社2016年版，第70页。

　　对此也得注意到，汤因比是先看人类历史中的分分合合，再以此作为标准与前提认识民族主义的历史影响，由此注重"西方的民族主义是一种分裂力量"，也是源于汤因比特别注重现代世界体系中始终存在的构成其基本单位的民族以及民族国家之分。而对于欧洲近现代历史发展过程中创建共同的民族国家、发展共同的民族经济、建构以民族语言为突出表现的共同的民族文化，由此形成民族以及民族国家为单位的"合"，这在汤因比在《变革与习俗：我们时代面临的挑战》一书中，则很少论及。

　　汤因比也认为："自从第二次世界大战结束以来，世界政治版图上地区性主权国家的数目已翻了一番，并且在每个这样的国家中，民族主义情绪都在持续升温。"[①] 从汤因比的这一论述可以看出，汤因比注重"西方的民族主义是一种分裂力量"，不仅注重现代民族主义思想在欧洲的兴起，已经将一个基督教与封建制度的欧洲，分化成为一个若干民族以及民族国家所构成的欧洲，并引发欧洲了欧洲近现代无数民族以及民族国家之间对立，而且还注重作为一种分裂力量的"西方的民族主义"，其不仅仅是囿于西方，而且还在世界范围内广泛传播，并将近现代以来的人类社会，演变成为本质上存在着民族以及民族国家的彼此相分。汤因比在《变革与习俗：我们时代面临的挑战》一书中已经展现出来的这一认识，汤因比在其毕生书写的最后一部史学著作《人类与大地母亲》的最后一章中，也还是在为此继续奋笔疾书。

　　由此看来，被汤因比视为作为一种分裂力量的"西方的民族主义"，向世界各地传播，这引发了世界各地民族以及民族国家之间无数的彼此相分与相互冲突。汤因比作为一位 20 世纪享誉世界的历史学家，对此也是怀有深深的隐忧。这种深深的隐忧的发端之处，可以追溯到汤因比作为历史学家出道之初撰写的《文明的接触：希腊与土耳其的西方问题》一书，而《变革与习俗：我们时代面临的挑战》与

----

　　① ［英］阿诺德·汤因比：《变革与习俗：我们时代面临的挑战》，吕厚量译，上海人民出版社 2016 年版，第 82 页。

《人类与大地母亲》等历史学著作，则是对此继续展开论说。汤因比阐释其文明史观，将古往今来的人类历史划分为二十几种文明，也另有所指。

在《变革与习俗：我们时代面临的挑战》一书中，汤因比论述了人类历史中的分分合合，并以此为前提论述了"西方的民族主义是一种分裂力量"，汤因比对此的论述也追踪到了人性。例如汤因比就论述道："在人类的认识体系中，对于人性本身的认识是最薄弱的"，汤因比也力图由此阐释近现代以来人类社会本质上存在民族以及民族国家彼此相分的内在根源。汤因比对于人性的论述，首先与黑格尔阐释历史哲学与唯心史观具有相通之处，都已经发展成为注重自我意识，汤因比在分析人性的过程中也谈道，"人性中首要的独具特征就是自觉意识"①。

可是黑格尔阐释历史哲学与唯心史观，将自我意识的觉醒，比喻为犹如盲人睁开了眼睛，这是在极力呼唤觉醒的自我意识，而汤因比论述自我意识，则是透露出了一种深深的无奈。汤因比就认为："当西方人重新审视自己的时候，他不仅要面对自己，还要直视'灵魂的最深处'。这是一种令现代西方人望而却步的景象。"② 两者之间差异的形成，也是由于欧洲 19 世纪如火如荼的民族现代性建构与民族国家创建，发展到了 20 世纪上半期，已经变化成为欧洲的民族与民族国家在两次世界大战中的激烈厮杀。

而两者之间的差异，还表现为黑格尔阐释自我意识，运用了主奴之间的关系，说明了自我意识的形成，需要如主奴之间关系所呈现出来的彼此相对。而汤因比论述自我意识，则是特别注重形成自我意识的彼此相对关系，这能够继续生长出人类社会中的分裂与区分。对于黑格尔运用了主奴之间关系作为例证，方才说明清楚的自我意识形成过程，汤因比也对此原理继续论证道：

---

① ［英］阿诺德·汤因比：《变革与习俗：我们时代面临的挑战》，吕厚量译，上海人民出版社 2016 年版，第 24 页。

② ［英］阿诺德·汤因比：《变革与习俗：我们时代面临的挑战》，吕厚量译，上海人民出版社 2016 年版，第 188 页。

在人类的先祖变成人之后，其最初形成的聚落必然会发生分裂，而这种分裂一旦发生，人的意识马上就会对"内部人"和"外人"进行区分。[①]

可以看出，汤因比论述人性，并且特别注重人性之中自我意识所形成的"分裂"与"区分"，这是继续为其说的"西方的民族主义是一种分裂力量"提供历史哲学的学理分析证据。而汤因比批判"西方的民族主义是一种分裂力量"，不仅在哲学的层面追溯到了自我意识形成需要彼此相对而生长出的"分裂"与"区分"，而且还以史说理，以欧洲的具体历史发展为依据，由此来继续论证其所说的"西方的民族主义是一种分裂力量"。

例如，汤因比追溯近现代欧洲民族主义思想的兴起，就认为古典希腊罗马时代已经为此相应的文化思想根源，可是汤因比也特别强调，"希腊罗马民族主义的强心剂提升了西方民族主义的强度。希腊罗马爱国者的现代西方崇拜者们似乎并没有意识到，过强的分裂倾向正是希腊文明衰亡的主要原因"[②]。汤因比这一论述，说明了在汤因比看来，古希腊与罗马尽管具有人们能够意识到自身属于希腊人与罗马人的民族意识，但这也形成了古代希腊以及罗马人与其他民族的彼此对立，并成为古希腊文明与古罗马文明衰落的重要原因。

古希腊文明与古罗马文明衰落之后，欧洲的中世纪具有基督教与封建社会相互架构的二元社会特征，欧洲近现代民族主义思想的兴起与民族国家建构，也是通过挣脱欧洲中世纪基督教与封建社会的二元社会结构，方才破茧成蝶。对于欧洲中世纪的历史发展状况，汤因比也认为，"在西方历史的这一段时期内，西方世界里对战争的强调和破坏性极低。造成这一现象的原因在于，这一时期的西方战争不是在彼此对立的意识形态旗帜下进行了，又不是被民众的怒火所点

[①] ［英］阿诺德·汤因比：《变革与习俗：我们时代面临的挑战》，吕厚量译，上海人民出版社 2016 年版，第 83 页。

[②] ［英］阿诺德·汤因比：《变革与习俗：我们时代面临的挑战》，吕厚量译，上海人民出版社 2016 年版，第 89 页。

燃的"①。汤因比的这一论述，表面是在论述欧洲中世纪的历史发展特征，但却是在回顾欧洲近现代民族主义思想兴起与民族国家创建形成彼此对立冲突的历史发展过程。

汤因比上述论述所说"西方的民族主义是一种分裂力量"，还随着欧洲列强的对外殖民征服向外传播。欧洲列强的对外殖民征服引发的世界范围内的民族解放运动，也将近现代以来人类社会，锻造成了一个由民族以及民族国家为单位所构成的现代世界体系。对此历史发展过程，汤因比也强调：

> 人类历史上分合运动间的角力已持续了约 5000 年。两种彼此较量的力量间的强弱对比是变化不定的。西方民族主义的盛极一时使得分裂运动暂时占据了上风；然而，如果我们要估量民族主义的重要性，我们必须用长远的眼光去看待它。民族主义得手一时是无法与统一运动在近 5000 年内所取得的成绩相提并论的；在我们已经步入原子能的时代，人类已经拥有史无前例的强大手段和迫切愿望去促使统一运动占据上风。②

由此看来，汤因比论述"西方的民族主义是一种分裂力量"，既追寻到了自我意识形成需要彼此相对的哲学根源，也拿欧洲从古代希腊罗马到近现代的历史发展过程来说理。在此不断探寻的过程中，汤因比还是坚定地认为，"西方的民族主义是一种分裂力量"，难以与"统一运动在近 500 年内所取得的成绩相提并论的"。汤因比所说的"统一运动"，乃是一个相互依存与彼此依赖逐步深化的历史发展过程。汤因比的这一论述，也说明了纵观古今的汤因比，也坚信人类社会相互依存与彼此依赖的不断深化发展，这才是人类历史发展的主要发展方向。

---

① ［英］阿诺德·汤因比：《变革与习俗：我们时代面临的挑战》，吕厚量译，上海人民出版社 2016 年版，第 73—74 页。
② ［英］阿诺德·汤因比：《变革与习俗：我们时代面临的挑战》，吕厚量译，上海人民出版社 2016 年版，第 71 页。

二　约恩·吕森倡导"历史思考的新途径"

汤因比的《变革与习俗：我们时代面临的挑战》一书，主要表现为反思民族主义的思想观念对欧洲以及整个世界范围的历史发展过程产生的影响。除此之外，第二次世界大战之后欧洲历史学的发展，也在史学理论研究领域涌现出了相应的研究成果，注重对主观历史领域中的历史书写者本身心怀的民族观念与民族主义思想进行反思。当代德国历史学家约恩·吕森的《历史思考的新途径》一书，能够对此进行说明。

吕森的《历史思考的新途径》一书，其中第一章"综述：何谓历史？"、第二章"论历史的意义"、第三章"何谓历史意识"、第四章"历史文化——论历史在生活中的地位"、第五章"欧洲的历史意识——预设、幻想、介入"，各章之间的论述逻辑，具有一种层层深入的递进关系，从论述最广义的历史出发，再不断推进到具体论述欧洲的历史意识。这说明吕森的《历史思考的新途径》一书的主要内容，侧重于论述主观历史，并且主要集中于论述历史认识与历史书写的主观历史领域中的"历史思考"。这举例说来，《历史思考的新途径》一书第一章"综述：何谓历史？"，吕森也是开篇主要论述"历史思考——人类共有还是某些文化专有？"这一问题。

对于主观历史，吕森也主要论述了其具有政治维度、审美维度、认知维度三方面的功能。[1] 所谓政治维度，即认识历史以及书写历史，通过追根溯源与叙述历史发展过程，能够为政治生活秩序提供合理化根基；所谓审美维度，即认识历史以及书写历史，通过叙述以往历史中人们取得的成就与遭受的挫折等，能够形成审美过程中的情感塑造与情感激发；所谓认知维度，则是认识历史以及书写历史，能够以古观今，通过回顾现实世界的历史形成过程，由此形成人们对于现实世

---

[1]　[德]约恩·吕森：《历史思考的新途径》，綦甲福、来炯译，上海人民出版社2005年版，第16—17页。

界的认知。

　　吕森所说的历史认识与历史书写，具有政治维度、审美维度、认知维度三方面的功能，这种认识根源可以追溯到 19 世纪晚期德国哲学家尼采的《历史的用途与滥用》一书。吕森在《历史思考的新途径》一书中的论证，也引用尼采的相关论述。尼采在《历史的用处与滥用》一书中，曾经将认识历史与书写历史的主观历史，分为"纪念碑式的历史""怀古的历史"与"批判的历史"三种类型，尼采就论述道：

　　　　每个人和每个国家都需要对过去有一定了解，不管这种了解根据他的目标、力量和需求，是通过纪念的、怀古的、还是批判的历史而取得的。这种需要不是那些旁观生活的单纯的思考者的需要，也不是少数渴望知识且只对知识感到满足的人的需要，它总是生活目标的一个参考，并处于其绝对的统治和指导之下。这是一个时代、一种文化和一个民族与历史之间的天然联系。①

　　尼采所说"纪念碑式的历史"，主要表现人们认知与书写前世之史，纪念相应的人物事迹，以此为后世之人提供行为典范，这发挥着塑造伦理道德的作用；尼采所说"怀古式的历史"，主要表现为认知与书写前世之史，能够激发对前人的"理解之同情"，由此发挥着激发人们情感的作用；尼采所说"批判的历史"，则表现为人们认知与书写前世之史，通过记载前人事迹的成败得失，由此发挥着提升人们认识的作用。

　　因此，尼采对主观历史领域的历史认识与历史书写所做的这三种类型的划分，主要是说明了主观历史领域的历史认识与历史书写，能够在知识、情感、伦理道德这三个领域各自发挥重要作用，并对后世西方的史学理论研究产生了重要影响。这举例说来，尼采对主观历史

————————

　　①　[德]尼采：《历史的用途与滥用》，陈涛、周辉荣译，上海人民出版社 2000 年版，第 25 页。

领域的历史认识与历史书写所做的这三种类型的划分，不仅被吕森在《历史思考的新途径》一书中引用并继续展开论证，同时海登·怀特对于"元史学"的相关论述，也与此学理相通。怀特在《元史学：十九世纪欧洲的历史想像》一书的开篇就强调："我首先确定了历史作品的显性——认识论的、美学的、道德的维度。"① 怀特倡导的"元史学"，主要是特别注重历史著作中具有其所说的"诗性特征"的美学维度。

而尼采在《历史的用处与滥用》一书中，将认识历史与书写历史的主观历史，分为"纪念碑式的历史""怀古的历史"与"批判的历史"三种类型。一方面，尼采的这种划分也是针对其所在时代的历史书写与民族历史发展之间的内在关系。对此，尼采就强调，"这是一个时代、一种文化和一个民族与历史之间的天然的联系。"② 另一方面，尼采在这种划分中，也是反对其所在时代的德意志，"由于过量的历史，生活会残损退化，而且历史也会紧随其后同样退化"③。强调认识历史与书写历史的主观历史活动，不仅仅是用于培育"闲人的知识"，而是应该用于塑造激情与意志，由此丰富人们的生活，这也成了尼采论述历史书写与历史认识的重要目标。对此，尼采就谈到："他们回首过去，只是为了了解现在，并刺激他们对将来的渴求。"④ 历史书写与历史认识"并非服务于纯粹知识，而是服务于生活"，这也成了尼采的《历史的用处与滥用》一书的重要思想。

而吕森论述的历史认识与历史书写，具有政治维度、审美维度、认知维度三方面的功能，则是侧重于论述其总的文化功能，是致力于建构民族认同。吕森就总结道："历史思考是形成认同的最重要的文

---

① 〔美〕海登·怀特：《元史学：十九世纪欧洲的历史想像》，陈新译，译林出版社2004年版，第1页。

② 〔德〕尼采：《历史的用途与滥用》，陈涛、周辉荣译，上海人民出版社2000年版，第25页。

③ 〔德〕尼采：《历史的用途与滥用》，陈涛、周辉荣译，上海人民出版社2000年版，第10页。

④ 〔德〕尼采：《历史的用途与滥用》，陈涛、周辉荣译，上海人民出版社2000年版，第8页。

化策略。"① 这再具体到欧洲历史学的发展过程来说，约恩·吕森就指明："历史学在欧洲的形成与发展成为自 18 世纪以来一直到今天历史文化现代化的最有效的催化剂。"② 吕森此言说明，在 18 世纪以来欧洲民族主义思想兴起与民族国家创建过程中，欧洲历史学的发展，通过编纂与书写民族历史，由此塑造民族认同，这为欧洲民族主义思想兴起与民族国家创建，已经发挥了应有的学科功能。对此吕森就强调，"19 世纪的民族历史编纂学是由对强有力的民族认同负责的历史学家的责任所决定的"③。

但各自建构民族认同，"这就为文化在历史思考中的结构和基础的冲突奠定了基础，这种冲突经常以暴力方式表现出来，或者至少可以被用来证明暴力和毁灭的合法性"④。吕森的史学理论研究，既看到了历史学在民族认同建构中的重要作用，也通过论述民族自我中心主义的诸般局限，由此揭示出了其中存在着的重要问题。为此，吕森所说的"历史思考的新途径"，也主要表现为吕森倡导认识历史与书写历史，需要在与民族自我中心主义的诸般纠缠之中，走出一条摆脱民族之间对立冲突的历史认识道路与历史书写道路。吕森就指出：

> 20 世纪的那些恐怖经验和灾难经验（例如纳粹大屠杀）对历史思考以及对在将来也能行得通的历史概念提出了新的挑战：它们很难与目前现有的历史意义方案达成一致，因此需要新的阐释策略与表现策略。⑤

---

① ［德］约恩·吕森：《历史思考的新途径》，綦甲福、来炯译，上海人民出版社 2005 年版，第 130 页。

② ［德］约恩·吕森：《历史思考的新途径》，綦甲福、来炯译，上海人民出版社 2005 年版，第 25 页。

③ ［德］约恩·吕森：《历史思考的新途径》，綦甲福、来炯译，上海人民出版社 2005 年版，第 212 页。

④ ［德］约恩·吕森：《历史思考的新途径》，綦甲福、来炯译，上海人民出版社 2005 年版，第 25 页。

⑤ ［德］约恩·吕森：《历史思考的新途径》，綦甲福、来炯译，上海人民出版社 2005 年版，第 26 页。

而欧洲近现代的历史学发展过程，则典型地呈现了吕森所说的历史认识与历史书写所展现的一正一负的双重功能。走出这种困境，吕森所提出的方法则是，"我们既不能放弃方法上的理性，也不能放弃沟通的普遍规则"①。吕森所倡导的"历史思考的新途径"，是以反思欧洲历史学近现代的发展道路为基础，最终发展为强调"欧洲的历史意识"具有重要价值，吕森就总结道：

> 欧洲的历史意识获得了一个沟通性结构，具有认可其他文化的功能，能限制世界上有可能出现的冲突，并将其文明化。由于这一特性，它和其他追随传统的民族中心主义的历史意识各种形式的差别越大，越不会陷入民族中心主义，因为它把民族中心主义当成自己历史的一个元素。一个具有"差异的民族中心主义"的欧洲特征的历史意识能极大地促使和平能力的增长。②

由此，吕森论述其所倡导的"历史思考的新途径"，也以欧洲历史意识为例证，说明了其需要走出"民族中心主义"，而"获得了一个沟通性结构、具有认可其他文化的功能"。吕森论述其所倡导的"历史思考的新途径"，也是注重通过历史认识与历史书写，实现彼此之间的文化交流，最终目的则是让"历史意识能极大促使和平能力的增长"。《历史思考的新途径》一书中的第六章，吕森将其命名为"跨文化交流——民族主义中心主义的挑战和文化科学的回应"，吕森对此也展开了更为详尽的论述，并详细地展现了《历史思考的新途径》一书的核心思想。

正如汤因比在 1964 年出版的《变革与习俗：我们时代面临的挑战》一书，反思民族主义的思想观念对欧洲以及整个世界范围的历史发展过程产生的影响，汤因比广泛地论述了"西方的民族主义是一种

---

① ［德］约恩·吕森：《历史思考的新途径》，綦甲福、来炯译，上海人民出版社 2005 年版，第 26 页。

② ［德］约恩·吕森：《历史思考的新途径》，綦甲福、来炯译，上海人民出版社 2005 年版，第 120 页。

分裂力量"。同样，吕森论述"跨文化交流——民族主义中心主义的挑战和文化科学的回应"，诸多内容也集中于批判支配与主宰历史认识与历史书写的民族中心主义，本身就存在着引发人类社会彼此对立与相互冲突的危害。强调历史认识与历史书写，不能呈现出与建构出一种人类社会存在着彼此对立与相互冲突的思想观念，而是应该将历史认识与历史书写作为一种"跨文化交流"的重要文化建构方式，这成了吕森倡导"历史思考的新途径"的重要内容。

　　吕森论述"跨文化交流——民族主义中心主义的挑战和文化科学的回应"，首先是从批判亨廷顿所倡导的"文明冲突论"所展开的。在 20 世纪 90 年代，亨廷顿针对冷战结束后的国际形势演变，提出了冷战结束后将形成文明之间冲突的"文明冲突论"。从学理发展过程来说，20 世纪英国著名历史学家汤因比曾经倡导以文明为单位认识历史，亨廷顿则选择文明作为单位用于分析现实国际政治。汤因比划分文明单位通常选择以地域为标准，而亨廷顿所说的文明，主要选择了前现代社会中世界各地人们主要信仰的宗教信仰形式作为标准，由此用于分析冷战结束后的国际政治格局。在汤因比的文明史观中，文明之间存在着"冲击与反应"的关系，而亨廷顿所说的"文明冲突论"，则是呈现出了一幅各文明之间彼此对立冲突的世界图景。由此，在杜赞奇所说的"西方学术中的黑格尔传统"的传承发展过程中，黑格尔运用主奴理论解释自我意识需要的主奴之间对立关系，也被亨廷顿的"文明冲突论"具体发展成了现实国际政治中的对立与冲突的世界图景。对于亨廷顿所说的"文明冲突论"，吕森就批评道：

　　　　像亨廷顿所持的这一类观点，遵循的是民族中心主义的思考方式，虽然对解决现在的导向问题提出了建议，但这一建议本身是有问题的，因为它是从一个最上层的"冲突"的观点出发来命题跨文化交流。按照霍布斯的说法，其实可以从一个更谨慎地称之为"一切人对一切人的战争"。这一文化观念与其说是给出解决问题的方法，不如说是在解决问题的外罩中使新的问题产生。①

吕森的上述论述，既在批评亨廷顿的"文明冲突论"，也是在批判"民族中心主义的思考方式"。在吕森看来，两者存在的根本问题，都是强调"冲突"，由此陷入了近代英国政治思想家霍布斯所说的"一切人对一切人的战争"的陷阱中。吕森认识民族主义思想对欧洲以及整个近现代人类历史发展的深刻影响，与汤因比强调"西方的民族主义是一种分裂力量"，也是异曲同工。

这再与黑格尔阐释的历史哲学以及唯心史观相比较，黑格尔解释自我意识的形成，需要如黑格尔所说的主奴关系的彼此相对，由此黑格尔注重的民族精神以及作为民族精神内在核心的民族自我意识，也需要民族以及民族国家之间的彼此相对。可是20上半期的欧洲历史发展，无论是汤因比所在的英国，抑或吕森所在的德国，既在两次世界大战中彼此敌对，也彼此经历了两次世界大战的深重灾难。人类经历的历史发展，也犹如烈火淬金，在淬炼着人类思想观念的发展。第二次世界大战后汤因比与吕森等欧洲著名历史学家的思想观念变化，已经发展为对依靠彼此相对形成的自我意识所继续滋生的对立冲突思维进行反思性批判。吕森作为黑格尔之后的德国后世历史学家，其对于亨廷顿所说的"文明冲突论"与"民族中心主义的思考方式"的批判，也是在逐步走出"西方学术中的黑格尔传统"。

更为重要的是，黑格尔阐释的历史哲学与唯心史观，特别注重民族精神与民族自我意识，黑格尔注重的民族自我意识，既得依靠彼此相对而形成，同时也能够在人心之中以民族自我意识为根基，继续生长出民族情感与民族伦理道德。对于黑格尔注重的民族自我意识所形成的诸般人心表现，吕森在其史学理论研究中，已经明确将其概括为"民族中心主义"，而对依靠彼此相对形成的民族自我意识所继续生长出的民族情感与民族伦理道德，这究竟有何具体表现？由于这一问题

---

① ［德］约恩·吕森：《历史思考的新途径》，綦甲福、来炯译，上海人民出版社2005年版，第125页。

涉及的对象乃是蕴藏于人心之中，因此历史书写的语言叙述，对此往往会遭遇难以言说之困。尽管如此，吕森的史学理论研究，还是将其具体表现详细地罗列了出来：

> 民族中心主义把这世界划分为熟悉和陌生的、"人类的"和"非人类—野蛮人的"、"文明的"和"野蛮的"、"光明的"和"阴暗的"或是诸如此类的二分法所示的对立面……
>
> 民族中心主义通过区分自我与他者来定义自己的认同：差异处于自己生活方式的界限之外，在自己的和熟悉的圈子内决定社会集团分类的价值体系与用来评价他者和与他者打交道的价值体系是完全不同的。按照民族中心主义的思考，褒义的价值是用于自己的，而他人的不同则是贬义的。他者的不同仅仅是对自我的负面的映射。被评价为负面的他人的不同仅仅服务于形成对自我的尊重，并将其合法化。①

吕森的上述论述的特征，是就思想谈思想，就观念谈观念，但却是将思想观念具体落实到民族主义思想观念，并且还详细论述了民族主义思想观念彼此相对的各种具体表现。这种论述与黑格尔的《历史哲学》一书的论述内容相比较，已经是另外一番景象。黑格尔的《历史哲学》一书，极尽讴歌与赞美之言语，其是极力呼唤着一种唯有依靠彼此相对，方才能够形成的民族自我意识以及其所继续生长而出的思想、观念与精神。但吕森的上述论述，没有具体对民族自我意识进行论述，而是重点论述以民族自我意识为中心的思想观念，在对待自我民族与他者民族的思想观念的具体表现，由此发展为对这种思想、观念与精神呈现出的彼此相对特征进行批判与反思。

吕森具体列举的思想、观念与精神的无数彼此相对，也不仅仅停

---

① ［德］约恩·吕森：《历史思考的新途径》，綦甲福、来炯译，上海人民出版社2005年版，第126页。

留于思想观念领域，而是观念会变化成为言语，思想会变化成为行动。吕森详细描述的"民族中心主义"引发思想、观念与精神之间的无数彼此相对，也会继续变化成为欧洲历史发展过程中无数民族以及民族国家之间的彼此相对与激烈冲突。对于这种变思想为历史的内在发展过程，吕森也继续详细论述道：

> 遵循民族中心主义的文化策略的原则所形成的认同，不可避免地、必然会导致人类总体的生活关联中不同认同之间的冲突。这一冲突的根源很简单：因为他者并不接受他们所获知的负面评价，而相反地是从自己出发，也把他者与自我的差异评价为负面的。民族中心主义让作为自我存在的必然条件的文化差异以对立的形式出现，共性和差异、自我和他人之间被赋予了价值意义的对立。这样，所有人对所有人的冲突与战争就合逻辑地存在于民族中心主义地形成认同的意义形成过程中。各个遵循民族中心主义观点去理解自我、定义他人差异性的群体，它们之间的交流就被相互斗争的规律所支配。①

吕森的上述论述，已经不再是论述依靠彼此相对形成的民族自我意识，由此继续生长出的民族情感与民族伦理道德彼此相对的具体表现，而是批判黑格尔历史哲学与唯心史观注重的民族自我意识与民族精神，会具体变化成为"人类总体生活中不同认同的冲突"，由此揭示出了民族自我中心主义走向"所有人对所有人的冲突与战争"的内在生成过程。在黑格尔历史哲学与唯心史观中，形成民族自我意识所需要的犹如主奴之间关系的彼此相对，那是黑格尔所在时代的创建德意志民族国家的重要形成方式，可是经历了两次世界大战之后的吕森，已经把那种形成民族自我意识所需要的犹如主奴之间关系的彼此相对，视为20世纪上半期欧洲历史发展走向两次世

---

① ［德］约恩·吕森：《历史思考的新途径》，綦甲福、来炯译，上海人民出版社2005年版，第127页。

界大战的达摩克利斯之剑。

吕森的《历史思考的新途径》一书，在第六章"跨文化交流——民族主义中心主义的挑战和文化科学的回应"之后，紧接着的第七章"危机、创伤、认同"、第八章"对大屠杀的回忆"、第九章"历史的悲痛——一个更高的要求"、第十章"对历史负责——对历史的伦理维度的批判性思考"，主要论述了如何认识与书写20世纪两次世界大战给德意志造成的战争创伤等问题，由此吕森倡导的"历史思考的新途径"，也更加具体地呈现了对欧洲近现代民族主义思想观念进行反思的史学理论研究特征。注重历史认识与历史书写能够建构民族观念的"黑格尔学术传统"，在吕森倡导的"历史思考的新途径"的史学理论研究中，已经非常鲜明地变化成为对广泛影响着欧洲近现代历史发展的民族主义思想观念进行深刻反思。

而《历史思考的新途径》一书的第十一章"昨天可以变得更好吗——论过去转变为历史"，以及第十二章"过去的未来"，吕森主要论述了历史认识与历史书写如何让"昨天可以变得更好"这一问题。吕森在全书的结尾中也最终强调："如果我们和后辈在从过去向未来前进的道路上有着共同的方向，那么来自历史回忆的、能够形成意义的未来的塑造会更加完美。"① 由此，吕森倡导的"历史思考的新途径"的史学理论研究，也不仅注重对往昔历史进行反思，而是力图在反思往昔历史的基础上建构"更加美好的未来"。

至于建构"更加美好的未来"的具体路径，这则如《历史思考的新途径》一书第六章"跨文化交流——民族主义中心主义的挑战和文化科学的回应"的标题所示，吕森倡导的"历史思考的新途径"，主要是寄托于"跨文化交流"。吕森倡导"历史思考的新途径"的学理演绎目标，是主张将历史认识与历史书写发展成为一种能够建构"跨文化交流"的"文化诠释"工具。在《历史思考的新途径》一书第二章"论历史的意义"中，吕森也对此强调：

---

① ［德］约恩·吕森：《历史思考的新途径》，綦甲福、来炯译，上海人民出版社2005年版，第257页。

人类要想在行动上把握世界，想在相互交往过程中存活下去，就不得不一直对世界进行诠释。通过这一诠释任务，人类的主观性在相互社会化了的人们的生活实践中发挥作用。①

吕森这一论述，说明了历史书写也如人们需要和他人交往方才能够存活下去一样，历史书写唯有书写交往的历史过程并成为一种"跨文化交流"的工具，方才能够在"人们的生活实践中发挥作用"。这种学理演绎的目标，也是为了强调历史认识与历史书写的"诠释"功能，不能像杜赞奇所说的"西方学术中的黑格尔传统"那样，将历史认识与历史书写的"文化诠释"功能，"诠释"而为往昔历史岁月中民族以及民族国家的各自为营与彼此相对，由此导致历史书写对思维活动的影响，只不过是塑造出了一种人类的对抗性思维。吕森倡导"历史思考的新途径"，是主张历史书写应该"诠释"出吕森所说的"相互交往"的人类历史发展过程。而这种"相互交往"的人类历史发展过程，则是马克思恩格斯在 19 世纪中期阐释世界历史观的重点关注对象。在吕森看来，唯有历史书写承担"这一诠释任务"，方才能够在"人类的主观性"领域，形成只有"在相互交往过程中"方才能够"存活下去"的认识与思维。

因此，认识与书写人类经历的往昔历史，究竟是应该书写往昔历史中人类所经历的无数彼此相对，抑或书写往昔历史中人类所经历的无数交往交流，在这种欧洲的历史认识与历史书写发展需要作出选择的十字路口，吕森倡导的"历史思考的新途径"，是在史学理论研究中，力图走出杜赞奇所说的"西方学术中的黑格尔传统"。这种史学理论研究的根本特征与主要目标，则是力图将历史书写从作为一种塑造对抗性思维的温床与基地，变化成为一种注重"跨文化交流"的历史书写。

---

① ［德］约恩·吕森：《历史思考的新途径》，綦甲福、来炯译，上海人民出版社 2005 年版，第 39 页。

第二节　霍布斯鲍姆反思"极端的年代"背后的思想观念

一　霍布斯鲍姆的历史双重性反思

在 20 世纪后半期以来的欧洲历史学研究中，汤因比反思了发端于欧洲的民族主义思想对近现代以来人类历史发展的影响，约恩·吕森反思了发端于欧洲的民族主义思想对近现代以来历史认识与历史书写的影响。与之相比较，作为一名马克思主义历史学家的霍布斯鲍姆从事的历史学研究，对此则是两者兼备。而继承与弘扬马克思恩格斯的真知灼见与远见卓识，则是霍布斯鲍姆的历史学研究能够取得相关研究成就的重要动力。

其中霍布斯鲍姆晚年出版的《史学家——历史神话的终结者》一书，主要是霍布斯鲍姆论述其毕生治史的心得体会，霍布斯鲍姆在该书的绪论中就回顾道，"是马克思，以及青年马克思主义激进分子活跃的领域，让我找到了研究课题，并启发了我的思路"①。霍布斯鲍姆此言，具体说明了其毕生取得的历史学研究成就与马克思恩格斯之间的密切关系。霍布斯鲍姆也感慨道，"马克思是一位智性大师，人们从他身上获益甚多，却又无法进行报答。"② 霍布斯鲍姆毕生推出了众多享誉世界的历史学研究著作，则是从马克思身上"获益甚多"并进行"报答"的史学实践表现。

而《史学家——历史神话的终结者》一书的主要内容，主要是霍布斯鲍姆在广泛论述历史学家究竟应该如何认识历史与书写历史。对此问题，霍布斯鲍姆在该书的绪论，以及"历史学家从马克思那里学到了什么"与"马克思和历史学"等篇章中，就广泛论述了马克思恩格斯所阐述的历史认识方法与历史书写方法，这对后世历史学研究产

① ［英］埃里克·霍布斯鲍姆：《史学家——历史神话的终结者》，马俊亚、郭英剑译，上海人民出版社 2002 年版，前言，第 3 页。
② ［英］埃里克·霍布斯鲍姆：《史学家——历史神话的终结者》，马俊亚、郭英剑译，上海人民出版社 2002 年版，前言，第 3 页。

生了深远影响，具有重要价值。霍布斯鲍姆的历史学研究，也可谓
"绝知此事要躬行"，其是将马克思恩格斯的无数真知灼见与远见卓
识，其体付诸于历史学研究中。20 世纪霍布斯鲍姆历史学研究中展现
出来的思想观念，与 19 世纪马克思恩格斯已经做出的深刻论述，也具
有一脉相承并不断扩展的继承弘扬关系。

　　举例说来，马克思恩格斯在《德意志意识形态》中，批判黑格尔
阐释的历史哲学与唯心史观影响的历史认识与历史书写，会因仅仅注
重历史认识与历史书写的过程中心怀的思想观念，由此将历史认识与
历史书写蜕变为"想象的主体的想象活动"，这会滋生出对往昔历史
无数的"幻想、玄想和曲解"等。对此，霍布斯鲍姆的《史学家——
历史神话的终结者》一书中的"历史之外与历史之内""过去的感觉"
等篇章，则发展为广泛批判发端于近现代欧洲并扩展到整个世界的民
族主义思想观念，这对近现代以来的历史认识与历史书写造成了无数
危害。

　　由此，马克思恩格斯在《德意志意识形态》中，广泛批判的黑格
尔的历史哲学与唯心史观仅仅注重思想观念，会对历史认识与历史书
写造成众多危害，这在霍布斯鲍姆作为一位马克思主义历史学家的史
学理论研究中，已经具体发展为批判发端于近现代欧洲并扩展到整个
世界的民族主义思想观念，会对近现代以来的历史认识与历史书写造
成众多危害。霍布斯鲍姆也谈道："他们的历史的民族主义说法，不
可避免地包括了时代误置、断章取义和移花接木之事，在极端情况下
还有谎言。"[①] 类似的论述，在《史学家——历史神话的终结者》一书
中非常广泛。可以看出，马克思恩格斯在《德意志意识形态》中所列
举的对往昔历史无数的"幻想、玄想和曲解"，在霍布斯鲍姆的笔下，
也变化成为对往昔历史无数的"时代误置""断章取义""移花接木"
以及"谎言"。两者之间，既是文风相似，同时也是将批判目标，共
同指向杜赞奇所说的"西方学术中的黑格尔传统"影响历史认识与历

---

　　① ［英］埃里克·霍布斯鲍姆：《史学家——历史神话的终结者》，马俊亚、郭英剑译，上
海人民出版社 2002 年版，第 313 页。

史书写形成的各种问题。

　　这种内在学理变化，也说明了从事历史认识与历史书写的历史学家，由于其本身从事的历史认识与历史书写的具体内容变化，也在塑造着历史学家更为具体的身份变化。黑格尔在《历史哲学》一书绪论中，强调认识历史与书写历史的主观历史，能够建构黑格尔注重的影响万千客观历史变化的民族精神，由此历史学家成为黑格尔注重的民族精神的建构者。可是对于黑格尔已经论证了的从神意变化而成的民族精神，霍布斯鲍姆书写的《史学家——历史神话的终结者》一书，也如该书中文翻译出版的书名所示，历史学家已经从黑格尔所注重的民族精神"建构者"，变化成为黑格尔注重的民族精神充斥着无数历史神话的"终结者"。

　　既然如此，从事历史认识与历史书写的历史学家，又得依靠什么方法？由此"终结"黑格尔注重的民族精神充斥着的无数历史神话？对此问题，马克思恩格斯阐释的唯物史观与世界历史观，是将目光投向了物质生产与物质生活的客观历史发展过程，由此以人类所经历的客观历史发展过程作为依据，去"终结"黑格尔所注重的民族精神充斥着的无数神话。而霍布斯鲍姆毕生的历史学研究，也将此方法发挥得淋漓尽致，其是依靠对人类所经历的客观历史的深入研究作为事实论据，由此"终结"黑格尔注重的民族精神充斥着的无数历史神话。这比较典型的表现，就是霍布斯鲍姆所说的"传统的发明"。

　　《传统的发明》一书，为霍布斯鲍姆与其他学者合著。全书的第一章"导论：发明传统"与最后一章"大规模生产传统：1870—1914年的欧洲"，为霍布斯鲍姆所书写。霍布斯鲍姆在书中所说的"传统的发明"，已经成为当代西方学界的民族研究中广为引用的用语。其所展现出的新颖之处，也具体表现为黑格尔在《历史哲学》一书中，已经揭示出认识历史与书写历史的主观历史，能够建构黑格尔注重的影响万千客观历史变化的民族精神。同样，在当代西方民族研究中，史密斯倡导的"族裔—象征主义"，也广泛注重作为"族裔—象征"的诸多民族传统。两者的异曲同工之处，都是将对历史的认识、书写以及传承，视为一种建构民族精神与民族观念的重要工具。可是霍布斯鲍姆所说的"传统的发明"，则是以史为证，揭示了"那些表面上看来或者声称是古老的'传统'，其起源的时间往往是相当晚近的，而且有时是被发明出来"。① 霍布斯鲍姆追寻其所说的"发明传统"的根源，是拿苏格兰短裙的形成过程以及 19 世纪晚期欧洲出现的众多具体社会生活变化来进行论证，这对于黑格尔历史哲学以及史密斯倡导"族裔—象征主义"的所说之理，也犹如釜底抽薪一般。而对人类社会生活的往昔历史发展过程进行深入研究，由此以史为证、由史说理，则成为霍布斯鲍姆相关论证的根本前提。

同样，霍布斯鲍姆在 1983 年首次出版的《民族与民族主义》一书，更是将以史为证、由史说理的研究特征发挥得淋漓尽致。与盖尔纳、安德森在 1983 年同时出版的民族主义研究著作相比较，霍布斯鲍姆的《民族与民族主义》一书，也是霍布斯鲍姆发挥了其作为历史学家之所长，将黑格尔注重的民族精神包含的具体思想观念内容，置之于欧洲近现代历史发展长河之中，由此检验其在历史长河中的是非功过与成败得失，并展现出对黑格尔注重的民族精神所包含的具体思想观念进行深刻反思。

在《民族与民族主义》一书中，霍布斯鲍姆反思欧洲近现代以来民族主义思想观念的是非功过与成败得失，也有着一个总体性的思路，即以 1870 年德意志民族统一大业完成之际，作为欧洲民族主义思想发展的一个重要分界线。在霍布斯鲍姆看来，从法国大革命期间到 1870 年这一时期，欧洲的民族主义思想观念既推动了欧洲以人民、公民、国民为主体的民族国家创建，也推动了以民族国家为单位的民族经济发展，还推动了以民族语言为核心的民族文化的发展。由此，霍布斯鲍姆坚持认为，"马克思主义者口中的'民族问题'，实则是一牵涉到政治、科技与社会转型的大问题"，② 这种整体性的思想认识，也被霍布斯鲍姆具体运用于其历史书写之中。民族主义作为一种思想观念，

---

① ［英］埃里克·霍布斯鲍姆、特伦斯·兰杰编：《传统的发明》，顾杭、庞冠群译，译林出版社 2020 年版，第 1 页。

② ［英］埃里克·霍布斯鲍姆：《民族与民族主义》，李金梅译，上海人民出版社 2000 年版，第 10 页。

推动了近现代欧洲历史发展所涉及的方方面面与点点滴滴，也被熟悉欧洲历史发展过程的霍布斯鲍姆如数家珍一般娓娓道来。

而 1870 到 1918 年期间，则被霍布斯鲍姆认为是欧洲民族主义思想的转型时期。[①] 在霍布斯鲍姆看来，从 1870 年德意志民族统一大业完成到第一次世界大战期间，欧洲民族主义思想正在发生各种蜕变。一方面，欧洲民族国家之间彼此的敌对情绪逐步高涨，"威胁"也成了 19 世纪晚期到 20 世纪上半期国际政坛中的流行词汇，欧洲民族及民族国家之间的对立冲突也逐步激化。另一方面，19 世纪晚期到 20 世纪上半期欧洲的民族主义，也在加紧向种族主义、法西斯主义发展。[②] 霍布斯鲍姆的历史书写，揭示了黑格尔注重的民族精神所包含的一系列思想观念，发展到 19 世纪晚期，诸多方面都在发生蜕变，并且诸流汇聚，逐步发展成为欧洲遭受两次世界大战的思想观念根源。19 世纪 40 年代马克思恩格斯批判黑格尔的历史哲学指明的其"问题的关键在于思想"，也被霍布斯鲍姆的历史书写具体地呈现了出来。

因此，霍布斯鲍姆的《民族与民族主义》一书，既是在论述思想观念，也是在叙述具体历史发展，并两相结合、相得益彰，成为推动当代西方学界的民族理论研究的重要著作。霍布斯鲍姆的历史书写，也具体揭示了黑格尔注重的民族精神所包含的一系列思想观念，可谓成败得失与是非功过各占一半，其既是推动欧洲近现代民族国家创建、民族经济发展与民族文化建构的重要力量，同时也经历了一个思想观念蜕变过程，并将欧洲发展成为两次世界大战的重要战场。对于这一蜕变过程，霍布斯鲍姆的《极端的年代》一书，则是继续发挥历史学研究对往昔历史进行反思的研究特征，继续揭示了 19 世纪黑格尔注重的民族精神包含的一系列思想观念蜕变，将 20 世纪的人类历史发展过程，变化成为霍布斯鲍姆所概括的"极端的年代"。

---

① ［英］埃里克·霍布斯鲍姆：《民族与民族主义》，李金梅译，上海人民出版社 2000 年版，第 122 页。

② ［英］埃里克·霍布斯鲍姆：《民族与民族主义》，李金梅译，上海人民出版社 2000 年版，第 171—172 页。

二　欧洲民族国家之间的战争与"极端的年代"

20 世纪的人类历史发展，在政治领域中出现了众多民族国家创建与社会主义国家创建，经济领域出现了 20 世纪下半期西方发达国家经济发展的"黄金年代"，科学技术领域内出现了电子计算机广泛运用的第三次科学技术革命。可是这一切在霍布斯鲍姆看来，还没有完全呈现出 20 世纪人类历史发展的重要特征。霍布斯鲍姆历史书写中的"年代四部曲"，在将近现代以来的人类历史发展过程概括为"革命的年代""资本的年代""帝国的年代"之后，却将 20 世纪的历史发展，概括成了一个"极端的年代"。霍布斯鲍姆的这一史识，主要是着眼于 20 世纪人类社会遭受的战争之痛。

对于 20 世纪的总体历史发展特征，霍布斯鲍姆就强调："若不认识战争，就无法了解 20 世纪这短暂历史的本质。战争是这个时代的印记。在整个时代，就是在世界大战中的生活、思想。有时枪声虽止，炮火虽熄，却依然摆脱不了战争的阴影。"[1] 可以看出，霍布斯鲍姆将 20 世纪的人类历史书写成为一个"极端的年代"，这主要是由于霍布斯鲍姆将战争视为 20 世纪的"印记"。20 世纪的人类历史发展，上半期出现了两次世界大战，霍布斯鲍姆将此称为"大灾难的年代"。到了 20 世纪下半期，霍布斯鲍姆则称之为"冷战"的年代，人们同样长期生活于战争阴影之下。因此，前有热战，后有冷战，战争成为 20 世纪人类历史发展的主要旋律，这成为霍布斯姆将 20 世纪的人类历史发展概括为"极端的年代"的重要原因。19 世纪黑格尔论述自我意识形成举例所说的主奴之间的对应关系，在霍布斯鲍姆的历史书写中，已经变化成为 20 世纪人类历史中热战与冷战的激烈对抗。

其中霍布斯鲍姆的《极端的年代》一书的前半部，主要是书写 20 上半期两次世界大战所形成的"大灾难的年代"。众多书写两次世界

---

[1] ［英］埃里克·霍布斯鲍姆：《极端的年代》（上），郑明萱译，江苏人民出版社 1999 年版，第 31 页。

大战的相关历史著作，往往集中于书写两次世界大战的具体发展过程，与之相比较，霍布斯鲍姆书写两次世界大战所形成的"大灾难的年代"，不仅文笔流畅，而且其叙述的众多史实，广泛浸润着霍布斯鲍姆与众不同的史识，由此能够为读史之人带来强烈的思想震撼。而霍布斯鲍姆叙述众多史实呈现出的与众不同，源于霍布斯鲍姆对欧洲近现代民族主义思想观念发展过程的熟稔，霍布斯鲍姆能够将其融入对两次世界大战的历史书写之中。

这举例说来，霍布斯鲍姆在《民族与民族主义》一书中，已经广泛叙述了欧洲近现代民族主义思想，引发了欧洲列强之间的对立冲突。而霍布斯鲍姆的《极端的年代》一书，叙述两次世界大战的历史发展过程，首先重点强调了第一次世界大战发展成为一场世界范围内的战争的重要变化。霍布斯鲍姆叙述道，"20世纪以前，人类可以说根本没有过'世界级'的大战"，"但是这一切，到了1914年都改变了"[1]。霍布斯鲍姆对此的书写，也是先写欧洲列强的参战状况，"第一次世界大战席卷了每一个强国。事实上除了西班牙、荷兰、北欧三国以及瑞士之外，全欧洲都加入了这场战争"[2]。除了欧洲列强之外，霍布斯鲍姆还叙述了欧洲之外其他各国被卷入第一次世界大战的情况。

因此，霍布斯鲍姆的历史书写，也说明了第一次世界大战的爆发，其是发端于欧洲，再由此波及世界，而其在欧洲的发端，则是由于欧洲民族主义思想勃兴而形成的欧洲近现代民族国家之间的激烈对抗，将20世纪的人类历史拖入了霍布斯鲍姆所说的"极端的年代"，由此世界其他地区的历史发展，也难以独善其身。霍布斯鲍姆的历史书写，不仅擅长书写欧洲近现代民族国家激烈对抗的历史发展过程，而且其语言叙述，总是在指向其背后蕴藏着的思想观念问题。例如，对第一次世界大战霍布斯鲍姆就分析道：

---

[1]　［英］埃里克·霍布斯鲍姆：《极端的年代》（上），郑明萱译，江苏人民出版社1999年版，第32页。

[2]　［英］埃里克·霍布斯鲍姆：《极端的年代》（上），郑明萱译，江苏人民出版社1999年版，第32页。

过去的战争目标不但有限而且特定。可是第一次世界大战不一样，它的野心没有尽头。……战争爆发，交战双方都迫不及待地宣称，自己是为了这个或那个崇高的目标而战。放在纸面上，谁都可以就这些不重要的项目让步。可是归根结底，此战真正的重要目的只有一个：那就是完全的胜利，也就是第二次世界大战所谓的"无条件投降"。

就是这样一个损人不利己的可笑念头，搞得交战双方两败俱伤。①

可以看出，19 世纪黑格尔阐释历史哲学注重的自我意识运行状况，在霍布斯鲍姆的历史书写中，已经变化成为第一次世界大战中欧洲各个列强的"野心没有尽头"，欲海难见海边。这揭示了1914—1918 年的第一次世界大战，乃是一场欧洲列强为了争夺霸权而扩展到世界范围的战争。欧洲列强争夺霸权，在霍布斯鲍姆的历史书写中，乃是欧洲列强的"野心没有尽头"，并且需要"完全的胜利"，而最终的结果，则是"损人不利己"与"两败俱伤"。这种历史书写所用之辞，来源于霍布斯鲍姆反思近现代欧洲民族主义思想发展过程的深刻洞见，同时也说明了以史为证的历史书写，能够发挥启迪心灵的重要作用。

第一次世界大战结束后，尽管诸如英法等战胜国作了相应的国际政治安排，但依靠继续削弱他国、维持自身霸权地位的思想观念，还是未有变化，并且继续滋生蔓延。欧洲民族以及民族国家之间"自我"与"他者"的彼此对立与相互冲突，也在"冲击"与"反应"的关系之中继续循环。针对第一次世界大战结束后英、法等国的战后国际秩序安排，霍布斯鲍姆在叙述了相关史实的过程之中，也点明了其中的关键问题，来源于19 世纪黑格尔阐述历史哲学注重的思想观念领域。霍布斯鲍姆就指出："就算和平还有那么一丝希望，也被战胜国不肯让战败国重建的自私心给毁了。"② 可以看出，19 世纪黑格尔阐

① ［英］埃里克·霍布斯鲍姆：《极端的年代》（上），郑明萱译，江苏人民出版社1999 年版，第42—43 页。
② ［英］埃里克·霍布斯鲍姆：《极端的年代》（上），郑明萱译，江苏人民出版社1999 年版，第49 页。

述历史哲学注重的自我意识，在霍布斯鲍姆书写的"极端的年代"之中，已经变化成为欧洲列强的"自私心"。正是由于欧洲列强心中追求自我利益的"自私心"，霍布斯鲍姆分析第一次世界大战后所说的"和平还有那么一点一丝希望"，也逐渐熄灭，欧洲也即将再次成为第二次世界大战的重要战场。

在此思想观念已经蜕变的根本前提之下，欧洲近现代民族国家创建过程中的政治、经济以及科学技术发展成就，也被广泛用于战场上的激烈厮杀。20世纪两次世界大战中的欧洲战场，已经从古代战场上的刀光剑影与鼓角铮鸣，继续发展为飞机、坦克、潜艇等现代战争武器悉数登场，由此海陆空一体作战。霍布斯鲍姆在《极端的年代》一书中，花费了大量笔墨，引用相关数据，详细论述了两次世界大战发展为"总体战""全民战""科技战"等重要特征。而霍布斯鲍姆详细论述了两次世界大战发展出的"总体战""全民战""科技战"等重要特征，这与霍布斯鲍姆在《民族与民族主义》一书中详细论述欧洲近现代民族国家创建引发政治、经济以及科学技术等方面的发展成就，两者之间存在着密切的内在联系。

这具体说来，霍布斯鲍姆在《民族与民族主义》一书中，论述近现代欧洲民族内涵的变化与民族主义思想的发展，就详细论述了其推动欧洲的政治、经济、科学技术等的巨大发展。欧洲近现代民族主义思想的发展，通过创建民族国家、发展民族经济与民族文化，由此构成近现代社会基本单位的民族以及民族国家，犹如滚雪球一般越滚越大并凝为一体。可是越滚越大的各个雪球之间的互相碰撞，也将20世纪上半期的两次世界大战，转变成为聚集欧洲民族国家各种政治、经济、文化力量的"总体战"，由此形成霍布斯鲍姆所说的"大灾难的年代"。

霍布斯鲍姆书写的20世纪两次世界大战，乃是聚集欧洲各个民族国家政治、经济、文化力量的"总体战"，还具体表现为其是聚集了欧洲近现代民族国家所有国民、公民、人民等的"全民战"。霍布斯鲍姆的《民族与民族主义》一书与《极端的年代》一书的关联，也具体表现为在《民族与民族主义》一书中，霍布斯鲍姆详细论述了欧洲近现代民族概念，逐步发展成为全体国民、公民、人民等所构成的一个集合体，而在《极端的年代》一书中，霍布斯鲍姆则继续详细论述道：

> 我们一般都有一个观念，以为现代国家一向都影响国内每一名男女老少的生活，并动员绝大多数国民；我们总认为，现代战争使用的武器数量惊人，一向都得将整个经济生活投入生产；我们又认为，现代战争的武器一向都造成了难以形容的大量伤亡，彻底地主宰并改变了交战国的面貌。殊不知，这些现象其实只有在 20 世纪以后方才发生。……
>
> 虽说 20 世纪总体战这个怪物，并非一开始就成庞然大物，不过从 1914 年开始，总体战的形态便已成形，这一点绝对正确。即便在第一次世界大战之际，英国就已动员了 12.5% 的男子入伍，德国动员了 15.4%，法国动员人数几乎达到 17%。到了二战，一般来说，各国积极从事军事任务的动员人数，平均约为 20% 左右。[1]

霍布斯鲍姆的上述，首先指明了两次世界大战总体战特征的一个具体表现，则是聚集欧洲民族国家全国人力的全民战。欧洲近现代民族概念的内涵发展为全体国民、公民、人民组成的共同体，这导致了 20 世纪上半期的两次世界大战，发展成为全民战争。在两次世界大战中，欧洲各参战国广泛动员成年男性应征入伍，后方的男女老幼，则投入生产。因此，霍布斯鲍姆的历史书写，已经说明了欧洲近现代民族概念内涵与民族主义思想发展变化，逐步将欧洲民族以及民族国家之间的战争演变成为全民战争。

同时，霍布斯鲍姆在《民族与民族主义》一书中，还广泛通过论述近代英国经济学家亚当·斯密与德国经济学家李斯特的经济思想，揭示出了欧洲近现代民族概念蕴含着谋求国家富强等经济内涵。而在《极端的年代》一书中，霍布斯鲍姆论述两次世界大战的新变化，也

---

[1]　［英］埃里克·霍布斯鲍姆：《极端的年代》（上），郑明萱译，江苏人民出版社 1999 年版，第 62—63 页。

论述了欧洲现代民族国家社会生产的发展变化，被欧洲列强广泛地投入两次世界大战的战场之中，例如霍布斯鲍姆就谈道：

> 生产也需要有组织、有管理——即使其目的是为了理性冷静地杀人，是为了用最有效率的方式毁灭人命。依然需要组织管理，像德国的死亡集中营那样。总而言之，总体战可说是人类所知规模最为庞大的产业，需要众人有意识地去组织、去管理。①

霍布斯鲍的这一叙述，揭示了两次世界大战中的西方列强，不仅动员了众多人力投入了战争，而且还倾其全部物力投入战争之中，对此霍布斯鲍姆也总结道："人类在这些战争里使用和毁灭的东西，数量之高，已达前人不能想象到的地步。"② 霍布斯鲍姆的《民族与民族主义》一书，乃是一部对欧洲近现代民族主义思想观念发展历程的重要反思性著作，而霍布斯鲍姆的《极端的年代》一书，则是将对欧洲近现代民族主义思想观念的深刻反思，贯穿到对于两次世界大战的历史书写之中，由此尽管是细说史实，但细说史实的历史书写之中，却能引人深思，最终达到历史书写启发人们思想观念变化的重要文化功能。霍布斯鲍姆毕生崇奉的马克思主义历史观指导历史书写的巨大魅力，在霍布斯鲍姆自身的历史书写实践中，已经淋漓尽致地展现了出来。

第三节　弗兰科潘书写"丝绸之路"的
世界历史新道路

一　反思西方列强依靠武力战争获取自我利益的历史道路

在当代西方学界的全球史研究中，斯塔夫里阿诺斯的《全球通

---

① ［英］埃里克·霍布斯鲍姆：《极端的年代》（上），郑明萱译，江苏人民出版社1999年版，第64页。

② ［英］埃里克·霍布斯鲍姆：《极端的年代》（上），郑明萱译，江苏人民出版社1999年版，第63—64页。

史》一书，书写了 1500 年前世界各地区彼此隔绝、发展成为 1500 年后世界各地区彼此联系的世界历史发展过程。这种历史书写的特征，乃是描绘出了人类历史从彼此隔绝发展为相互影响的整体历史发展趋势。麦克尼尔父子书写的《麦克尼尔全球史：从史前到 21 世纪的人类网络》一书，主要是书写世界历史发展过程中由于交往的发展与深化，由此形成彼此影响与相互联系越来越密切的各种网络。这种历史书写的特征，则是揭示出了人类社会中相互交往的深化发展过程对于人类历史发展的重要性。与此不同，英国牛津大学历史学家彼得·弗兰科潘出版了其世界历史著作《丝绸之路：一部全新的世界史》一书，全书的书名以及各个篇章的标题，已经说明了该书主要是在书写人类社会因相互交往的深化发展而出现的各种历史发展道路，这种历史书写的特征，也成为该书的副标题所说的一个"全新之处"。

弗兰科潘的《丝绸之路：一部全新的世界史》一书，选择丝绸之路作为全书的书名，这主要是在说明连接亚欧大陆东西两端的丝绸之路，对于亚欧大陆发展成为世界文明的摇篮发挥了重要作用，由此展现了重视各种道路联通民族、国家以及地区之间相互交往与彼此影响的世界历史观。该书具体篇章的谋篇布局，先是选择"丝绸之路的诞生"作为第一章的标题，这主要说明了该书写作的总体写作思想。紧接着则该书以信仰之路、皮毛之路、奴隶之路、西欧之路、帝国之路、危机之路、战争之路、小麦之路、冷战之路、霸权之路、伊战之路等二十多种道路，作为各章标题，这主要是详细描述人类社会因相互交往的深化发展而出现的各种历史发展道路。最后该书再以"新丝绸之路"作为全书的结语，由此既首尾一致，也是最终为了凸显丝绸之路的相连相通引发沿途地带的经济发展与文化交融，方才是历经各种历史发展道路之后需要继续行进的人间正道。

而在弗兰科潘描述人类社会因相互交往的深化发展而出现的各种历史发展道路之中，有各种思想观念的传播，也有各种物品交流。尽管道路众多，但也是好坏参半，既有往昔历史发展已经说明了难以走通的歧路，也有往昔历史发展过程中曾经焕发了无数生机并可以继续前行的道路。由此，全书的具体历史书写内容与主要历史书写特征，一半是在批判与反思，书写出了往昔历史岁月西方自我中心主义与民族自我中心主义的具体表现以及历史后果，一半是在继承与弘扬，通过注重丝绸之路带动的交流与互动，书写出了以往历史中亚欧大陆各地区与各民族之间相互交流与彼此互动所推动的历史发展。历史书写中既需反思，也需传承，这两种历史书写风格的交错运用，在弗兰科潘的《丝绸之路：一部全新的世界史》一书的历史书写中表现得非常突出，并成了该书的又一"全新"之处。

总体上说来，《丝绸之路：一部全新的世界史》一书对西方自我中心主义与民族自我中心主义进行批判与反思，这也是第二次世界大战中西方学界的一个大势所趋。其中萨义德的"东方学"研究，则是反思与批判西方自我中心主义的典型之说。萨义德就指出，"像'西方'一样，'东方'这一观念有着自身的历史以及思维、意向和词汇传统，正是这一历史与传统使其能够与'西方'相对峙而存在。"① 而在历史学研究中，基尔南所著的《人类的主人——欧洲帝国时期对其他文化的态度》一书，也主要是书写心怀自我中心主义的西方列强，在近现代以来历史发展中对待亚洲、拉丁美洲、非洲各地人们所展现出的傲慢与偏见。弗兰科潘对于西方自我中心主义史观的批判，也是秉承了当代西方学界反思西方自我主义的史学发展趋势。在《丝绸之路：一部全新的世界史》的开篇，弗兰科潘就以自己接受历史学教育的切身经历，论述西方自我中心主义在历史学中的具体表现，弗兰科潘就谈道：

> 课堂上只讲授罗马人征服不列颠、1066 年的诺曼征服、亨利八世和都铎王朝、美国独立战争、维多利亚时代的工业革命、索姆河会战以及纳粹德国的兴衰。我查看自己的地图，发现世界上还有那么多地区，他们都只字未提。②

---

① ［美］爱德华·W. 萨义德：《东方学》，王宇根译，生活·读书·新知三联书店 1999 年版，第 7 页。

② ［英］彼得·弗兰科潘：《丝绸之路：一部全新的世界史》，邵旭东、孙芳译，浙江大学出版社 2016 年版，前言，第 1 页。

弗兰科潘上述论述中最后总结道，"世界上还有那么多地区，他们都只字未提"，这是在细说欧洲中心主义史观的具体表现。至于这种欧洲中心主义史观对人们思想观念与思维活动的影响，弗兰科潘对此也继续指明："历史被扭曲、被利用，人们制造出一种假象，似乎西方的崛起不仅是自然天成、无法避免，而且是由来已久、顺势延绵。"① 《丝绸之路：一部全新的世界史》的开篇之言，已经说明了对于充斥着西方自我中心主义的历史书写，弗兰科潘已经满腹疑窦、心中有惑，这是其书写《丝绸之路：一部全新的世界史》一书的主要动力。

当然，对西方自我中心主义的历史书写进行批判与反思，这也可以选择不同的历史书写视角。举例说来，在《人类的主人——欧洲帝国时期对其他文化的态度》一书中，基尔南侧重于通过书写具体的历史事实与历史发展过程，由此说明了以"人类的主人"自居的近现代西方列强，在与亚洲、拉丁美洲、非洲等地区和民族的接触过程中，无数历史事实呈现其自我之心，始终蕴藏着认为自己很优越并高人一等的内涵。可是弗兰科潘的《丝绸之路：一部全新的世界史》一书的视角，则与此不同。该书以奴隶之路、西欧之路、帝国之路、危机之路、战争之路、冷战之路、霸权之路、伊战之路等为标题的各章之中，弗兰科潘主要是在书写心怀西方自我中心主义的西方列强，为了掠夺财富与资源，满足自我利益，在丝绸之路的沿途地带广泛诉诸武力与战争，造成该地区战乱不断、冲突丛生等诸多恶果。由此，弗兰科潘通过书写具体的历史事实与历史发展过程，描绘出了近现代以来西方列强通过武力战争获取财富与利益的各种历史发展道路，具体展现了弗兰科潘对西方自我中心主义与民族自我中心主义的反思与批判。

通过这种历史书写模式，弗兰科潘在《丝绸之路：一部全新的世界史》一书，已经说明所谓西方自我中心主义，不仅仅是一种心态与思想观念，而是在历史长河中会付诸实践，具体表现为近现代以来西方列强为了自我利益，在丝绸之路的沿途地带争夺资源和财富。这些

---

① ［英］彼得·弗兰科潘：《丝绸之路：一部全新的世界史》，邵旭东、孙芳译，浙江大学出版社 2016 年版，前言，第 6 页。

资源和财富在以往的历史发展过程中，主要表现为皮毛、奴隶、黄金、白银、黑金（石油）、小麦等。《丝绸之路：一部全新的世界史》一书的诸多篇章标题，弗兰科潘也将其直接命名为皮毛之路、奴隶之路、黄金之路、白银之路、黑金之路、小麦之路等。在弗兰科潘的历史书写之中，心怀西方自我中心主义的思想观念之路，其中的思想观念已经化身成为客观历史，具体变化成为皮毛之路、奴隶之路、黄金之路、白银之路、黑金之路、小麦之路等欧美列强为了自我利益的财富争夺之路。

而在欧美列强心怀西方自我中心主义的思想观念中，还蕴含着各自的民族自我中心主义。由此，西方列强在丝绸之路沿途地带争夺财富与谋求利益，也是你方唱罢我登场。《丝绸之路：一部全新的世界史》一书的诸多篇章标题，弗兰科潘还将其命名为西欧之路、帝国之路、纳粹之路、美国之路，先后书写了葡萄牙、西班牙、荷兰、大英帝国、纳粹德国、美国等欧美列强在丝绸之路沿途地带争夺资源和财富。由于近现代英国曾经称霸全球，第二次世界大战后美国取而代之。因此，《丝绸之路：一部全新的世界史》一书的诸多内容，也集中于叙述近现代以来英美两强在丝绸之路沿途地带争夺财富与谋取利益。至于其所采取的手段与方法，弗兰科潘的诸多论述，则是以史为据，揭示了心怀民族自我中心主义的西方列强，主要是通过广泛运用武力，在丝绸之路沿途地带争夺财富与谋求利益。

在《丝绸之路：一部全新的世界史》一书中，弗兰科潘书写近代西方列强入侵历史上丝绸之路沿途地带，也是继承古希腊历史学家修昔底德深深感慨历史长河中人性难变的历史书写风格，首先对在历史上的丝绸之路沿途地带先后粉墨登场的西方列强，进行了一番基本特征介绍与根本的人性描述。弗兰科潘就说道："托马斯·霍布斯的名著《利维坦》算是准确地道出了西方崛起的真相：人的本性天生就处于一种亢奋不止的暴力状态。"[1] 弗兰科潘将近代西方崛起的真相，归

---

① ［英］彼得·弗兰科潘：《丝绸之路：一部全新的世界史》，邵旭东、孙芳译，浙江大学出版社 2016 年版，第 223 页。

结为霍布斯丛林状态中的崇拜武力、迷信对抗。也正是因为崇拜武力、迷信对抗，并由此而崛起，因此近现代以来心怀自我中心主义的西方列强广泛接触亚洲后，西方列强对亚洲的认识与心态，也可以具体地概括为两个方面，一方面认为亚洲是财富充盈之地，这是欧洲以往众多史书中已经广泛记载着的具体内容，另一方面认为亚洲的人们还善良质朴、软弱可欺，这则是到了亚洲各地之后与当地人们广泛接触后形成的现实观感。对此，弗兰科潘就描述道："欧洲对亚洲的态度正逐渐强硬，他们不再将亚洲视为充满奇异植物和财富的仙境，而是一个和新世界一样软弱可欺的地方。"[1]

既然在你来我去、你去我来的人类历史发展过程中，欧美列强所遇到的亚洲，既是财富充盈之地，人们又善良质朴，因此在历史上的丝绸之路沿途地带争夺资源和财富，则是无所不用其极。对此，弗兰科潘在叙述了奴隶之路与石油之路的相关史实后就总结道："1000 年前，为了筹集这些交易的资金，西方将奴隶卖给伊斯兰国家；现在，为了购买石油，人们想出了更为阴暗的交易：武器及核技术销售。"[2]同时，欧美列强为了争夺利益而运用武力与诉诸战争，也是禀性难移，延续时间极其漫长，从近现代西方列强开始与亚洲接触，一直延续到弗兰科潘写作该书的奥巴马担任美国总统的时期。直到全书的结尾之处，为了说明西方列强依靠武力与战争获取自我利益的历史发展道路，是从近现代以来一直延续到当今时代，弗兰科潘仍然在引用时任美国总统奥巴马之言："为了捍卫美国的利益，到了关键时刻，我将毫不犹豫地使用武力。"[3]

既然如此，这一切又会产生什么后果？对此问题，弗兰科潘在全书的结尾中就总结道："其目的都是为了维护一个符合西方利益的世

① ［英］彼得·弗兰科潘：《丝绸之路：一部全新的世界史》，邵旭东、孙芳译，浙江大学出版社 2016 年版，第 235 页。

② ［英］彼得·弗兰科潘：《丝绸之路：一部全新的世界史》，邵旭东、孙芳译，浙江大学出版社 2016 年版，第 385 页。

③ ［英］彼得·弗兰科潘：《丝绸之路：一部全新的世界史》，邵旭东、孙芳译，浙江大学出版社 2016 年版，第 435 页。

界秩序，维护他们在古老文明十字路口上的统治地位，只不过付出的代价实在是太高昂了。"① 弗兰科潘在此所说的"为了维护一个符合西方利益的世界秩序"，乃是西方自我中心主义的主要目标。而"付出的代价实在是太高昂了"，则是西方自我主义造成的历史后果。弗兰科潘对此的历史书写，也是围绕着于己于人两个方面来铺陈说史，一方面注重书写西方列强在丝绸之路沿途地带运用武力争夺利益，这对丝绸之路沿途地带的历史发展造成的后果，另一方面注重书写西方列强在丝绸之路沿途地带运用武力争夺利益，这对西方列强自身历史发展所带来的后果。

一方面，对于丝绸之路沿途地带的历史发展影响来说，由于近现代西方列强秉承自我中心主义与民族自我中心主义，因此诸多由其导致的历史事件，往往是只顾自我利益，忽视丝绸之路沿途地带的历史发展。西方列强在谋取自我利益的过程中笃信武力，广泛地通过战争来解决问题，由此所导致的后果，则是"巨大的资源吸引着人们前去征战、冒险，局势变得愈加紧张，各方为了抢夺霸主地位而大打出手"②。特别是丝绸之路中间地带的中东、黑海沿岸、两河流域、伊朗、阿富汗等地区与国家，以前曾经是弗兰科潘所说的"地球运转的轴心"与"东西方文明的交叉点"，近现代以来，变成了"战争、叛乱和国际恐怖主义层出不穷"，沦为了危机频发、战乱不断的世界热点地区。《丝绸之路：一部全新的世界史》一书中的诸多篇章标题，弗兰科潘也将其概括为危机之路、战争之路、冷战之路、霸权之路以及伊战之路等，由此叙述秉承西方自我中心主义与民族自我中心主义的西方列强，在丝绸之路的沿线地带依靠武力掠夺财富，这将丝绸之路沿途地带的历史发展过程，演变为充斥着无数的危机、战争、冷战以及霸权等。

另一方面，对于在丝绸之路中间地带争夺财富的西方列强自身的

---

① ［英］彼得·弗兰科潘：《丝绸之路：一部全新的世界史》，邵旭东、孙芳译，浙江大学出版社2016年版，第435页。

② ［英］彼得·弗兰科潘：《丝绸之路：一部全新的世界史》，邵旭东、孙芳译，浙江大学出版社2016年版，第222页。

影响来说，则是进退两难、信誉扫地。由于近现代以来在丝绸之路中间地带争夺霸权的主角，第二次世界大战之前是英国，第二次世界大战之后则是美国取代英国，因此，弗兰科潘分析西方列强秉承自我中心主义与民族自我中心主义，为了自我利益广泛地通过武力与战争夺取财富，这对西方列强自身历史发展产生的影响，也是重点选择英美两国作为例证进行说明。对于英国的影响，在叙述了英国近现代以来的相关表现后弗兰科潘就总结道，到了 20 世纪 50 年代，"英国人发现自己陷入了一个两败俱伤的局面：他们已经花掉了全部的政治资本，而且没有人会再相信他们"①。而对于第二次世界大战后美国的相关表现，弗兰科潘也认为，到了 21 世纪初美国相关表现所积累出来的形象，乃是"一方面宣扬民主至上，另一方面使用帝国主义手段的虚伪行径使许多人感到恐惧，充分展示了西方说一套做一套的狡猾形象"②。

　　因此，《丝绸之路：一部全新的世界史》一书的历史书写，尽管秉承了当代西方史学出现的反思西方自我主义的发展趋势，但其历史书写的重要特征，则是通过翔实地叙述史实，以史为证，生动地书写了近现代欧美列强心怀民族自我中心主义，运用武力谋取自我利益的具体表现与主要后果。这种历史书写内容引发的思想观念变化，则是能够让人们认识到倘若继续秉承民族自我中心主义的思想观念，继续诉诸武力与霸权谋取自身利益，以往无数的历史，已经说明这会两败俱伤，徒劳无功。对此弗兰科潘就特别强调，"欧美国家试图在这片连接东、西方的关键地区继续保有支配地位，但徒劳无功"③。《丝绸之路：一部全新的世界史》一书反思历史而形成的主要看法，也在弗兰科潘以史为证与由史说理的历史书写中显示了出来。

　　既然往昔历史发展，已经说明此路不通，因此人类历史发展的过

① 〔英〕彼得·弗兰科潘：《丝绸之路：一部全新的世界史》，邵旭东、孙芳译，浙江大学出版社 2016 年版，第 349 页。
② 〔英〕彼得·弗兰科潘：《丝绸之路：一部全新的世界史》，邵旭东、孙芳译，浙江大学出版社 2016 年版，第 434 页。
③ 〔英〕彼得·弗兰科潘：《丝绸之路：一部全新的世界史》，邵旭东、孙芳译，浙江大学出版社 2016 年版，第 436 页。

程还得另寻他路。弗兰科潘的《丝绸之路：一部全新的世界史》一书，书写人类历史发展中的各种道路，也主要是在书写两种类型的历史发展道路，由此两条历史书写线索紧密交织、交错铺展。其中一条历史书写线索，是反思近现代以来西方依靠战争获取财富的历史发展道路，以此作为前提继续探索，由此形成的另外一条历史书写线索，则是选择了历史上的丝绸之路作为总体概括，通过书写丝绸之路的古今相沿，广泛书写地区与民族之间密切交流的世界历史发展道路。

二　书写地区与民族之间交流推动的世界历史发展道路

康拉德在其所从事的全球史研究中曾经谈道，"全球史学者宣称要超越不可一世的以欧洲为中心的空间观，空间问题由此明确成为学术研究的中心议题"①。走出历史书写中"不可一世"并渗透到无数领域的欧洲中心主义史观，应对康拉德所说的全球史研究中的"空间问题"，这一方面需要将历史认识与历史书写的空间视野变宽变广，认识历史与书写历史的空间视野，需要具有一种全球视野的洞察能力。另一方面则需从以往的历史认识与历史书写聚焦的地域空间，继续变化视角，重新发现以往历史认识与历史书写之中被忽视，但却在以往历史发展过程中发挥了重要作用的地域空间。弗兰科潘的《丝绸之路：一部全新的世界史》一书，以历史上的丝绸之路作为总体概括，能够书写出地区与民族之间密切交流的世界历史道路，也是因为对于康拉德所说的全球史研究中的"空间问题"，该书具有扩展空间认识视野与变化空间认识视角的双重历史书写特征。

一方面，弗兰科潘认为历史认识中的西方自我中心主义，会导致历史认识的空间视野存在局限，这具体到对于丝绸之路沿途地带的认识，"西方在应对该地区时，缺乏一种站在全球史角度的、更高更广

---

① ［德］塞巴斯蒂安·康拉德：《全球史是什么？》，杜宪成译，中信出版集团股份有限公司2018年版，第96页。

的洞察力。"① 另一方面，对于走出西方中心主义史观需要变化历史认识的视角，弗兰科潘就强调，"看待历史还可以有其他不同的角度"。②弗兰科潘的《丝绸之路：一部全新的世界史》一书的一个"全新之处"，也表现为从以往认识与书写世界历史中广泛关注的欧洲列强从事的新航路开辟，转而关注新航路开辟之前曾经连通欧亚大陆并带动诸多历史发展的丝绸之路。弗兰科潘强调《丝绸之路：一部全新的世界史》一书的历史书写目标，也主要是通过注重历史上的丝绸之路带动的重要历史变化，由此"将为读者提供一个通过丝绸之路观察 2000多年来人类文明进程的新视角"③。

这所带来的历史书写变化，也如康拉德从事全球史研究所说，"全球史取径对空间的钟情，在某种程度上推动了历史叙述中对时间的重组"④。弗兰科潘的《丝绸之路：一部全新的世界史》一书，从以往认识与书写世界历史中广泛关注的欧洲列强从事的新航路开辟，转而聚焦新航路开辟之前曾经连通欧亚大陆并带动诸多历史发展的丝绸之路，这种历史认识与历史书写中空间视野的视角变化，也带来了历史认识与历史书写中放远眼光的"时间的重组"。

这具体说来，以往的一些世界史著作以及全球史著作，由于受西方中心主义史观的相关影响，因此其注重以往历史中地区、国家、民族之间的互联互通与相互影响，也表现为特别注重近代欧洲列强开辟新航路及其全球扩张活动所形成的全球一体化过程。近代葡萄牙、西班牙等欧洲列强横渡印度洋、大西洋、太平洋开辟新航路，也往往被视为全球史的重要发轫点。可是弗兰科潘的《丝绸之路：一部全新的世界史》一书，却是聚焦历史上 2000 多年以前就逐渐形成的丝绸之

---

① ［英］彼得·弗兰科潘：《丝绸之路：一部全新的世界史》，邵旭东、孙芳译，浙江大学出版社 2016 年版，第 436 页。

② ［英］彼得·弗兰科潘：《丝绸之路：一部全新的世界史》，邵旭东、孙芳译，浙江大学出版社 2016 年版，前言，第 1 页。

③ ［英］彼得·弗兰科潘：《丝绸之路：一部全新的世界史》，邵旭东、孙芳译，浙江大学出版社 2016 年版，中文版序言，第 12 页。

④ ［德］塞巴斯蒂安·康拉德：《全球史是什么？》，杜宪成译，中信出版集团股份有限公司 2018 年版，第 119 页。

路，这对于注重以往历史中地区、国家、民族之间的互联互通与相互影响来说，当属放远眼光，放远到了关注 2000 多年以前已经形成的丝绸之路所导致的互联互通与相互影响，对此弗兰科潘就谈道：

> 古代社会确实是我们今日社会的原始模板：充满生机、竞争进取、成熟高效、精力旺盛。一个布满了城镇的区域带，形成了一条横跨亚洲的锁链。西方开始注视东方，东方开始注视西方。东西方共同增进了印度、波斯湾和红海之间的交流沟通——古丝绸之路充满了生机。①

弗兰科潘上述论述，也说明了古代社会并非斯塔夫里阿诺斯所论述的 1500 年前的世界那样充满着彼此隔绝。古代社会中各民族、国家、地区之间的人们，也是筚路蓝缕、历尽艰辛，在极力地突破万水千山、大漠荒原等地理阻隔，极力搭建彼此之间的互联互通，由此古代社会的历史运行过程也是自有活力，内含勃勃生机。世界各地区、国家、民族之间互联互通的全球化进程，既并非当代所独有，也并非完全由欧洲人开辟新航路及其全球扩张活动所锻造。对此弗兰科潘就指明："我们通常把全球化看作是当代社会独有的现象，但早在 2000年前，全球化就已经是事实，它提供着机遇，带来了问题，也推动着技术的进步。"②

这种历史认识与历史书写中的视角变换与眼光放远，能够具体引发人们思想观念的变化。由于受传统西方中心主义支配的历史书写的影响，这导致认识世界历史，只注重新航路开辟等历史事件的重要影响，没有足够重视历史上丝绸之路互联互通的重要性，对于中亚、西亚等历史上丝绸之路连通东西方的中间地带，这在人们的固有思维观念中，其地区重要性则被遮蔽、被忽视。弗兰科潘对此就强调："东

---

① ［英］彼得·弗兰科潘：《丝绸之路：一部全新的世界史》，邵旭东、孙芳译，浙江大学出版社 2016 年版，第 23 页。

② ［英］彼得·弗兰科潘：《丝绸之路：一部全新的世界史》，邵旭东、孙芳译，浙江大学出版社 2016 年版，第 10 页。

西方中间的地带，自地中海和黑海东岸至喜马拉雅山脉，在过去和今天人们的眼中也许不算什么重要地段。"① 忽视了历史上丝绸之路中间地带连通东西方的地区重要性，这会在思想观念领域中，继续滋生出认为丝绸之路中间地带的中亚、西亚落后与怪异等的地理认知偏见。这种地理认知的偏见的具体表现，则如弗兰科潘所说，"对于西方来说，这一地区是怪异和陌生的，即便用异于常人的眼光观察也是如此"②。

而弗兰科潘的《丝绸之路：一部全新的世界史》一书，转而聚焦历史上2000多年以前就逐步形成的丝绸之路，这是转而注重中亚、西亚等丝绸之路的中间地带连通东西方的地区重要性。一方面，对于中亚、西亚等丝绸之路连通东西方的中间地带，弗兰科潘称之为自古以来"东西方文明的交叉点"。弗兰科潘就强调："事实上，东西方之间的桥梁正是文明的交叉点。这些国家绝非处在全球事务的边缘，而是国际交往的正中心，并且自古以来就是如此。"③ 另一方面，对于中亚、西亚等丝绸之路连通东西方的中间地带，弗兰科潘还称之为"地球运转的轴心"，对此弗兰科潘也谈到，"事实上，数千年来，连接着欧洲和太平洋、坐落在东西方之间的那块区域，才是地球运转的轴心。"④ 弗兰科潘的这种历史书写，通过注重丝绸之路在人类历史变化中的重要性，再具体发展为注重中亚、西亚等丝绸之路的中间地带的地区重要性，这形成了历史书写中新一次的"地理大发现"。

将中亚、西亚等丝绸之路连通东西方的中间地带，称为"东西方文明的交叉点"与"地球运转的轴心"，这种历史书写所发挥的作用，则是能够改变认为该地区"怪异和陌生"的思想观念，同时也是在继续反思近现代以来西方依靠战争获取财富的历史道路，由此两相比较，

---

① ［英］彼得·弗兰科潘：《丝绸之路：一部全新的世界史》，邵旭东、孙芳译，浙江大学出版社2016年版，前言，第2页。
② ［英］彼得·弗兰科潘：《丝绸之路：一部全新的世界史》，邵旭东、孙芳译，浙江大学出版社2016年版，第438页。
③ ［英］彼得·弗兰科潘：《丝绸之路：一部全新的世界史》，邵旭东、孙芳译，浙江大学出版社2016年版，前言，第3页。
④ ［英］彼得·弗兰科潘：《丝绸之路：一部全新的世界史》，邵旭东、孙芳译，浙江大学出版社2016年版，前言，第2页。

凸显出地区与民族之间密切交流的重要性。以往欧洲的诸多历史著作，往往集中于叙述世界历史中诸多民族与国家之间的战争，并且诸多书写战争的历史，主要是集中于书写战争的具体过程。而《丝绸之路：一部全新的世界史》一书的历史书写，不仅广泛书写了在丝绸之路连通东西的中间地带，近现代以来出现了欧美列强通过战争获取财富的历史发展道路，同时还广泛书写了丝绸之路推进地区与民族之间密切交流的历史发展道路。

　　弗兰科潘的《丝绸之路：一部全新的世界史》一书，广泛书写丝绸之路推进各地区各民族之间的密切交流与互联互通，其中既有陆路将各地彼此相连，也有海路将远隔的重洋彼此相通。陆路与海路两种道路并举，"它将中国太平洋沿岸和非洲及欧洲的大西洋海岸联系在了一起，使波斯湾和印度洋之间的货物流通成为可能，同样还有穿越亚洲之脊的、连接城镇和绿洲的陆上通道"①。丝绸之路中陆路与海路两种道路并举，由此编织出了纵横交错、千丝万缕的交流与互通之网。这所发挥的重要作用，弗兰科潘就指明，"这些通道是整个世界的中枢神经系统，将各民族各地区联系在一起，但它隐藏在皮肤之下，肉眼不可见。而正如解剖学解释人体功能一样，了解这些联系有助于我们理解世界是怎样运作的"②。

　　因此，在弗兰科潘看来，历史岁月中人们筚路蓝缕、经历艰辛开发的联通各地的丝绸之路，在人类历史古今之变中所发挥的重要作用，也犹如中枢神经系统对于人体运行所发挥的重要作用一样。书写历史也需书写纵横交错、千丝万缕的道路，其犹如蜘蛛结网一般，编织出了一张弗兰科潘所说的"有助于我们理解世界是怎样运行的"的网络。《丝绸之路：一部全新的世界史》一书的一个"全新"之处，也表现为弗兰科潘书写将各民族各地区联系在一起的丝绸之路，引发了丝绸之路沿途地带历史发展的无数具体变化。

---

　　①　［英］彼得·弗兰科潘：《丝绸之路：一部全新的世界史》，邵旭东、孙芳译，浙江大学出版社 2016 年版，中文版序言，第 11 页。

　　②　［英］彼得·弗兰科潘：《丝绸之路：一部全新的世界史》，邵旭东、孙芳译，浙江大学出版社 2016 年版，前言，第 4 页。

一方面，丝绸之路的互联互通，充斥着各种形式的货物流通。弗兰科潘就谈道："2000 多年前，中国手工制造的丝绸可供迦太基和地中海周围其他城市的权贵富豪们穿戴，法兰西南部生产的陶器能够出现在英格兰和波斯湾，产自印度的调味品可以用在新疆和罗马的厨房，阿富汗北部的建筑雕刻着希腊文字，中亚畜养的马匹骄傲地驰骋在千里之外的东方。"① 按照弗兰科潘的历史书写，亚欧大陆各地即使远隔千山万水，可是丝绸之路却推动了各地物产的彼此流通。这既推动着各民族各地区人们衣食住行等生活面貌的古今之变，也带动了丝绸之路沿途地带的经济繁荣。"随着经济的繁荣、交通和商业网络的延伸，各方的紧密连接，村庄变成了小镇，小镇变成了大城，越来越多令人惊叹的纪念性建筑拔地而起。"②

另一方面，丝绸之路的互联互通，还充斥着各种形式的文化相通。在《丝绸之路：一部全新的世界史》第一章"丝绸之路"的概括性论述之后，弗兰科潘在该书第二章"信仰之路"的开篇就强调，"连接太平洋、中亚、印度和波斯湾的通道上不只是货物在流通，还有思想。……，地方宗教和信仰体系开始与一些具有影响力的宇宙观相碰撞，形成了一个使各种思想得以相互借鉴、相互改善并最终焕然一新的大熔炉。"③ 同时，在《丝绸之路：一部全新的世界史》一书最后一章"新丝绸之路"中，弗兰科潘也再次总结道："从古至今，各种思想、习俗和语言都在这个连接着东、西方的熔炉里相互碰撞。"④

由此，弗兰科潘的《丝绸之路：一部全新的世界史》一书，广泛书写了历史上的丝绸之路，其既是纵穿亚欧大陆，又犹如蜘蛛结网一般细连各地，将因莽莽群山、茫茫大漠而彼此相隔的各地人们连接了

---

① ［英］彼得·弗兰科潘：《丝绸之路：一部全新的世界史》，邵旭东、孙芳译，浙江大学出版社 2016 年版，第 22 页。

② ［英］彼得·弗兰科潘：《丝绸之路：一部全新的世界史》，邵旭东、孙芳译，浙江大学出版社 2016 年版，第 16 页。

③ ［英］彼得·弗兰科潘：《丝绸之路：一部全新的世界史》，邵旭东、孙芳译，浙江大学出版社 2016 年版，第 24 页。

④ ［英］彼得·弗兰科潘：《丝绸之路；一部全新的世界史》，邵旭东、孙芳译，浙江大学出版社 2016 年版，第 439 页。

起来。这既形成了各民族各地区人们衣食住行等生活状况的彼此相连，也锻造了各民族各地区人们文化思想的相通相融，由此亚欧大陆各地人们的生产生活以及精神世界，在历史长河中逐渐变得丰富多彩。所谓人间正道是沧桑，弗兰科潘的《丝绸之路：一部全新的世界史》一书的历史书写，通过大量书写丝绸之路沿途地带充斥着危机与战争的历史发展道路，再通过对此的反思作为前提，也书写出了丝绸之路相连相通引发沿途地带经济发展与文化交融的人间正道。

参考文献

一 英文著作

Arnold Toynbee, *Change and Habit*, *The Challenge of Our Time*, Oneworld Publications Ltd. , England, 1992.

Arnold Toynbee, *The Western Question in Greece and Turkey*, *A Study in the Contact of Civilisations*, Constable and Company Ltd. , London, 1922.

Benedict Anderson, *Imagined Communities*: *Reflections on the Origin and Spread of Nationalism*, New York, 1983.

Eric Hobsbawm, *Nations and Nationalism Since 1780*, *Prograne*, *Myth*, *Reality*, The Press Syndicate of the University of Cambridge, 1990.

Eric Hobsbawm, *The Age of Extremes*: *The Short Twentieth Century*, *1914 – 1991*, Michael Joseph, Great Britain, 1994.

Eric R. Wolf, *Europe and the People Without History*, University of California Press, 2010.

Georg. G. Iggers, *Historiography in the Twentieth Century*: *From Scientific Objectivity to the Postmodern Challenge*, Wesleyan University Press, Connecticut, 2005.

Geoffrey of Monmouth, *The History of the Kings of Britain*, Broadview Editions, Canada, 2008.

Hayden White, *Metahistory*, *The Historical Imagination in Nineteenth-Cen-*

tury, Johns Hopkins University Press, 1973.

Liah Greenfeld, *Nationalism*: *Five Roads to Modernity*, Harvard University Press, 1992.

Peter Frankopan, *The Silk Roads*: *A New History of the World*, Penguin Random House LLC, New York, 2015.

Stefan Berger, *Writing the Nation*: *A Global Perspective*, Penguin Random House LLC, New York, 2007.

二 中文著作

梁启超：《中国历史研究法》，中华书局 2009 年版。

梁志学主编：《费希特著作选集》第五卷，商务印书馆 2006 年版。

《马克思恩格斯选集》，人民出版社 2012 年版。

张广智主编：《近代以来中外史学交流史》，复旦大学出版社 2020 年版。

张绪山：《史学管见集》，生活·读书·新知三联书店 2018 年版。

［德］奥斯瓦尔德·斯宾格勒：《西方的没落》，张兰平译，陕西师范大学出版社 2008 年版。

［德］汉斯－乌尔里希·维勒：《民族主义：历史、形式、后果》，赵宏译，中国法制出版社 2013 年版。

［德］黑格尔：《法哲学原理》，范杨、张企泰译，商务印书馆 1961 年版。

［德］黑格尔：《精神现象学》，贺麟、王玖兴译，商务印书馆 1979 年版。

［德］黑格尔：《历史哲学》，王造时译，上海书店出版社 2006 年版。

［德］卡尔·雅斯贝尔斯：《论历史的起源与目标》，李雪涛译，华东师范大学出版社 2018 年版。

［德］康德：《历史理性批判文集》，何兆武译，商务印书馆 1990 年版。

［德］利奥波德·冯·兰克：《世界史》，陈笑天译，吉林出版集团股份有限公司 2017 年版。

［德］洛维特：《世界历史与救赎历史》，李秋零、田薇译，商务印书馆 2016 年版。

［德］穆启乐：《古代希腊罗马和古代中国史学——比较视野下的探究》，

黄洋编校，北京大学出版社 2018 年版。

［德］尼采：《历史的用途与滥用》，陈涛、周辉荣译，上海人民出版社 2000 年版。

［德］诺贝特·埃利亚斯：《文明的进程——文明的社会发生和心理发生的研究》，王佩莉、袁志英译，上海译文出版社 2013 年版。

［德］塞巴斯蒂安·康拉德：《全球史是什么?》，杜宪兵译，中信出版集团股份有限公司 2018 年版。

［德］斯特凡·贝格尔主编：《书写民族——一种全球视角》，孟钟捷译，浙江大学出版社 2018 年版。

［德］特奥尔多·蒙森：《罗马史》，李稼年译，商务印书馆 2015 年版。

［德］尤尔根·哈贝马斯：《重建历史唯物主义》，郭官义译，社会科学文献出版社 2000 年版。

［德］约恩·吕森：《历史思考的新途径》，綦甲福、来炯译，上海人民出版社 2005 年版。

［法］埃德加·莫兰：《反思欧洲》，康征、齐小曼译，生活·读书·新知三联书店 2005 年版。

［法］爱弥儿·涂尔干、马赛尔·莫斯：《原始分类》，汲喆译，上海人民出版社 2000 年版。

［法］安托万·基扬：《近代德国及其历史学家》，黄艳红译，北京大学出版社 2010 年版。

［法］安托万·普罗斯特：《历史学十二讲》，王春华译，北京大学出版社 2012 年版。

［法］费尔南·布罗代尔：《十五至十八世纪的物质文明、经济和资本主义·第一卷·日常生活的结构：可能和不可能》，顾良、施康强译，商务印书馆 2017 年版。

［法］伏尔泰：《风俗论》，梁守锵译，商务印书馆 1995 年版。

［法］伏尔泰：《路易十四时代》，吴模信、沈怀洁、梁守锵译，商务印书馆 1982 年版。

［法］伏尔泰：《哲学辞典》，王燕生译，商务印书馆 1991 年版。

［法］古斯塔夫·勒庞：《法国大革命与革命心理学》，倪复生译，北

京师范大学出版社 2015 年版。

[法] 古斯塔夫·勒庞：《乌合之众——大众心理研究》，冯克利译，中央编译出版社 2005 年版。

[法] 吕西安·费弗尔：《莱茵河——历史、神话和现实》，许明龙译，辽宁教育出版社 2003 年版。

[法] 马克·布洛赫：《法国农村史》，余中先、张朋浩、车耳译，商务印书馆 1991 年版。

[法] 马克·布洛赫：《封建社会》上卷，张绪山译，商务印书馆 2004 年版。

[法] 马克·布洛赫：《封建社会》下卷，李增洪、侯树栋、张绪山译，商务印书馆 2004 年版。

[法] 马克·布洛赫：《为历史学辩护》，张和声、程郁译，中国人民大学出版社 2006 年版。

[法] 孟德斯鸠：《罗马盛衰原因论》，婉玲译，商务印书馆 2009 年版。

[法] 涂尔干：《社会分工论》，渠东译，生活·读书·新知三联书店 2000 年版。

[法] 雅克·勒高夫：《历史与记忆》，方仁杰、倪复生译，中国人民大学出版社 2010 年版。

[法] 朱利安·班达：《对欧洲民族的讲话》，佘碧平译，上海人民出版社 2005 年版。

[古罗马] 阿庇安：《罗马史》，谢德风译，商务印书馆 2016 年版。

[古罗马] 凯撒：《高卢战记》，仁炳湘译，商务印书馆 1979 年版。

[古罗马] 塔西佗：《阿古利可拉传　日耳曼尼亚志》，马雍、傅正元译，商务印书馆 1959 年版。

[古希腊] 阿里安：《亚历山大远征记》，李活译，商务印书馆 2007 年版。

[古希腊]《荷马史诗·伊利亚特》，罗念生、黄焕生译，人民文学出版社 1994 年版。

[古希腊] 希罗多德：《历史》，徐松岩译，上海三联书店 2008 年版。

[古希腊] 修昔底德：《伯罗奔尼撒战争史》，谢德风译，商务印书馆 2018 年版。

［古希腊］亚里士多德：《形而上学》，吴寿彭译，商务印书馆 1959 年版。

［美］爱德华·W. 萨义德：《东方学》，王宇根译，生活·读书·新知三联书店 2016 年版。

［美］埃里克·沃尔夫：《欧洲与没有历史的人民》，赵丙祥、刘传珠、杨玉静译，上海人民出版社 2006 年版。

［美］C. 赖斯·米尔斯：《社会学的想象力》，陈强、张永强译，生活·读书·新知三联书店 2005 年版。

［美］杜赞奇：《从民族国家拯救历史——民族主义话语与中国现代史研究》，王宪民、高继美、李海燕、李点译，江苏人民出版社 2009 年版。

［美］恩斯特·布赖萨赫：《西方史学史：古代、中世纪和近代》，黄艳红、徐翀、吴延民译，北京大学出版社 2019 年版。

［美］格奥尔格·G. 伊格尔斯：《德国的历史观》，彭刚、顾杭译，译林出版社 2006 年版。

［美］格奥尔格·伊格尔斯、［美］王晴佳、［美］苏普里娅·穆赫吉：《全球史学史》（第二版），杨豫、［美］王晴佳译，北京大学出版社 2019 年版。

［美］海登·怀特：《元史学：十九世纪欧洲的历史想像》，陈新译，译林出版社 2004 年版。

［美］海斯：《现代民族主义演进史》，帕米尔译，华东师范大学出版社 2005 年版。

［美］赖特·米尔斯：《社会学的想象力》，陈强、张永强译，生活·读书·新知三联书店 2005 年版。

［美］里亚·格林菲尔德：《民族主义：走向现代的五条道路》，王春华等译，上海三联书店 2010 年版。

［美］林·亨特：《历史学为什么重要》，李果译，北京大学出版社 2020 年版。

［美］帕特里克·格里：《民族的神话：欧洲的中世纪起源》，吕昭、杨光译，广西师范大学出版社 2022 年版。

［美］乔伊斯·阿普尔比等：《历史的真相》，刘北成、薛绚译，中央编

译出版社 1999 年版。

[美] 入江昭：《全球史与跨国史：过去、现在和未来》，邢承吉、滕凯炜译，浙江大学出版社 2018 年版。

[美] 斯塔夫里阿诺斯：《全球通史——1500 年以前的世界》，吴象婴、梁赤民译，上海社会科学院出版社 1999 年版。

[美] 斯塔夫里阿诺斯：《全球通史——1500 年以后的世界》，吴象婴、梁赤民译，上海社会科学院出版社 1999 年版。

[美] 斯图尔特·休斯：《历史学是什么？——科学与艺术之争》，刘晗译，北京师范大学出版社 2018 年版。

[美] 唐纳德·R. 凯利：《多面的历史——从希罗多德到赫尔德的历史》，陈恒、宋立宏译，生活·读书·新知三联书店 2003 年版。

[美] 伊格尔斯：《二十世纪的历史学——从科学的客观性到后现代的挑战》，何兆武译，辽宁教育出版社 2003 年版。

[美] 约翰·R. 麦克尼尔、威廉·H. 麦克尼尔：《麦克尼尔全球史：从史前到21世纪的人类网络》，王晋新、宋保军等译，北京大学出版社 2017 年版。

[美] 詹姆斯·哈威·鲁滨孙：《新史学》，齐思和等译，商务印书馆 1964 年版。

[瑞士] 雅各布·布克哈特：《世界历史沉思录》，金寿福译，北京大学出版社 2007 年版。

[瑞士] 雅各布·布克哈特：《希腊人和希腊文明》，王大庆译，上海人民出版社 2008 年版。

[西] 胡安·诺格：《民族主义与领土》，徐鹤林、朱伦译，中央民族大学出版社 2009 年版。

[意] 贝奈戴托·克罗齐：《历史学的理论和实际》，傅任敢译，商务印书馆 1997 年版。

[意] 贝内德托·克罗齐：《作为思想和行动的历史》，田时纲译，商务印书馆 2012 年版。

[意] 维柯：《新科学》，朱光潜译，商务印书馆 1989 年版。

[印度] 泰戈尔：《民族主义》，谭仁侠译，商务印书馆 2010 年版。

［英］阿诺德·汤因比：《变革与习俗：我们时代面临的挑战》，吕厚量译，上海人民出版社 2016 年版。

［英］阿诺德·汤因比：《文明的接触：希腊与土耳其的西方问题》，张文涛译，上海人民出版社 2019 年版。

［英］埃里克·霍布斯鲍姆、特伦斯·兰杰编：《传统的发明》，顾杭、庞冠群译，译林出版社 2020 年版。

［英］埃里克·霍布斯鲍姆：《极端的年代》，郑明萱译，江苏人民出版社 1999 年版。

［英］埃里克·霍布斯鲍姆：《民族与民族主义》，李金梅译，上海人民出版社 2000 年版。

［英］埃里克·霍布斯鲍姆：《史学家——历史神话的终结者》，马俊亚、郭英剑译，上海人民出版社 2002 年版。

［英］爱德华·莫迪默、艾伯特·法恩主编：《人民·民族·国家——族性与民族主义的含义》，刘泓、黄海慧译，中央民族大学出版社 2009 年版。

［英］安东尼·D. 史密斯：《全球化时代的民族与民族主义》，龚维斌、良警宇译，中央编译出版社 2002 年版。

［英］奥利弗·齐默：《欧洲民族主义，1890—1940》，杨光译，北京大学出版社 2013 年版。

［英］彼德·伯克：《文艺复兴时期的历史意识》，杨贤宗、高细媛译，上海三联书店 2017 年版。

［英］彼得·伯克：《历史学与社会理论》（第二版），李康译，上海人民出版社 2019 年版。

［英］彼得·弗兰科潘：《丝绸之路：一部全新的世界史》，邵旭东、孙芳译，浙江大学出版社 2016 年版。

［英］E. H. 卡尔：《历史是什么?》，陈恒译，商务印书馆 2007 年版。

［英］厄内斯特·盖尔纳：《民族与民族主义》，韩红译，中央编译出版社 2002 年版。

［英］贡德·弗兰克：《白银资本——重视经济全球化中的东方》，刘北成译，中央编译出版社 2011 年版。

［英］杰弗里·巴勒克拉夫：《当代史学主要趋势》，杨豫译，北京大学出版社 2006 年版。

［英］柯林武德：《历史的观念》（增补版），何兆武、张文杰、陈新译，北京大学出版社 2010 年版。

［英］蒙茅斯的杰佛里：《不列颠诸王史》，陈默译，广西师范大学出版社 2009 年版。

［英］乔治·皮博迪·古奇：《19 世纪历史学与历史学家》，耿淡如译，商务印书馆 2014 年版。

［英］威廉·雷迪：《感情研究指南——情感史的框架》，周娜译，华东师范大学出版社 2020 年版。

［英］维克托·基尔南：《人类的主人——欧洲帝国时期对其他文化的态度》，陈正国译，商务印书馆 2006 年版。

［英］西蒙·冈恩：《历史学与文化理论》，韩炯译，北京大学出版社 2012 年版。

［英］约翰·伯瑞：《古希腊历史学家》，符莹岩、张继华译，上海三联书店 2022 年版。